Kirsten A. Schröder

Mitarbeiterorientierte Gestaltung des unternehmensinternen Wissenstransfers

Identifikation von Einflussfaktoren am Beispiel von Projektteams

Mit einem Geleitwort von Prof. Dr. Wolfgang Kersten

Deutscher Universitäts-Verlag

Bibliografische Information Der Deutschen Bibliothek
Die Deutsche Bibliothek verzeichnet diese Publikation in der Deutschen Nationalbibliografie; detaillierte bibliografische Daten sind im Internet über <http://dnb.ddb.de> abrufbar.

Dissertation Technische Universität Hamburg-Harburg, 2003

1. Auflage Juli 2003

Lektorat: Brigitte Siegel / Stefanie Loyal

Der Deutsche Universitäts-Verlag ist ein Unternehmen der Fachverlagsgruppe BertelsmannSpringer.
www.duv.de

Umschlaggestaltung: Regine Zimmer, Dipl.-Designerin, Frankfurt/Main
Druck und Buchbinder: Rosch-Buch, Scheßlitz
Gedruckt auf säurefreiem und chlorfrei gebleichtem Papier
Printed in Germany

ISBN 3-8244-7906-0

Geleitwort

In der betriebswirtschaftlichen Literatur besteht weitgehend Einigkeit darüber, daß Wissensmanagement einen entscheidenden Beitrag zum Unternehmenserfolg liefert. Der Umgang mit der Ressource Wissen stellt für die Unternehmenspraxis eine herausfordernde Aufgabe dar. Dabei spielt insbesondere der Transfer von Wissen sowohl innerhalb des Unternehmens als auch nach außen eine Schlüsselrolle.

Die von Frau Schröder vorgelegte Arbeit greift mit der Fokussierung auf den Wissenstransfer zwischen Individuen in Projektteams die Fragestellung der Mitarbeitermotivation zur Förderung der Transferbereitschaft auf. Untersuchungsgegenstand ist die Gestaltung von Rahmenbedingungen aus den Bereichen Human Resource Management, Organisation und Informations- und Kommunikationstechnologie zur Beeinflussung der Transferbereitschaft eines Individuums innerhalb eines Projektteams. Basierend auf den Grundlagen des Wissenstransfers und auf Erklärungsansätzen zur Mitarbeitermotivation wird die Problematik der Mitarbeiterbereitschaft zum Wissenstransfer aus theoretischer Sicht analysiert. Im Rahmen einer umfassenden empirischen Erhebung identifiziert die Autorin relevante Einflußgrößen in der Unternehmenspraxis. Das Ergebnis dieser Arbeit schlägt sich in Handlungsempfehlungen für den Einsatz verschiedener Konzepte aus den drei Bereichen Human Resource Management, Organisation und Informations- und Kommunikationstechnologie nieder.

Die vorliegende Arbeit liefert einen weiteren Beweis dafür, daß sich Fragestellungen, in denen der Wissensaspekt im Vordergrund steht, nur durch eine ganzheitliche Betrachtung der Wissensmanagementproblematik erfolgreich bearbeiten lassen. Indem sie aufzeigt, welche Faktoren die Mitarbeiterbereitschaft zum Wissenstransfer beeinflussen und wie diese Größen zur Förderung des teaminternen Transfers eingesetzt werden können, leistet Frau Schröder einen Beitrag zur betriebswirtschaftlichen Forschung, der sich gleichermaßen an Leser aus Wissenschaft und Praxis richtet, die sich mit Fragen zum Management der Ressource Wissen auseinandersetzen. Der Autorin ist es im Rahmen ihrer Dissertation in eindrucksvoller Weise gelungen, empirische und konzeptionelle Defizite zur Unterstützung des Wissenstransfers innerhalb von Projektteams aufzuarbeiten und Lösungsvorschläge in Form konkreter Handlungsempfehlungen zu geben.

Wolfgang Kersten

Vorwort

Die vorliegende empirisch gestützte Arbeit entstand während meiner Zeit als wissenschaftliche Mitarbeiterin am Arbeitsbereich Produktionswirtschaft der Technischen Universität Hamburg-Harburg.

Bedanken möchte ich mich bei allen, die an der Entstehung dieser Arbeit direkt oder indirekt beteiligt waren. Zuallererst danke ich meinem verehrten akademischen Lehrer, Herrn Prof. Dr. Wolfgang Kersten, für die Betreuung meiner Arbeit sowie für die Entwicklungsmöglichkeiten, die er mir als Mitarbeiterin am Arbeitsbereich Produktionswirtschaft der Technischen Universität Hamburg-Harburg im Rahmen von Forschungs- und Beratungsprojekten eröffnete. Ebenfalls danke ich sehr herzlich Herrn Prof. Dr. Cornelius Herstatt, der als Zweitgutachter gemeinsam mit meinem akademischen Lehrer den Fortgang der Arbeit regelmäßig begleitet und durch wertvolle Anregungen gefördert hat. Herrn Prof. Dr.-Ing. Dierk Götz Feldmann danke ich für die Übernahme des Vorsitzes in der Prüfungskommission.

Dem gesamten Mitarbeiterteam am Arbeitsbereich Produktionswirtschaft möchte ich ausdrücklich Dank sagen für die gute Zusammenarbeit und die angenehme Arbeitsatmosphäre. Dank schulde ich insbesondere meinen ehemaligen Kollegen und Freunden Dr. Eva-Maria Kern, Dr. Achim Dinge, Dr. Tobias Held, Dr. Christian Lüthje, Dr. Christian Müller und Dipl.-Ing. oec. Thomas Zink, die sich tapfer durch die Zeilen gekämpft bzw. immer wieder Zeit für fachliche und private Gespräche gefunden haben. Herrn Dipl.-Ing. oec. Marc Winter danke ich für seine Unterstützung bei der statistischen Auswertung. Bei den Kollegen vom Arbeitsbereich Technologie- und Innovationsmanagement bedanke ich mich für die konstruktiven Diskussionen während der Erstellung dieser Arbeit. Mein Dank gilt weiterhin den zahlreichen Experten aus der Unternehmenspraxis für ihre Beteiligung an der empirischen Erhebung.

Insbesondere danke ich meinen Schwestern und meinen Freunden für die motivierenden Gespräche und die moralische Unterstützung während der Dissertationsphase. Ihre aufmunternden Worte trugen zur Bewältigung der gestellten Herausforderung bei.

Diese Arbeit widme ich meinen Eltern, die mir in allen Phasen der Dissertation aufmunternd zur Seite standen. Ihre uneingeschränkte, liebevolle Unterstützung und vielfältige Förderung haben entscheidend zur Entstehung dieses Buches beigetragen.

Kirsten Schröder

Inhaltsverzeichnis

Abbildungsverzeichnis

Tabellenverzeichnis

Abkürzungsverzeichnis

Abb.	: Abbildung
AG	: Aktiengesellschaft
APQC	: American Productivity and Quality Center
Aufl.	: Auflage
Bd.	: Band
bearb.	: bearbeitet
bspw.	: beispielsweise
bzw.	: beziehungsweise
CAD	: Computer Aided Design
CoP	: Communities of Practice
CSCW	: Computer Supported Cooperative Work
d.h.	: das heißt
DBW	: Die Betriebswirtschaft
Diss.	: Dissertation
E-Mail	: Electronic Mail
erg.	: ergänzt
erw.	: erweiterte
et al.	: et alii (und andere)
etc.	: et cetera
evtl.	: eventuell
F&E	: Forschung und Entwicklung
f.	: folgende
ff.	: fortfolgende
ggf.	: gegebenenfalls
Hrsg.	: Herausgeber
hrsg.	: herausgegeben
HWFü	: Handwörterbuch der Führung
HWO	: Handwörterbuch der Organisation
HWP	: Handwörterbuch des Personalwesens
HWProd	: Handwörterbuch der Produktionswirtschaft
i.a.	: im allgemeinen
i.d.R.	: in der Regel
inkl.	: inklusive
insb.	: insbesondere
i.e.S.	: im engeren Sinne
i.w.S.	: im weiteren Sinne
IuK	: Informations- und Kommunikationstechnologie
KMO-Kriterium	: Kaiser-Meyer-Olkin-Kriterium

MA	: Mitarbeiter
Mio.	: Millionen
Mrd.	: Milliarden
n.s.	: nicht signifikant
No.	: Number
Nr.	: Nummer
o.g.	: oben genannt
o.V.	: ohne Verfasser
S.	: Seite
s.	: signifikant
sog.	: sogenannt
Sp.	: Spalte
SPSS	: Statistical Package for the Social Sciences
STD	: Standardabweichung
Tab.	: Tabelle
u.	: und
u.a.	: unter anderem
u.U.	: unter Umständen
überarb.	: überarbeitete
Univ.	: Universität
US	: United States
v.	: von
verb.	: verbesserte
vgl.	: vergleiche
vollst.	: vollständig
WiSt	: Wirtschaftswissenschaftliches Studium
Vs.	: versus
WISU	: Das Wirtschaftsstudium
WWW	: World Wide Web
z.B.	: zum Beispiel
ZfB	: Zeitschrift für Betriebswirtschaft
Zfbf	: Zeitschrift für betriebswirtschaftliche Forschung
Zfo	: Zeitschrift Führung und Organisation
ZfP	: Zeitschrift für Personalforschung
zugl.	: zugleich
ZWF	: Zeitschrift für wirtschaftlichen Fabrikbetrieb

1 Einleitung

1.1 Problemstellung: Handlungsbedarf beim Wissenstransfer

Produkte und Produktionsprozesse gewinnen zunehmend an Komplexität und erfordern sehr viel Know-how, so daß die Wertschöpfung aus wissensintensiven Tätigkeiten insbesondere in Hochlohnländern stark anwächst. Daher wird die Wettbewerbsfähigkeit von Unternehmen unter anderem durch die Fähigkeit determiniert, auf welche Art das in der Organisation vorhandene Wissen produktiv genutzt, veränderten Umweltanforderungen angepaßt und laufend für die Ausschöpfung neuer unternehmerischer Tätigkeitsfelder weiterentwickelt werden kann. Die Aufnahme und Verarbeitung von Wissen ist daher zu einer strategischen Herausforderung geworden. Jedoch herrscht in Unternehmen vielfach Intransparenz über vorhandene Wissensbestände, Wissensquellen und bestehende Wissensdefizite.[1]

Wissen unterscheidet sich von den klassischen Ressourcen dadurch, daß es schnell identifiziert und durch geeignete Prozesse nutzbar gemacht werden muß, da es sonst an Wert verliert. Im Gegensatz zu den anderen Ressourcen gewinnt Wissen jedoch durch häufigen Gebrauch und gezielten Austausch an Substanz und Wert.

Um den internen Wissenstransfer und somit organisationale Lernprozesse zu fördern, bietet sich für Unternehmen der Personaleinsatz von Mitarbeitern in Projektteams an. Aus Unternehmenssicht lassen sich hierfür zwei grundsätzliche Beweggründe anführen: Zum einen werden Teams aus Überlegungen zum Job-Design heraus zusammengestellt, also zur Erfüllung von Routineaufgaben und zur Erhöhung des Autonomiegrades der Mitarbeiter durch kollektive Verantwortung im Team und somit zur Steigerung der Motivation, Zufriedenheit und Produktivität der Mitarbeiter.[2] Zum anderen werden Teams und Teamarbeit für Unternehmen zunehmend erforderlich, weil „Produkte und Prozesse einen Grad von Komplexität erreichen, welcher die kognitiven Fähigkeiten einzelner Individuen [oft] übersteigt."[3] Vorteilhaft bei dieser organisatorischen Strukturform ist, daß verschiedene Wissensstände zusammengeführt werden und sich enge interpersonelle Beziehungen innerhalb des Teams bilden können. Darüber hinaus gelten Personengruppen als zentrale Ebene von organisationalen Lernprozessen, da sich durch kürzere Wege und optimierte Kommunikationsstrukturen sowie bessere Möglichkeiten der Informationsübermittlung günstigere Voraussetzungen

---

1 Vgl. Probst/Raub/Romhardt (1999), S. 103ff. sowie Albach/Kaluza/Kersten (2002), S. 6ff.

2 Vgl. z.B. Shaw (1992); Maier/Solem (1952) sowie Antoni/Bungard/Kübler (1990), S. 471.

3 Betzl (1996), S. 30.

für den Wissenstransfer finden.[4] Innerhalb eines Teams besteht für jedes Mitglied ein gewisser Zwang zur permanenten Auseinandersetzung mit den verschiedenen Interessen und Meinungen der Teamkollegen. Im Idealfall motivieren sich Teammitglieder gegenseitig zum Lernen, indem sie neues Wissen erwerben und vom gegenseitigen Wissens- und Informationsaustausch profitieren.

Doch obwohl ein verbesserter Wissenstransfer durch Nutzung von Synergien die Qualität der Arbeitsleistung des Individuums steigert, verläuft der vertikale und/oder horizontale Wissenstransfer in Unternehmen oftmals schleppend oder findet nicht statt.[5] Zwar haben verschiedene Unternehmen die Herausforderung einiger Bestandteile des Wissensmanagements, wie die Identifikation oder Dokumentation ihres Wissens, erfolgreich gelöst, es mangelt jedoch an empirischen Ergebnissen, die Hinweise zur Förderung eines innerbetrieblichen Wissenstransfers geben. Unterschiedliche Definitionen und Abgrenzungen des Wissensbegriffs in Forschung und Praxis sowie das Defizit einer theoretisch konzeptionellen Fundierung eines Wissenstransferansatzes zeigen weiteren Handlungsbedarf auf.

1.2 Stand der wissenschaftlichen Forschung

Einige Autoren verstehen Wissensmanagement als „pragmatische Weiterentwicklung von Ideen des Organisationalen Lernens“[6]. Andere fassen Wissensmanagement als Teilmenge dieses Ansatzes auf. In der vorliegenden Arbeit wird die Meinung vertreten, daß der Ansatz der Lernenden Organisation den *Prozeß* des Lernens in den Mittelpunkt rückt, während das Wissensmanagement auf die *Ergebnisse* von Lernprozessen, das Wissen, fokussiert. Eine eindeutige und verbindliche Definition für Wissensmanagement gibt es in der Literatur und der Praxis jedoch nicht. Der Erläuterung des Untersuchungsgegenstandes soll ein kurzer Überblick vorausgehen, der die kontroverse Diskussion bzgl. der Beziehungen der Wissensmanagementansätze zueinander verdeutlicht.

Die Forschung zum Thema **Lernende Organisation** bildet eine Quelle relevanter Beiträge für Konzepte des Wissensmanagements. Hierbei sind zwei Richtungen zu unterscheiden: Eine theoretische Denkschule versucht, Ansätze der psychologischen Lerntheorien auf Organisationen zu übertragen sowie ggf. auf dieser Basis mögliche Lernbarrieren zu analysieren.[7] Die zweite pragmatischere Richtung liefert den Unter-

---

[4] Vgl. Castiglioni (1994), S. 129 sowie Senge (1998), S. 19.

[5] Vgl. z.B. Antoni/Bungard/Kübler (1990), S. 471.

[6] Probst/Romhardt (1997), S. 1. Zum Konzept der Lernenden Organisation vgl. z.B. Sattelberger (1996).

[7] Vgl. Cyert/March (1963) sowie darauf aufbauend March/Olsen (1976); Argyris/Schön (1978). Als weitere relevante Arbeiten sind z.B. Duncan/Weiss (1979); Huber (1991); Nonaka (1994) und Wiegand (1996) zu nennen.

nehmen konkrete Gestaltungsvorschläge, wobei je nach Autor nicht nur auf Beiträge zum Organisationalen Lernen, sondern z.B. auch auf Ansätze der Systemforschung oder Ergebnisse anderer Managementkonzepte verwiesen wird.[8] Einen besonderen Beitrag zur Lösung von praxisbezogenen Problemstellungen des Wissensmanagements leisten diejenigen Forschungsansätze, die verschiedene management- und wissensbezogene Grundlagen in übergreifende Betrachtungsperspektiven integrieren.

Der **wissensbasierte Ansatz** (knowledge-based-theory)[9] ist eine Weiterentwicklung des ressourcenbasierten Ansatzes (resource-based-theory).[10] Er legt den Fokus der Wettbewerbsorientierung auf unternehmensinterne Potentiale und erklärt, daß durch die Nutzung von Wissen nicht-imitierbare Wettbewerbsvorteile geschaffen werden, da implizites Wissen als Quelle nachhaltiger Wettbewerbsvorteile angesehen wird. Ein wichtiges Element des wissensbasierten Ansatzes ist die Analyse der relevanten Eigenschaften der Ressource Wissen, wozu vor allem die Aspekte Werthaltigkeit, Seltenheit als Abgrenzung vom Wettbewerb, Nicht-Imitierbarkeit und Nicht-Substituierbarkeit gezählt werden.[11] Als möglichen Bezugsrahmen legt dieser Ansatz durch die Zielsetzung, mit Wissen dauerhafte Wettbewerbsvorteile erreichen zu wollen, bereits zwei essentielle Bestandteile des Wissens fest: Nicht-Imitierbarkeit und Nicht-Transferierbarkeit. Dem widersprechen *Osterloh et al.*, die die Übertragung von implizitem Wissen innerhalb von Teams und zwischen Teams sowie die dafür erforderliche Motivation als wichtigste Bedingung für einen nachhaltigen Wettbewerbsvorteil identifizieren.[12] Der wissensbasierte Ansatz muß hinsichtlich der Annahmen zur Motivation kritisiert werden, da er von einer Motivation der Mitarbeiter ausgeht, die den Firmenzielen dienlich ist, die nicht immer vorausgesetzt werden kann, und da er zudem dynamische Beziehungen im Bereich der Motivationsarten vernachlässigt.[13]

Das **Wissensmanagement** (Knowledge Management) ist eng mit der Thematik der Lernenden Organisation verbunden und zielt auf einen an der Zukunft orientierten Veränderungsprozeß ab, bei dem der Wandel von Verhaltensweisen durch einen Bewußtseinswandel in der Organisation ausgelöst wird.[14] Die Prozesse der Generierung, Distribution und Nutzung von Wissen im Unternehmen werden dabei unterschiedlich als Ergänzung,[15] zentrale Bestandteile[16] oder als konzeptioneller Rahmen[17]

---

8 Insbesondere die Veröffentlichung von Senge (1998) hat zu einer weiten Aufnahme dieses Konzeptes in der Praxis geführt. Vgl. außerdem z.B. Sattelberger (1996); Schein (1995).

9 Vgl. z.B. Spender/Grant (1996), S. 6 sowie Grant (1997).

10 Vgl. zum resource-based-view-Ansatz Barney (1991), Grant (1991).

11 Vgl. Krogh/Venzin (1995), S. 419f. sowie Wildemann (1999).

12 Osterloh/Frey/Frost (1999), S. 1258.

13 Vgl. Nahapiet/Goshal (1998) sowie zu dieser Kritik Osterloh/Frey/Frost (1999), S. 1251ff.

14 Vgl. Hadamitzky (1995), S. 175f.

15 Vgl. z.B. Schneider (1996), S. 17ff.

des Organisationalen Lernens aufgefaßt. Der neue Forschungsfokus der im Zusammenhang mit Wissensmanagement erörterten Probleme und Lösungsansätze ist die Diskussion unterschiedlicher Forschungsergebnisse in einem einheitlichen Kontext sowie das Aufzeigen von zuvor vernachlässigten Zusammenhängen. Mittlerweile hat die Forschung vielfältige relevante Beiträge zur Behandlung von Fragestellungen des Wissensmanagements hervorgebracht. Es ist allerdings festzustellen, daß zur Zeit noch kein in sich geschlossener Ansatz existiert, der in der Lage ist, die Gesamtheit der verschiedenen Beiträge in einem konsistenten Rahmen zu verbinden. Bisher wurden grundsätzlich zwei Richtungen verfolgt: Einige Konzepte beziehen sich ausschließlich auf eine technische Auslegung des Wissensmanagements und stellen den Einsatz von Informations- und Kommunikationstechnologien zur Datenverarbeitung, -speicherung etc. in den Vordergrund.[18] Daneben existieren Konzepte, die eine humanorientierte Auslegung verfolgen, bei denen der Mensch als Wissensträger im Zentrum der Betrachtung steht.[19] Die ausschließliche Festlegung auf nur einen der Ansätze, den technik- oder den humanzentrierten, vernachlässigt die Wechselwirkungen, die sich im Gesamtbild eines Unternehmens beim Wissensmanagement ergeben.

Der **Transfer von Wissen** wird immer dann notwendig, wenn unterschiedliche Wissenspotentiale in verschiedenen Bereichen eines Unternehmens vorhanden sind und einzelne Geschäftseinheiten oder Mitarbeiter ggf. von der Expertise der anderen Bereiche oder Kollegen profitieren könnten, d.h. wenn durch die Übertragung von Wissen ein gezielter Ausgleich unterschiedlicher Wissensbasen erfolgen kann.[20] Demzufolge verhindert Wissenstransfer die Entstehung von Monopolwissen und reduziert die Abhängigkeit ganzer Organisationsbereiche von einigen wenigen Mitarbeitern in Schlüsselpositionen.[21]

Viele Arbeiten im Bereich des Wissenstransfers beschränken sich auf die Transferfähigkeit der beteiligten Akteure; nur wenige Autoren legen den Fokus auf die Bereitschaft zum Wissensaustausch. *Heppner* entwickelt einen konzeptionellen Bezugsrahmen arbeitsteiliger Entscheidungsprozesse, um Empfehlungen zur organisatorischen Gestaltung eines Wissenstransfers zu formulieren.[22] Er konzentriert sich in seiner Analyse auf die kognitive Dimension des Organisationsproblems und klammert motivationale Aspekte fast vollständig aus. Zur Beantwortung der Frage,

16 Vgl. Probst/Raub/Romhardt (1999); Davenport/Prusak (1999).
17 Vgl. z.B. Eck (1997), S. 158; Pawlowsky/Reinhardt (1997), S. 146ff. und Deiser (1996), S. 53ff.
18 Vgl. stellvertretend für diese Forschungsrichtung Kleinhans (1989); Puppe (1990) und Luft (1991).
19 Zur Humanorientierung im Wissensmanagement vgl. Pawlowsky/Bäumer (1996), S. 187ff.
20 Vgl. Boeglin (1992), S. 86.
21 Vgl. Busch/Wernig (1999), S. 580.
22 Vgl. Heppner (1997).

welche Einflußfaktoren auf den Wissenstransfer innerhalb eines Teams wirken, besteht noch Forschungsbedarf. Darüber hinaus ist die Rolle von Anreizen und ihr Einfluß auf den Wissenstransfer noch nicht eindeutig geklärt. So entwickelt *Keller* das Konzept eines Anreizsystems zur Steigerung der Abgabebereitschaft von Informationen.[23] Mit Hilfe seines theoretischen Bezugsrahmens aus motivationstheoretischen Ansätzen und Agency-Theorie zeigt er, daß bevorzugt ein monetäres Prämiensystem gewählt werden sollte. Im Gegensatz dazu messen *O'Dell* und *Grayson* monetären Belohnungen weniger Bedeutung zu und empfehlen keine derartigen Anreizsysteme zur Förderung der Transferbereitschaft.[24] *Bendt* versucht – anknüpfend an die Umsetzungsdefizite in der Praxis – den Wissenstransfer in multinationalen Unternehmen weiterzuentwickeln.[25] Dieser Analyse liegt eine ganzheitliche Betrachtung des Untersuchungsobjektes zugrunde, indem die Perspektiven Organisation, Human Resource Management und Informations- und Kommunikationstechnologie gleichermaßen behandelt werden. Eine detaillierte Analyse des Motivationsproblems beim Wissenstransfer erfolgt jedoch nicht.

In der vorliegenden Arbeit wird die These vertreten, daß die Thematik des Wissenstransfers nicht isoliert betrachtet werden darf, sondern als interdisziplinäres Gebiet aus Human Resource Management, Organisation und Informations- und Kommunikationstechnologie aufzufassen ist.[26] Nur bei einer Abstimmung dieser Bereiche aufeinander sind die Grundlagen für einen erfolgreichen Wissenstransfer gelegt. Darüber hinaus muß zwingend der Mensch und seine Entwicklung im Mittelpunkt der Analyse stehen.[27] Aus diesem Grund ist die Analyse des geplanten und gezielten teaminternen Transfers von Wissen aus Sicht des Wissenssenders Gegenstand der vorliegenden Arbeit. Zwar ist das Lernen voneinander und der Austausch von Wissen, insbesondere im Rahmen von Unternehmenskooperationen, bereits Bestandteil verschiedener Analysen in der Literatur, die vorliegende Arbeit beruht jedoch auf der Annahme, daß ein geregelter, reibungsloser Ablauf eines innerbetrieblichen Wissenstransfers sowohl von der Motivation des einzelnen Mitarbeiters als auch von personalwirtschaftlichen, organisatorischen und informationstechnologischen Rahmenbedingungen beeinflußt wird. Die kognitive Dimension der verhaltenstheoretischen Ansätze ist in der Literatur bereits behandelt worden,[28] motivationale Aspekte des Wissenstransfers blieben hingegen weitgehend unerforscht, so daß besonders in den Fragestellungen der Motivations- und Anreizthematik im Zu-

---

23 Vgl. Keller (1995).

24 Vgl. O'Dell/Grayson (1998), S. 168f.

25 Vgl. Bendt (2000).

26 Vgl. Kersten/Schröder (2002), S. 153f. Dieselbe Auffassung vertreten Davenport/Prusak (1999), S. 295ff.; Probst/Raub/Romhardt (1999), S. 240 und Bullinger/Wörner/Prieto (1997), S. 10.

27 Vgl. Maier/Rosenstiel (1997), S. 22 sowie Krcmar (1997), S. 1.

28 Vgl. exemplarisch Heppner (1997).

sammenhang mit dem Transfer von Wissen noch erheblicher Forschungsbedarf besteht.

1.3 Zielsetzung und Aufbau der Arbeit

Ziel der vorliegenden Arbeit ist es, Einflußfaktoren auf die Bereitschaft eines Individuums zum Wissenstransfer innerhalb eines Teams zu identifizieren. Die ermittelten Einflußfaktoren aus den Bereichen Human Resource Management, Organisation und Informations- und Kommunikationstechnologie (IuK-Technologie) sollen Aussagen darüber ermöglichen, wodurch sich das einzelne Teammitglied zu einem kontinuierlichen Wissenstransfer motivieren läßt, so daß Gestaltungsempfehlungen zur Förderung des teaminternen Wissenstransfers in der Unternehmenspraxis abgeleitet werden können. Die vorliegende Arbeit stellt die Analyse des teaminternen Wissenstransfers aus Perspektive eines Individuums in den Vordergrund der Betrachtung. Der einzelne Mitarbeiter steht dabei im Mittelpunkt, da der gesamte Prozeß des Wissenstransfers in hohem Maße von der frühzeitigen Einbindung und Bereitschaft des einzelnen Mitarbeiters abhängig ist. Da Wissen in der einzelnen Person lebt und wirkt, sind die Mitarbeiter selbst die wesentliche Voraussetzung von Lernprozessen und somit eine wichtige Quelle der Wertschöpfung eines Unternehmens.

Abb. 1-1 beschreibt den inhaltlichen Aufbau der Arbeit. Nach dem einführenden **Kapitel eins** grenzt **Kapitel zwei** das Untersuchungsobjekt ein. Fokussiert wird auf die Zusammenarbeit von Individuen innerhalb eines Teams. Um ein grundlegendes Verständnis von Wissen und Wissenstransfer zu schaffen, werden die in der Literatur von unterschiedlichen Disziplinen behandelten Definitionen des Wissensbegriffs systematisiert und eine eigene Arbeitsdefinition daraus entwickelt. Dieser theoretische Abschnitt endet mit den notwendigen Erläuterungen zum Wissenstransfer. Anschließend wird mit Hilfe ausgewählter Ansätze der Motivations- und Organisationstheorien der theoretische Bezugsrahmen festgelegt, innerhalb dessen sich die folgenden Ausführungen und Analysen bewegen. Der theoretische Bezugsrahmen schließt mit einer Darstellung der Konsequenzen aus den erläuterten Ansätzen für die Modellbildung. **Kapitel drei** diskutiert mögliche Einflußfaktoren auf den teaminternen Wissenstransfer. Hierzu werden neben möglichen Anreizen weitere Rahmenbedingungen aus den Bereichen Human Resource Management, Organisation und Informationstechnologie dargestellt. Eine empirische Analyse dieser Einflußgrößen folgt in **Kapitel vier**: Nach der Erläuterung der methodischen Grundlagen der empirischen Untersuchung werden zunächst deskriptive Ergebnisse aufgeführt, bevor mit Hilfe statistischer Verfahren der Einfluß der im vorhergehenden Kapitel vorgestellten Variablen auf den teaminternen Wissenstransfer untersucht wird.

Die Ergebnisse dieser empirischen Analyse werden in **Kapitel fünf** anhand des theoretischen Bezugsrahmens interpretiert. Daraus werden unter Berücksichtigung von personalwirtschaftlichen, organisatorischen und informations- und kommunikationstechnologischen Rahmenbedingungen Hinweise für die Ausgestaltung des internen Wissenstransfers in Projektteams abgeleitet. **Kapitel sechs** beinhaltet eine kurze Zusammenfassung der Ergebnisse und gibt einen Ausblick auf weitere Forschungsaspekte.

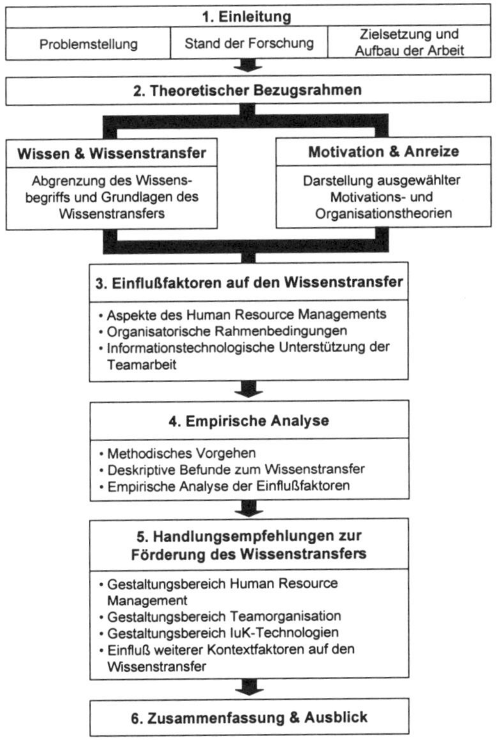

Abb. 1-1: Gang der Untersuchung

2 Theoretischer Bezugsrahmen

2.1 Abgrenzung des Untersuchungsfeldes

2.1.1 Grundlagen und Definition eines Teams

Die wissenschaftliche Literatur bedient sich einer Vielzahl von Begriffen zur Beschreibung der Zusammenarbeit von Individuen im Unternehmen. Zum Teil sind große Unterschiede in den Beschreibungen gleicher Begriffe aufzufinden.[29] Als primäres Definitionsmerkmal der Zusammenarbeit von Individuen in Gruppen wird die Interaktionshäufigkeit angesehen.[30] Daneben bestehen sekundäre Kriterien, wie bspw. die Entstehung von Verhaltensmäßigkeiten, die Ausbildung besonderer Einstellungen sowie die Herausbildung gewisser Strukturen.[31]

Wird eine Bestimmung des Begriffes Teamarbeit gefordert, so setzt dies zwei weitere Definitionen voraus, nämlich die der Gruppe und die der Arbeitsgruppe, da der Begriff des Teams stark mit diesen Begriffen verwoben ist.[32] Von einer Gruppe wird allgemein gesprochen, wenn mehrere Personen über eine längere Zeit interagieren und eine gegenseitige Beeinflussung stattfindet.[33] Nach *Buchinger* ist eine Gruppe ein „personenbezogener Sozialkörper mit einer spezifischen gut erfaßbaren Eigendynamik".[34] Eine **Gruppe**, also eine Mehrzahl von Personen in direkter Interaktion über einen gewissen Zeitraum, zeichnet sich durch Merkmale, wie gemeinsame Ziele, Normen und ein ‚Wir-Gefühl'[35] aus. Hinzu kommt, daß für die Besetzung bestimmter Positionen eine Differenzierung der Mitglieder erforderlich ist, wodurch sich eine Strukturierung der Aufgaben und eine Übernahme der zugeordneten Rollen (Rollendifferenzierung) ableitet. *Hackman* erweitert diese Definition zu einer **Arbeitsgruppe**, indem er die Gruppe als eine intakte soziale Einheit mit gewissen Handlungsspielräumen und einer klaren Rollenverteilung der Mitglieder definiert, mit einer oder mehreren Aufgaben, deren Ergebnisse klar erkennbar und meßbar sind, und die in einem organisationalen Kontext

---

29 Vgl. die Systematik in Anhang A.1.

30 Vgl. Homans (1960). Seiner Ansicht nach kann zusätzlich zur Häufigkeit auch die Intensität der Interaktion in Gruppen untersucht werden.

31 Vgl. Wiswede (1992), Sp. 736. Eine Alternative zur Beschreibung und Einteilung von Gruppen findet sich z.B. bei Unger (1998), S. 40f., die die drei Beschreibungsdimensionen „Interaktion der Mitglieder (Richtung, Häufigkeit, Dauer)", „Interdependenz der Gruppenmitglieder" sowie „Gruppenkohäsion" vorschlägt. Vgl. ausführlicher hierzu Kapitel 4.3.1.

32 Vgl. Prechtl (1999), S. 30ff. Guzzo/Shea (1992), S. 272, unterscheiden nicht zwischen den Begrifflichkeiten ‚Gruppe' und ‚Team'.

33 Vgl. z.B. Teufel et al. (1995), S. 9.

34 Buchinger (1999).

35 Vgl. zum ‚Wir-Gefühl' in Gruppen Dorsch (1994).

agiert.[36] Für *Schlick* steht dieser Begriff für ein gemeinschaftliches Arbeiten im Sinne der Erledigung von Routinetätigkeiten im Rahmen vorhandener Organisationsstrukturen.[37]

Bei dem Begriff ‚Team' schwingt im Vergleich zum Begriff ‚Gruppe' die Vorstellung von einem stark ausgeprägten Zusammenhalt und gut funktionierender Kooperation mit, obwohl eine klare Trennung beider Begriffe in der Literatur nicht vorgenommen wird.[38] Nach *Prechtl* kann eine Arbeitsgruppe als **Team** definiert werden, wenn die nachfolgend aufgeführten Kriterien erfüllt sind:[39] Es müssen

(1) von den Teammitgliedern gemeinsam entwickelte Ziele vorhanden sein und

(2) ein gemeinsamer Arbeitsansatz definiert werden, damit die Strukturen, Abläufe und das gesamte System von allen Teammitgliedern akzeptiert werden;

(3) die Anzahl der Teammitglieder ist beschränkt;

(4) die Mitglieder haben zwar unterschiedliche Rollen innerhalb der Gruppe,

(5) tragen aber gemeinsam die Verantwortung für ihre Aufgabenerfüllung.

Schlick setzt ein Team mit gemeinschaftlichem Arbeiten im Sinne des Einleitens bzw. Gestaltens von Veränderungsprozessen gleich.[40] Generell ist es notwendig, daß die Teammitglieder eigene Fertigkeiten entwickeln,[41] und daß verschiedene Individuen mit spezifischen Kenntnissen, Fähigkeiten und Fertigkeiten in die übergeordnete „Teameinheit" integriert werden.

2.1.2 Ausgestaltung der Zusammenarbeit von Individuen

Arten der Zusammenarbeit von Mitarbeitern lassen sich weiterhin danach unterscheiden, ob es sich um einen freiwilligen Zusammenschluß handelt oder ob Mitarbeiter von ihren Vorgesetzten zu einem Team zusammengesetzt werden.[42] In der Unternehmenspraxis bilden sich informelle Gruppen relativ unabhängig von der formalen, sachlich-funktionalen Arbeitsorganisation und stellen damit nicht geplante

---

36 Hackman (1987), S. 322.

37 Vgl. Schlick (1999).

38 Vgl. Antoni/Hofmann/Bungard (1996), S. 490.

39 Eine Arbeitsgruppe bekommt ihre Aufgabe generell von außen gestellt. Vgl. zu dieser Ansicht Prechtl (1999), S. 31ff. sowie Hayes (1997), S. 2. Zu weiteren Unterscheidungen verschiedener Teams vgl. Patzak/Rattay (1998), S. 59f.

40 Vgl. Schlick (1999).

41 Vgl. Tjosvold (1991).

42 *Rehäuser* und *Krcmar* reden in Bezug auf Kleingruppen, deren Zusammenkünfte auf freiwilliger Basis beruhen, von Qualitätszirkeln oder Lernstätten und bezeichnen diese als wissensfördernde Organisationsformen. Vgl. Rehäuser/Krcmar (1996), S. 28.

soziale Beziehungen dar.[43] Einige Beispiele für interessengeleitete Gruppenzusammensetzungen werden im folgenden exemplarisch dargestellt.

In Unternehmen finden sich immer häufiger Mitarbeiter mit gleichen oder ähnlichen Interessen in informellen Netzwerken oder Diskussionsforen zusammen, um untereinander Wissen auszutauschen.[44] *North et al.* subsumieren diese Art der Zusammenarbeit unter den Begriff **Communities of Practice** (CoP) bzw. Wissensgemeinschaften.[45] Diese Wissensgemeinschaften sind „über einen längeren Zeitraum bestehende Personengruppen, die Interesse an einem gemeinsamen Thema haben und Wissen gemeinsam aufbauen und austauschen wollen."[46] Die interessengeleitete Mitarbeit in einer solchen Gruppe ist freiwillig und muß persönlich erfolgen. Derartige „Personencluster" gruppieren sich anhand spezifischer Inhalte, wie z.B. gemeinsame Entwicklungsbereiche oder ähnliche Produktionstechniken.[47] Bei räumlicher Entfernung der Mitglieder, z.B. zwischen einzelnen Tochtergesellschaften, kann die Zusammenarbeit durch Zuhilfenahme moderner Informations- und Kommunikationstechnologien unterstützt werden.[48]

Probst et al. beschreiben weiterhin interne Expertengruppen, sogenannte **Think Tanks**, in denen Projekterfahrungen gebündelt und weiterentwickelt werden.[49] Ziel ist dabei der Austausch in der Gruppe, der gerade für junge Mitarbeiter sehr hilfreich ist. Sie können sich von erfahrenen Spezialisten fundiertes Know-how aneignen und für Projekte nutzen.[50] Ein weiteres Beispiel sogenannter Expertengruppen sind **Technology Groups**, die sich mit neu aufkommenden Technologien und deren Einsatzmöglichkeiten im Unternehmen sowie mit Untersuchungen bzgl. der Umsetzung dieser neuen Technologien beschäftigen.[51] Dieses Strukturelement wird genutzt, um den Wissens- und Erfahrungsaustausch zwischen den Unternehmensbereichen und der Forschung zu gewährleisten. „Denn ein wirkungsvoller Transfer ist nur in Form der Mitarbeiter

---

[43] Vgl. Breisig (1990), S. 57. Eine Übersicht verschiedener Formen der Teamarbeit gibt Hansen (2001), S. 319ff.

[44] Vgl. North (1999), S. 234. Davenport/Prusak (1999), S. 88ff. sprechen in diesem Zusammenhang von „Informellen Netzwerken" und „Zweckgemeinschaften".

[45] Vgl. North/Romhardt/Probst (2000). Über eine Abgrenzung der CoP von einem Team besteht in der Literatur keine Einigkeit. Vgl. die Abgrenzung bei Wenger/Snyder (2000). Zu einer Übersicht über das Gebiet CoP vgl. Brown/Duguid (1991) und Wenger (1998).

[46] North/Romhardt/Probst (2000), S. 32. Zu einer ausführlicheren Darstellung der CoPs vgl. Henschel (2000).

[47] CoPs können sich auch auf bestimmten Arbeitsgebieten bilden. Vgl. Gerybadze (2003), S. 146.

[48] Vgl. Kersten/Schröder (2002), S. 163.

[49] Vgl. Probst/Raub/Romhardt (1999), S. 209ff. Die Autoren bemängeln allerdings gleichzeitig die sehr theoretische Diskussion der Themen.

[50] Vgl. Probst/Raub/Romhardt (1999), S. 206 am Beispiel von General Electric.

[51] Vgl. Benda (1990), S. 112, für das Beispiel der Technology Groups bei DaimlerChrysler.

möglich. Was an Erfahrungen und Wissen in ihren Köpfe steckt, umfaßt viel mehr als das, was sie dokumentieren und weitergeben können."[52]

Als Arbeitsdefinition läßt sich festhalten:[53] **Ein Team ist eine Gruppe von mindestens drei Mitarbeitern, deren Mitglieder von außen als solche erkannt werden und sich selbst als Mitglieder wahrnehmen, die eingegliedert in eine Organisation (Kontext) durch unmittelbare Zusammenarbeit gemeinsame Aufgaben erledigt.** Nachfolgende Abb. 2-1 stellt einige Ausprägungen von Teams gegenüber.

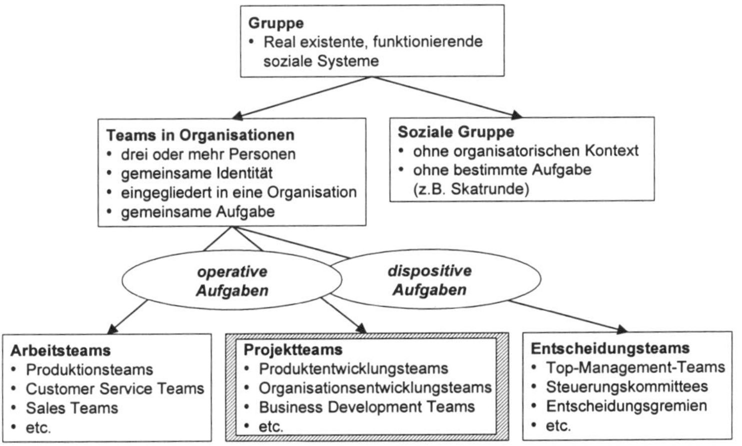

Abb. 2-1: Arten von Teams[54]

Während Arbeitsteams (z.B. Produktionsteams) ihre Aufgaben meist kontinuierlich verrichten, sind reine Entscheidungsteams fast ausschließlich mit dispositiven Aufgaben betraut, kommen jedoch sowohl in zeitgebundenen (z.B. Sonderkommissionen) als auch in fortwährenden Formen (z.B. Vorstand einer AG) vor.[55]

Allgemein können Teams nach ihrer Größe eingeteilt werden.[56] In dieser Arbeit wird der Ansicht von *Högl* gefolgt, der die Mindestzahl eines Teams mit drei Personen festlegt, wobei die optimale Teamgröße dabei zwischen drei und neun Personen liegt.[57]

---

52 Benda (1990), S. 112.

53 In Anlehnung an Alderfer (1987), S. 202; Hackman (1987); Wiendieck (1992) sowie Guzzo/Shea (1992), S. 272.

54 In Anlehnung an Högl (1998), S. 18.

55 Vgl. Högl (1998), S. 18.

56 Die Anzahl der Teammitglieder kann durchaus eine wichtige Rolle spielen und Einfluß auf die Interaktion und das Teamgefüge nehmen, obwohl die Sinnhaftigkeit einer formalisierten Grenzziehung hinsichtlich der Zahl überwiegend angezweifelt wird. Vgl. Wiendieck (1992), Sp. 2376.

In dieser Arbeit stehen **Projektteams** im Mittelpunkt. Diese Art von Teams zeichnet sich zusätzlich zur obigen Arbeitsdefinition dadurch aus, daß sie im Rahmen von Projekten zeitlich begrenzt zusammenarbeiten mit dem Ziel, eine klar abgegrenzte Aufgabe, z.B. Planungs- und Entwicklungstätigkeiten, zu erfüllen.[58] Mitglieder von Projektteams sind per Definition mit komplexen und unsicheren Aufgaben betraut und leisten zumeist deutlich unterscheidbare Beiträge zum Erreichen des Teamziels. Aufgrund der vorwiegend multifunktionalen bzw. interdisziplinären Besetzung von Projektteams wird im Rahmen der Analyse nicht zwischen verschiedenen Einsatzbereichen, z.B. F&E-, Produktions- oder Konstruktionsteams, unterschieden.

2.1.3 Forschungsfokus

Speziell für die Leistungserbringung in Form des innerbetrieblichen Wissenstransfers ist die intensive Zusammenarbeit und Kommunikation mehrerer Individuen einer Organisation eine notwendige Voraussetzung. Der Begriff der Arbeitsleistung – im hier verstandenen Sinne des Wissenstransfers – umfaßt sowohl das Leistungsverhalten als auch das Leistungsergebnis[59] und wird von verschiedenen intraindividuellen und personenexternen Determinanten beeinflußt.[60] Der Transfer von Wissen setzt die Entscheidung des Wissensinhabers und des -empfängers zum Transfer voraus. In der vorliegenden Arbeit ist die Entscheidungssituation des Wissenssenders von zentraler Bedeutung, wie Abb. 2-2 verdeutlicht: Beim Wissensträger wird Wissen nachgefragt; für ihn ergeben sich zwei alternative Handlungsmöglichkeiten: Entweder beantwortet der Wissensträger die Anfrage nicht, weil er die Antwort nicht kennt oder nicht artikulieren kann (kognitive Ursache, „Nicht-Können") oder aber, weil er nicht antworten will (motivationale Ursache, „Nicht-Wollen"). Von den kognitiven Barrieren wird im folgenden abstrahiert, da die motivationalen Barrieren bzw. deren Überwindung im Vordergrund der Analyse stehen.

---

57 Vgl Bühner/Pharao (1993), S. 49 sowie Högl (1998), S. 10f. Eine Dyade gilt folglich nicht als Team.

58 Vgl. hierzu Osterloh/Wübker (1999), S. 30 sowie Zink (1990), S. 152. Vgl. Anhang A.1 zu weiteren Definitionen des Teambegriffs.

59 Vgl. Kosiol (1962), S. 25; Becker (1992), S. 74 und S. 240ff. sowie Drumm (2000), S. 440.

60 Zu den intraindividuellen Faktoren zählen Leistungsfähigkeit und -bereitschaft einer Person. Vgl. Sprenger (1999), S. 185.

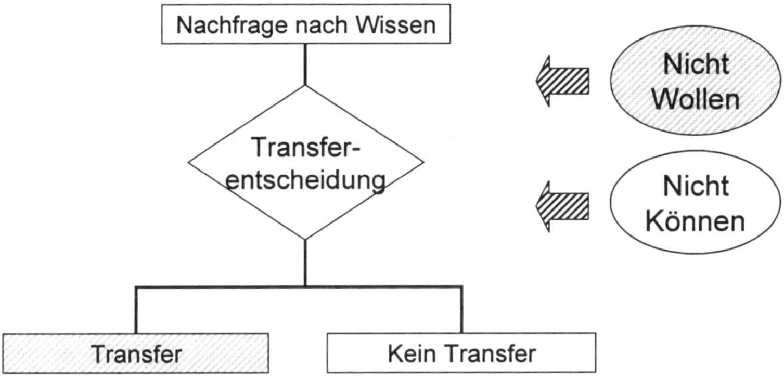

Abb. 2-2: Entscheidung des Mitarbeiters zum Wissenstransfer

Im Zusammenhang mit der Entscheidungssituation des Wissensträgers sind fünf Fragen von Interesse, wobei sich eine vollkommen isolierte Betrachtung der Fragen aufgrund von Interdependenzen als schwierig erweist:[61]

a) Welches Wissen soll abgegeben werden?
b) Wem soll das Wissen zugeleitet werden?
c) Wie soll das Wissen transferiert werden?
d) Wann soll das Wissen abgegeben werden?
e) Warum soll das Wissen transferiert werden?

Bei der gedanklichen Zerlegung der Entscheidungssituation in fünf Fragenkomplexe, wird im folgenden ausschließlich die unter (e) aufgeführte Frage analysiert, *warum* Wissen transferiert werden soll. Die Frage nach dem *Warum* betrifft die Motive zur Abgabe von Wissen eines Wissensträgers. Bei der Untersuchung dieser Fragestellung sind die Beweggründe für die Entscheidung des Wissensinhabers zur Abgabe bzw. Nichtabgabe zu betrachten.[62] *Coenenberg* führt für das Beispiel der Informationsabgabe an:

> „Das Kommunikationssubjekt wird sich demzufolge nur dann zu einem entsprechend den Erwartungen der (betrieblichen) Umwelt ausgerichteten Kommunikationsverhalten entschließen, wenn ihm hierdurch im Felde seiner Wahrnehmung eine Nettobedürfnisbefriedigung gewährt wird, das heißt es wird nur dann zur Informationsabgabe bereit sein, wenn es sich durch die Kommunikation eine direkte oder indirekte Förderung seiner persönlichen Ziele verspricht". Coenenberg (1966), S. 73.

---

61 Vgl. hierzu Keller (1995), S. 69.

62 Zu Erklärungsansätzen menschlichen Handelns vgl. Kap. 2.4 sowie Berthel (1967), S. 171f.

Diese Schlußfolgerung läßt sich auf den Wissenstransfer übertragen. In der vorliegenden Arbeit steht der Wissenssender im Vordergrund, so daß Barrieren des Wissenstransfers auf Seiten des Wissensempfängers vernachlässigt werden.

2.2 Wissen – Inhaltliche und begriffliche Abgrenzung

Für eine Erschließung des Themas „Wissenstransfer" ist zunächst zu klären, wie Wissen zu definieren ist und wie es sich von den Begriffen Daten und Informationen unterscheidet (Kap. 2.2.1). Anschließend folgt eine strukturierte Darstellung verschiedener Arten von Wissen (Kap. 2.2.2).

2.2.1 Charakteristika und Arbeitsdefinition der Ressource Wissen

2.2.1.1 Der Wissensbegriff in der Literatur

Der Versuch, den Begriff „Wissen" zu präzisieren und einzugrenzen, ist mit erheblichen Schwierigkeiten verbunden, da „Wissen" – aus unterschiedlichen Perspektiven betrachtet – einen divergent verstandenen Grundbegriff darstellt. Zu der Definitionsproblematik kommt erschwerend hinzu, daß eindeutige Abgrenzungen des „Wissens" zu verwandten, ähnlichen Begriffen, wie z.B. Information, Know-How, Kompetenz, Fähigkeit etc., fehlen. Oft werden die Begriffe zur gegenseitigen Definition herangezogen, wodurch insbesondere Über- und Unterordnungsbeziehungen ungeklärt bleiben.[63]

Die jeweils verwendete Wissensdefinition wird vom Interesse der verschiedenen Wissenschaftsdisziplinen bestimmt: Bspw. bemüht sich die **Philosophie**[64] um die Klärung der Frage, was Wissen überhaupt ist und wie es gedanklich erfaßt werden kann. Wird z.B. die philosophische Wissensdefinition von *Kant* zugrundegelegt, bezeichnet Wissen die höchste Stufe der Erkenntnis.[65] Für *Bell* ist Wissen eine „Sammlung in sich geordneter Aussagen über Fakten oder Ideen, die ein vernünftiges Urteil oder ein experimentelles Ergebnis zum Ausdruck bringen und anderen durch irgendein Kommunikationsmedium in systematischer Form übermittelt werden".[66] Er betont mit dieser Definition die Aspekte der Vernunft, der Ordnung, der experimentellen Verifizierung und der Kommunizierbarkeit.

---

63 Einen Ausschnitt der Begriffsvielfalt und Zirkeldefinitionen von „Wissen", „Informationen" und „Know-How" spiegelt Anhang A.2 wider.

64 Vgl. stellvertretend Kant (1781), S. 823 sowie Bell (1985), S. 180.

65 Kant (1781) bzw. Brüggen (1974), S. 1723ff.

66 Bell (1985), S. 180.

Die **Psychologie** hingegen nutzt den Wissensbegriff zur Erforschung des menschlichen Denkens, Fühlens und Verhaltens.[67]

In der **Betriebswirtschaftslehre** existiert eine große Vielfalt an Begriffsdefinitionen, die von dem Gedanken ausgehen, Wissen als Produktionsfaktor zu nutzen.[68] Im Gegensatz zu den oben beschriebenen subjektiven Wissensbegriffen versucht die Betriebswirtschaftslehre, Wissen objektiv greifbar zu machen. So beschreibt bspw. *Eck* Wissen generisch und erklärt die Erlösung aus dem Unwissen, welches die Motivation zu Fragen, Zweifel, Druck, Notwendigkeit, Wissen-Wollen, Neugierde etc. voraussetzt.[69] *Steinmüller* hingegen definiert Wissen im Rahmen der **informationstheoretischen Perspektive** über Informationen und Modelle als die „Vernetzung von Informationen, so daß ein bestimmter Zweck unter spezifischen Kontextbedingungen effizient verfolgt werden kann".[70] *Ropohl* definiert Wissen aus Sicht der **Systemtheorie** als Gesamtheit „der in Informationsspeichern fixierten und durch planmäßigen Ablauf reproduzierten Informationen"[71], d.h., Wissen ist objektiv greifbar und durchaus auch in anderen Systemen als dem menschlichen Gedächtnis vorhanden, z.B. im Speicher eines Computers oder in „Speichern" einer Organisation.[72]

Annähernd einig sind sich die Autoren der betriebswirtschaftlichen Forschungsrichtung des Wissensmanagements allerdings darin, die Basis für das Wissen über die Abstraktionsebenen Zeichen, Daten und Informationen festzulegen, wobei der Übergang von Daten zu Informationen über die verknüpfenden Elemente Kontext und Vernetzung vorgenommen wird.[73] **Zeichen** sind Signale bzw. Symbole, z.B. ein Buchstabe, ein Bit etc. Ein Zeichen kann ganz unabhängig vom Menschen existieren. **Daten** sind beliebige Zeichen bzw. Zeichenfolgen[74] und beschreiben „objektive Fakten zu Ereignissen oder Vorgängen".[75] Sie bestehen aus Zeichen- oder Signalfolgen, die syntaktischen Regeln folgen müssen. Daten sind in der Regel unstrukturiert, isoliert und nicht kontextgebunden, sie sind potentiell – aber nicht zwangsläufig – verwertbar und beeinflussen menschliches Verhalten nur gering. Grundsätzlich ist die Datenmenge

---

67 Vgl. zur psychologischen Sichtweise von Wissen stellvertretend Hehlmann (1974) S. 603; Bude (1987); Kraak (1991).

68 Vgl. zur Diskussion um den Wissensbegriff z.B. Wittmann (1979) oder Rehäuser/Krcmar (1996); systematisierte Wissenskategorien finden sich bei Krogh/Venzin (1995) oder Amelingmeyer (2000).

69 Vgl. Eck (1997), S. 158.

70 Steinmüller (1993), S. 236. Die **Informatik** beschäftigt sich mit der Erforschung informationstechnologischer Möglichkeiten des Wissenstransports und der Wissensspeicherung. Vgl. stellvertretend Steinmüller (1993).

71 Ropohl (1979), S. 216.

72 Vgl. Güldenberg (1999b), S. 527.

73 Vgl. u.a. Rehäuser/Krcmar (1996), S. 3 sowie Güldenberg (1999a), S. 154ff.

74 Vgl. Albrecht (1993), S. 45 sowie Pfiffner/Stadelmann (1995), S. 130.

75 Davenport (1999), S. 27.

nicht eingeschränkt, „in aller Regel ist das Problem nicht ein Mangel, sondern eine Überflutung [...] mit Daten."[76] **Informationen** entstehen durch die Verknüpfung von Daten und kennzeichnen Inhalte, wie z.B. Tatsachen, Ereignisse oder Abläufe.[77] Im Gegensatz zu Daten haben Informationen in erster Linie einen subjektiven Charakter - sind als solche also auch nur subjektiv wahrnehmbar oder verwertbar, - sie sind in einen Kontext eingebunden und setzen sich aus Daten zusammen. Nach *Picot* sind Informationen als in den Kontext eines Problemzusammenhangs gestellte Daten zu betrachten:[78] Aus Daten werden Informationen, wenn sie der Lösung eines Problems dienlich gemacht werden können.

Der Informationsbegriff wird in der Wissenschaft mit zwei unterschiedlichen Bedeutungsinhalten diskutiert: Als „Information" kann sowohl der *Prozeß der Übermittlung von Wissen* als auch das *Ergebnis der Tätigkeiten der Wissensgewinnung, -übermittlung und -verarbeitung* bezeichnet werden.[79] Die meisten Autoren legen ihren Begriffsdefinitionen den zweiten Bedeutungsinhalt zugrunde. Am prägnantesten hat *Wittmann* die Information als „zweckorientiertes Wissen" definiert.[80] Information ist nach dieser Sichtweise eine „Teilmenge des umfassenderen Wissens"[81] eines Individuums, die für die Erreichung eines bestimmten Zweckes eingesetzt wird.

In der betriebswirtschaftlichen Literatur herrscht innerhalb der verschiedenen Forschungsdisziplinen, die sich mit dem Thema befassen, Uneinigkeit über die Beziehung zwischen den Begriffen **Wissen** und Informationen. Von einigen Autoren wird der Wissensbegriff als *Teilmenge von Informationen* angesehen: Wissen gilt als verarbeitete[82], gelernte[83] oder reproduzierbare[84] Information. *Pfiffner* und *Stadelmann* bilden z.B. eine Begriffshierarchie dahingehend, daß Wissen eine Teilmenge der Informationen, Informationen wiederum eine Teilmenge der Daten sind.[85] Andere Autoren definieren umgekehrt *Informationen als Teilmenge von Wissen*. Ihrer Ansicht nach bezeichnet die Information entweder entscheidungsrelevantes,[86] zweck-

76 Willke (1998), S.8.
77 Vgl. Albrecht (1993), S. 45 sowie Davis/Botkin (1994), S. 166.
78 Vgl. Picot (1988), S. 227f.
79 Vgl. Berthel (1967), S. 27.
80 Vgl. Wittmann (1959), S. 14.
81 Kaltwasser (1994), S. 13.
82 Vgl. Albrecht (1993), S. 31f.
83 Vgl. Davis/Botkin (1995), S. 26.
84 Vgl. Ropohl (1979), S. 216.
85 Vgl. Pfiffner/Stadelmann (1995), S. 130.
86 Vgl. Schweitzer (1989), S. 17.

gerichtetes[87] oder spezielles[88] Wissen und ist damit *Teilmenge* der Menge allen verfügbaren Wissens.[89]

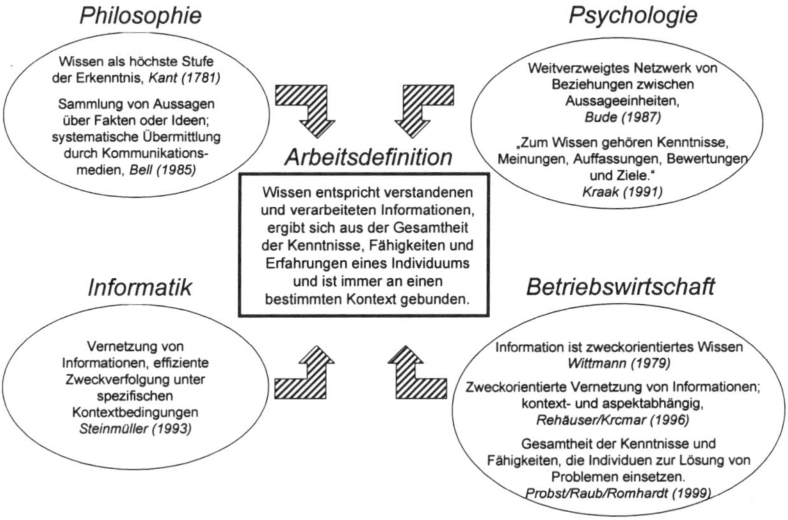

Abb. 2-3: Definition des Wissensbegriffs in verschiedenen Disziplinen[90]

Unter Berücksichtigung der oben genannten unterschiedlichen Wissensbegriffe, die Abb. 2-3 skizziert zusammenfaßt, wird Wissen in der vorliegenden Arbeit als **verstandene und verarbeitete Informationen** definiert. **Wissen ergibt sich aus der Gesamtheit der Kenntnisse, Fähigkeiten und Erfahrungen eines Individuums und ist immer an einen bestimmten Kontext gebunden.**

Zur Präzision des Wissensbegriffs für den Untersuchungsaspekt des Wissenstransfers erscheint allerdings noch eine Darstellung der Eigenschaften der Ressource Wissen zweckmäßig.

2.2.1.2 Eigenschaften der Ressource Wissen

Wissen ist an Träger gebunden, da es selbst immateriell[91] ist. Zu den Wissensträgern werden in diesem Zusammenhang sowohl Personen und Personengruppen als auch

---

87 Vgl. Wittmann (1959), S. 14 sowie Wittmann (1980), Sp. 894.

88 Vgl. Wacker (1971), S. 40.

89 Informationen sind somit Bausteine des Wissens. Vgl. Bullinger/Wagner/Ohlhausen (2000), S. 75.

90 Vgl. Kersten/Schröder (2002), S. 147.

materielle Träger, wie z.B. Printmedien, Computer und Produkte, gezählt. Wissensträger sind demnach alle „körperlichen Elemente (...), in denen sich Wissen manifestieren kann.“[92] Die Ressource Wissen ist dabei durch folgende Eigenschaften gekennzeichnet:

- Wissen umfaßt die **Komponenten** Kenntnisse und Fähigkeiten im Hinblick auf die Realität, Personen, bestehende Normen und Werte, die auf Zeichen, Daten und Informationen basieren.

- Zu unterscheiden ist der **Strukturierungsgrad** des Wissens: Wohlstrukturiertes Wissen beinhaltet eine operationale Definition, für die außerdem eine Handlungsanweisung existiert. Schlecht-strukturiertes Wissen hingegen ist mehrdeutig und inhaltlich nicht eindeutig zu bestimmen.

- Wissen ist **kontextabhängig**. Der Kontextbegriff ermöglicht eine Differenzierung im Hinblick auf den Situations- und den Lebensweltkontext, die eine Diskussion von Wissensformen zuläßt, die Potentialcharakter besitzen und somit von strategischer Bedeutung sind.[93] Wissen ist zwingend an bestimmte Situationen bzw. bestimmte Kontexte gebunden.

- **Spezifität**: **Spezifisches Wissen**[94] erbringt nur in einer speziellen Verwendung einen Nutzen, der höher ist als in einer anderen Verwendung. **Unspezifisches** bzw. **generelles Wissen** hingegen ist dadurch charakterisiert, das es auch in anderen Verwendungen einsetzbar ist und dort einen gleich hohen oder höheren Ertrag erwirtschaftet.[95]

- Die **Artikulierbarkeit** von implizitem Wissen ist schwierig und nicht immer möglich.[96] Explizites Wissen hingegen läßt sich artikulieren und formulieren.[97]

---

91 Pfiffner/Stadelmann (1995), S. 133, sprechen in diesem Zusammenhang von der Intangibilität des Wissens.

92 Amelingmeyer (2000), S. 51.

93 Vgl. Weissenberger-Eibl (2000), S. 24.

94 *Spezifisches* Wissen ist im folgenden mit *relevantem* Wissen gleichzusetzen. Vgl. zur Spezifität in Anlehnung an den Transaktionskostenansatz die zwei verschiedenen Ansätze von Williamson (1975) und Jensen/Meckling (1992).

95 Im Unterschied zu dem Ansatz von *Williamson* sind für *Jensen* und *Meckling* die Kosten, die beim Transfer von Wissen entstehen, ausschlaggebend für dessen Spezifität. Es gilt: Je höher die Kosten, desto spezifischer das Wissen. Vgl. Jensen/Meckling (1992), S. 254 sowie Williamson (1975). Die Problematik der Bewertung von Wissen wird an dieser Stelle nicht weiter verfolgt.

96 Gegenteiliger Auffassung sind Rüdiger/Vanini (1998), S. 470f.

97 Vgl. zu den Eigenschaften impliziten und expliziten Wissens Kap. 2.2.2.1.

- **Verankerung**: Je nach Wissensträger ist zwischen individuellem Wissen, kollektivem Wissen (z.B. Teamwissen) und organisationalem Wissen zu differenzieren.[98]

- Informationen sind **leicht transportierbar**, d.h., sie können mit hoher Geschwindigkeit, z.B. per Telefon, Fax oder E-Mail, an jeden beliebigen Ort übermittelt werden. Wissen hingegen ist schwieriger zu transferieren, obwohl es weder **orts-** noch **zeitgebunden** ist. Was übermittelt wird und werden kann, sind Informationen, erst wenn sie beim Empfänger ankommen, verknüpft dieser die erhaltenen Informationen zu neuem Wissen.

- Wissen ist **synergetisch**,[99] d.h., je mehr von dieser Ressource vorhanden ist, desto nützlicher wird sie und desto mehr wird sie gebraucht. Im Gegensatz zu anderen Produktionsfaktoren wird Wissen bei der Produktion nicht reduziert, sondern akkumuliert bzw. gebraucht. Wissen **vermehrt** sich **durch Verbreitung** (Vielfachbesitz), d.h., Wissen breitet sich aus, wobei es allerdings gleichzeitig auch beim Wissenssender verbleibt. In der Natur des Wissens liegt, daß es nicht ausgetauscht, sondern nur geteilt werden kann. Ein Berater, der sein Wissen einem Unternehmen verkauft, teilt das Wissen mit dem Kunden, aber tauscht es nicht, denn nachher verfügen beide Seiten gleichzeitig über dieses spezielle Wissen im Hinblick auf die konkrete Problemstellung (Kontext). Wissen gewinnt durch Gebrauch und durch Teilung an Wert, dabei entsteht der Wert des Wissens erst nach dessen Übermittlung beim Empfänger und ist daher subjektiv.[100] Dabei ist eine genaue objektive Quantifizierung bzw. Bewertung von Wissen nur schwer möglich.

- Wissen kann zudem ein **„öffentliches Gut“** sein. Öffentliche Güter zeichnen sich im wesentlichen durch zwei Merkmale aus: (1) durch Nichtrivalität im Konsum und (2) durch Nichtexkludierbarkeit. Wissen ist allen Wirtschaftssubjekten ohne Tausch in gleicher Weise zugänglich, ohne daß durch weitere Nutzer seine Menge abnimmt. Das zweite Kriterium bezieht sich darauf, daß der Ausschluß anderer Nutzer am Wissen nicht möglich ist. Denkbar ist allerdings auch der Aufbau sog. *Wissensmonopole* in sehr spezialisierten Gebieten, die sich teilweise nur mit hohem Aufwand und nur für kurze Zeit realisieren lassen, bspw. im Rahmen von Forschungs- und Entwicklungstätigkeiten.[101] Hierbei handelt es sich um **privates**

---

98 Vgl. ausführlicher hierzu Kap. 2.2.2.2.

99 Vgl. Pfiffner/Stadelmann (1995), S. 136ff.

100 Vgl. Bullinger/Wagner/Ohlhausen (2000), S. 75. Pfiffner/Stadelmann (1995), S. 142 führen hier das Beispiel an, daß die Wettervorhersage von vorgestern oder ein Tip für die Lottozahlen des vergangenen Samstags wertlose Informationen sind.

101 Firmengeheimnisse, wie z.B. die „Coca-Cola-Formel“, zählen hingegen zu privatem Wissen, das in der Regel nur wenigen Personen innerhalb des Entwicklungsbereichs zugänglich ist.

Wissen, da andere Personen von der Nutzung – zumindest eine Zeit lang – ausgeschlossen werden können.

Ergänzend zur obigen Arbeitsdefinition ist Wissen gekennzeichnet durch seine Spezifität, seinen Kontextbezug und die zumeist schlechte Strukturierung. Darüber hinaus steht diese Ressource immer in Zusammenhang mit Personen, Normen, Werten und Handlungen. Weiterhin ist festzuhalten, daß im Zusammenhang mit der Ressource Wissen die **Wissensträger** und der Vorgang des **Wissenstransfers** wichtige Variablen sind.

2.2.2 Arten von Wissen

2.2.2.1 Explizites versus implizites Wissen

Wissen wird in der Literatur nach der Art des Wissens systematisiert. Zwar ist beim Kriterium der Wissensart ein deutlicher Bezug zu verschiedenen Wissensträgern gegeben, hiervon wird im folgenden aber zunächst abstrahiert. Auch bei der Einteilung des Wissens in Arten weist die Literatur eine überraschende Vielfalt auf,[102] allerdings herrscht weitgehend Einigkeit in Bezug auf die Unterscheidung in die Begriffspaare implizit und explizit[103] sowie individuell und kollektiv.

Das **implizite Wissen** ist in den Köpfen der Mitarbeiter vorhanden und daher nur schwer zu erfassen. Es läßt sich als subjektiv, persönlich, intuitiv und informell charakterisieren und kann nur schwer verbalisiert werden,[104] d.h., es ist weitgehend aktionsgebunden und höchst subjektiv. *Szyperski* stellt dazu fest: „Der Experte kann mehr als er selbst weiß und weiß mehr als er auszudrücken vermag!"[105] *Polanyi* erklärt die Existenz impliziten Wissens dadurch, „daß wir mehr wissen, als wir zu sagen wissen".[106] Zu implizitem Wissen zählen individuelle Fähigkeiten, wie z.B. handwerkliches Können und Handlungsroutinen sowie Überzeugungen und mentale Modelle.[107]

Explizites Wissen ist objektiv, rational, in Worten oder Zahlen beschreibbar. Es kann standardisiert, strukturiert und methodisch in sprachlicher Form abgelegt werden, bspw.

102 Vgl. Anhang A.3 zur Übersicht über verschiedene Arten von Wissen.

103 Im Rahmen des Wissenstransfers ist bei der Diskussion über die Wissensart die Unterscheidung von explizitem und implizitem Wissen von besonderer Relevanz, weil aufbauend auf diesen verschiedenen Arten von Wissen unterschiedliche Strategien für dessen Transfer genutzt werden.

104 Vgl. hierzu und im folgenden die Attribute zur Abgrenzung impliziten Wissens bei Rüdiger/Vanini (1998), S. 469.

105 Szyperski (1980), Sp. 911.

106 Polanyi (1958), S. 14.

107 Vgl. Nonaka (1994), S. 16; Lukas (1999), S. 32 sowie Boutellier/Corsten (1996), S. 167.

in Form von Handbüchern, Dokumentationen, Datenbanken, Patenten, Systemen, Organisationsvorschriften oder Software, Texten, Bildern, Videomaterial, technischen Zeichnungen, Formularen, etc. Die Inhalte finden sich etwa im Produktdesign oder im Ablauf von Geschäftsprozessen und in vielfältiger Weise in Schriften, Plänen, Karten, Vorschriften, Regeln etc. wieder.[108] Wenn Wissen auf irgendeine Art dokumentiert worden ist, steht es unabhängig von einzelnen Mitarbeitern weiteren Personen zur Verfügung. Aus Unternehmenssicht ist explizites Wissen deshalb bedeutsam, weil es offen zugänglich sowie relativ einfach reproduzierbar ist und daher in der Regel problemlos weitergegeben werden kann.[109]

Im folgenden wird solches Wissen als explizit bezeichnet, das artikulierbar ist, was sich in der Regel darin äußert, daß es sprachlich umgesetzt ist oder unmittelbar sprachlich umgesetzt werden kann; insofern entspricht explizites Wissen weitgehend der gewählten Definition von Information.[110] Damit sind alle in Schriftform festgehaltenen Wissensinhalte ebenso als explizit zu kennzeichnen wie dasjenige Wissen, das einer Person bewußt ist, so daß sie es bei Bedarf unmittelbar mitteilen kann. Als unabhängig für die Eigenschaft der Explizität wird daher die Frage gesehen, ob dieses Wissen auch tatsächlich artikuliert wird, da die Gründe für ein Zurückhalten bewußten Wissens selten unmittelbar auf Wissenseigenschaften zurückzuführen sind.[111]

Das *explizite Wissen* zu managen, ist nur eine der zukünftigen Herausforderungen in Unternehmen. Dieses Problem wird durch die Fortschritte in der Informations- und Kommunikationstechnologie weitgehend handhabbar. Die größere Herausforderung liegt jedoch in der Handhabung des *impliziten Wissens* und in dem komplementären Verhältnis zum expliziten Wissen.[112]

2.2.2.2 Individuelles versus kollektives Wissen

Im Gegensatz zu **individuellem Wissen** wird das Wissen einer Gruppe oder eines Unternehmens, das sich für mehrere Personen zur gleichen Zeit im Zugriff befindet, als **kollektives** oder **organisationales Wissen** bezeichnet.[113] Kollektives Wissen ist als relevante, wertvolle Information für das Unternehmen zu verstehen und ist unabhängig vom aktuellen Mitarbeiterbestand verfügbar. Diese Art von Wissen besteht nicht nur aus dem individuellen Wissen der Mitarbeiter, sondern ist in personenunabhängigen Regel-

---

108 Neumann/Flügge/Finerty (1998), S. 67.

109 Neumann/Flügge/Finerty (1998), S. 67.

110 Dieselbe Abgrenzung nehmen Anand/Manz/Glick (1998), S. 797 vor.

111 Anderer Meinung sind Rüdiger/Vanini (1998), S. 470-472.

112 Vgl. Habermas (1988).

113 Vgl. Bullinger/Ohlhausen/Rüger (2000), S. 207.

systemen verankert, die die Arbeitsweise eines Unternehmens definieren, wie z.B. Standardverfahren, Organisationsprinzipien, Verhaltensregeln, Leitlinien, Prozeßbeschreibungen, Arbeitsanweisungen, Produktionstechnologien, Traditionen sowie Werthaltungen. Kollektives Wissen schlägt sich in der Interaktion zwischen Mitgliedern eines Unternehmens nieder.[114] Anzumerken ist an dieser Stelle, daß das kollektive Wissen mehr darstellt, als die Summe des individuellen Wissens, da sich aus dem Netzwerk der Beziehungen innerhalb einer Organisation Synergieeffekte erzielen lassen. Personen, Arbeitsgruppen oder Projektteams halten relevante Erkenntnisse und Ergebnisse fest und stellen diese dem Unternehmen in verschiedenen Formen (z.B. Berichte, Handbücher, Schulungsunterlagen) zur Verfügung.

Aus der Perspektive einer Organisationseinheit bzw. eines Unternehmens ist weiterhin internes von externem Wissen zu trennen.[115] Bei den oben beschriebenen Arten handelt es sich um **internes Wissen**. **Externes Wissen** wird von außen bezogen, z.B. durch den „Einkauf" von Personal, Benchmarking, Lizenzerwerb oder durch Berater.

2.3 Grundlagen und Besonderheiten des Transfers von Wissen

2.3.1 Prozeß des Wissenstransfers

Mit der Thematik des Wissenstransfers haben sich bereits einige Forschungsarbeiten befaßt.[116] Dabei variiert das Verständnis des Wissenstransfers von Autor zu Autor, ähnlich wie die Aufgaben des Wissensmanagements einer Organisation unterschiedlich diskutiert werden. Weitgehende Einigkeit besteht jedoch darin, daß dem Prozeß des Wissenstransfers eine zentrale Bedeutung im Wissensmanagement zukommt.[117]

Abb. 2-4 zeigt die verschiedenen Prozesse des Wissensmanagements, nach der der Transfer von Wissen im Unternehmen dessen Bereitstellung ermöglicht und somit eine notwendige Voraussetzung für die Nutzung der unternehmenseigenen Wissensstände darstellt.

---

[114] Vgl. Schönherr (1998), S. 31 sowie Kogut/Zander (1992), S. 384.

[115] Vgl. Bea (2000), S. 363, sowie Kersten (2000), S. 389, zu Entwicklungsprozeßwissen.

[116] Eine Übersicht über existierende Arbeiten findet sich im Anhang A.4.

[117] Vgl. Prange/Probst/Rüling (1996); Justus (1999); Weissenberger-Eibl (2000).

Abb. 2-4: Prozesse des Wissensmanagements[118]

Nach dem Modell von *Probst et al.* folgt der Wissenstransfer der Phase der Wissensspeicherung und ist zu verstehen als zielgerichtete Verteilung von Wissen auf neue Wissensträger bzw. auf einen breiteren Personenkreis. Dem Wissenstransfer wird von *Probst* eine herausragende Stellung zugeschrieben, da er positiv auf zentrale Wettbewerbsfaktoren wie Zeit und Qualität wirkt und durch seine Bedeutung für andere Bausteine des Wissensmanagements über eine „Hebelfunktion“ verfügt.[119] Wissenstransfer verstanden als Fähigkeit, Wissen im Unternehmen zu verbreiten, ist eng verbunden mit dem Vorgang der *Kombination* in der Wissensspirale von *Nonaka* und *Takeuchi*.[120] *Weissenberger-Eibl* unterscheidet beim Wissenstransfer zwei Aspekte:[121] Die Diffusion und den eigentlichen Transfer von Wissen. Die Diffusion streut das von unterschiedlichen Trägern – Individuen, Systemen oder Institutionen – aufgenommene Wissen in alle Bereiche der Organisation. Hierbei muß das Wissen zum entsprechenden Zeitpunkt, in einem angemessenen Umfang, in der erforderlichen Qualität an den richtigen Ort der Verwendung gebracht werden.[122] Die Wissensdiffusion subsumiert die drei Teilbereiche *Verteilung (Multiplikation)* von Wissen auf eine große Anzahl von Systemelementen, die *Sicherung und Teilung von Erfahrungen und*

---

[118] Vgl. Kersten/Schröder (2002), S. 150.

[119] Vgl. Probst/Raub/Romhardt (1999), S. 264.

[120] Vgl. Nonaka/Takeuchi (1995), S. 67f.

[121] Vgl. hierzu und im folgenden Weissenberger-Eibl (2000), S. 35ff.

[122] Vgl. Lullies/Bollinger/Weltz (1993), S. 20, die sich im Rahmen von „Wissenslogistik“ vor allem auf die Frage der Überwindung von Barrieren beim Wissenstransfer konzentrieren.

Fähigkeiten[123] sowie den *simultanen Wissensaustausch*,[124] der in die Entwicklung neuen Wissens mündet. Hieran schließt sich der eigentliche Wissenstransfer an, in dem das Wissen auf die Belange des organisatorischen Systems abzustimmen und einer Nutzung zugänglich zu machen ist.[125] Zwar definiert die Literatur die Wissensverteilung als Koordination wissensrelevanter Aktivitäten im Unternehmen und das Sicherstellen des Transfers von Wissen über Abteilungsgrenzen und Organisationseinheiten hinweg, bezogen auf den Fall des individuellen Wissenstransfers ist diese Aussage jedoch zu abstrakt und daher unbefriedigend. Aus diesem Grund wird im folgenden das Verständnis von Wissenstransfer im Sinne dieser Arbeit hergeleitet.

Das Informationsverarbeitungsparadigma von *Simon* sieht den Menschen als System, das über seine Sinnesorgane Reize aufnimmt, zu Informationen verarbeitet und ihren Bedeutungsinhalt prüft. Der Mensch speichert diese Bedeutungsinhalte als neues Wissen und läßt es in seine Handlungen einfließen.[126] Übertragen auf den Fall des Wissenstransfers gilt folglich, daß Wissen bei Bedarf als Information aufgenommen, anschließend verarbeitet, verknüpft und reflektiert wird und auf diese Weise zu individuell verfügbarem Wissen umgeformt wird. Dabei läuft der Prozeß des Wissenstransfers in der Regel zweistufig ab:[127] Zunächst muß der Wissensträger seine subjektiven Denkinhalte in eine für den Empfänger verständliche Botschaft transformieren (vgl. Abb. 2-5).[128]

Diese Externalisierung kann einerseits aufgrund kognitiver Ursachen mißlingen, wenn der Wissensträger nicht in der Lage ist, sein Wissen zu artikulieren, und andererseits durch die mangelnde Bereitschaft des Individuums zur Wissensabgabe scheitern. Erst im Anschluß an diese Transformation erfolgt die Weitergabe von verarbeitetem, evtl. elektronisch gespeichertem Wissen an den Empfänger durch Kommunikation.[129] Dabei hängt die Art der Übertragung von der Art des Wissens und der Form der individuellen Integration des Wissens ab.[130]

---

[123] Dieses zweite Teilgebiet verweist bereits auf elementare Barrieren, die in diesem Zusammenhang zu berücksichtigen sind. Individuelle, kulturelle, ökonomische, rechtliche und organisatorische Hindernisse sind im Rahmen dieser operativen Ebene zu überwinden. Vgl. Schüppel (1996).

[124] Vgl. Weissenberger-Eibl (2000), S. 37.

[125] Vgl. hierzu Weissenberger-Eibl (2000), S. 37.

[126] Vgl. March/Simon (1958).

[127] Vgl. zum analogen Prozeß der Informationsabgabe Coenenberg (1966), S. 53ff.

[128] Vgl. zum Prozeß der Externalisierung Nonaka/Takeuchi (1995), S. 61f.

[129] Zum Ablauf von Kommunikation vgl. Shannon/Weaver (1976), S. 16f.

[130] Krogh/Köhne (1998), S. 241, sind derselben Ansicht, daß erst die Integration des transferierten Wissens durch die Empfängereinheit den Transferprozeß abschließt.

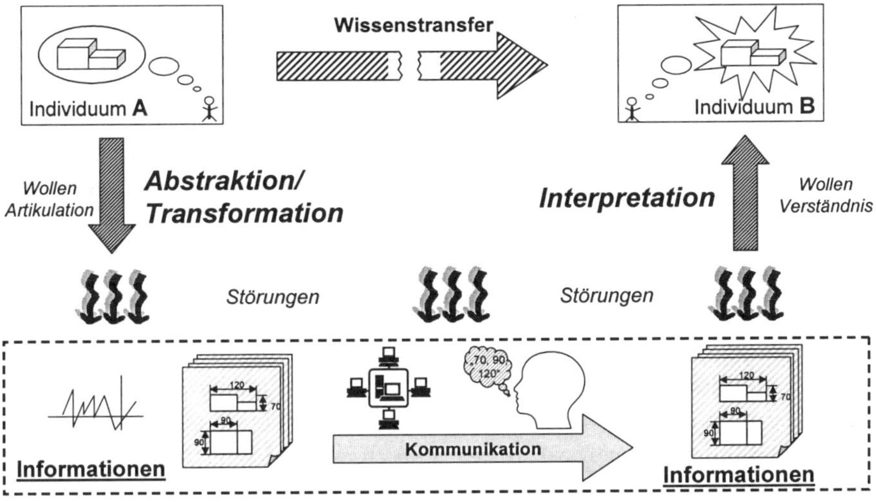

Abb. 2-5: Modell des Wissenstransfers

Als Übertragungsmethode bietet sich grundsätzlich an, Wissen durch Face-to-Face-Kontakte oder mittels IuK-Technologien zu transferieren.[131] Jedoch kann auch diese Übertragung mit Störungen behaftet sein, so daß Informationen verloren gehen. Der Empfänger erhält das weitergegebene Wissen zunächst als Information. Erst durch Aneignung und Verarbeitung wird diese Information für ihn zu eigenem Wissen. Nach der erfolgreichen Übertragung muß der Empfänger die transferierten Informationen interpretieren, in dem er sie in seinen Erfahrungskontext einordnet, sie anschließend anwenden und in die bestehende Wissensbasis integrieren.[132] Damit das von einem Wissensträger transferierte Wissen weitgehend identisch vom Empfänger aufgenommen und interpretiert werden kann, muß die Prämisse eines gemeinsamen Kontextes, z.B. Zusammenarbeit zweier Individuen in einem Team, gegeben sein.[133] Neben der Entwicklung einer gemeinsamen Arbeitserfahrung, z.B. bei der Bearbeitung eines Projektes, tauschen Teammitglieder Informationen aus und erlangen dadurch einen gemeinsamen Kenntnisstand.[134] Des weiteren benötigen sie einen gemeinsamen Rahmen der Interpretation und eine Verständigungsgrundlage (Verstehensebene),

---

131 Vgl. hierzu Kap. 2.3.3.

132 Vgl. Kriwet (1997), S. 192ff.

133 Auch auf Empfängerseite können negative kognitive oder motivationale Ausprägungen eine Störung darstellen. Der Wissensempfänger wird jedoch im folgenden nicht weiter betrachtet.

134 Vgl. zu der Unterscheidung der Kommunikation in drei Ebenen, die materielle, die Informations- und die Verstehensebene, stellvertretend Gerybadze (2003), S. 153f.

damit von einem Wissenstransfer gesprochen werden kann.[135] *Kriwet* identifiziert diese Phase der „Integration" als die schwierigste Herausforderung im gesamten Transferprozeß.[136]

Darüber hinaus wird die Transferqualität – im Sinne einer Deckungsgleichheit der Wissensinhalte – sehr stark von der Sender-Empfänger-Beziehung, den organisatorischen, personellen und informationstechnologischen Rahmenbedingungen und dem Übertragungskontext im Sinne von Zeit, Personen, Aufgaben, räumlicher Entfernung, Sprache etc., beeinflußt.[137] Die Teilprozesse der Wissenstransformation und der anschließenden Wissensübermittlung bzw. -kommunikation werden nachfolgend zusammengefaßt und gelten als Wissenstransfer im Sinne der vorliegenden Arbeit.[138] Wichtig ist abschließend festzuhalten, daß ein Wissenstransfer immer personenbezogen ist und daher nicht isoliert betrachtet werden darf, sondern nur unter Berücksichtigung des Kontextes, in dem er sich vollzieht. Im folgenden wird der Wissenstransferprozeß innerhalb eines Projektteams betrachtet, da die beteiligten Interaktionspartner Informationen in einem gemeinsamen Kontext (innerhalb des Projektteams) im Hinblick auf eine gemeinsame Aufgabe transferieren.

2.3.2 Arten des Wissenstransfers

Im Hinblick auf die Reichweite des Transfers ist der interne vom externen Wissenstransfer zu unterscheiden.[139] Der **externe Wissenstransfer** erstreckt sich über die Unternehmensgrenzen hinaus. Er schließt sowohl den Transfer zwischen einem Unternehmen und seinen Lieferanten bzw. Kunden oder externen Beratern als auch den Transfer zwischen Unternehmen – direkten Wettbewerbern oder Partnern – mit ein. Die Art der unternehmerischen Zusammenarbeit kann sich bspw. in einer gemeinsamen Entwicklungstätigkeit in Form einer F&E-Kooperation äußern.[140] Der externe Wissenstransfer bietet Unternehmen die Möglichkeit, an Wissen zu gelangen, das intern nicht oder nur sehr schwer, d.h. kostenintensiv oder langsam, zu entwickeln wäre. Zudem ist

---

135 Diese drei Ebenen erfordern unterschiedliche Formen der Interaktion der Teammitglieder, so daß in der Praxis häufig eine Entkopplung vorgenommen wird. So können Informationen auf elektronischem Wege übermittelt werden, ein gemeinsames Verständnis ist jedoch nur durch interaktive Zusammenarbeit und Face-to-Face-Kommunikation zu erreichen. Gerybadze (2003), S. 155.

136 Vgl. Kriwet (1997), S. 198. Krogh/Köhne (1998), S. 241 vertreten dieselbe Meinung.

137 In welchem Ausmaß eine Beeinflussung stattfindet, ist im folgenden zu prüfen. Zu Voraussetzungen für eine Deckungsgleichheit vgl. Lullies/Bollinger/Weltz (1993), S. 171.

138 Die Begriffe Wissensaustausch, Wissensverteilung, Wissensfluß und Wissensdiffusion werden synonym zum Begriff des Wissenstransfers behandelt.

139 Vgl. hierzu Krogh/Köhne (1998), S. 237ff.

140 Vgl. ausführlicher zum Wissenstransfer in Kooperationen Castiglioni (1994), S. 220ff.; Prange/ Probst/Rüling (1996); Justus (1999) sowie Weissenberger-Eibl (2000).

externer Wissenstransfer für die Zusammenarbeit in Wertschöpfungsketten und vernetzten Strukturen eine unabdingbare Voraussetzung.[141]

Der **interne Wissenstransfer** findet innerhalb eines Unternehmens statt, wobei der Transfer zwischen Individuen bzw. Personengruppen und zwischen Organisationseinheiten, wie z.B. Bereichen, Tochtergesellschaften, Filialen etc., erfolgen kann.[142] Der Umfang des Wissenstransfers ist ebenfalls variabel und reicht von der Wissensvermittlung in persönlichen Gesprächen bis hin zu umfassenden unternehmensweiten Wissenstransferprojekten. Neuere Entwicklungen im Bereich der Informations- und Kommunikationstechnologie tragen erheblich dazu bei, die Transparenz über intern vorhandene Wissensbestände zu erhöhen und somit die unternehmensinterne Suche und Übertragung von relevantem Wissen zu erleichtern. Beim internen Transfer ist weiterhin zu unterscheiden zwischen dem Wissenstransfer zwischen Gruppen innerhalb eines Unternehmens sowie dem Transfer zwischen einzelnen Mitarbeitern.

Gegenstand der folgenden Untersuchung ist der Transfer zwischen zwei Individuen aus der Perspektive des Wissenssenders. Hierbei ist zusätzlich die Richtung des Wissensflusses zu unterscheiden: Wissen kann entweder **horizontal**, d.h. zwischen einzelnen Mitarbeitern, oder **vertikal** fließen, d.h. vom Vorgesetzten zum Mitarbeiter und vice versa.[143] Da in dieser Arbeit der Untersuchungsschwerpunkt auf der Analyse des teaminternen Wissensflusses liegt, geht es im folgenden um den horizontalen Wissenstransfer zwischen zwei Individuen, die Mitglied in einem Projektteam sind.

2.3.3 Alternative Umsetzungsstrategien für den Wissenstransfer

Die Transferierbarkeit von Wissen hängt stark von der Art des Wissens ab:[144] Je nachdem, ob das Wissen eher explizit oder implizit ist, kann es schneller oder leichter transferiert werden. Da implizites Wissen nur begrenzt kodifizierbar bzw. sprachlich zu artikulieren ist und daher eine enge Interaktion erfordert, ist es nur bedingt übertragbar. Explizites Wissen hingegen ist leichter personenunabhängig zu transferieren. So läßt sich bspw. Erfahrungswissen, das bei der Lösung von Problemen entsteht, um so leichter personenunabhängig kodifizieren, je reifer dieses Wissen ist, d.h., je exakter das zugrundeliegende Problem und dessen mögliche Lösungen spezifiziert werden können.[145] Hinzu kommt die Tatsache, daß der Nutzen des Wissenstransfers nicht

---

141 Vgl. Kersten/Schröder (2002), S. 151.

142 Vgl. zu dieser Unterscheidung sowie im folgenden Krogh/Köhne (1998), S. 237ff.

143 Beim vertikalen Wissensfluß üben oft nicht oder nur schwer erfaßbare persönliche Sympathien und Antipathien einen hohen Einfluß auf die Intensität und die Ausprägung des Wissenstransfers aus.

144 Vgl. Krogh/Köhne (1998), S. 241 sowie Bendt (2000), S. 51f.

145 Vgl. Trittmann/Mellis (1999), S. 66.

eindeutig zu bestimmen ist, da sich ein erfolgreicher Transfer nur indirekt in optimierten Prozessen oder Zeit- und Kosteneinsparungen widerspiegelt. Weiterhin wird die Transferierbarkeit davon beeinflußt, inwieweit das Wissen vom Wissenssender aus kommunizierbar ist und inwieweit der Empfänger die Fähigkeit besitzt, dieses Wissen zu verstehen.[146]

Grundsätzlich existieren zwei Strategien des Wissenstransfers: Der Transfer in kodifizierter oder personalisierter Form.[147] Die **Kodifizierungsstrategie** beschreibt den Transfer von explizitem Wissen,[148] wobei Wissen durch in Worte gefaßte Informationen transferiert wird. Dies kann sowohl in Form von Veröffentlichungen (Dokumente bzw. Dokumentationen, Patente, Pläne oder Softwaremodule) geschehen, als auch mit Datenbankabfragen bzw. Abfragen von Expertensystemen.[149] Beratungsunternehmen dokumentieren bspw. Arbeitsprogramme, Projektergebnisse und die Erfahrungen ihrer Mitarbeiter, die keinem Vertraulichkeitsschutz unterliegen.[150] Somit ist das Projektwissen der Berater jederzeit verfügbar und kann für neue Projekte genutzt werden. Dies führt zu Zeitverkürzungen der Projekte und setzt damit Kapazitäten für neue Aufgaben frei.[151] Durch die Kodifizierung, der schriftlichen Erfassung von Wissen, kann sich das Unternehmen auch davor schützen, bei Abwanderung von Mitarbeitern Wissen zu verlieren.

Vorteilhaft beim Transfer expliziten Wissens ist, daß in der Regel eine schnelle Verteilung an eine große Anzahl von Empfängern zu vergleichsweise geringen Kosten unabhängig von deren räumlicher Entfernung möglich ist, da es schriftlich dokumentiert oder personenunabhängig in anderen Medien gespeichert werden kann.[152] Diesbezüglich steigt die Bedeutung von Informations- und Kommunikationstechnologien als Medium des Wissenstransfers im Sinne einer Vernetzung der Transferpartner untereinander zunehmend an.

Die **Personalisierungsstrategie** zeigt Möglichkeiten des Transfers von implizitem Wissen auf.[153] Die Übertragung impliziten Wissens, z.B. die kreative Ideenfindung eines

---

146 Vgl. Zander/Kogut (1995), S. 78. Darüber hinaus hängt die jeweilige Transfermethode stark von der Unternehmenskultur ab. Vgl. hierzu Davenport/Prusak (1999).

147 Vgl. Hansen/Nohria/Tierney (1999), S. 106.

148 *Sveiby* nennt diese Art des Transfers *Wissenstransfer durch Information*. Vgl. Sveiby (1998), S. 76. *Busch* und *Wernig* sprechen in diesem Zusammenhang von einem *Maschinen-Personen-Transfer*. Vgl. Busch/Wernig (1999), S. 580.

149 Vgl. Krogh/Köhne (1998), S. 240.

150 Vgl. Servatius (1998a), S. 102.

151 Vgl. Hansen/Nohria/Thierney (1999), S. 107.

152 Vgl. Kersten/Schröder (2002), S. 152f.

153 Vgl. Hansen/Nohria/Thierney (1999), S. 107. Sveiby (1998), S. 76 beschreibt diese Strategie als *Wissenstransfer durch Tradition*. *Busch* und *Wernig* sprechen in diesem Zusammenhang von einem *Personen-Personen-Transfer*. Vgl. Busch/Wernig (1999), S. 580.

Spitzenforschers oder handwerkliches Geschick, ist nur durch soziale Interaktion, durch Beobachtungen und Imitation möglich (Learning-by-doing).[154] Die Personalisierungsstrategie ist eng verbunden mit dem Konzept der Sozialisation,[155] bei der ein direkter Austausch von implizitem Wissen zwischen zwei oder mehreren Personen erfolgt, indem eine Person die andere bei der Arbeit beobachtet oder versucht, sie nachzuahmen und auf diese Weise von ihr lernt – vergleichbar mit einer Meister-Lehrlings-Beziehung. Der Lehrling lernt durch das Entdecken und das Praktizieren des Wissens. Dabei wird Wissen nicht nur durch geistige Erfahrung, sondern auch durch körperliche Erfahrung, d.h. durch Tasten, Sehen oder Gerüche aufgenommen. Durch die persönliche Einbeziehung des Individuums sowie durch die Möglichkeit des direkten persönlichen Kontaktes mit dem „Meister“ in Form von Rückfragen oder Diskussionen, ist diese Art des Wissenstransfers intensiver und tiefgreifender als der oben dargestellte kodifizierte Wissenstransfer und ermöglicht durch die persönliche Erfahrung und das Erleben die Aufnahme impliziten Wissens. Das implizite Wissen der Mitarbeiter kann nur durch direkte Kommunikation oder durch Learning-by-doing transferiert werden. *Möslein* erweitert die Personalisierungsstrategie um die Möglichkeit des Transfers von implizitem Wissen mit Hilfe von Bildern.[156]

Insbesondere die Eigenschaft der Nicht-Imitierbarkeit von Ressourcen beruht auf der Beherrschung von implizitem Wissen.[157] Hierfür sind zwei Gründe anzuführen:[158] Implizites Wissen ist schwieriger und kostspieliger zu übertragen als explizites, weil seine Übertragung und Verbreitung auf Personen angewiesen ist und nicht nur Informationstechnologie voraussetzt. Diese Art des Wissenstransfers ist durch ein persönliches Erleben geprägt und um so intensiver, je mehr Sinne angesprochen werden.[159] Darüber hinaus ist implizites Wissen nur von denjenigen nutzbar, die an seiner Entstehung beteiligt waren, und hat deshalb den Charakter eines privates Gutes, d.h. eines Gutes, von dessen Nutzung diejenigen ausgeschlossen werden können, die nicht zur Erstellung beigetragen haben. Damit das spezielle Mitarbeiterwissen beim Ausscheiden von Experten nicht verloren geht, versuchen Knowledge-Management-Programme in den USA dieses Prinzip des Lehrlingswesens zu übernehmen.[160] Nachteilig an dieser Transfermethode ist jedoch die Tatsache, daß implizites Wissen nur sehr langsam und sehr aufwendig ausgetauscht werden kann, da persönliche Kommunikation und Interaktion eine Grundvoraussetzung darstellen. Umgebungen, die

---

154 Vgl. Krogh/Köhne (1998), S. 240.
155 Vgl. Nonaka/Takeuchi (1995), S. 62ff.
156 Vgl. Möslein (2000), S. 213ff.
157 Vgl. Grant (1996), S. 109ff., Nonaka/Takeuchi (1995) sowie Spender (1996), S. 45ff.
158 Vgl. hierzu Osterloh/Frost (2000a), S. 205.
159 Vgl. Peritsch (2000), S. 172.
160 Vgl. Volk (1999), S. 48 sowie Rheker (1999), S. 83.

den Austausch impliziten Wissens begünstigen sind bspw. Wissensnetzwerke, Communities of Practice sowie Arbeits- bzw. Projektgruppen.[161]

Unabhängig davon, ob sich der Wissenstransfer in kodifizierter oder personalisierter Form vollzieht, setzt er Rahmenbedingungen voraus, die den ungehinderten Austausch von Wissen zwischen einzelnen Mitarbeitern bzw. Bereichen innerhalb eines Unternehmens garantieren. Die Entwicklung ausgereifter Technologien, insbesondere im Bereich der Information und Kommunikation, und anspruchsvoller organisatorischer Instrumente erweitern die Möglichkeiten zur Gestaltung des Wissenstransfers.[162] Im folgenden ist zu prüfen, ob das Human Resource Management sowie die Ausgestaltung der Organisationsstrukturen und Geschäftsprozesse im Hinblick auf den Wissenstransfer mit der Informations- und Kommunikationstechnologie zusammenwirken müssen, um unternehmensintern optimale Wissensflüsse zu ermöglichen (vgl. Abb. 2-6).

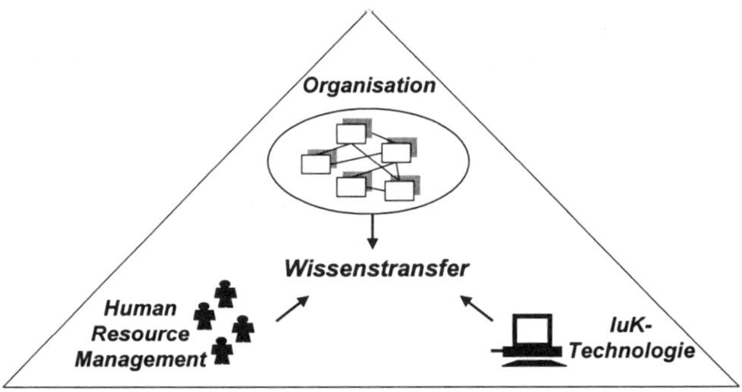

Abb. 2-6: Ganzheitlicher Ansatz des Wissenstransfers[163]

Als erfolgversprechendes Modell für den internen Wissenstransfer erscheint ein ganzheitlicher Ansatz sinnvoll, der die oben genannten Dimensionen als Weiterentwicklung der humanorientierten und der technikorientierten Ansätze zum Wissensmanagement[164] integriert. Zusätzlich von Bedeutung sind persönliche Beziehungsnetzwerke und funktionierende Infrastrukturen. *Schlund* und *Wiemann* ergänzen darüber hinaus die Unternehmenskultur.[165]

---

161 Vgl. Krogh/Köhne (1998), S. 240. Peritsch (2000), S. 174, führt interdisziplinäre Teamarbeit, Job Rotation und die Einführung denkpsychologischer Techniken zur Gestaltung von wechselseitigen Wissensflüssen an.

162 Vgl. Probst/Raub/Romhardt (1999), S. 243f.

163 Kersten/Schröder (2002), 154.

164 Vgl. zu den Forschungsrichtungen im Wissensmanagement Kap. 1.2.

165 Vgl. Schlund/Wiemann (1997), S. 15. Von der Kultur als vierte Dimension wird insofern abstrahiert, als sie sich als indirekte Übersetzung in den drei o.g. Dimensionen wiederfindet.

2.4 Erklärungsansätze des Individualverhaltens

Aufgrund der Komplexität der Gesamtaufgabe erstellen Unternehmen Güter und Leistungen in arbeitsteiligen spezialisierten Prozessen. Arbeitsteilung und Spezialisierung haben ein Organisationsproblem zur Folge, das in Anlehnung an *Milgrom* und *Roberts* analytisch in ein Koordinations- und ein Motivationsproblem getrennt werden kann.[166] Ein Motivationsproblem besteht immer dann, wenn die Wirtschaftssubjekte (Akteure) die ihnen zugewiesenen Rollen nicht spielen wollen. Im Rahmen der Arbeitsteilung muß gewährleistet werden, daß die (Teil-)Aufgaben im Sinne der Unternehmensziele erfüllt werden. Zur Aufgabenerfüllung sind Entscheidungen zu treffen, für die Wissen notwendig ist. Für den Fall, daß der das Wissen benötigende Entscheidungsträger keinen direkten Zugriff auf die Wissensquelle hat, ist dieses Wissen von dem Wissensträger durch den Prozeß des Wissenstransfers an den Entscheidungsträger (Wissensempfänger) zu übermitteln. Dabei wird der Wissenstransfer – und somit die Deckung des Wissensbedarfs – durch unterschiedliche Barrieren und Störungen beeinträchtigt.

Um das Individualverhalten im Sinne einer aktiven Mitarbeit beeinflussen zu können, stellt sich im Hinblick auf den Untersuchungsgegenstand die Frage, wie die einzelnen Teammitglieder zum aktiven Wissenstransfer innerhalb des Teams motiviert werden können. In der Literatur finden sich zur Motivation von Mitarbeitern verschiedene Ansätze, von denen im folgenden die für die Zielsetzung dieser Arbeit relevanten kurz dargestellt werden.

2.4.1 Motivationstheoretische Ansätze

Individuelles Verhalten wird durch die vielschichtige und interindividualdifferente Bedürfnisstruktur des Individuums beeinflußt und ist darüber hinaus situationsabhängig.[167] Das Verhalten eines Menschen in einer Organisation läßt sich – neben seinen persönlichen Fähigkeiten und Fertigkeiten – auf Motive zurückführen und orientiert sich an Zielen.[168] Allerdings sind die Begriffe Motiv und Motivation in der Literatur nicht

[166] Vgl. Milgrom/Roberts (1992), S. 25ff.; Wolff (1995), S. 4ff.; Picot/Dietl/Franck (1997), S. 7ff.; ähnlich auch Frese (2000), S. 70ff. Das Koordinationsproblem behandelt Scheuble (1997) ausführlich.

[167] Vgl. Schulz (2000), S. 30.

[168] Vgl. Staehle (1999), S. 162 sowie Kleinbeck/Quast (1992), Sp. 1420ff. Sprenger (1999), S. 185 beschreibt die Leistung eines Mitarbeiters in den drei Dimensionen Leistungsbereitschaft, -fähigkeit und -möglichkeit.

eindeutig definiert und werden je nach Forschungsschwerpunkt des Verfassers auf unterschiedliche Weise erklärt und benutzt.[169]

Im folgenden wird Motivation verstanden als die Gesamtheit ein oder mehrerer aktualisierter Motive, die in einer spezifischen Situation zu einer Handlung führen, und beinhaltet die Kräfte, die einen Menschen zu einem bestimmten, zielorientierten Verhalten bewegen.[170] Motive sind dabei angestrebte Zielzustände bei bestimmten Umwelt- und Personengegebenheiten, die aufgrund unterschiedlicher Bedürfnisse oder Mangelerlebnisse aktiviert werden und individuelle Verhaltensweisen auslösen.[171]

Übertragen auf den Wissenstransfer kann Motivation nach *Campbell* und *Pritchard* erklären,[172]

- inwieweit sich ein Individuum für eine Teilnahme am Wissenstransfer entscheidet (inhaltliche Ausrichtung des Verhaltens),
- inwieweit das Individuum dabei ein bestimmtes Ausmaß an Anstrengungsbereitschaft oder Einsatz beim Wissenstransfer zeigt (Intensität des Verhaltens) und
- inwieweit ein Individuum für die Dauer seiner Zugehörigkeit zum Team Wissen transferiert (Dauer des Verhaltens in einem bestimmten Zeitraum).

Das Problem bei der Betrachtung der Motivation liegt allerdings darin, daß sie sich nicht einfach bestimmen oder messen läßt.[173] Motive und Motivation sind keine beobachtbaren Phänomene, sondern nur Input und Output menschlichen Verhaltens ist beobachtbar und somit empirisch erfaßbar. Daher werden sie von der empirischen Wissenschaft als hypothetische Konstrukte genutzt.[174]

Die Motivationstheorien bilden das theoretische Grundgerüst der verhaltenswissenschaftlichen Anreizsysteme. Anreizsysteme verfolgen das Ziel, den Mitarbeiter über die Motivation auf ein zielgerichtetes Verhalten hinzulenken, das einerseits im Interesse der

---

169 Vgl. Lindworsky (1976), S. 37. Im Rahmen dieser Arbeit wird keine umfassende Darstellung der verschiedenen Begriffsdefinitionen vorgenommen. Ein Überblick über die gängigen Motivationsbegriffe findet sich bei Keller (1981), S. 21ff., und Schmalt/Heckhausen (1985), S. 16ff. Vgl. zu verschiedenen Definitionen Rosenstiel (1975), S. 38; Frese (2000), S. 155 sowie Neuberger (1980), Sp. 1363.

170 Vgl. Hellriegel/Woodman/Slocum (1992), S. 204 sowie Kupsch/Marr (1991), S. 739.

171 Vgl. Lindworsky (1976), S. 37ff.; Neuberger (1980), Sp. 1356f. und Rosenstiel (1975), S. 38ff.

172 Vgl. Campbell/Pritchard (1976), S. 66.

173 Vgl. Staehle (1999), S. 219. Darüber hinaus existiert keine einheitliche Definition. Einigkeit besteht in der Literatur lediglich bzgl. der Ziele der Motivationsforschung, den Grund für eine Verhaltensweise eines Individuums zu erklären.

174 Vgl. Festinger (1958), S. 66.

Organisation liegt und andererseits die Bedürfnisse des Einzelnen befriedigt.[175] Hierbei ist zwischen materiellen und nicht-materiellen Anreizen zu unterscheiden. Bevor jedoch mögliche Anreizinhalte vorgestellt werden, wird zunächst der Prozeß motivierten Verhaltens eines Individuums dargelegt. Denn um durch die Ausgestaltung eines gegebenen Anreizes eine möglichst hohe Motivationswirkung zu gewährleisten, sollte neben den Mitteln zur Motivation auch der Ablauf von Motivationsprozessen bekannt sein. Hierzu existiert eine Vielzahl von Motivationstheorien. Generelle Zielsetzung der Motivationstheorien ist die Beschreibung und Erklärung des Aufbaus, der Aufrechterhaltung und des Abbaus von Verhalten sowie dessen Richtung, Intensität und Dauerhaftigkeit. Dabei ist zwischen Inhalts- und Prozeßtheorien zu unterscheiden, die auf der Annahme basieren, daß menschliches Verhalten grundsätzlich motiviert ist.

Inhaltstheorien versuchen, jene Faktoren zu identifizieren, die einen wesentlichen Einfluß auf das Handeln und das Verhalten (d.h. auf die menschliche Motivation) ausüben.[176] Inhaltstheorien versuchen zu erklären, *was* im Individuum oder in seiner Umwelt ein bestimmtes Verhalten hervorruft und aufrechterhält.[177] Sie geben an, welche Art von Beweggründen die einzelne Person motiviert und welche Arten von Zielen bevorzugt werden, und nehmen im wesentlichen eine Kategorisierung von Motivarten vor. Hierzu zählen die Ansätze von *Maslow*, *Herzberg* und *Hackman/Oldham*, die im folgenden dargestellt werden.

Prozeßtheorien (sog. *kognitive* Theorien) hingegen versuchen die Entstehung eines bestimmten Verhaltens zu erklären, indem sie den Fokus auf die Beziehungen zwischen den einzelnen Variablen und den Prozeß der Motivationsgenerierung legen.[178] Sie versuchen zu erklären, *wie* ein bestimmtes Verhalten eines Individuums zustande kommt.[179] Hierzu zählen beispielsweise die Ansätze von *Vroom* oder *Porter* und *Lawler* sowie von *Locke*. Die Prozeßtheorien sind nicht Bestandteil der weiteren Betrachtung, da im Zusammenhang mit dem teaminternen Wissenstransfer Einflußfaktoren auf eine positive Transferentscheidung abgeleitet werden sollen. Somit wird ein Erklärungsversuch unternommen, *was* die einzelne Person zum Wissenstransfer motiviert und nicht *wie* das Transferverhalten zustande kommt.

---

175 Vgl. Weinert (1992), Sp. 123.

176 Vgl. Gebert/Rosenstiel (1996), S. 39ff.

177 Vgl. Staehle (1999), S. 221.

178 Vgl. zu den Prozeßtheorien Gebert/Rosenstiel (1996), S. 53ff. sowie Rosenstiel (2000).

179 Vgl. Staehle (1999), S. 221.

2.4.1.1 Intrinsische und extrinsische Motivation

Da „Leistung durch das komplexe Zusammenwirken extrinsischer und intrinsischer Anreize beeinflußt wird“,[180] erscheint es in Anlehnung an die organisations- und motivationstheoretischen Ansätze für die vorliegende Arbeit sinnvoll, zunächst auf die Unterschiede zwischen intrinsischer und extrinsischer Motivation des Individualverhaltens einzugehen, bevor die Inhaltstheorien der Motivation erläutert werden.

Ein Individuum sieht sich einer Vielzahl von Anreizen gegenüber, deren Einfluß einerseits von den individuellen Präferenzen und andererseits von situationsspezifischen Gegebenheiten bestimmt ist. Nach der Ursache der Bedürfnisbefriedigung kann eine Einteilung in intrinsische und extrinsische Motive erfolgen.[181] Die Unterscheidung diesbezüglich „bezieht sich darauf, daß erstere als Mittel zum Zweck der Bedürfnisbefriedigung fungieren, während letztere dazu auf unmittelbare Weise beitragen (können).“[182] „Intrinsisch ist Handeln dann, wenn Mittel (Handlung) und Zweck (Handlungsziel) thematisch übereinstimmen; mit anderen Worten, wenn das Ziel gleichthematisch mit dem Handeln ist, so daß dieses um seiner eigenen Thematik willen erfolgt.“[183] Tab. 2-1 gibt einen Überblick über in der Literatur beschriebene intrinsische Motive.[184]

Als intrinsisch motiviert wird ein Verhalten angesehen, wenn eine Tätigkeit um ihrer selbst Willen ausgeführt wird. Bspw. ein Mitarbeiter, der aus der Arbeitstätigkeit selbst Befriedigung findet, wie die erfolgreiche Bewältigung einer anspruchsvollen Aufgabe. Hierbei entwickelt der Mitarbeiter intrinsische *Motive* aus seinem Verhalten heraus aus eigenem Antrieb, etwa aufgrund einer besonders interessanten oder herausfordernden Tätigkeit, z.B. durch Interesse an einer Sache.[185] Intrinsische *Motive* ergeben sich jeweils unmittelbar aus der Arbeit in Form persönlicher Erfolgs- und Mißerfolgserlebnisse. Gute Leistung ruft demnach Zufriedenheit hervor und führt zu einer erhöhten Motivation, so daß ein Mitarbeiter, der mit seiner Arbeit persönlich zufrieden ist, als intrinsisch motiviert bezeichnet werden kann.

---

180 Weinert (1992), Sp. 130.

181 Vgl. Rosenstiel (1995), S. 159.

182 Schanz (1991), S. 15.

183 Heckhausen (1989), S. 459.

184 Intrinsische Motivation kann auch einen negativen Inhalt haben. Beispiele hierfür sind Rachsucht, Neid und Geltungssucht. Vgl. Becker (1994a), S. 933. *Rosenstiel et al.* zeigen auf, daß Nachwuchsführungskräfte die intrinsische Motivation durchgängig als entscheidend für ihre berufliche Arbeit ansehen. Vgl. Rosenstiel/Nerdinger/Spieß (1991), S. 66.

185 Vgl. Gebert/Rosenstiel (1996), S. 55.

Intrinsische Motive	**Autor**
Anerkennung durch Kollegen bzw. Vorgesetzte	Weinert (1992), Sp. 129f.
Arbeitsinhalte / Aufgaben / Arbeitsstrukturierung	Becker (1994), S. 937f.; Evers (1992); Hackman/Oldham (1980); Rosenstiel (1975), S. 231; Schanz (1991); Schlicksupp (1991), S. 541; Schulz (2000), S. 131 sowie Schüppel (1996), S. 275
Gemeinsame Interessen	North (1999), S. 234.
Karriere	Weinert (1992), Sp. 129f.
Kontaktstreben	Weinert (1992), Sp. 129f.; Becker (1990), S. 9; Staehle (1985), S. 242; Schanz (1978), S. 126ff.
Leistung	Becker (1990), S. 9; Staehle (1985), S. 242; Schanz (1978), S. 126ff.
Macht	Becker (1990), S. 9; Staehle (1985), S. 242; Schanz (1978), S. 126ff.
Prestige	King (1998); Eschenburg (1988), S. 256; Weinert (1992), Sp. 129f.; Schulz (2000), S. 119
Selbstverwirklichung	Becker (1990), S. 9; Staehle (1985), S. 242; Schanz (1978), S. 126ff.
Sicherheit	Weinert (1992), Sp. 129f.
Soziale Interaktion: Kontakte, Kooperation mit Kollegen; Information/ Kommunikation; Mitteilungsbedürfnis	Becker (1994), S. 937f.; Weinert (1992), Sp. 129f.; Rosenstiel (1975), S. 231; Evers (1992); Schulz (2000), S. 110ff.
Team- oder Gruppenarbeit (z.B. Qualitätszirkel)	Berthel (1991), S. 489f.; Ehrental (1991), S. 379; Ortlieb (1993),S.174f.; Schüppel (1996), S. 274; Schulz (2000), S. 139f.; Becker (1994), S. 937f.

Tab. 2-1: Überblick über intrinsische Motive in der Literatur

Extrinsische Motive beziehen sich auf die Belohnung eines bestimmten, zuvor vereinbarten Zielerreichungsgrades von außen.[186] Die extrinsische Motivation ist somit umweltabhängig und wird durch äußeren Antrieb, nicht aus eigenem inneren Anlaß verursacht. Wenn ein Mitarbeiter aus den Folgen oder Begleitumständen der Arbeitstätigkeit, wie Bezahlung, Anerkennung und Status eine Befriedigung seiner Bedürfnisse

186 Vgl. Becker (1990), S. 9 sowie Bartol (1998), S. 386.

erhält, wird von extrinsischer Motivation gesprochen.[187] Hierbei geht es um die Frage nach der Auswahl von materiellen und/oder immateriellen Anreizen, zu deren Beantwortung Kenntnisse über die Struktur menschlicher Bedürfnisse notwendig sind.[188] Die extrinsische Motivation steht im Mittelpunkt der Anreiz-Beitrags-Theorie und der Austausch- oder Gleichgewichts-Theorien,[189] die davon ausgehen, daß das Individuum bestimmte Leistungen (Beiträge) erbringt und dafür äquivalente Gegenleistungen erwartet.[190] Das Individuum strebt äußere Belohnungen an und richtet sein Leistungsverhalten dementsprechend aus.[191]

Kohn stellt die These auf, daß extrinsische Anreize in Form von „Belohnungen“ nur zeitlich beschränkten Gehorsam gewährleisten aber keine langfristigen Verhaltensänderungen hervorrufen.[192] Sie wirken sich im Gegenteil langfristig sogar negativ auf die intrinsische Motivation eines Individuums aus und verdrängen diese, weil eine Fokussierung auf die Belohnung anstatt auf die Arbeit erfolgt.[193] Für die nachfolgende Untersuchung wird von der Unabhängigkeit der beiden Motivationsarten ausgegangen.[194] *Kniehl* zufolge kommt es letztlich nur auf die Harmonie zwischen den Zielen an, auf die die intrinsische und die extrinsische Motivation gerichtet sind. Die wesentlichen Merkmale der intrinsischen und extrinsischen Motivation faßt Tab. 2-2 zusammen.

Während sich die intrinsische Motivation nicht direkt von außen erzeugen läßt, werden zur extrinsischen Motivation materielle und immaterielle Anreize von außen gesetzt, die in 2.4.2.4 näher erläutert werden.[195] Nachfolgend werden die Inhaltstheorien der Motivation dargestellt.

---

187 Die Motivation hängt demnach in einem erheblichen Ausmaß vom betrieblichen Anreizsystem ab. Vgl. Engelhard (1992), Sp. 1258. Im Zusammenhang mit der Motivation zur Arbeit konzentriert sich die betriebswirtschaftliche Forschung im wesentlichen auf die Motivationswirkung extrinsischer Anreize in Form von Geld, Partizipation, Zielvereinbarung und Job Enrichment, wobei Geld und Zielvereinbarungen die effektivsten Mittel zur Motivation zu sein scheinen. Vgl. Winter (1996), S. 40 sowie Locke (1982), S. 75.

188 Vgl. Winter (1996), S. 40.

189 Vgl. ausführlicher hierzu Kap. 2.4.2.1.

190 Vgl. Neuberger (1980), Sp. 1361.

191 Vgl. Becker (1994), S. 933 sowie Osterloh/Frey/Frost (1999), S. 1252.

192 Vgl. Kohn (1993), S. 55.

193 Vgl. Kohn (1993), S. 62.

194 Frey/Osterloh (1997), S. 314, sind gegensätzlicher Ansicht. In der vorliegenden Arbeit wird der Ansicht von Kniehl (1998), S. 64ff., gefolgt, die These des Verdrängungseffektes von intrinsischer durch extrinsische Motivation gänzlich zu verwerfen. Vgl. zu diesem Effekt Kohn (1993) sowie Frey/Osterloh (1997). Die Autoren stimmen dem Einsatz extrinsischer Anreize trotz der damit verbundenen Gefahren zu, da sie sie als nützlich und notwendig ansehen. Vgl. Frey/Osterloh (1997), S. 312f.

195 Vgl. Becker (1990), S. 9.

Intrinsische Motivation	**Extrinsische Motivation**
Unmittelbare Bedürfnisbefriedigung	Mittel zum Zweck der Bedürfnisbefriedigung
Handeln um des Handelns willen	Instrument zur Fremdsteuerung
Gestaltung psychologischer Verträge zur Beeinflussung von Präferenzen	Positive und negative Sanktionen
Schwerpunkt: Arbeits- und organisationspsychologisch fundierte Ansätze; Motivationstheoretische Ansätze	*Schwerpunkt*: Ökonomische und verhaltenswissenschaftliche Anreiztheorie sowie mikroökonomisch fundierte Ansätze

Tab. 2-2: Merkmale extrinsischer und intrinsischer Motivation[196]

2.4.1.2 Bedürfnistheorie von Maslow und Alderfer

Insbesondere das Konzept der Bedürfnispyramide von *Maslow* hat innerhalb der Gruppe der Inhaltstheorien eine besondere Bedeutung erlangt. Nach *Maslow* lassen sich menschliche Motive in fünf nach ihrer relativen Dringlichkeit hierarchisch aufeinander aufbauende Hauptbedürfnisklassen unterscheiden:[197] Physiologische Bedürfnisse, Sicherheits-, Zugehörigkeits-, Selbstwertschätzungs- und Selbstverwirklichungsbedürfnisse. Hinsichtlich ihrer Verhaltenswirksamkeit unterstellt *Maslow* für die verschiedenen Bedürfnisklassen, daß ein befriedigtes Bedürfnis in Bezug auf seine handlungsbestimmende Wirksamkeit in den Hintergrund tritt und daß die Bedürfnisse höherstehender Gruppen erscheinen (verschwinden), wenn die Bedürfnisse einer niedrigeren Gruppe befriedigt (unbefriedigt) sind.[198]

Kritisiert an der Theorie von *Maslow* wird die Mehrdeutigkeit und die mangelnde Abgrenzbarkeit der fünf Bedürfnisklassen, die geringe Operationalisierbarkeit der benutzten Begriffe sowie die dadurch eingeschränkte Eignung des Konzeptes zur Verhaltensvorhersage von Personen.[199]

Da das Konzept der Bedürfnispyramide empirisch nicht bestätigt werden konnte, modifizierte *Alderfer* das hierarchische Motivationsmodell, indem er die Bedürfnishierarchie auf drei Stufen reduzierte:[200] In seiner ERG-Theorie unterscheidet er Existenzbedürfnisse (existence), Einbindungs- bzw. Beziehungsbedürfnisse (relatedness) und Entwicklungsbedürfnisse (growth). Durch die Beschränkung auf nur drei Motivklassen

---

196 Zusammengestellt aus Frey/Osterloh (1997), S. 308ff.

197 Vgl. Maslow (1954), S. 15ff.

198 Vgl. Frese (1992), S. 268 sowie Maslow (1954), S. 32ff.

199 Zur Kritik an der Bedürfnistheorie vgl. Wunderer/Grunwald (1980), S. 178f.; Gebert/Rosenstiel (1996), S. 41ff. sowie Conrad (1983), S. 258ff.

200 Vgl. Alderfer (1969) und (1972), S. 7ff:

versucht *Alderfer* den Schwierigkeiten zu entgehen, die sich bei *Maslow* daraus ergeben, daß die Bedürfnisse nach Sicherheit, Selbstachtung und Anerkennung schlecht operationalisierbar sind.[201] Im Gegensatz zu *Maslow* müssen im ERG-Modell nicht erst Bedürfnisse auf der unteren Ebene befriedigt sein, damit Bedürfnisse auf oberen Ebenen Motivkraft entwickeln können.[202] Demzufolge werden bei Nichtbefriedigung eines Bedürfnisses auch niedrigere Motivklassen dominant, bei denen leichter eine Befriedigung zu erreichen ist.

Für die im Rahmen dieser Arbeit untersuchte Entscheidungssituation zum Transfer von Wissen bieten beide Theorien wichtige Orientierungshilfen. Während die individuellen physiologischen Bedürfnisse und Sicherheitsbedürfnisse durch Gehälter, Sozialleistungen, Gewinnbeteiligungen etc., befriedigt werden können, fehlen häufig Konzepte zur Aktivierung höherrangiger Bedürfnisse: Soziale Bedürfnisse im Hinblick auf Freundschaften und befriedigende Akzeptanz innerhalb des Teams, Bedürfnisse nach Wertschätzung durch Anerkennung von Kollegen oder vom Vorgesetzten und Bedürfnisse nach Selbstverwirklichung durch Entwicklung und Entfaltung eigener Möglichkeiten im Rahmen der Aufgabenerfüllung bleiben häufig unbefriedigt, weil Maßnahmen zu deren Aktivierung, bspw. Partizipation oder Delegation, nur selten angewendet werden.

Durch den Transfer von Wissen kann die Akzeptanz eines Individuums innerhalb seines Teams steigen, zusätzlich kann das Bedürfnis nach Anerkennung durch Kollegen durch Wissenstransfer befriedigt werden, indem der Inhaber relevanten Wissens durch die Weitergabe dieses Wissens seine Expertise – und somit einen Expertenstatus – zum Ausdruck bringt.[203] Das Bedürfnis nach Selbstverwirklichung kann durch den Transfer von Wissen direkt oder indirekt erfüllt werden. *Direkt*, wenn das Individuum die Abgabe von Wissen quasi als Mission oder Auftrag ansieht, nach deren Erfüllung es strebt. *Indirekt*, wenn bspw. der Erhalt von Belohnungen, die es für den Transfer von Wissen bekommt, seinem Streben nach Selbstverwirklichung dient.

2.4.1.3 Zwei-Faktoren-Theorie von Herzberg

Die Grundideen des Maslow'schen Konzeptes sind bis heute in vielen Ansätzen aufgegriffen und neu verarbeitet worden, so z.B. auch von *Herzberg*. Die Zwei-Faktoren-Theorie von *Herzberg* entstand auf Basis von empirischen Erhebungen mit

---

201 Vgl. Staehle (1999), S. 224.

202 Vgl. Alderfer (1972), S. 149f.

203 Vgl. die bei Coenenberg (1966), S. 72 abgedruckte Übersicht von Verhaltensweisen nach *Thayer*.

dem Ziel, den Zusammenhang zwischen Arbeitssituation und Arbeitszufriedenheit aufzudecken.[204] Dabei leitete *Herzberg* zwei Klassen von Motiven bei der Arbeit her:

- **Hygiene-Faktoren** (Unzufriedenmacher), die keinen positiven Handlungsanreiz darstellen, da deren Befriedigung vom Individuum als gegeben vorausgesetzt wird, die aber bei Nichtbefriedigung einen Grund zur Unzufriedenheit liefern, z.B. Entlohnung, Personalführung, Arbeitsbedingungen, Unternehmenspolitik.

- **Motivatoren**, die Zufriedenheit herstellen können und deren Befriedigung einen Handlungsanreiz für das Individuum darstellt, wie z.B. Leistung, Anerkennung, interessante Arbeitsinhalte, Verantwortung, Beförderung.

Herzberg sah seine Hypothese bestätigt, daß Zufriedenheit und Unzufriedenheit am Arbeitsplatz keine Gegensätze sind, sondern sich auf einem Kontinuum befinden. Das Gegenteil von Unzufriedenheit ist demnach keineswegs Zufriedenheit, sondern Nicht-Unzufriedenheit.[205]

Die Zwei-Faktoren-Theorie wurde vielfach kritisiert, insbesondere aufgrund der Tatsache, daß die empirischen Befunde in Wiederholungsversuchen nur selten bestätigt werden konnten.[206] *Herzberg* greift zwar die These von der unterschiedlichen Verhaltenswirksamkeit von Motiven auf, vernachlässigt jedoch den dynamischen Aspekt.[207] Da er wie *Maslow* davon ausgeht, daß menschliches Handeln im wesentlichen vom Streben nach Selbstverwirklichung bestimmt wird, läßt sich – übertragen auf den Transfer von Wissen innerhalb von Teams – schließen, daß ein Individuum aus der Vermittlung von Wissen an Teamkollegen eine Bedürfnisbefriedigung erlangen kann. Wenn jedoch der Transfer von Wissen innerhalb eines Teams nicht funktioniert oder transferiertes Wissen nicht angenommen wird, baut sich Unmut gegen den Transfer auf, und das Individuum reduziert in bestimmten Situationen seine Bereitschaft, für das Team relevantes Wissen zu transferieren.

Die Zwei-Faktoren-Theorie bietet Hilfestellung bei der Konkretisierung von Motivationsbereichen. Allerdings wird die Anzahl der möglichen Motivatoren je nach Höhe der Stufen der organisatorischen Hierarchie immer mehr eingeengt. Aus Herzbergs Theorie läßt sich schlußfolgern, daß eine erfolgreiche Motivierung damit beginnt, bei den Mitarbeitern keine Unzufriedenheit aufkommen zu lassen. Dies erfordert die Schaffung

---

204 Vgl. Herzberg/Mausner/Snyderman (1959) sowie Herzberg (1968).

205 Vgl. z.B. Staehle (1999), S. 225.

206 Vgl. Rosenstiel (1975), S. 178; Zink (1975), S. 290ff.; Weinert (1998), S. 151f. Zur Kritik an der Methodengebundenheit der Untersuchung vgl. Wunderer/Grundwald (1980), S. 180f. sowie Locke (1975), S. 469.

207 Vgl. Frese (1992), S. 268.

gewisser Grundbedingungen, wie einen partizipativen Führungsstil, gute Arbeitsbedingungen oder eine gerechte Bezahlung.

2.4.1.4 Theorie der Arbeitsmotivation von Hackman und Oldham

Hackman und *Oldham* diskutieren in ihrer Theorie die Beeinflussung der Mitarbeitermotivation durch die Arbeitsaufgabe. Ihrem Ansatz zufolge wird das Motivationspotential eines Arbeitsplatzes durch die Tätigkeitsmerkmale Abwechslungsreichtum, Ganzheitlichkeit, Bedeutung der Arbeit, Selbständigkeit und Feedback bestimmt, die die Kerndimensionen für eine sinnvolle und bedeutsame Arbeitsaufgabe darstellen.[208]

Eine abwechslungsreiche, ganzheitliche und in den Augen des Individuums bedeutsame Arbeitsaufgabe vermittelt dem Individuum das Gefühl, etwas Sinnvolles zu leisten. Der **Abwechslungsreichtum** *(Varietät)* bezieht sich auf die vorhandenen Fertigkeiten und Fähigkeiten eines Mitarbeiters, die er zur Erledigung seiner Aufgabe einsetzen kann. Die Abwechslung meint darüber hinaus den Wechsel zwischen verschiedenen Tätigkeiten zur Vermeidung von Monotonie. Die zu erledigende Aufgabe muß **Ganzheitscharakter** *(Identität)* haben, d.h. von Anfang bis Ende im Sinne einer ganzheitlichen Teilaufgabe oder einer vollständigen Aufgabenerfüllung erledigt werden. Weiterhin muß die Tätigkeit des Mitarbeiters einen erkennbaren und bedeutenden Einfluß auf Kollegen und Vorgesetzte besitzen, damit dem Mitarbeiter seine Arbeit wichtig erscheint und ihm eine Bedeutung bzw. einen Sinn vermittelt. Die Dimension **Selbständigkeit** fördert das Gefühl der Verantwortung, und ein **Feedback** im Sinne von rückkoppelnden Informationen ermöglicht schließlich Kenntnisse über den Erfüllungsgrad der eigenen Arbeitsergebnisse.

Diese fünf Kerndimensionen bewirken eine hohe intrinsische Motivation des sich in dieser Arbeitssituation befindenden Individuums. Daß eine derart gestaltete Arbeit motivierend wirkt, hängt nach *Hackman* jedoch von weiteren Einflußgrößen ab:[209] Wenn das Individuum nicht über entsprechende Kenntnisse und Fertigkeiten für die Aufgabenerledigung verfügt, kann eine größere Anstrengung des Mitarbeiters Frustrationserlebnisse auslösen. Ebenfalls negativ auf Motivation und Leistungsverhalten kann sich eine Überlastung des Mitarbeiters auswirken, wenn ein gewisses Maß an Vielfältigkeit und Ganzheitlichkeit der Aufgabe überschritten wird. Darüber hinaus wird die Reaktion auf eine motivierende Aufgabengestaltung von der jeweiligen Bedeutung der Selbstbestätigung auf die individuelle Motivation bestimmt. Ferner muß das Individuum mit seinem Arbeitsumfeld, z.B. Führungsstil, Einkommenshöhe etc., zufrieden sein, damit

---

[208] Vgl. Hackman et al. (1974), S. 3; Hackman/Oldham (1975), S. 161.

[209] Vgl. Hackman et al. (1974), S. 4.

es positiv auf eine komplexe und abwechslungsreiche Tätigkeit reagiert. Abb. 2-7 stellt die dem Modell von Hackman zugrunde liegende Wirkungskette dar.

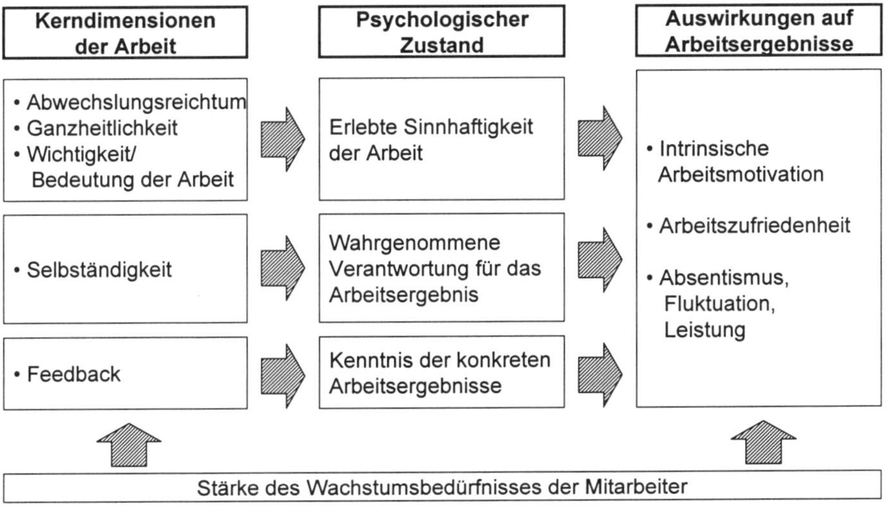

Abb. 2-7: Modell der Arbeitsmotivation nach Hackman und Oldham[210]

Die Ausgestaltung einer Arbeitsaufgabe beeinflußt – in Abhängigkeit von verschiedenen Persönlichkeitsmerkmalen – den psychologischen Zustand des Mitarbeiters und somit letztlich das Arbeitsergebnis. Dabei bewirken die fünf Kerndimensionen der Arbeit eine positive Veränderung der hypothetischen Konstrukte „Arbeitsmotivation“ und „Arbeitszufriedenheit“ und schlagen sich darüber hinaus in unmittelbar beobachtbaren Ergebnissen, wie z.B. geringere Abwesenheit oder einer höheren Leistung, nieder.

Die zentralen Variablen Abwechslungsreichtum, Ganzheitlichkeit und Bedeutung der Arbeit treffen auf die Zusammenarbeit von Individuen im Team zu. Es bleibt jedoch zu überprüfen, ob diese Variablen ergänzt um Selbständigkeit und Feedback auch auf den Prozeß des Wissenstransfers Einfluß nehmen. Das Modell weist neben den oben beschriebenen zusätzlichen Einflußgrößem insofern Erklärungsgrenzen auf, als daß ausschließlich auf die intrinsische Motivation fokussiert wird und daß Abhängigkeiten und Wechselwirkungen zwischen der persönlichen Arbeitsmotivation und -zufriedenheit und der Arbeitsleistung unberücksichtigt bleiben.

210 In Anlehnung an Hackman et al. (1975), S. 58.

2.4.2 Organisationstheoretische Ansätze

Neben den Motivationstheorien können Ansätze der Organisationstheorie, die verschiedene Verhaltensausprägungen von Individuen zum Inhalt haben, als theoretisches Gerüst zur Erklärung von Wissenstransfer in Teams herangezogen werden. Diesbezüglich sind vier grundlegende Ansätze zu unterscheiden:[211] die psychologische, die kognitive, die soziale und die institutionenökonomische Denkschule. Letztere sind Bestandteil der folgenden zwei Kapitel.

Die **psychologische Denkschule**[212] fokussiert die intrinsische Motivation und geht davon aus, daß ein bestimmtes auf intrinsischen Motiven basierendes Individualverhalten nicht durch zusätzliche extrinsische Anreize gesteigert werden kann, und daß extrinsische Anreize eine demotivierende Wirkung auf das Individuum ausüben können.[213] Da der Inhalt der Arbeitsaufgabe als der psychologisch relevanteste Teil der Arbeitsbedingungen gilt, ist diese Prämisse durch den Ansatz von *Hackman* und *Oldham* bereits abgedeckt.

Im Mittelpunkt der **kognitiven, interpretativen Denkschule**[214] des Verhaltens stehen subjektive Wahrnehmungs- und Sinngebungsprozesse. Da es im Rahmen von Sinngebungsprozessen zu einem Zusammenspiel von Wahrnehmung, vorhandenem Wissen und Werturteilen kommt, ist es das Ziel dieser Ansätze, zu analysieren, wie das Ergebnis dieser kognitiven Prozesse das Individualverhalten, die Wahrnehmung, Werturteile sowie das Denken von Individuen beeinflußt.[215] Die kognitive Denkschule wird für die folgenden Untersuchungen ausgeklammert.

2.4.2.1 Austauschtheorie: Wissenstransfer als sozialer Beziehungsprozeß

Die Forschung im Rahmen der **sozialen Denkschule**[216] fokussiert die Einbindung des Individuums in ein Netzwerk sozialer Beziehungen. Eine wichtige Forschungsrichtung stellen die Interaktions- bzw. Austauschtheorien dar. Die **Austauschtheorien** gehen neben *Homans*[217] auf *Thibaut* und *Kelley* zurück, die Interaktion als Austausch von Belohnungen und Strafreizen definieren.[218] *Homans* analysierte den Austausch in

211 Pfeffer (1997), S. 42-80, spricht von „Five Models of Behavior".

212 Stellvertretend für die psychologischen bzw. motivationsorientierten Ansätze vgl. Argyris (1964); Likert (1967) sowie McGregor (1969). An dieser Stelle werden unter die psychologische Denkschule *Pfeffers* zwei Modelle – „retrospectively rational model" und „moral model" – subsumiert. Vgl. Pfeffer (1997), S. 65ff.

213 Vgl. Bendt (2000), S. 154 sowie Frey/Osterloh (1997), S. 310ff.

214 Vgl. Pfeffer (1997), S. 77ff.

215 Vgl. Sackmann (1991), S. 33f. sowie Pfeffer (1997), S. 77ff.

216 Vgl. Pfeffer (1997), S. 55ff.

217 Vgl. Homans (1960).

218 Vgl. Thibaut/Kelley (1959) sowie Wiswede (2000), S. 96ff.

Personengruppen, wobei er **Austausch** als eine freiwillige Aktivität zweier oder mehrerer Organisationseinheiten zum Zwecke ihrer besseren Zielerreichung definiert. Die Grundannahme der Austauschtheorien ist, daß ein Individuum danach strebt, ein Gleichgewicht zwischen den erbrachten Leistungen und der erhaltenen Belohnung herzustellen.[219] Wenn die subjektiv wahrgenommene Differenz zwischen den eingesetzten Kosten und der erhaltenen Belohnung positiv ist, strebt das Individuum danach, die soziale Beziehung auf demselben Austauschniveau aufrecht zu erhalten.[220]

Homans nennt Aktivität, Interaktion und Empfindung als zentrale sich wechselseitig beeinflussende Bausteine seines Austauschkonzeptes. **Interaktionen** als grundlegendes Phänomen des zwischenmenschlichen Verhaltens versteht er als zweckgerichtete, wechselseitige soziale Beziehungen zwischen mindestens zwei Individuen.[221] Interaktion umfaßt somit jede Form der Kontaktaufnahme und Kommunikation sowohl verbaler als auch nonverbaler Art zwischen Personen.[222] *Homans* bevorzugt den Begriff der Interaktion, da der Kommunikationsbegriff seiner Ansicht verschiedene Bedeutungsinhalte aufweist:

> „Es kann erstens den Inhalt einer gerade übermittelten Nachricht, eines Zeichens oder einer ‚Kommunikation' bedeuten. Zweitens kann damit der Prozeß der Übermittlung selbst gemeint sein, so wenn man von ‚Kommunikationsmethoden' spricht. Und drittens kann es unabhängig vom Inhalt oder Prozeß der Übermittlung auf die bloße Tatsache hinweisen, daß eine Person mit einer anderen kommuniziert hat. Nur auf die letzte dieser drei Bedeutungen beziehen wir uns, wenn wir von Interaktion sprechen und die Ungebräuchlichkeit des Ausdrucks mag die Tatsache unterstreichen, da er hier eine ganz spezifische Bedeutung hat."
> Homans (1960), S. 61.

Staehle weist darauf hin, daß Interaktion einerseits eine spezielle Art der Kommunikation darstellt, andererseits aber über den materiellen Aspekt der Informations- und Datenübermittlung hinausgeht.[223] Ein Ergebnis eines solchen Interaktionsprozesses kann Wissen darstellen:[224] Diesem Interaktionsmodell des Wissens folgend wird nicht in IuK-Technologien investiert, sondern in die Interaktionsprozesse zwischen Personen, in denen Wissen entsteht und vorhandenes Wissen verändert wird. In dieser konstrukti-

---

219 Vgl. Rosenstiel (1975), 165. Im Gegensatz zum dem Transaktionsbegriff aus der Institutionenökonomik subsumiert die Austauschtheorie explizit auch Wertvorstellungen und Gefühle unter den Austausch. Darüber hinaus sind Transaktionen in einen Kontext eingebettet und als Bestandteil einer längeren sozialen Beziehung zu interpretieren, wodurch die soziale Austauschbeziehung nicht die isolierte Transaktion zum Analyseobjekt wird.

220 Vgl. Wiswede (2000), S. 96.

221 Vgl. Homans (1960).

222 Vgl. Staehle (1999), S. 310.

223 Vgl. Staehle (1999), S. 309 sowie ausführlicher zu den Charakteristika von Interaktionsprozessen Wagner (2000), S. 108ff.

224 *Schneider* unterscheidet zwei konträre Denkansätze, die sich sowohl in ihren Annahmen als auch in ihren Folgen grundlegend unterscheiden. Vgl. Schneider (1996), S. 17ff. Bei dem zweiten hier nicht weiter betrachteten Ansatz, dem sog. Leibniz- oder Paketmodell, wird Wissen als Input in Prozesse verstanden, das wie ein Paket von einer Person zur anderen getragen werden kann.

vistischen Sichtweise des Wissensbegriffes verschwimmt der Unterschied zwischen Wissenstransfer und -generierung zwangsläufig.[225] Bei der transferierten Ressource handelt es sich demnach um Informationen, die erst beim Empfänger zur Generierung neuen Wissens führen. Wissen ist demzufolge nicht objektiv, sondern subjektiv und kontextgebunden.[226]

Eine Modifikation der Austauschtheorien sind die **Gerechtigkeitstheorien**, deren Kernaussage lautet, daß ein Individuum innerhalb eines Austauschprozesses dann befriedigt ist, wenn die Interaktionsergebnisse mit den ursprünglichen Erwartungen übereinstimmen.[227] Wenn ein Individuum in einem Interaktionsprozeß Ungerechtigkeit, d.h. eine Ungewogenheit zwischen Input und Output, erlebt, so baut sich ein Spannungsfeld auf. Das Individuum wird dann versuchen, dieses Spannungsfeld zu reduzieren bzw. aufzuheben, was sich z.B. im Abbruch der Beziehung oder im Wechsel der Vergleichspersonen äußern kann.[228] Eine Möglichkeit, die Einstellungen und Verhaltensweisen der Mitarbeiter zu besonderen Leistungen zu motivieren, ist das Konzept der prozessualen Gerechtigkeit. Wenn Menschen den Prozeß, von dem sie betroffen sind, als gerecht empfinden, dann ist bei ihnen eine besonders stark ausgeprägte Selbstverpflichtung, Vertrauen zueinander und soziale Harmonie zu erkennen, und sie weisen eine höhere Zufriedenheit mit dem Prozeßergebnis auf.[229] Empirische Studien haben gezeigt, daß Mitarbeiter innerhalb von Teams ein besonders hohes Maß an Gerechtigkeit erfahren.[230]

Im Hinblick auf den Wissenstransfer definiert *Wagner* die Interaktion von Individuen durch die folgenden Merkmale:[231] Zum einen nennt er die *Wechselseitigkeit*, nach der eine Interaktion nur dann stattfindet, wenn die am Transfer beteiligten Individuen sich einen Vorteil davon versprechen bzw. aus dem Transfer einen Nutzen ziehen können. Innerhalb eines Teams agieren die Mitglieder wechselseitig zur Erledigung ihrer gemeinsamen Aufgabe. Des weiteren beruht die Interaktion auf einer *Symbolhaftigkeit*, die durch ein gemeinsames Sprachmuster der Interakteure gegeben sein sollte. Außerdem ist sie von *Interdependenzen* geprägt, da sie zu Abhängigkeiten zwischen den Teammitgliedern und ihren Aktionen führt. Als letztes wesentliches Merkmal nennt

225 Vgl. Aulinger/Fischer (2000), S. 664.

226 Vgl. hierzu Kap. 2.3.1.

227 Vgl. Homans (1973), S. 249.

228 Vgl. Homans (1973), S. 249ff. Die Spannungsreduktion kann auch auf kognitiven Wege erfolgen; hierauf wird allerdings nicht näher eingegangen.

229 Vgl. Kim/Mauborgne (1993), S. 238f. sowie Kim/Mauborgne (1998), S. 61 und 64.

230 Vgl. Mannix et al. (1995), S. 276.

231 Vgl. Wagner (2000), S. 90f. Die Barrieren der Interaktion, die überwiegend dem Bereich Human Resources zuzuordnen sind, finden sich in Kap. 3.1.1.

Wagner *Vertrauen*, das die Basis einer erfolgreichen Interaktion und damit für den Wissenstransfer darstellt.[232]

Die soziale Austauschtheorie repräsentiert ein individualistisches Konzept, das die Entstehung kooperativer Beziehungen ausschließlich auf das Nutzenkalkül der Akteure zurückführt, wodurch ein direkter Bezug zur Transaktionskostentheorie und zur Anreiz-Beitrags-Theorie erkennbar ist.[233] Das zwischenmenschliche Verhalten basiert auf einem ständigen Geben und Nehmen, wobei jedes Individuum möglichst mit Gewinn aus dieser Situation herauskommen möchte. Daneben beschränkt sich die Theorie auf extrinsische Anreize bzw. auf die Belohnungskategorie Bezahlung. Im Rahmen der Anreizgestaltung zeigen Austauschtheorien, daß das Individuum die Ergebnisse einer Handlung vergleicht. Somit stellt eine als gerecht bzw. ungerecht empfundene Arbeitssituation einen Auslöser dafür dar, daß ein ursprüngliches Verhalten in Abhängigkeit des subjektiven Empfindens verstärkt bzw. nicht vollzogen wird.[234] In Anlehnung an die verhaltenswissenschaftliche Entscheidungstheorie liefert die Austauschtheorie entscheidende Aussagen bezüglich der Bedeutung von ökonomischen Beziehungen und integriert den Aspekt Vertrauen in die Analyse von Austauschbeziehungen. Die sozialen Beziehungen innerhalb eines Teams beeinflussen demzufolge das Arbeitsverhalten der Teammitglieder.[235]

2.4.2.2 Ökonomische Ansätze

Die **institutionenökonomischen Ansätze**,[236] in deren Mittelpunkt weniger Prozesse sondern Gleichgewichtszustände stehen, gehen von der Annahme aus, daß Individuen rational als Nutzenmaximierer handeln. Die Transaktionskostentheorie und die Agency-Theorie entwickelten die Prämisse vom handlungsgeleiteten Eigeninteresse weiter zur Annahme des Opportunismus, dessen Extremform sich im arglistigen, nur sein Eigeninteresse verfolgenden Individuum niederschlägt. Darauf aufbauend legen die ökonomischen Ansätze ein von Eigeninteresse geprägtes Individualverhalten zugrunde. Um zu erreichen, daß das Individuum entsprechend der organisationalen Bedürfnisse handelt, werden extrinsische Anreize von außen gesetzt.[237] Der ökonomischen Anreiztheorie zufolge, die auf der entscheidungslogisch orientierten Organisationslehre

---

232 Vgl. auch z.B. Davenport/Prusak (1999), S. 84.

233 Vgl. Williamson (1975) zur Transaktionskostentheorie, Kap. 2.4.2.3 zur Anreiz-Beitrags-Theorie.

234 Vgl. Schulz (2000), S. 60.

235 Zu den Ergebnissen der Hawthorne-Experimente vgl. Breisig (1990), S. 56ff.

236 Vertreter des mikroökonomischen Ansatzes sind z.B. Laux (1998) sowie Milgrom/Roberts (1992); Stiglitz (1991) sowie Fama/Jensen (1983).

237 Vgl. Pfeffer (1997), S. 44ff.

basiert, erhält der Mitarbeiter seine Vergütung aufgrund der Einhaltung bestimmter Normen.[238]

Während verhaltenswissenschaftliche Anreizsysteme versuchen, die Leistungsbereitschaft und die Leistungsfähigkeit des Individuums zu beeinflussen und zu fördern sowie die Arbeitszufriedenheit zu erhöhen, geht die ökonomische Anreiztheorie davon aus, daß sich das individuelle Verhalten ausschließlich in einer bestimmten Tätigkeit vollzieht. Ein wesentlicher Kritikpunkt an der ökonomischen Anreiztheorie ist die unterstellte einseitige Steuerung des Mitarbeiters über monetäre Anreize.[239] Indem immaterielle Anreize außer acht gelassen werden, wird die Bandbreite der handlungsleitenden Motive nur unzureichend betrachtet.[240]

Grundsätzlich kann zur Motivationsfrage auf die allgemeine Erklärung der Anreiz-Beitrags-Theorie[241] verwiesen werden. Daher wird neben der verhaltenswissenschaftlichen Entscheidungstheorie im folgenden die Anreiz-Beitrags-Theorie kurz dargestellt.

2.4.2.3 Die verhaltenswissenschaftliche Entscheidungstheorie

Im Mittelpunkt der verhaltenswissenschaftlichen Entscheidungstheorie steht der wirtschaftende Mensch als Entscheidungssubjekt, dessen Verhaltensweisen „aus den sozialen Beziehungen innerhalb der Organisation und aus seinen subjektiven Bedürfnissen und Wertvorstellungen" erklärt werden.[242] Der einzelne Mitarbeiter erbringt Arbeitsleistungen als Beitrag für die Organisation, wobei die verhaltenswissenschaftlich definierte Arbeitsleistung aus den Komponenten Leistungsbereitschaft und Leistungsfähigkeit besteht. Dabei ist unter der *Leistungsfähigkeit* die ererbte physische und psychische Konstitution zu verstehen, während die *Leistungsbereitschaft* hauptsächlich durch die Motivation bzw. die Motivstruktur determiniert wird.[243] Übertragen auf den Fall des Wissenstransfers muß das Individuum die Fähigkeit und

---

238 Vgl. Laux (1992), Sp. 1733f.

239 Zu einer ausführlichen Kritik vgl. Schulz (2000), S. 29.

240 Dieses ökonomische Grundmodell wird über den Einsatz von Cafeteria-Modellen sowie in neueren Modellen durch immaterielle Komponenten um verhaltenswissenschaftliche Ansatzpunkte erweitert. Vgl. Wagner/Grawert/Langemeyer (1993), S. 4.

241 Vgl. March/Simon (1958). Zu neueren Entwicklungen bei den Motivationstheorien, auf die an dieser Stelle nicht eingegangen wird, vgl. Bullinger/Korge (1999).

242 Kupsch/Marr (1991), S. 734. Die vorliegende Arbeit basiert auf einem weitgefaßten verhaltenswissenschaftlichen Leistungsbegriff, innerhalb dessen das Individuum als Humankapital gilt, das kurz- und langfristig zu aktivieren ist.

243 Weiterhin bestimmt die Disposition, verstanden als die aktuelle Verfügbarkeit über die physische Konstitution, die Leistungsbereitschaft. Vgl. Engelhard (1992), Sp. 1258. Nach Becker (1995), Sp. 36f., wird die Leistungsbereitschaft neben der Motivstruktur von den drei Determinanten *Valenzen und Normen, Anstrengungserwartung* und *Konsequenzerwartung* beeinflußt. Vgl. ausführlich hierzu Porter/Lawler (1968).

die Bereitschaft besitzen, das ihm inhärente Wissen einer anderen Person zu vermitteln.

Als Begründer der verhaltenswissenschaftlichen Entscheidungstheorie definiert *Barnard* eine *Organisation* als ein soziales System, in dem von zwei oder mehr Individuen oder Organisationen eine Koalition gebildet wird, und in dem die Handlungen der Koalitionspartner[244] bewußt koordiniert sind und voneinander abhängen.[245] In diesem System müssen die Entscheidungen der Individuen zur Erreichung der Organisationsziele koordiniert werden.[246] Dabei wird zwischen verschiedenen Gruppen von Teilnehmern differenziert: eine autorisierte Gruppe (Führungsebene) bestimmt die Strategie der Organisation; die übrigen Koalitionspartner sind in der Regel nur solange zur Teilnahme an der Organisation bereit, wie sie ihre Ansprüche aus der Teilnahme befriedigen können.[247] *Barnard* erklärt das Zustandekommen und die Stabilität von Organisationen durch die positiven Anreiz-Beitrags-Salden aller Beteiligten.[248] Die Unternehmensleitung hat dabei die Aufgabe, durch ein geeignetes System von Anreizen diejenigen Teilnehmer an das Unternehmen zu binden, deren Beitrag am besten zur Zielerreichung beiträgt.[249] Auf den Untersuchungsgegenstand des teaminternen Wissenstransfers übertragen bedeutet dies, daß diejenigen Mitarbeiter, deren Wissen am wichtigsten zur Erreichung der Teamziele ist, an das Team gebunden werden müssen.

March und *Simon* entwickelten das Konzept von *Barnard* weiter zur **Anreiz-Beitrags-Theorie**, um die Entstehung und das Gleichgewicht von Organisationen zu erklären.[250] Während die Analyse der Teilnahmeentscheidung und die Gleichgewichtsbedingung von Anreizen und Beiträgen auf *Barnard*[251] basiert, gehen *March* und *Simon* neben der Eintrittsentscheidung intensiv auf die Entscheidung über das Leistungsverhalten bzw. die Leistungsmotivation ein.[252]

Eine Organisation muß jedem Beteiligten Anreize gewähren, um ihn zur aktiven Teilnahme in der Organisation zu bewegen. Unzureichende Anreize bedeuten entweder

---

244 Dies können z.B. Manager, Mitarbeiter, Kunden, Lieferanten etc. sein. Vgl. Cyert/March (1963), S. 27. In der vorliegenden Arbeit sind die Koalitionspartner mit den Teammitgliedern gleichzusetzen.

245 Vgl. Barnard (1938), S. 73ff. Weitere Vertreter sind Simon (1947), March/Simon (1958) und Cyert/March (1963). Während die ersten drei Autoren sämtliche Organisationsformen betrachten, beschränken Cyert/March ihre Untersuchungen auf den besonderen Organisationstypus ‚Unternehmen'. Im folgenden wird der Begriff ‚Organisation' als Synonym für das Team verwendet.

246 Vgl. Kieser/Kubiceck (1983), S. 42.

247 Vgl. Barnard (1938), S. 92f. sowie March/Simon (1958), S. 84ff.

248 Vgl. Barnard (1970).

249 Vgl. Barnard (1970), S. 137.

250 Vgl. March/Simon (1958), S. 83ff.

251 Vgl. Barnard (1970), S. 122ff.

252 Vgl. March/Simon (1958), S. 52-78 zur Teilnahmeentscheidung sowie zur Leistungerbringung.

Zerfall der Organisation, Veränderung der Organisationsziele oder Scheitern der Zusammenarbeit.[253] Dabei werden die Anreize anhand des subjektiv empfundenen Nutzens gemessen, den sie dem Individuum stiften. Dieser subjektiv empfundene Nutzen ist im Gegensatz zum objektiv erbrachten Anreiz[254] nicht eindeutig zu bestimmen, da er der subjektiven Nutzenbewertung des einzelnen Individuums unterliegt. Auf individueller Ebene ergibt die Kombination aller wahrgenommenen Anreize die Anreizsituation, die neben den Persönlichkeitsmerkmalen im wesentlichen über Art und Umfang der individuellen Leistungsbereitschaft entscheidet.[255] Im Gegenzug für die erhaltenen Anreize erwartet die Organisation Beiträge von jedem Organisationsteilnehmer. Diese Beiträge werden von den Individuen jedoch nur dann geleistet, wenn die Anreize – unter Berücksichtigung der individuellen Werte und der sich bietenden Alternativen – gleich oder größer den geforderten Beiträgen sind.[256] Beiträge können dabei sowohl materieller Art, z.B. in Form einer Eigenkapitalbeteiligung oder eines Arbeitsbeitrags, als auch immaterieller Art sein. Beispiele für immaterielle Beiträge sind Kompromißbereitschaft innerhalb der Organisation oder die Bereitstellung von Erfahrungen, Kenntnissen und Wissen.[257]

Die Teammitglieder müssen von der Vorteilhaftigkeit des Anreiz-Beitrags-Systems überzeugt werden.[258] Dies kann entweder durch die Schaffung von Zwängen (Mitwirkungszwang) geschehen oder dadurch, daß jeder Teilnehmer dauerhaft einen Nutzenzuwachs aus seiner Beteiligung erzielt.[259] Ziel der Organisation muß es daher sein, die individuelle Anreizsituation für alle Mitglieder möglichst so auszugestalten, daß sie die für die Sicherung der Lebens- und Entwicklungsfähigkeit der Organisation notwendigen Beiträge leisten. Hierzu müssen die Begriffe Anreiz und Beitrag ausdifferenziert und insbesondere Aussagen zu den motivationalen Wirkungen der Anreize gemacht werden, damit diese pauschale Aussage mit Inhalt gefüllt werden kann.

---

[253] Vgl. Barnard (1970), S. 122.

[254] *March* und *Simon* unterscheiden die objektiv erbrachte „Zahlung", der geleistete Anreiz bzw. Beitrag, und den daraus entstehenden subjektiv empfundenen Nutzen dieser „Zahlung", den sog. Anreiznutzen bzw. den Beitragsnutzen. Vgl. March/Simon (1958), S. 84f.

[255] Vgl. Guthof (1995), S. 18.

[256] Dies ist die Kernaussage der Anreiz-Beitrags-Theorie. Vgl. March/Simon (1976), S. 80ff. Dabei bildet die Entrichtung der Beiträge das Potential für die Anreizgewährung an andere Teilnehmer. Vgl. Ringle (1987), S. 64.

[257] Vgl. Eschenburg (1988), S. 257. Eine solche Definition ist für die Zwecke der vorliegenden Arbeit sehr geeignet, da sie auf das spezifische Anwendungsfeld von Mitarbeiteranreizen zugeschnitten ist. Von möglichen anderen Zwecken eines Anreizsystems, wie der Steuerung der Leistungserbringung oder der Leistungssteigerung, wird im folgenden abstrahiert.

[258] Vgl. Barnard (1970), S. 129ff sowie Eschenburg (1988), S. 253. *Barnard* spricht hier von der Methode der Überzeugung.

[259] Die zweite Alternative ist die realistischere, da sich kein größeres, komplexes und dauerhaftes System der Zusammenarbeit ausschließlich durch Zwang aufrecht erhalten läßt. Vgl. Barnard (1970), S. 130.

Grundsätzlich ist ein von allen Mitarbeitern akzeptiertes Anreiz-Beitrags-System zu schaffen. Dies setzt einerseits die Wirksamkeit der Koalition, d.h. das Erreichen des Wissensaustausches, und andererseits die Leistungsfähigkeit, d.h. das Erreichen der individuellen Ziele bzw. des individuellen Zufriedenheitsbereichs, der Organisationsteilnehmer voraus.[260]

Die Anreiz-Beitrags-Theorie, die von verschiedenen Autoren vorgetragen wird,[261] liefert keinen zufriedenstellenden Erklärungsansatz im Hinblick auf die Motivation des Individuums zum Wissenstransfer, da sie vor dem Problem steht, ein faires Tauschverhältnis zu entwickeln, bei dem die *Beiträge*, z.B. Zeit, Erfahrung, Kenntnisse, Wissen, und die *Erträge*, z.B. Geld, Arbeitsbedingungen, Aufgabeninhalt, Ansehen etc., aus Sicht des Individuums miteinander verrechnet werden. Im allgemeinen werden verinnerlichte Maßstäbe oder konkrete Vergleichspersonen als Bewertungsgrundlage herangezogen, was objektiv jedoch nicht oder nur sehr schwer nachprüfbar ist.

2.4.2.4 Anreize zur Steigerung der Mitarbeitermotivation

Der Begriff ‚Anreiz' ist primär Gegenstand der Organisations- und Personalwirtschaftslehre und wird in der betriebswirtschaftlichen Forschung hauptsächlich für innerbetriebliche Individual- oder Gruppenanreize verwendet.[262] Der Einsatz konkreter Anreize zur Steuerung des menschlichen Verhaltens wird gleichzeitig jedoch kontrovers diskutiert,[263] wobei der Anreizbegriff in der Literatur nicht einheitlich geklärt ist. Allgemein formuliert können Anreize als bestimmte Situationsbedingungen definiert werden, die die Motivation von Individuen aktivieren können.[264] Anreize sind von der Organisation in Aussicht gestellte materielle oder immaterielle Vergütungen für die Mitarbeiter, damit diese individuelle Beiträge in Form von Zeit, Energie oder anderen Ressourcen zur Realisation des Organisationsziels leisten.[265] Einen Überblick über verwendete Definitionen gibt Tab. 2-3.

Aus Sicht des Individuums stellt demzufolge alles einen Anreiz dar, was zur Erfüllung seiner Bedürfnisse beiträgt. Diese Vielzahl möglicher Anreize stellt Unternehmen vor das Problem, welche Anreize zielgerichtet eingesetzt werden sollen, um eine entsprechende Motivation der Mitarbeiter zu erreichen. Denn die Wirkung eines

---

260 Vgl. Barnard (1970), S. 61.

261 Vgl. Barnard (1938); Homans (1960).

262 Zu Ausnahmen vgl. Biergans (1984).

263 Einstimmigkeit besteht jedoch hinsichtlich der notwendigen Individualisierung des Anreizsystems.

264 Vgl. Rosenstiel (2000), S. 356.

265 Vgl. Wilson (1966), S. 196ff. und Frese (1992), S. 300.

Anreizes ist immer personen- und situationsabhängig, so daß Anreize nie isoliert betrachtet werden dürfen.[266]

Autor	Definition
Beyer (1990), S. 16	Anreize sind „verhaltensauslösende Reize, die außerhalb einer Person liegen. Sie können diese zu einem bestimmten Verhalten veranlassen, sofern sie den Bedürfnissen des Menschen entsprechen. Anreize aktivieren die Bedürfnisse und führen zu motiviertem Verhalten."
Kruse (1998), S. 36	**i.e.S.**: an Bezugsgrößen gekoppelte Belohnungen oder Bestrafungen, die die Entscheidungen des Anreizempfängers beeinflussen sollen. **i.w.S.**: mögliche Entscheidungskonsequenzen, die Einfluß auf die Entscheidungsfindung haben (d.h. inkl. intrinsischer und extrinsischer Anreize).
Laux (1992a), Sp. 112ff.	Anreize sind Instrumente, die den Mitarbeiter dazu veranlassen sollen, sein Verhalten über monetäre Belohnungen auf explizite und implizite Normen auszurichten.
Ondrack (1995), S. 325	„Ein Anreiz ist ein Versprechen, eine spezielle zusätzliche Zahlung an Untergebene zu leisten, wenn sie bestimmte Anforderungen ihrer Arbeitsaufgabe erfüllen."
Rosenstiel (1975), S. 66	Ein Anreiz ist „die konkrete Gestaltung der Arbeitsbedingungen, die vom Arbeitenden wahrgenommen wird" (direkter Bezug zur Arbeitswelt).
Schanz (1991), S. 15	Leistungsanreiz; klassifiziert Anreize nach dem Objekt (immateriell vs. materiell), dem Empfängerkreis (individual-, Gruppen- und organisationsweite Anreize) und nach der Quelle (intrinsische vs. extrinsische Anreize).
Schulz (2000), S. 20f.	Ein Anreiz ist (1) ein Situationsfaktor in der Personen-Situation-Interaktion, der den Anreizempfänger bei Motivkongruenz zu einem motivdienlichen Verhalten veranlaßt und der (2) durch die Integration in ein Anreizsystem, und dem damit einhergehenden Führungsziel und der theoretischen Grundlage, eine motivationstheoretische bzw. ökonomische Gewichtung erfährt.

Tab. 2-3: Übersicht über Anreizdefinitionen in der Literatur

Anreize gestalten sich sehr vielfältig und lassen sich nach einer Reihe von Kriterien klassifizieren, z.B. nach dem Zweck, der Richtung oder der Art. Nach dem **Zweck** unterscheiden *Barnard* und *Simon* z.B. Anreize zum Beitritt in eine Organisation und Anreize zur aktiven Mitarbeit in der Organisation.[267] Nach der **Richtung** lassen sich positive von negativen Anreizen abgrenzen,[268] wobei positive Anreize (Belohnungen) besser mit schlecht strukturierten Aufgaben vereinbar sind als negative.[269] Negative Anreize in Form von Strafen bzw. Sanktionen weisen neben ihrer Anreizwirkung nicht

266 Vgl. Rosenstiel (1975), S. 230. Zur Vorgehensweise bei der Implementierung eines logistikorientierten Anreizsystems vgl. Kersten (1999), S. 354.

267 Vgl. Barnard (1970) und March/Simon (1958).

268 Vgl. Bretz/Maaßen (1989), S. 141.

269 Vgl. Drumm (2000), S. 526.

selten eine Reihe von unerwünschten Nebenwirkungen auf, die ihren Einsatz fraglich erscheinen lassen.

Bei den **Arten** von Anreizen wird in der Regel zwischen materiellen und immateriellen Anreizen unterschieden. *Wagner* unterscheidet zwischen punktuellen Anreizen und Sammelanreizen, die nicht unmittelbar an aktuelles Verhalten anknüpfen und daher nachteilig auf die Bereitschaft zum Wissenstransfer wirken können.[270] Punktuelle Anreize hingegen können zu erhöhter Bereitschaft führen, da sie unmittelbar auf Leistungen im Transferprozeß Bezug nehmen. *Barnard* differenziert Anreize danach, ob sie spezifisch sind und besonders einem Individuum angeboten werden oder ob sie allgemein und nicht auf den Einzelfall zugeschnitten sind.[271] Allgemeine Anreize erwachsen den Teilnehmern aus jeweils vorhandenen situativen positiven Gegebenheiten. Beispiele für allgemeine Anreize sind die Attraktivität der Zugehörigkeit zu einer Gruppe in Bezug auf Nationalität und die soziale Verträglichkeit von Sitten und Gebräuchen, die Angepaßtheit an gewohnte Arbeitsbedingungen und -methoden sowie die Gelegenheit zur stärkeren Einbindung in wichtige Entwicklungen und Ereignisse.

Da die Grenzen zwischen den Begrifflichkeiten „intrinsische/extrinsische Motivation“ und „materielle/immaterielle Anreize“ in der Literatur relativ unklar verlaufen, stellt Abb. 2-8 den Zusammenhang der Begriffspaare dem Verständnis dieser Arbeit zufolge dar: Im Gegensatz zur intrinsischen Motivation, die sich nicht direkt erzeugen läßt, ist extrinsische Motivation sowohl durch immaterielle als auch durch materielle Anreize zu aktivieren. Auf mögliche Anreize im Kontext der Teamarbeit geht Kap. 3.1.3 ausführlicher ein.

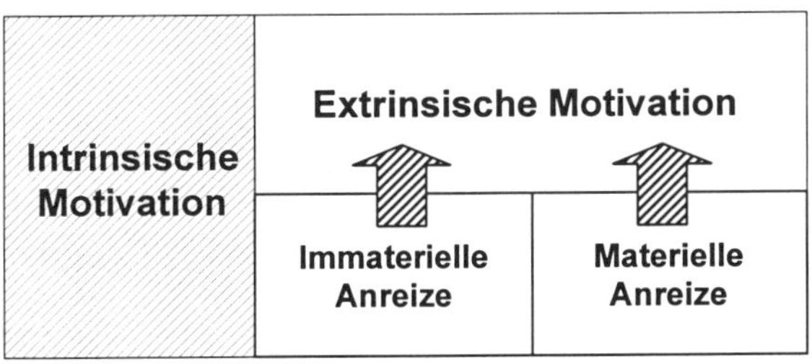

Abb. 2-8: Zusammenhang zwischen Motivation und Anreizarten

---

[270] Vgl. Wagner (2000), S. 114.

[271] Zur Klassifizierung von Anreizen vgl. Barnard (1970), S. 124ff.

2.5 Schlußfolgerungen für die Modellbildung

Da, wie bereits oben beschrieben, Wissen in den Köpfen der Menschen existiert, stehen beim Wissenstransfer die Individuen – und somit auch deren Austauschbeziehungen untereinander – in dieser Arbeit im Vordergrund.[272] Nach der Darstellung der grundlegenden Arbeitsdefinitionen zum Untersuchungsgegenstand Projektteam, zum Wissenstransfer und zur Beeinflussung des Individualverhaltens wurde deutlich, daß die Motivation des einzelnen Mitarbeiters ein wichtiger Einflußfaktor für einen funktionierenden Transfer von Wissen innerhalb eines Teams ist. Das Individuum stellt sich die Frage, warum es sein Wissen transferieren soll, d.h. welche Vorteile ihm aus der Abgabe seines Wissens erwachsen. Dabei konnte die Darstellung des theoretischen Bezugsrahmens bereits ansatzweise zeigen, daß insbesondere Faktoren aus dem psychologischen Bereich den Prozeß des Wissenstransfers beeinflussen. Die bisherigen Ausführungen lassen den Schluß zu, daß das Kommunikationsverhalten des Individuums, wie sein gesamtes Verhalten überhaupt, bedürfnismotiviert ist.[273] Somit ist naheliegend, die Motivation des Individuums als Ursache für sein Verhalten bei der Entscheidung zum Wissenstransfer genauer zu betrachten, da sie die Frage nach dem Grund des Transfers beantwortet und somit eine der entscheidenden Variablen darstellt, die individuelles Verhalten determiniert.[274] Tab. 2-4 stellt die Kernaussagen der diskutierten Ansätze für den Fall des Wissenstransfers zusammenfassend dar.

Von den vorgestellten Ansätzen aus Motivations-, Interaktions- und Organisationstheorie ist für sich betrachtet keiner in der Lage, eine ausreichende Erklärung für das Individualverhalten beim teaminternen Wissenstransfer zu liefern. Jeder Ansatz leistet lediglich Teilerklärungen. Für den Transfer von Wissen können verschiedene Gründe genannt werden: Einerseits kann ein Individuum intrinsisch dazu motiviert sein, sein Wissen preiszugeben, bspw. weil der Wissenstransfer zu seiner Selbstverwirklichung beiträgt, andererseits kann die Bereitschaft zum Wissenstransfer auch darauf zurückzuführen sein, daß das Individuum nach Prestige oder Anerkennung durch die jeweiligen Wissensempfänger strebt, demzufolge extrinsisch motiviert ist. Daß das Verhalten des Individuums zusätzlich durch soziale Beziehungen beeinflußt wird, können die effizienzorientierten Ansätze der ökonomischen Denkschule kaum erklären, wohingegen die Austauschtheorien diesen Aspekt berücksichtigen. Die soziale Einbindung

---

272 Dabei wird vom Prozeß der Kontaktaufnahme abstrahiert, da diese durch die Teamzusammenstellung geprägt ist, die in aller Regel von Führungskräften bzw. vom Projektleiter bestimmt wird und daher nicht freiwillig erfolgt. Vgl. Breisig (1990), S. 74.

273 Vgl. Argyris (1959), S. 115. „Der Absender muß das Bedürfnis und den Willen haben, eine Mitteilung übermitteln zu wollen". Kosiol (1976), S. 155. Auch *Staehle* nennt u.a. fehlende Motivation und mangelndes Interesse bei der Auflistung von Kommunikationsbarrieren. Vgl. Staehle (1999), S. 306.

274 Vgl. Kap. 2.1.3 sowie Rosenstiel (1975), S. 40.

der Akteure in ihr Team und die Beziehung der Individuen innerhalb des Teams beeinflussen deren individuelles Verhalten beim Wissenstransfer.

Ansatz	Fokus	Aussage
Motivations-theoretische Ansätze	**Intrinsische Motivation**	**Der Wissenstransfer ist intrinsisch motiviert. Die Bereitschaft, Wissen zu teilen und aufzunehmen, wird durch individuelle und soziale Werte beeinflußt. Im Einzelfall können auch extrinsische Anreize das Transferverhalten beeinflussen.**
Maslow (1954)	Bedürfnistheorie	
Alderfer (1969)	ERG-Theorie	
Herzberg (1959)	Zwei-Faktoren-Theorie	
Hackman/Oldham (1974)	Theorie der Arbeitsmotivation	
Sozialer Ansatz bzw. Interaktionstheorien	**Einfluß sozialer Beziehungen**	**Der Wissenstransfer hängt von der sozialen Einbindung und der Beziehung zwischen den betroffenen Akteuren ab.**
Thibaut/Kelley (1959)	Austauschtheorien; Interaktion	
Homans (1960)	Theorien zum Gruppeneinfluß	
Emerson (1962)	Rollentheorien	
Organisations-theorien	**Anreize**	**Der Wissenstransfer ist extrinsisch motiviert und abhängig vom Eigeninteresse der beteiligten Individuen.**
Barnard (1938)	Entscheidungstheorie	
March/Simon (1958)	Anreiz-Beitrags-Theorie	

Tab. 2-4: Überblick über die Erklärungsansätze zum Verhalten beim Wissenstransfer

Aus den vorgestellten Theorien zur Motivation lassen sich – vor allem auf Basis des Modells von *Hackman* und *Oldham* – Einflußgrößen für eine motivierende Wirkung zum Wissenstransfer ableiten, die nachfolgend erläutert und in der empirischen Untersuchung berücksichtigt werden (vgl. Abb. 2-9).

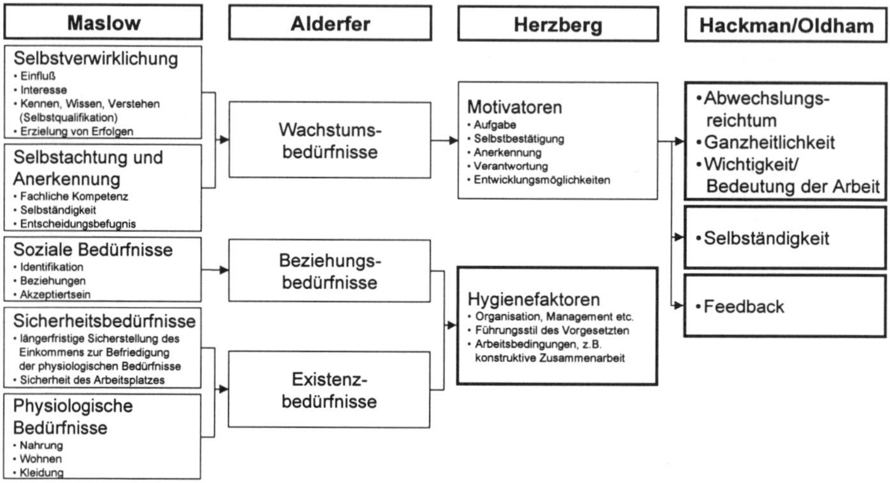

Abb. 2-9: Zusammenfassender Vergleich der Inhaltstheorien zur Motivation[275]

- **Abwechslungsreichtum der Aufgabe:** Die Arbeitstätigkeit sollte abwechslungsreich gestaltet sein, um einem Absinken der Motivation und somit einer sinkenden Leistungskurve vorzubeugen. Zu eng gefaßte Tätigkeitsfelder lassen die Arbeit nach einer gewissen Zeit zur Routine werden.[276]

- **Ganzheitlichkeit und Vollständigkeit der Aufgabe**: Dem Mitarbeiter muß das Gefühl gegeben werden, daß seine Aufgabe einen eigenständigen, abgrenzbaren Beitrag darstellt, dessen Erfüllung ein hohes Maß an Bedeutung besitzt. Ganze Arbeitsaufgaben sind motivierender als Teilaufgaben bei zu starker Arbeitsteilung und führen zu mehr Zufriedenheit.[277] Inhaltlich sollte die Aufgabe so gestaltet sein, daß ihre Bewältigung für jedes einzelne Teammitglied eine Herausforderung darstellt. Dabei ist darauf zu achten, daß der Mitarbeiter seinen Fähigkeiten gemäß eingesetzt wird, damit es weder zu einer zu großen Unter- noch zu einer Überforderung kommt. Für die persönliche Entwicklung des Mitarbeiters ist das Überwinden von Widerständen und Schwierigkeiten im Sinne einer erlebten Leistung von Bedeutung.[278]

---

275 In Anlehnung an Hellriegel/SlocumWoodman (1992), S. 219.

276 Hiervon wird im Modell in dem Sinne abstrahiert, als daß die Mitarbeit in einem Projektteam zeitlich begrenzt ist, so daß das Individuum nach einem gewissen Zeitraum zu einem anderen Projekt mit einer neuen Aufgabe wechselt.

277 Vgl. Cooper (1974), S. 54.

278 Vgl. Fauth (1991), S. 56. Dieser Forderung wird im nachfolgenden Modell nachgekommen, da zur Lösung der ganzheitlichen Projektaufgabe ein Team zur Aufgabenbewältigung notwendig ist.

- Innerhalb eines Teams wird die Trennung von Planung, Ausführung und Kontrolle nahezu aufgehoben, wodurch die Autonomiedimension der Tätigkeit erheblich vergrößert wird. Im Sinne einer weitgehend **selbständigen** Erledigung seiner Aufgaben muß dem Individuum die Möglichkeit gewährt werden, die Verantwortung für die Ergebnisse der eigenen Tätigkeit zu tragen.

- Ein Beibehalten eines positiven Verhaltens oder eine Verhaltensänderung setzt ein **Feedback** über das Ergebnis der eigenen Arbeit und über das bisherige Verhalten voraus. Rückkopplungs- oder Feedbackprozesse ermöglichen dem Mitarbeiter, seine Tätigkeit an einem Maßstab auszurichten und den Arbeitsprozeß auf ein Ziel hin zu steuern. Dabei ist Feedback als Lernprozeß zu verstehen. Gleichzeitig muß die Erledigung der Arbeitstätigkeit zu Ergebnissen führen, die vom Mitarbeiter als erstrebenswert angesehen werden.

- Eine kooperative Einbeziehung von Mitarbeitern in Entscheidungsfindungsprozesse aktiviert und befriedigt gleichzeitig die Bedürfnisse nach kompetenter und selbstbestimmender Auseinandersetzung mit der eigenen Arbeitssituation und qualifiziert und motiviert auf diese Weise gleichermaßen. Die **Mitwirkung** bei der **Entscheidungsfindung** gibt den Teammitgliedern die Möglichkeit ihr Wissen gezielt einzubringen.

- Weiterhin läßt sich aus Maslows Beziehungsbedürfnissen und aus den Austauschtheorien der Wunsch nach einer **konstruktiven Zusammenarbeit** mit Kollegen und Vorgesetzten festhalten: Ein intaktes soziales Beziehungsnetz innerhalb eines Teams beeinflußt die Motivation des einzelnen Mitarbeiters zum Wissenstransfer positiv durch die Befriedigung von Kontakt-, Wertschätzungs- und zum Teil auch von Sicherheitsbedürfnissen. Folglich ließe sich die Motivation zum Wissenstransfer durch die Schaffung von Kooperationsmöglichkeiten und durch die Art der Zusammenstellung der Teammitglieder fördern.

- Wird in Anlehnung an die Organisationstheorie zusätzlich die Annahme getroffen, daß Individuen rational handeln und ihren Nutzen maximieren, so muß ihnen eine Belohnung bzw. die Anerkennung ihrer Leistung in Aussicht gestellt werden, damit ihre Aufgabe in Form des Wissenstransfers einen Motivationsanreiz ausübt. In Frage kommen dafür sowohl **materielle** als auch **immaterielle Anreize**.

Zusätzlich zu den Hinweisen aus den theoretischen Erklärungsansätzen des Individualverhaltens läßt sich aus den theoretischen Grundlagen zum Wissenstransfer schlußfolgern, daß eine ganzheitliche Betrachtung der drei Perspektiven Human Resources, Organisation und Informations- und Kommunikationstechnologie für eine erfolgreiche Ausgestaltung des teaminternen Wissenstransfers notwendig ist. Die weiteren

Randbedingungen, wie die Organisationsstruktur, die Art der Führung und die Arbeitsbedingungen, z.B. die Beziehungen innerhalb des Teams oder der Umfang der informationstechnologischen Ausstattung, deren Vorhandensein der Unzufriedenheit entgegenwirkt (vgl. Abb. 2-9), lassen sich den drei Perspektiven des Wissenstransfers zuordnen.

Für die Konzeption eines Modells zum teaminternen Wissenstransfer stellen sich daher die Fragen,

(1) welchen Beitrag materielle und immaterielle Anreize zu leisten vermögen, um einen erfolgreichen Wissenstransfer innerhalb von Teams zu gewährleisten, und

(2) welche Einflußgrößen aus den drei Perspektiven Human Resources, Organisation und Informations- und Kommunikationstechnologie zusätzlich auf die Bereitschaft eines Individuums zum Wissenstransfer wirken (vgl. Abb. 2-10).

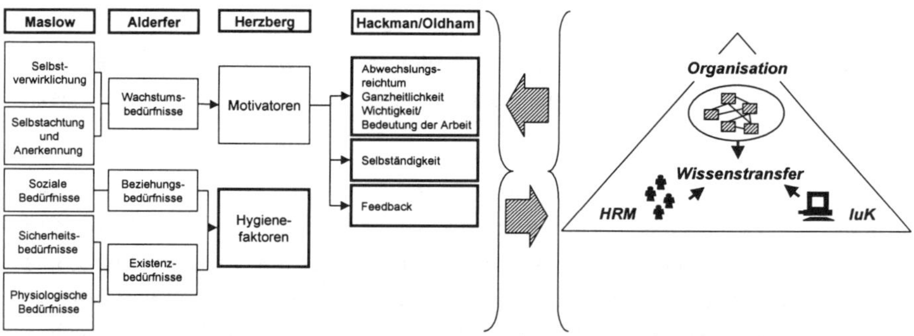

Abb. 2-10: Zusammenhänge der theoretischen Grundlagen

Dabei bietet die Einbettung eines Individuums in ein Team eine sehr gute Möglichkeit, die oben genannten Bereiche integrativ zu betrachten. Im folgenden Kapitel wird mit Hilfe der Hinweise aus der Literatur zur Motivation und zum Wissenstransfer ein Modell des teaminternen Wissenstransfers konzipiert, mit dessen Hilfe im empirischen Teil dieser Arbeit Einflußfaktoren auf die Transferbereitschaft identifiziert werden.

3 Einflußfaktoren auf den teaminternen Wissenstransfer

Ein erfolgreicher Wissenstransfer ist nur innerhalb gewisser Grenzen möglich, da er durch Störungen aus jeder der genannten Dimensionen eingeschränkt werden kann. Die bisherigen Ausführungen zeigten, daß viele Hindernisse des Wissenstransfers ebenso in der Natur des zu übertragenden Wissens liegen können.[279] Grundsätzlich gestört wird der Prozeß des Wissenstransfers, wenn das Wissen entweder gar nicht abgegeben wird oder wenn das transferierte Wissen vom Empfänger nicht oder nicht im Sinne des Wissenssenders aufgenommen werden kann, weil der Empfänger die subjektiven Denkinhalte nur unzulänglich umsetzen kann.[280] Die mitarbeiterseitige Bereitschaft, am Wissenstransfer teilzunehmen, kann durch Determinanten wie Zeitknappheit, die Art der Personalführung sowie durch kulturell verankerte Barrieren, die vor allem Macht- und Vertrauensfragen betreffen, negativ beeinflußt werden.[281] Hinzu kommen organisatorische Hindernisse, beispielsweise in Form von hierarchischen Strukturen und kommunikativen Blockaden.[282]

Im folgenden werden fördernde und hemmende Einflußfaktoren auf den teaminternen Wissenstransfer anhand der Dimensionen Human Resources – hier im speziellen die Bereiche Anreizgestaltung und Mitarbeiterführung –, Organisation und IuK-Technologie diskutiert. Alle betrachteten Dimensionen beinhalten eine Vielzahl an Barrieren, die sich weiter unterteilen lassen in Störungen, die einerseits beim Wissenssender auftreten und andererseits vom Wissensempfänger ausgehen. Da allerdings in dieser Arbeit auf den Wissenssender fokussiert wird, beschränken sich die folgenden Ausführungen auf die Barrieren beim Wissenssender.

3.1 Aspekte des Human Resource Managements im Team

3.1.1 Barrieren aus Sicht des Human Resource Managements

Der Bereich des Human Resource Managements beinhaltet die größte Anzahl an Barrieren. Auf Seiten des Wissenssenders existieren Barrieren, die entweder kognitive oder emotional-motivationale Ursachen haben können.[283]

---

279 Vgl. Probst/Raub/Romhardt (1999), S. 259f.

280 Vgl. hierzu und im folgenden Keller (1995), S. 64ff.

281 Vgl. Busch/Wernig (1999), S. 580 sowie zu empirischen Ergebnissen Bullinger/Wörner/Prieto (1997).

282 Vgl. Bullinger (1999), S. 83.

283 An dieser Stelle wird der Einteilung der Barrieren bei Heppner (1997) gefolgt. Zu einer alternativen Einteilung der Barrieren nach semantischen und psychologischen Störungen vgl. Keller (1995), S. 65ff.

Kognitive Störungen beim Transfer von Wissen treten auf, wenn Wissenssender und -empfänger über eine unterschiedliche Vorbildung verfügen bzw. gleiche Informationen unterschiedlich interpretieren. Unter kognitiven Gesichtspunkten werden die Wahrnehmung und Erzeugung von Handlungen durch einen im menschlichen Gedächtnis ausgebildeten Kognitionsrahmen bestimmt, der strukturelle und funktionale Zusammenhänge enthält und die jeweilige Sicht der Welt begründet.[284] Menschliche Verhaltensweisen erfolgen demnach nicht als eine Reaktion auf die objektiv beschreibbare materielle Realität – sofern diese überhaupt identifizierbar ist –, sondern werden als eine Reaktion auf die Welt, wie sie sich dem Menschen subjektiv darstellt und in Abhängigkeit von den daran anknüpfenden Denkprozessen ausgelöst.[285] Kognitive Blockaden des Wissenssenders im Zusammenhang mit dem Transfer von Wissen drücken sich in einer mangelnden Artikulationsfähigkeit in Bezug auf den Wissenstransfer aus.[286] Dabei liegen die Schwierigkeiten des Wissenssenders in der jeweiligen kognitiven Verankerung des Wissens begründet, die wiederum unter anderem von seiner spezifischen Aufgabenstellung innerhalb des Teams beeinflußt wird. Die unterentwickelte Fähigkeit, eigenes Wissen mitzuteilen, führt *Bendt* auf eine mangelnde Kommunikations- und Interaktionsfähigkeit und fehlende Ausübung bzw. Gewohnheit zurück.[287]

Während sich die kognitive Betrachtung möglicher Transferbarrieren mit dem „Können", also den geistigen Fähigkeiten von Personen auseinandersetzt, geht es bei den möglichen emotional-motivationalen Blockaden um die Bereitschaft zum Wissenstransfer, d.h. um das „Wollen".[288] **Emotional-motivationale** Barrieren beim Transfer bezeichnen Störungen, die aus persönlichen, unter Umständen gefühlsbedingten Gründen eine reibungslose Weitergabe beeinträchtigen.[289] Gegenstand der emotional-motivationalen Betrachtung sind die auf das Individuum einwirkenden Gefühlszustände, die sowohl die Wissensabgabe als auch die Wissensaufnahme entscheidend beein-

284 Vgl. Schüppel (1996), S. 71f.

285 Vgl. Zimbardo/Gerrig (1999), S. 12 sowie Heppner (1997), S. 8.

286 Vgl. Wagner (2000), S. 99; *Heppner* beschreibt die möglichen Ursachen dieser kognitiven Blockaden aus soziologischer Sicht ausführlich sowohl auf individueller als auch auf kollektiver Ebene. Heppner (1997), S. 203ff.

287 Vgl. Bendt (2000), S. 52.

288 Vgl. Heppner (1997), S. 9.

289 Auf die in der Literatur vorgenommene Unterscheidung zwischen subjektiv-bewußt und subjektiv-unbewußten Störungen wird an dieser Stelle nicht eingegangen. Vgl. weiterführend Heinrich (1964), S. 146 sowie zu einem Bsp. Keller (1995), S. 67.

flussen können.[290] Bei der Betrachtung dieser Barrieren wird der enge Zusammenhang mit der Entscheidungssituation des Wissenssenders deutlich.[291]

Die Angst vor Machtverlust in Form von Wissensenteignung gilt als zentrale Blockade beim Wissenstransfer. Da Wissen häufig als Machtgrundlage eines Individuums verstanden wird, geht mit der Teilung von Wissen ein Kontrollverlust, eine Machteinbuße und eine Schwächung der Stellung des Teilenden im Sinne einer Gefährdung der bisherigen personellen ‚Unersetzbarkeit' einher.[292] Üblicherweise herrscht in Organisationen die Denkhaltung „Wissen ist Macht" vor und wird vom Großteil der Mitarbeiter adaptiert. Auch in Teams kann Wissen eng an Faktoren wie Macht, d.h. die Stellung des einzelnen Mitglieds innerhalb des Teams, und Einkommen geknüpft sein und eher als Herrschaftsinstrument denn als Arbeitsinstrument genutzt werden. Da der Transfer von Wissen sich verschiebende Machtstrukturen zur Folge hat, werden wichtige Informationen zurückgehalten oder willkürlich verschleiert, um einen Wissensvorsprung zu erhalten und auf diese Weise „Macht" zu sichern.[293] Derjenige Mitarbeiter, der sich teamfair verhält und relevantes Wissen preisgibt, gefährdet unter Umständen seinen Status im Unternehmen, d.h. er macht sich ggf. selbst überflüssig und muß im Extremfall um den Verlust seines Arbeitsplatzes bangen. Aus diesem Grund wird Wissen häufig bewußt zurückgehalten.[294] *Boeglin* sieht die Gefährdung der Unersetzbarkeit sogar als schwerwiegendstes Problem an, denn wenn der Wissenssender seine Position durch die Weitergabe nicht als bedroht ansieht, empfindet er die Nachfrage nach seinem individuellen Wissen ohnehin als persönliche Würdigung.[295] Besonders für den Transfer impliziten Wissens kommt erschwerend hinzu, daß es eng mit persönlichen Gefühlen verknüpft ist und sich Teammitglieder aus diesem Grunde häufig davor scheuen, Wissen überhaupt zu transferieren.[296] *Bendt* merkt in diesem Zusammenhang an, daß schwer erworbenes Wissen häufig ungern geteilt wird, wenn damit keinerlei Kompensation der ‚Mühen der Vergangenheit' verbunden ist, die sich der Wissensempfänger durch den Transfer erspart.[297]

---

290 Vgl. ausführlicher hierzu Keller (1995), S. 53f.

291 Dasselbe Phänomen führt Coenenberg (1966), S. 72, für den Informationsübertragungsprozeß an: „Eine Betrachtung der Informationsabgabe unter psychologischen Aspekten rückt folglich den Abgabeentschluß und die auf diesen einwirkenden Motive des Sendesubjekts in den Mittelpunkt der Untersuchung".

292 Vgl. zum Machtaspekt Bendt (2000), S. 52; Probst/Raub/Romhardt (1999), S. 259; Justus (1998), S.134ff.; Wagner (2000), S. 98; Macharzina (1984), S. 92f. u. S. 95; Eberl (1996), S. 143f. u. S. 229; Hanft (1996), S. 144ff.; Szulanski (1996), S. 31 sowie Tobin (1998), S. 35f.

293 Vgl. Davenport/Prusak (1999), S. 97.

294 Barson et al. (2000), S. 9 sprechen in diesem Zusammenhang von ‚fear of becoming redundant'.

295 Vgl. Boeglin (1992), S. 87.

296 Vgl. Leonard/Sensiper (1998), S. 124.

297 Vgl. Szulanski (1996), S. 31 sowie Bendt (2000), S. 53.

Das „Nicht-Wollen“, also die fehlende bzw. mangelnde Bereitschaft eines Teammitglieds, sein Wissen zu transferieren, kann weitere Ursachen haben: Bisherige Erfahrungen und frühere Erlebnisse beim Wissenstransfer nehmen Einfluß darauf, ob der Wissensträger auch weiterhin motiviert ist, sein Wissen zu transferieren.[298] Schlechte Erfahrungen und fehlende Ausübung bzw. Gewohnheit wirken erschwerend und können den Wissenstransfer stören oder ganz verhindern.[299] Wenn Mitarbeiter bei vergangenen Transfers enttäuscht worden sind, bemühen sie sich nach gescheiterten Versuchen oft nicht mehr, Wissen zu transferieren. So erhofft sich jedes Teammitglied, das implizites Wissen unter Zeitaufwand und Mühen mit anderen teilt, daß es in Problemfällen auf die Hilfestellungen seiner Teamkollegen zählen kann.

Des weiteren besteht die Möglichkeit, daß ein Mitarbeiter generell ungern mit Kollegen zusammenarbeitet, da er eher individualistisch geprägt ist und daher Problemstellungen bevorzugt, zu deren Lösung er auf niemanden angewiesen ist.[300] *Bendt* verweist gleichfalls auf die blockierenden Wirkungen eines Überlegenheitsdenkens des Wissenssenders:[301] Eine derartige Einstellung vermindert die Bereitschaft, das eigene Wissen mit einem als minder qualifiziert betrachteten Individuum zu teilen,[302] da sich der Wissensträger aufgrund seiner Persönlichkeit als dominant gegenüber den anderen Teammitgliedern empfindet. Darüber hinaus kann eine mangelnde Reputation des Wissensempfängers den teaminternen Wissenstransfer behindern. Außer der fehlenden Bereitschaft zur Teilung von Wissen ist mitarbeiterseitig häufig dasselbe Phänomen im Hinblick auf die Bereitschaft zu Veränderung und Lernen zu verzeichnen sowie eine mangelnde oder unzureichende Kommunikation festzustellen.[303]

Im betrieblichen Alltag läßt sich eine effektive Vermittlung von Wissen häufig nicht exakt in kognitive und motivationale Komponenten aufspalten, da oft personenbezogene Aspekte, wie z.B. Sympathien oder Antipathien bestimmten Kollegen oder Vorgesetzten gegenüber, eine nicht unerhebliche Rolle spielen.[304] So ist es denkbar, daß aufgrund persönlicher Differenzen oder aufgrund persönlicher Abneigungen, z.B. gegen ein bestimmtes Thema, kein offener Informationsaustausch stattfindet oder die Zusammen-

---

298 Vgl. Boeglin (1992), S. 86 und Wagner (2000), S. 98f.

299 Vgl. Krogh/Köhne (1998), S. 243 sowie Bendt (2000), S. 53. Bendt (2000) ordnet diese Art von Transferbarrieren bei den mangelnden Teilungs*fähigkeiten*, also den *kognitiven* Blockaden ein, was jedoch von den übrigen Autoren nicht geteilt wird.

300 Vgl. Cummings (1981), S. 259; Hofstede (1991), S. 67 sowie Campion/Medsker/Higgs (1993), S. 828 zur Präferenz eines Individuums zur Teamarbeit.

301 Vgl. Bendt (2000), S. 53.

302 Vgl. Macharzina (1984), S. 87f. u. S. 93.

303 Vgl. Bendt (2000), S. 52 sowie Lukas (1999), S. 23.

304 Vgl. Lukas (1999), S. 23. *Simon* bringt als Beispiel, daß Schüler bei einem beliebten Lehrer, der sie motivieren kann, mehr lernen, als bei einem Lehrer, den sie gar nicht mögen, auch wenn beide exakt die gleichen Inhalte vermitteln. Vgl. Simon (1999), S. 308.

arbeit im Team generell schlecht ist. Dieser mangelnden Bereitschaft zur Abgabe von Wissen kann durch entsprechende Maßnahmen des Human Resource Managements entgegengewirkt werden.[305]

3.1.2 Der Human-Resource-Management-Ansatz

Der Begriff Human Resource Management wird oft als Allgemeinbegriff für alles, was unter Personalwirtschaft und -management verstanden wird, verwendet. In seiner weitestgehenden Version behauptet der Human-Resource-Management-Ansatz,[306] daß die entscheidenden Wettbewerbsvorteile durch die strategische Mobilisierung der menschlichen Potentiale, d.h. die Entwicklung von hochqualifizierten und motivierten Mitarbeitern, erzielt werden. Der Mensch steht somit im Mittelpunkt des Führungsprozesses. Über den strategischen Einsatz des Humankapitals sollen unter ansonsten gleichbleibenden Bedingungen (ceteris paribus) der übrigen Unternehmensressourcen höhere Leistungen erbracht werden.[307]

Das Human Resource Management verfolgt eine doppelte Zielrichtung: Einerseits geht es um die Einführung neuer Prozesse und Techniken im Personalmanagement (reale Funktion), andererseits muß ein integrierender strategischer Diskurs im Unternehmen erarbeitet werden (symbolische Funktion). Das Spannungsverhältnis zwischen diesen beiden Ebenen liefert häufig Anlaß zur Kritik sowohl am Ansatz selbst, als auch an seiner Umsetzung.[308] *John Storey* unterscheidet dabei zwischen einer „harten" und einer „sanften" Variante:

> „The hard one emphasizes the quantitative, calculative and business-strategic aspects of managing the headcounts resource in as ‚rational' way as for any other economic factor. By contrast, the ‚soft' version traces its roots to the human-relations school: it emphasizes communication, motivation and leadership." Storey (1989), S. 8.

Umstritten ist und bleibt, ob und inwieweit das Human Resource Management einen Beitrag zur Humanisierung der Arbeit im Sinne von inhaltlicher Anreicherung und Partizipation leistet, oder ob es sich umgekehrt um ein Instrument effizienterer Kontrolle und Intensivierung menschengesteuerter Prozesse handelt.[309] Ebenso umstritten ist die empirische Relevanz des Human-Resource-Management-Ansatzes.[310]

---

305 Vgl. Boeglin (1992), S. 87; Kersten (1998), S. 419 sowie Lukas (1999), S. 23.

306 Zur Einführung in das Konzept des Human Resource Managements vgl. Storey (1995), Kochan/ Ostermann (1995).

307 Vgl. Wagner (1991), S. 67.

308 Vgl. Legge (1995); Guest (1995).

309 Vgl. dazu Storey (1995); Storey/Sisson (1993); Fischer/Weitbrecht (1995).

310 „Outside of a small number of mostly foreign-owned ‚greenfield' workplaces, the UK has seen very little of HRM." Sisson (1995), S. 105.

Im Kontext des Wissenstransfers ist es das Ziel des Human Resource Managements, die Fähigkeiten von Personen – und Organisationen – zu fördern und deren Potentiale systematisch und ganzheitlich zu entwickeln. In diesem Sinne umfaßt Human Resource Management sämtliche Lernprozesse, Tätigkeiten und Maßnahmen, die ein Unternehmen im Sinne aller Beteiligten und in Übereinstimmung mit den strategischen Zielen initiiert, steuert und aktiv fördert.[311] Dabei fokussiert die vorliegende Arbeit auf den Bereich der Personalführung im Sinne einer Verhaltenssteuerung der Mitarbeiter durch Motivations- und Führungsmaßnahmen. Daraus leiten sich folgende Grundannahmen im Hinblick auf den Wissenstransfer ab: Der Mitarbeiter wird zunehmend als wichtige Unternehmensressource angesehen und ist als komplexes Individuum mit unterschiedlichen und sich individuell ändernden Bedürfnisstrukturen wahrzunehmen. Dementsprechend sind die Maßnahmen der Personalführung auf individuelle Belange auszurichten mit dem Ziel, den teaminternen Wissenstransfer zu fördern.

Personalführung wird hier verstanden als „Beeinflussung der Einstellung und des Verhaltens von Einzelpersonen sowie der Interaktion in und zwischen Gruppen, mit dem Zweck, bestimmte Ziele zu erreichen."[312] Dieses ‚zielgerichtete Einflußhandeln' erfolgt in einem bestimmten sozialen Kontext.[313] Die Führungskraft wirkt durch Information, Instruktion und Motivierung gezielt auf das Verhalten einer oder mehrerer ‚geführter Personen' ein, um dieses in eine bestimmte Richtung zu lenken.[314] Dabei ist die Führung lediglich *eine* Form der Verhaltensbeeinflussung neben anderen und stellt ein sehr stark situationsspezifisches Konstrukt dar, das von verschiedenen Faktoren mehr oder weniger stark beeinflußt wird.[315]

Zur Förderung des teaminternen Wissenstransfers sind insbesondere Aspekte der theoretischen Führungstheorie von Interesse, da eine Führungskraft seine Teammitglieder durch einen entsprechend ausgeprägten Führungsstil motivieren und auf diese Weise zum Wissenstransfer anregen kann. Daher wird im folgenden insbesondere der Führungsstil und dessen Einfluß auf den Wissenstransfer dargestellt. Wie Abb. 3-1 zeigt, werden die Variablen Art der Entscheidungsfindung, Zielbildung, Feedback und Anreizvergabe innerhalb des Teams erläutert, um die Mitarbeiterführung im Team weiter konkretisieren zu können.

---

311 Vgl. Schulz (2000), S. 15.

312 Staehle (1999), S. 328, ähnlich bei Wurst/Högl (2001), S. 161.

313 Vgl. Schanz (1993), S. 549.

314 Vgl. Türk (1986), S. 105 sowie Schanz (1993), S. 550f.

315 Vgl. Wunderer/Grunwald (1980), S. 8ff.; Staehle/Conrad (1987); Neuberger (1990); Berthel (1991).

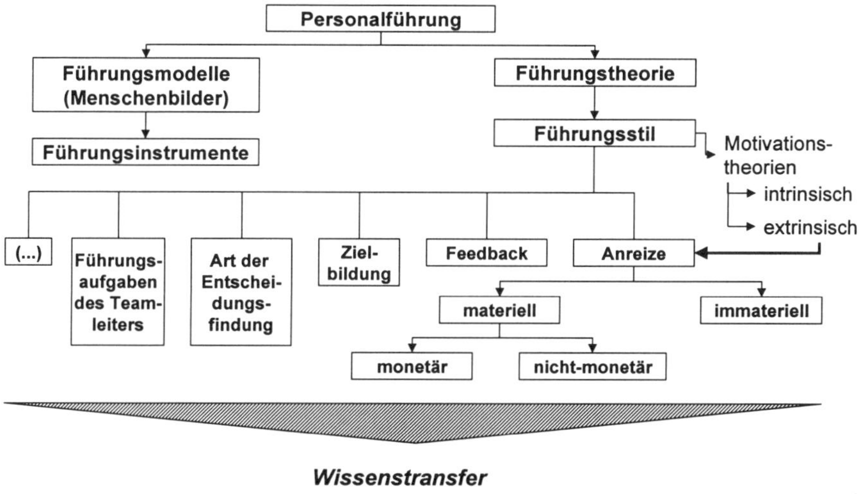

Abb. 3-1: Einfluß der Personalführung auf Wissenstransfer

Da die Thematik der extrinsischen Motivation einen wichtigen Bestandteil der theoretischen Grundlagen darstellt, werden im folgenden mögliche Ausprägungen von Anreizen dargestellt, die motivierend auf ein einzelnes Teammitglied wirken und auf diese Weise den Wissenstransfer fördern können.

3.1.3 Anreize zur Förderung der Transferbereitschaft

Allgemein lassen sich Anreize in materielle und immaterielle Anreize unterteilen. Im Hinblick auf die Empfänger sind zudem individuelle von kollektiven Anreizen zu unterscheiden. **Materielle Anreize** umfassen die Summe aller vom Unternehmen angebotenen und zu zahlenden materiellen Belohnungen für die von den Mitarbeitern erbrachten Arbeitsleistungen. Ein materieller Anreiz zur Mitwirkung in einer Organisation kann in Form von Geld, Gütern oder physischen Bedingungen erfolgen.[316] Entlohnungsformen (Erfindervergütung, Gehalt), Beteiligungsformen, zusätzliche monetäre Zusatzleistungen oder Zuwendungen in Form von Geld- oder Sachprämien, aber auch materielle, nicht finanzielle Vorteile sind zu den materiellen Anreizen hinzuzuzählen. Einige Autoren unterscheiden zwischen monetären Anreizen, die sich auf Zahlungen beziehen, z.B. fixe und variable Entgelte, Erfolgs- bzw. Kapitalbeteiligungen, und nicht-

316 Vgl. Glasscock/Gram (1995) sprechen von Belohnungen (*rewards*).

monetären Anreizen,[317] wie z.B. die Nutzung von Dienstwagen, Werkswohnungen oder Betriebssportstätten.

Die Bedeutung des Geldes als Leistungsmotivator wird allerdings dadurch nivelliert, daß in der Praxis zwischen Entgelterhöhung und der individuellen Leistung in der Regel kein direkter Zusammenhang besteht.[318] *Schulz* konstatiert, daß das Entgelt nur *einen* möglichen Anreiz zur Leistungssteigerung unter vielen darstellt und weiterhin, daß materielle Anreize nur bedingt zur Motivationsförderung einsetzbar sind.[319] Im folgenden werden materielle Anreize mit monetären Belohnungen, wie Geldprämien oder Tantiemen und/oder verschiedenen Beteiligungsformen gleichgesetzt. Als weiterer möglicher Anreiz ist die Vergabe von Aktienoptionen zu nennen, die für alle Teammitglieder zu erwerben sind.

Jedoch stoßen materielle Anreize zur Verbesserung des Transferverhaltens an gewisse Grenzen:[320] Einerseits ist für die Höhe der notwendigen Belohnung der subjektive Wert des transferierten Wissens ausschlaggebend, der von außen jedoch kaum zu ermitteln ist. Andererseits ist der Aufwand des Transfers schlecht antizipativ zu kalkulieren, wodurch die Festlegung der Höhe der Belohnung zusätzlich erschwert wird. Darüber hinaus sind Erfolgsmaßstäbe für den Transfer kaum allgemeingültig zu fixieren und aufgrund dessen nicht einzeln auf die Beteiligten zurechenbar, da notwendigerweise die Transferpartner zusammenwirken müssen.

Im Rahmen der Human-Relations-Bewegung[321] traten sozialpsychologische Einflußgrößen, wie soziale Bedürfnisse, Statussysteme, Information und Gruppenbeziehungen, in den Vordergrund, so daß sich im Laufe der Zeit die Einstellung zur Arbeit dahingehend verändert hat, daß **immaterielle** Werte und Belohnungen, wie z.B. Selbstverwirklichung, Entfaltungsmöglichkeiten oder Selbstbestimmung, das Verhalten der Mitarbeiter beeinflussen und materielle Anreize zunehmend überlagern.[322]

> „If the process of sharing and transfer is not inherently rewarding, celebrated, and supported by the culture, then artificial rewards won't have much effect and can make people cynical."
> APQC (1996).

---

317 Vgl. Becker (1995), Sp. 38 und Kupsch/Marr (1991), S. 834. Einer Unterscheidung von finanziellen vs. nicht-finanziellen Anreizen, wie bspw. bei Rosenstiel (1975), S. 231, oder monetären vs. nichtmonetären Anreizen wird in dieser Arbeit nicht gefolgt.

318 Vgl. Schulz (2000), S. 11.

319 Vgl. Schulz (2000), S. 12. Haritz/Meyer (1993), S. 533, unterstützen diese Annahme, in dem sie die Ineffizienz des monetären Anreizsystems als Steuerungselement des Unternehmens gegenüber der sich verändernden Umwelt aufzeigen.

320 Vgl. hierzu Bendt (2000), S. 160.

321 Üblicherweise werden die zwischen 1924 und 1932 durchgeführten Hawthorne Experimente als Wende in der Managementforschung angesehen. Vgl. weiterhin Staehle (1999), S. 33ff.

322 Vgl. Breisig (1990), S. 58 sowie Klimecki/Probst/Eberl (1994), S. 9.

O'Dell und *Grayson* schließen daraus, daß den immateriellen Belohnungen bei den Transferaktivitäten eine wichtigere Rolle zukommt: „A good transfer system should provide intrinsic rewards to the professionals who use it."[323] Demzufolge stellt die Vielzahl der immateriellen Motivationsfaktoren ein wesentliches Potential zur Bedürfnisbefriedigung und zur Leistungsmotivation dar: Immaterielle Anreize entstehen dem Individuum bspw. aus der Einbindung in die Organisation selbst und aus der Teilnahme an der Leitung und Kontrolle der Organisation durch Macht, das Bekleiden einer beherrschenden Position oder aus einem Gefühl der Zugehörigkeit zu einer sozialen Gruppe.[324] Zum anderen werden damit soziale Anreize, wie Partizipations- und Entwicklungsmöglichkeiten, Sicherheit, Prestige, Karriereaussichten, Lob und Anerkennung oder Kontaktstreben, verbunden.[325] Immaterielle Anreize können auch durch eine entsprechende Gestaltung des Führungssystems gesetzt werden.[326] *Schulz* führt aus, daß bei Anforderungen an Arbeitsinhalte für ein Individuum eine interessante Tätigkeit, die Selbständigkeit erfordert, genügend Spielraum für eigene Ideen läßt und eigene Entscheidungen verlangt, im Vordergrund steht.[327]

Im Kontext der Teamarbeit sind Individualanreize von Kollektivanreizen zu unterscheiden: Erstere sprechen die einzelnen Teammitglieder direkt an, haben jedoch den Nachteil einer oft schwierigen Leistungsbewertung des einzelnen im Zuge einer kollektiven Leistungserstellung. Ein Beispiel ist die öffentliche Belobigung eines einzelnen Mitarbeiters, z.B. vor den Teamkollegen, für eine besonders gute Leistung oder ein Gespräch mit Kollegen auf Basis gemeinsamer Interessen, einer gemeinsamen Sprache oder eines gemeinsamen Wissenshorizontes.[328] Auch Individualanreize können motivierend auf die einzelnen Teammitglieder wirken, so daß sich diese verstärkt für die gemeinsamen Teamziele einsetzen. Kollektivanreize, in Form von Teamprämien, honorieren die gemeinsame Leistung aller Teammitglieder. Weitere Beispiele für kollektive Belohnungen für die Erfüllung einer Teilaufgabe (eines Teilziels) stellen ein gemeinsamer Ausflug für alle Teammitglieder oder die öffentliche Belobigung des gesamten Teams dar.[329]

---

323 O'Dell/Grayson (1998), S. 168.

324 Vgl. Eschenburg (1988), S. 256.

325 Vgl. z.B. Weinert (1992), Sp. 129f.

326 Vgl. Kleinbeck/Quast (1992), Sp. 1422ff.

327 Vgl. Schulz (2000), S. 12ff. und S. 31. *Schulz* geht von einer erweiterten Anreizdefinition aus, in der sich die Anreizwirkung zusätzlich zu den materiellen und immateriellen Anreizen um eine dritte Dimension permanent gegenwärtiger Anreize, wie z.B. die Organisationsstruktur, erweitert.

328 Vgl. hierzu z.B. North (1999), S. 234.

329 Vgl. Staudt/Mühlemeyer/Kriegesmann (1994), S. 42, nennen eine verbesserte Laborausstattung oder ein erhöhtes Forschungsbudget als Beispiele kollektiver Anreize für Entwicklungsteams.

Abb. 3-2 stellt ausgewählte materielle und immaterielle Anreize einander gegenüber, die im folgenden auf ihren Einfluß zur Förderung des Wissenstransfers untersucht werden.

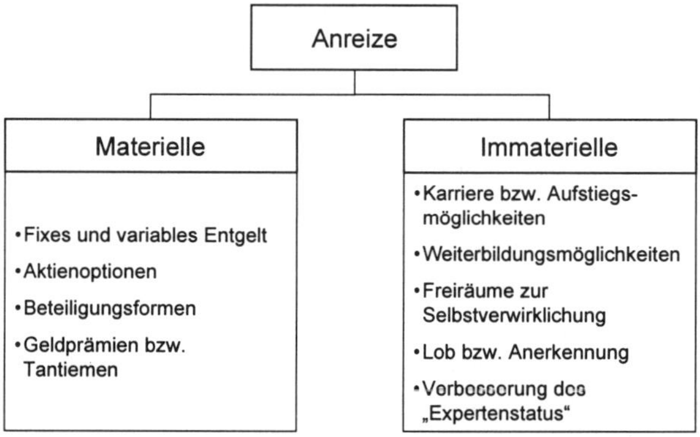

Abb. 3-2: Klassifikation von materiellen und immateriellen Anreizen

In Bezug auf den Wissenstransfer ist zunächst davon auszugehen, daß eine indirekte Anreizwirkung zum Wissensaustausch entsteht, wenn die Transferleistung für die Teammitglieder deutlich erkennbar materiell honoriert wird.[330] In der nachfolgenden Untersuchung ist daher zu prüfen, ob materielle und immaterielle Anreize ein Teammitglied zum Wissenstransfer motivieren können und – falls sie motivierend wirken – welche der beiden Anreizarten einen stärkeren Einfluß auf den Wissenstransfer ausübt.

Bei der Motivation von Mitarbeitern kommt insbesondere den Führungskräften eine wichtige Funktion zu. Das nachfolgende Kapitel geht daher kurz auf die Führungsaufgaben des Teamleiters ein, bevor wesentliche Aspekte der Mitarbeiterführung zur Förderung des Wissenstransfers anhand der Variablen Art der Entscheidungsfindung, Zielbildung und Feedback innerhalb des Teams diskutiert werden.

3.1.4 Personalführung im Team

3.1.4.1 Die Führungsaufgaben des Teamleiters

Häufig ist die Qualifizierung des Teamleiters ausschlaggebend für die Art und die Qualität der Führung von Teams.[331] Der Teamleiter muß dabei zwei Funktionen erfüllen: Die Lokomotionsfunktion, die die Erfüllung des jeweiligen Sachziels sicherstellt,

---

330 Vgl. hierzu und im folgenden Justus (1999), S. 217.

331 Vgl. Prechtl (1999), S. 131.

und die Kohäsionsfunktion, um den Zusammenhalt der Gruppe zu gewährleisten bzw. zu fördern.[332] Die Lokomotionsfunktion spricht im wesentlichen die fachliche Kompetenz, wie Kenntnis bzw. Beherrschen spezieller Methoden, Verfahren etc., und die konzeptionellen Fähigkeiten, wie strukturiertes, kreatives und strategisches Denken, der Führungskraft an, da sie Aufgaben der Planung, Entscheidung, Koordination und Kontrolle wahrzunehmen hat.[333] Im Rahmen der Kohäsionsfunktion hat der Teamleiter den Zusammenhalt des Teams zu gewährleisten.[334] Dafür benötigt er Einfühlungsvermögen und Begeisterungsfähigkeit und muß außerdem Sozialkompetenz aufweisen.[335] Diese personenbezogene Komponente ist darauf gerichtet, eine zielorientierte Beeinflussung menschlichen Verhaltens zu gewährleisten, da die Gestaltung von Wissenstransferprozessen als eine Folge systematischen Führungshandelns anzusehen ist.[336]

Durch seinen Führungsstil kann ein Teamleiter dazu beitragen, daß sich eine offene, konstruktive Atmosphäre entwickelt, und daß die Teammitglieder zum Wissenstransfer motiviert werden, bspw. indem er sie über die Notwendigkeit des Wissensaustausches informiert und zur Weitergabe von Wissen instruiert.[337] Im Zusammenhang damit ist zu prüfen, inwieweit die Ausprägung des Führungsstils die Einstellung der Teammitglieder hinsichtlich ihrer Präferenz bzw. ihrer Abneigung gegenüber dem Wissenstransfer beeinflußt.

3.1.4.2 Art der Zielbildung

Insbesondere in mitarbeiterorientierten Organisationsformen werden Mitarbeiter mit dem Instrument des Management by Objectives geführt.[338] Dabei gilt die Motivationstechnik der Zielbildung für die Individualebene und die Teamebene gleichermaßen.[339] Das Konzept der Führung durch Zielvereinbarungen beruht auf der Annahme, daß Mitarbeiter ihre Aufgaben umso besser erfüllen, je genauer sie die angestrebten Ergebnisse kennen.[340] Für Teams gilt dabei, daß die Ziele möglichst präzise, beständig und

---

332 Vgl. Cartwright/Zander (1968), S. 306ff. Die beiden Funktionen sind jedoch interdependent.

333 Vgl. Meffert/Wagner (1992), S. 355f sowie Kap. 3.2.3.1.

334 Vgl. ausführlicher zur Teamkohäsion Kap. 3.2.2.1.

335 Vgl. Meffert/Wagner (1992), S. 356.

336 Vgl. Albach/Kaluza/Kersten (2002), S. 6.

337 Vgl. Gladstein (1984), S. 501 sowie Pinto/Pinto (1990), S. 212. Im Rahmen einer strategischen Allianz zwischen Toshiba und Motorola, wurde dies mit Hilfe von Meetings von Top Managern und Führungskräften umgesetzt, um die Angehörigen des mittleren Management davon zu überzeugen, wie wichtig die offene Weitergabe von Wissen an die ehemaligen Konkurrenten sei. Vgl. Bleeke/Ernst (1992), S. 123.

338 Vgl. Kandaouroff (1998), S. 119 sowie Wildemann (1994a), S. 25.

339 Vgl. Locke/Latham (1985), S. 212; Weingart (1992), S. 682 sowie Gemünden (1995), S. 255.

340 Vgl. Schmidt (1987), Sp. 2088. Zu Management by Objectives vgl. Fuchs-Wegner (1987), Sp. 1369.

überschaubar sind und von allen Teammitgliedern inhaltlich akzeptiert werden.[341] Die aktive Einbindung der Teammitglieder in den Zielvereinbarungsprozeß fördert teamorientiertes Verhalten und die Motivation der Mitarbeiter.[342]

Die Analyse von *O'Leary-Kelly et al.* bestätigt eine Verbesserung der Leistung eines Teams durch Zielbildung.[343] *Koch* zeigt darüber hinaus, daß klare Teamziele und Feedback über die Zielerreichung den Zusammenhalt eines Teams positiv beeinflussen können.[344] *Gladstein* erläutert, daß Teams eher zur Kommunikation – und somit zum Wissenstransfer – neigen, wenn die zu erreichenden Ziele klar definiert sind.[345] Im Hinblick auf die Art der Zielbildung gibt es zwei Alternativen: die Vorgabe eines Ziels durch den Teamleiter oder die gemeinsame Erarbeitung eines Ziels bzw. von Teilzielen, d.h. aktive Partizipation der Teammitglieder an der Zielbildung. Im Idealfall wird das Projektziel gemeinsam in Teilziele für einzelne Mitarbeiter aufgeteilt. Klare Zielvereinbarungen für die übertragenen Aufgaben lassen auf einen partizipativen Führungsstil innerhalb des Teams schließen.[346]

3.1.4.3 Feedback über das Arbeitsergebnis

Um den oben beschriebenen Effekt der Zielbildung zur Entfaltung zu bringen, ist es notwendig, daß sowohl das Team als Ganzes als auch die einzelnen Teammitglieder regelmäßig ein zeitnahes und konstruktives Feedback bezüglich der Zielerreichung erhalten.[347]

> „Goal setting only works, if there is timely feedback showing performance or progress in relation to the goal." Locke/Latham (1985), S. 207.

Als Voraussetzung für diese Rückmeldung müssen verschiedene Meilensteine bis zur Erledigung der Teamaufgabe gesetzt werden. Ein Feedback sollte immer sachbezogen, keinesfalls personenbezogen sein, und sich hinsichtlich der Leistung auf inhaltliche Aspekte konzentrieren und nicht zur Klärung von Schuldfragen mißbraucht werden.[348] Dabei bietet sich eine Visualisierung der Ergebnisse an. Gezieltes Feedback kann die intrinsische Motivation der Teammitglieder fördern.[349] Wenn Ziele gemeinsam definiert

---

341 Vgl. Locke/Latham (1985), S. 206ff.; Niefer (1993), S. 133; O'Leary-Kelly/Martocchio/Frink (1994), S. 1294f.

342 Vgl. Staehle (1992), S. 661.

343 Vgl. O'Leary-Kelly/Martocchio/Frink (1994), S. 1295f.

344 Vgl. Koch (1979), S. 819.

345 Vgl. Gladstein (1984), S. 501.

346 Vgl. Kandaouroff (1998), S. 120 für den Fall der Zielvereinbarungen für Arbeitsgruppen.

347 Vgl. Kernaghan/Cooke (1990) für das Beispiel von 114 Teams in einem Labor.

348 Vgl. Högl (1998), S. 103.

349 Vgl. Kohn (1993), S. 202.

werden, und wenn der Teamleiter den Teammitgliedern sowohl positive als auch negative Rückmeldungen über ihre Leistungen gibt, entwickelt sich ein gewisser Zusammenhalt der Teammitglieder,[350] der wiederum als eine Voraussetzung für einen funktionierenden Wissenstransfer angesehen werden kann.

Zusammenfassend läßt sich festhalten, daß im folgenden der Einfluß der Art der Zielbildung und des Feedbacks auf den Wissenstransfer zu überprüfen ist.

3.1.4.4 Mitwirkung in Entscheidungsprozessen

Die Art der Entscheidungsfindung innerhalb eines Teams kann unterschiedlich ausgeprägt sein: Zentralisation – bezogen auf die Gesamtorganisation bzw. auf die Aufgabenerfüllung – beschreibt „die Verteilung von Elementen in einem endlichen System".[351] Übertragen auf den Fall der Teamarbeit beschreibt Zentralisation den Grad der Autonomie und die Verteilung der Entscheidungskompetenzen des Teams auf eine einzelne Person bzw. auf eine kleine Gruppe von Personen. Der Zentralisierungsgrad nimmt insbesondere Einfluß auf die Ausprägung der teaminternen Entscheidungs- und Machtstrukturen: Durch die Konzentration von Entscheidungskompetenz werden Machtpositionen gefestigt, und die Intensität der horizontalen Kommunikation nimmt häufig ab.[352] Innerhalb eines Teams führt eine einseitige Machtverteilung nicht selten dazu, daß Wissen bzw. Informationen in Form wichtiger und guter Ideen nicht durchgesetzt werden können.[353] Dezentralisation hingegen reduziert die Komplexität für das Individuum, fördert die Kohäsion innerhalb des Teams und auf diese Art ebenso den Wissenstransfer, da der einzelne Mitarbeiter eine höhere Verantwortung für seine Aufgaben trägt, die Auswirkungen seines Handelns unmittelbar erfährt und somit bestrebt ist, eine höhere Kontrolle gegenüber der organisationalen Umwelt aufzubauen.[354] *Probst* ist derselben Ansicht und merkt weiterhin an, daß Teams „eine gute Basis für Lernprozesse sein können."[355]

Wie die Art der Entscheidungsfindung im Team ausgestaltet ist, hängt davon ab, ob Entscheidungen von einem Teamleiter alleine, d.h. autokratisch, oder aber in gemeinsamer Diskussion mit den Teammitgliedern, d.h. demokratisch oder partizipativ, getroffen werden. Diese beiden Arten stellen die Extrempole auf dem Kontinuum der

---

350 Vgl. Högl (1998), S. 166f.
351 Beuermann (1992), Sp. 2611.
352 Vgl. Eunson (1990), S. 536.
353 Vgl. Wilensky (1967), S. 58ff., der Zentralisation als kontraproduktiv für Organisationales Lernen ansieht.
354 Vgl. Chia (1995), S. 611.
355 Probst (1994), S. 213, spricht in diesem Zusammenhang auch von 'autonomen Teilsystemen'.

Entscheidungsfindung nach *Tannenbaum* und *Schmidt* dar.[356] Eine ausgeprägte teaminterne Hierarchie in Form von bestehenden Weisungsbefugnissen oder eingrenzend formulierten Zielvorgaben ‚von oben' kann die Interaktion im Team hemmen und dadurch den Wissenstransfer einschränken. In Abhängigkeit vom Partizipationsgrad werden die Teammitglieder unterschiedlich stark in Entscheidungsprozesse einbezogen, was zu demokratischeren Abstimmungsprozessen führt und die Übereinstimmung der Teammitglieder mit den Unternehmenszielen fördert.[357] Durch einen partizipativen Führungsstil werden Mitarbeiter ermuntert, Verantwortung im Entscheidungsprozeß zu übernehmen und eigene Ideen zur Gestaltung der Situation einzubringen.[358] Die Erfüllung der Arbeitsaufgabe und eine partizipative Entscheidungsfindung im Sinne der Unternehmensziele ist allerdings nur bei ausreichendem Informationsstand der Mitarbeiter gewährleistet, da die Effektivität der Führung durch die Abgrenzung und Strukturiertheit des Aufgaben- und Entscheidungsfeldes der Mitarbeiter, die Qualitätsanforderungen der Aufgabe, den Informationsstand der Teammitglieder sowie durch die Teamkonformität beeinflußt wird.[359] Ein kooperatives Führungsverhalten läßt sich durch Kriterien wie Offenheit, Vertrauen und eine gemeinsame Zielbildung charakterisieren.[360]

Das Vorhandensein eines Teamleiters ist allerdings nicht zwangsläufig mit einem hohen Grad an Entscheidungszentralisation gleichzusetzen, da es von dessen Führungsstil abhängig ist, ob sich tatsächlich hierarchische Entscheidungsstrukturen im Team bilden.[361] Wenn ein Teamleiter die Gleichberechtigung aller Teammitglieder fördert und in einem demokratischen Führungsverhalten gemeinsame Entscheidungen des Teams anregt und diese anerkennt,[362] vollzieht sich die teaminterne Entscheidungsfindung dezentral. Durch diese gemeinsame Willensbildung wird der Prozeß der Entscheidungsfindung verbessert, und dadurch die Akzeptanz der Entscheidung sowie die Qualität der Aufgabenausführung positiv beeinflußt.[363] Im folgenden ist zu prüfen, inwieweit zwischen der Art der Entscheidungsfindung und der individuellen Transferbereitschaft ein Zusammenhang festzustellen ist.

---

356 Vgl. zu weiteren Ausprägungen Tannenbaum/Schmidt (1987), S. 265ff. Eine dezentrale Entscheidungsfindung setzt einen partizipativen bzw. demokratischen Führungsstil voraus.

357 Vgl. zur Partizipation in F&E-Teams Domsch/Gerpott (1995), S. 306f. sowie Zachary/Krone (1984), S. 39 sowie Kandaouroff (1998), S. 120 für das Beispiel der Arbeitsgruppe.

358 Vgl. Justus (1999), S. 219. Zu den Einflüssen des Führungsstil auf die Art der Entscheidungsfindung vgl. Kap. 3.1.4.4.

359 Vgl. Kandaouroff (1998), S. 120.

360 Vgl. Deutsch (1976), S. 26 und S. 31.

361 Vgl. Courtright/Fairhurst/Rogers (1989), S. 776ff.

362 Vgl. Slevin/Pinto (1991), S. 39.

363 Vgl. Prechtl (1999), S. 37.

3.2 Organisatorische Rahmenbedingungen des Wissenstransfers

3.2.1 Organisatorische Strukturvariablen innerhalb von Teams

Generelle Voraussetzung für die Verteilung bzw. den Transfer von Wissen sind geeignete organisatorische Strukturen. Die Arbeitsteilung innerhalb einer Organisation hat Spezialisierungen zur Folge, da nur auf diese Weise die effiziente Bewältigung immer komplexer werdender Aufgaben möglich ist. Vor dem Hintergrund des Wissenstransfers ist die Spezialisierung jedoch negativ behaftet und kann eine dysfunktionale Wirkung haben, wenn die Spezialisierung von Fähigkeiten mit der Schaffung innerorganisatorischer Grenzen einhergeht.[364]

Unter organisationsstrukturellen Gesichtspunkten bieten sich generell Team- und Kooperationsmodelle an, um funktionale und hierarchische Barrieren für den Wissenstransfer zu überwinden.[365] Jedoch können auch innerhalb der Teamorganisation existierende Strukturvariablen – je nach Ausprägung – positiv oder negativ auf den Wissenstransfer einwirken. Unter strukturellen Gesichtspunkten spielen z.B. persönliche Kontakte, die Ausgestaltung der praktizierten Zusammenarbeit oder die lokale oder organisatorische Nähe zwischen Sender und Empfänger eine Rolle.[366] Für die vorliegende Arbeit erscheinen die Strukturvariablen ‚Teambesetzung' und die ‚Art der teaminternen Kommunikationsstruktur' relevant, da Wissenstransfer durch Kommunikationsvorgänge zwischen einzelnen Mitgliedern eines Teams stattfindet. Bevor auf die drei zentralen Variablen der Teambesetzung – Qualifikation der Mitarbeiter, räumliche Distanz und Teamgröße – eingegangen wird, sind zunächst die Teamkohäsion, die Rollenverteilung im Team und das Auftreten von Kooperationskonflikten oder Trittbrettfahrerverhalten als mögliche Transferbarrieren zu erläutern (vgl. Abb. 3-3). Dabei können alle drei Variablen je nach Ausprägung zu verschiedenen Konsequenzen hinsichtlich der Zusammenarbeit im Team führen. Darüber hinaus können sich die Barrieren auch gegenseitig beeinflussen.

---

364 Vgl. Wilensky (1967), S. 48ff. sowie Schüppel (1996), S. 153f.

365 Vgl. Probst/Raub/Romhardt (1999), S. 257ff.

366 Vgl. Boeglin (1992), S. 86.

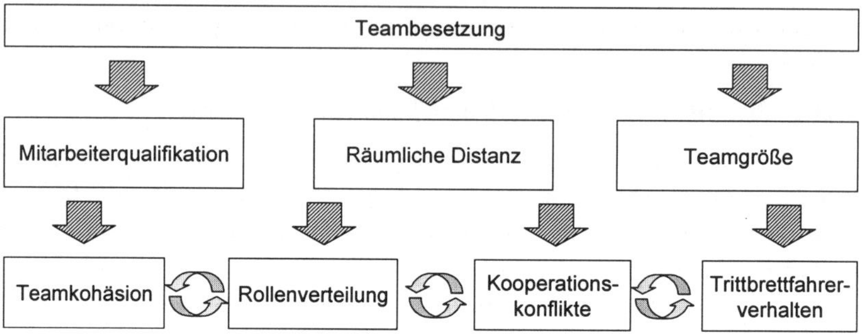

Abb. 3-3: Variablen der Teambesetzung

3.2.2 Barrieren im Bereich der Teamorganisation

3.2.2.1 Teamkohäsion

Eng mit der Teambesetzung verknüpft ist die Kohäsion bzw. der Zusammenhalt des Teams, die das Ausmaß der Sympathie bzw. Antipathie ausdrückt, das die Teammitglieder füreinander empfinden, und das Ausmaß der sozio-emotionalen Bindung untereinander beschreibt.[367] *Cartwright* ordnet dem Begriff Teamkohäsion diejenigen Kräfte unter, die auf die Teammitglieder einwirken, damit sie im Team bleiben.[368] Empirischen Untersuchungen von *Mullen* und *Copper* zufolge bilden die drei nachfolgenden Komponenten die Teamkohäsion:[369]

- die gegenseitige Anziehung der Teammitglieder auf persönlicher Ebene, d.h. die persönlichen Beziehungen innerhalb des Teams (Interpersonal Attraction),
- der Stellenwert, den die Teammitglieder der Teamaufgabe beimessen (Commitment to Task) sowie
- Stolz auf die Mitgliedschaft im Team sowie Glauben an die Leistungsfähigkeit des Teams (Group Pride bzw. Teamgeist).[370]

---

367 Vgl. Wiswede (1992), Sp. 737ff. In diesem Zusammenhang ist anzumerken, daß mit steigender Anzahl an Mitgliedern eines Teams ihre Kohäsion tendenziell sinkt.

368 Vgl. Cartwright (1968), S. 92. Goodman/Ravlin/Schnike (1987), S. 144, bewerten Kohäsion als ein wesentliches Merkmal leistungsorientierter Teams, kritisieren jedoch die Unschärfe und Breite dieses Konstruktes als Einflußvariable auf die Teamleistung.

369 Vgl. Mullen/Copper (1994), S. 210ff., die in 49 empirischen Untersuchungen diese drei Komponenten isolieren konnten.

370 Vgl. Shea/Guzzo (1987), S. 335. Die Autoren verwenden den Begriff ‚Potency' für den Glauben der Teammitglieder an die Leistungsfähigkeit des Teams.

Insgesamt betrachtet ist der Zusammenhalt eines Teams ein bedeutender Bestandteil der Teamarbeit, da bei dessen Fehlen oder einer schwierigen Beziehung zwischen Wissenssender und -empfänger eine engagierte und kooperative Zusammenarbeit der Teammitglieder an kollektiven Aufgaben stark beeinträchtigt wird.[371]

Eine zu stark ausgeprägte Teamkohäsion kann jedoch den Wissenstransfer negativ beeinflussen, da bei zuviel Teamkohäsion die Gefahr des **Groupthink-Syndroms** besteht.[372] Dieses Phänomen äußert sich darin, daß die Motivation der Teammitglieder, alternative Lösungswege realistisch zu bewerten, durch die Überbetonung einer Einheitskultur verdrängt wird. Die Folge ist eine Erstarrung des Teams dergestalt, daß interne Oppositionen ausgeschaltet und Reizthemen tabuisiert werden.[373]

3.2.2.2 Rollenverteilung und Kooperationskonflikte

Interdependent verknüpft mit der Teamkohäsion ist die Rollenverteilung im Team sowie die Art der teaminternen Kooperation. Hierbei sind Rollenvorschriften nicht als Anweisungen aus einer möglicherweise vom Teamleiter zugewiesenen Funktion des Teammitglieds zu verstehen, sondern als eine Ausprägung, die sich aus selbst empfundenen Rollenvorstellungen ergibt. Der kollektive Rollenzwang im Sinne bestimmter Erwartungen an das Verhalten einzelner Teammitglieder kann sich zur Transferbarriere auswirken.[374] Insbesondere hinsichtlich der Kollektivierung individuellen Wissens – also der Aufnahme bzw. Anwendung des Wissens im Team – können Rollenzwänge insofern blockierend wirken, als das einzelne Teammitglied zwar auf kognitiver Ebene das Wissen aufnehmen kann, dies aber wegen bestehender Rollenvorschriften nicht in sein Handeln und somit auch nicht in die kollektive Wissensbasis einfließen lassen kann.[375]

Im Hinblick auf den interaktiven Kontext des Wissenstransfers können aus dem Zusammenwirken von Wissenssender und -empfänger weitere Barrieren resultieren: Zum einen können Transferbarrieren aufgrund bestehender oder sich entwickelnder Kooperationskonflikte zwischen den beteiligten Teammitgliedern entstehen. Gerade für den Transfer von implizitem Wissen ist eine häufige Interaktion notwendig, welche

---

371 Vgl. McGrath (1964), S. 69ff.; Tannenbaum/Beard/Salas (1992), S. 124; Guzzo/Shea (1992), S. 284; Högl (1998), S. 83 sowie Bendt (2000), S. 56 zu zwischenmenschlichen Antipathien.

372 Vgl. Thom (1980), S. 292f.; Janis (1982, 1995) sowie Högl (1998), S. 44ff. *Janis* macht jedoch nicht die Teamkohäsion als alleinige Voraussetzung für das Auftreten von Groupthink verantwortlich. Aspekte, wie z.B. die Isolation eines Teams von seiner Umwelt oder ein autokratischer Führungsstil im Team, tragen ebenfalls dazu bei. Groupthink kann auch als ‚Betriebsblindheit' bezeichnet werden.

373 Vgl. Schüppel (1996), S. 169.

374 Vgl. Bendt (2000), S. 58; Peritsch (2000), S. 185; Wiswede (1992), Sp. 742 sowie Thom (1980), S. 248ff. zur Rollenverteilung in Organisationen.

375 Vgl. Schüppel (1996), S. 142ff.

durch gestörte, distanzierte oder disharmonische Beziehungen zwischen den Mitgliedern gehemmt wird und dadurch den Transfer von Wissen maßgeblich blockiert.[376] *Schüppel* identifiziert für diese interpersonellen Konflikte einerseits objektive und andererseits subjektiv empfundene Ursachen:[377] Im ersten Fall handelt es sich z.B. um Konfrontationen aufgrund der bestehenden Kommunikationsstruktur, der teaminternen Hierarchie[378] oder um Konflikte aufgrund unterschiedlicher Interessen der Teammitglieder, die aus verschiedenen Abteilungen zusammengesetzt sind. Dieses kann zu Zielkonflikten zwischen der Loyalität zum Projektteam und der Loyalität zur ‚Heimatabteilung' führen.[379] Daraus resultierende „Konkurrenzsituationen zwischen Personen oder Personengruppen erschweren die Interaktion".[380] Auch bei den subjektiv empfundenen Konfliktursachen können ‚Grabenkämpfe' beobachtet werden, bei denen es zu Profilierungsversuchen sowie Auseinandersetzungen und personifizierten ‚Feindbildern' kommen kann. Als Folge dieser Konflikte kann ein Transfer von Wissen unmöglich werden.[381]

3.2.2.3 Trittbrettfahrerverhalten

Beim Wissenstransfer besteht – wie bei allen öffentlichen Gütern – die Gefahr, daß sich Teammitglieder bei opportunistischen Präferenzen als Trittbrettfahrer verhalten.[382] Da Wissen von mehreren Teammitgliedern in ein Team eingebracht wird, z.B. bei der Produktion eines komplexen Produktes oder eines ausgefallenen Werbekonzeptes, kann der Beitrag eines Einzelnen nicht mehr zugerechnet und entsprechend entlohnt werden.[383] Auch bei der gemeinsamen Problemlösung oder Bearbeitung einer komplexen Aufgabenstellung ist es nahezu unmöglich, anhand des erreichten Resultats festzustellen, welches Teammitglied welchen Anteil an der Problemlösung hatte. Aus Teamperspektive erhält das in das Projekt eingebrachte Wissen den Charakter eines öffentlichen Gutes, d.h., daß andere Teammitglieder nur schwer vom Gebrauch des Wissens ausgeschlossen werden können. Ein Großteil des expliziten Wissens wird für viele Personen zugänglich, ohne daß sie dafür etwas leisten (bezahlen) müssen. Innerhalb eines Teams führt dies zu folgendem *Paradoxon*: Explizit vorliegendes Wissen vereinfacht zwar den Transfer erheblich, da es formal erfaßbar ist, erleichtert aber

---

376 Vgl. Bendt (2000), S. 56.

377 Vgl. Schüppel (1996), S. 162ff. Wiswede (1992), Sp. 740 bezeichnet diese als *strukturinduzierte* und *verhaltensinduzierte* Konflikte.

378 Vgl. Wiswede (1992), Sp. 740.

379 Vgl. North/Romhardt/Probst (2000), S. 36.

380 Borowsky (2000), S. 16.

381 Vgl. Schüppel (1996), S. 163ff.

382 Vgl. Osterloh/Frey/Frost (1999), S. 1257 sowie Osterloh/Frost (2000a), S. 206.

383 Vgl. Osterloh/Frey/Frost (1999), S. 1256f. sowie Osterloh/Frost (2000a), S. 205.

gleichzeitig auch die unerwünschte Imitation des Wissens, z.B. einer neuen Idee, durch Teamkollegen.[384] Mit anderen Worten erhöht die Explizierung bzw. Kodifizierung des eigenen Wissens die Gefahr der Imitation durch andere Personen. Wenn ein Individuum seinen Arbeitseinsatz aufgrund von Motivations- und Koordinationsdefiziten reduziert, so wird in der Literatur von Social Loafing, Sozialem Bummeln, Faulenzen oder Trittbrettfahrer-Verhalten gesprochen.[385] Dabei gehen *Osterloh* und *Frost* davon aus, daß nur extrinsisch motivierte Mitarbeiter ein hohes Interesse daran haben, ihr individuelles Wissen zurückzuhalten, weil es ihnen einen monopolistischen Vorteil bringt, und auf diese Weise eine kooperative Zusammenarbeit durch derartiges Verhalten unterlaufen.[386]

3.2.3 Aspekte der Teambesetzung

3.2.3.1 Qualifikation der Teammitglieder

Die fachliche Qualifikation der Teammitglieder ist eine grundlegende Voraussetzung für den Transfer von Wissen innerhalb eines Teams.[387] Unter den Begriff der Fachqualifikation fällt in diesem Zusammenhang die Berufserfahrung, die einen wesentlichen Einfluß auf die Kommunizierbarkeit und das Verständnis von Wissen nimmt, da externe neue Sinneseindrücke nicht unabhängig von bereits gemachten Erfahrungen interpretiert werden können. Wenn das neu transferierte Wissen in einem geringen Zusammenhang mit dem bereits akkumulierten Wissen, d.h. den bisher gemachten Erfahrungen, steht, fällt es dem Wissensempfänger schwerer, diese neuen Sinneseindrücke aufzunehmen.[388]

> „Experience is important both at the individual and organizational level. From studies on individual learning, we know that new skills are more quickly learned the more they share elements with already acquired knowledge.“ Zander/Kogut (1995), S. 78.

Badaracco, der mit seinem Begriff des komplementären Wissens diesen Einflußfaktor auf die Transferierbarkeit von Wissen umschreibt, ist derselben Ansicht, daß Wissen leichter transferiert werden kann, wenn der Wissensempfänger über die nötige

---

384 Vgl. Kogut/Zander (1992), S. 390.

385 Vgl. Högl (1998), S. 41ff.; Osterloh/Frey/Frost (1999), S. 1256f. sowie Osterloh/Frost (2000a), S. 205f.

386 Vgl. Osterloh/Frost (2000b), S. 65. Die Autoren unterstellen jedoch gleichsam, daß Teamarbeit funktionieren kann, wenn die Teammitglieder in ihrer Arbeit selbst intrinsisch motiviert sind. Vgl. Osterloh/Frost (2000a), S. 206.

387 Vgl. Boeglin (1992), S. 86.

388 Bspw. ist es für einen Betriebswirt leichter, sich zusätzliches Wissen auf dem Gebiet der Wirtschaftswissenschaften anzueignen, als für einen Chemiker und vice versa.

Erfahrung und den entsprechend verwandten Kontext verfügt, um das transferierte Wissen zu übernehmen.[389]

Zur Aufnahme von Wissen entscheidet somit der Umfang und die Komplexität des fachspezifischen Wissens der am Transfer beteiligten Personen.[390] Zwar haben die Beteiligten unterschiedliche Wissensstände, damit jedoch beide Seiten vom Transfer profitieren, ist ein Mindestmaß an gemeinsamem Wissen erforderlich. Verschiedene Ausbildungsniveaus der Teammitglieder können unter Umständen eine zu große kognitive Differenz zwischen Sender und Empfänger mit sich bringen,[391] und demzufolge eine transferhemmende Wirkung haben. Dasselbe Phänomen kann auftreten, wenn sich das Team aus Mitarbeitern verschiedener Hierarchieebenen zusammensetzt. *Högl* schlußfolgert, daß eine erfolgreiche Zusammenarbeit im Team – und damit ein wirksamer Wissenstransfer – im wesentlichen davon abhängt, inwieweit die Mitglieder bereits über einen gemeinsamen Wissensbestand verfügen.[392] Erst ein gemeinsamer Kontext ermöglicht die Kommunikation, Diskussion verschiedener Standpunkte sowie die Entwicklung konstruktiver Problemlösungen.[393] Eine weitere Voraussetzung ist eine gemeinsame Sprache bzw. Fachterminologie. Insbesondere bei international besetzten Teams kann eine Barriere für den Wissenstransfer in Verständigungsproblemen aufgrund einer fehlenden gemeinsamen Sprache liegen.

Neben der genannten Fach- und Methodenkompetenz muß jedes Teammitglied idealerweise Sozialkompetenz mitbringen.[394] Sozialkompetenz beschreibt dabei die Fähigkeit eines Menschen, mit anderen umzugehen, und erfordert einerseits Selbstachtung und Selbstvertrauen und andererseits Charaktereigenschaften, wie Offenheit, Toleranz, Fairneß sowie die Fähigkeit zu Kooperation und Kommunikation.[395] *North et al.* identifizieren eine fehlende emotionale Intelligenz der Teammitglieder als eine mögliche Ursache für eine Störung des Wissenstransfers.[396] Da Sozialkompetenz

---

[389] Vgl. Badaracco (1991), S. 52ff.

[390] So befindet sich laut einer Umfrage von Castiglioni (1994) z.B. 55,2% des technischen Wissens in den Köpfen der Entwickler und Produktionsingenieure. Vgl. Castiglioni (1994), S. 99f.

[391] Vgl. Boeglin (1992), S. 87 sowie Heppner (1997), S. 209. Für *Keller*, der die Störungen aus semiotischer Sichtweise beleuchtet, besteht diese Barriere, wenn „Sender und Empfänger nicht über den gleichen Zeichenvorrat verfügen". Keller (1995), S. 53.

[392] Vgl. Högl (1998), S. 80.

[393] Vgl. Justus (1999), S. 210. In Kap. 2.3.1 wurde bereits ausgeführt, daß für den Transfer von Wissen die Erfahrungskontexte der beteiligten Einheiten möglichst viele Ähnlichkeiten aufweisen sollten, damit die empfangende Einheit das Wissen vom Sender integrieren bzw. an die bestehende Wissensbasis anpassen kann.

[394] Prechtl (1999), S. 75.

[395] Vgl. Högl (1998), S. 89ff.; Faix/Laier (1991), S. 8 und S. 63f. Vgl. ausführlicher zur Bedeutung der Sozialkompetenz im Rahmen strategischer Allianzen Justus (1999), S. 211f.

[396] Zwar beschäftigen sich die Autoren ausschließlich mit dem Wissenstransfer in Communities of Practice (CoPs), jedoch ist auch für Mitglieder von Projektteams eine ‚emotionale Intelligenz' für eine erfolgreiche Interaktion notwendig.

schon häufig Bestandteil empirischer Untersuchungen war und als Einflußvariable auf den Wissenstransfer nicht isoliert, sondern nur in Verbindung mit dem Vorhandensein von Fach- und Methodenkompetenz betrachtet werden darf, werden diese Charaktereigenschaften im folgenden für alle Teammitglieder als notwendig vorausgesetzt.[397] Die Teambesetzung mit entsprechend qualifizierten Mitarbeitern ist durch einen geeigneten Personalauswahlprozeß zu gewährleisten.[398] Jedoch haben Führungskräfte aufgrund der herrschenden Personal- und Auftragslage häufig keine ausreichende Wahlmöglichkeit bei der Besetzung neuer Teams, was eine Zusammenstellung geeigneter Spezialisten häufig verhindert.[399]

Zu prüfen ist, ob sowohl die Mitarbeiterqualifikation als auch die Position eines Teammitglieds in der Unternehmenshierarchie einen Einfluß auf den Wissenstransfer ausübt.

3.2.3.2 Räumliche Gestaltung der Teamarbeit

Eine weitere Strukturvariable des Wissenstransfer in Teams stellt die räumliche Nähe der Teammitglieder dar. Diese müssen nicht zwangsläufig am selben Ort untergebracht sein; gelegentlich sind sie über verschiedene Büros oder Standorte verteilt. Räumliche Nähe schafft die Voraussetzung für einen persönlichen Kontakt der Teammitglieder und damit für den Transfer von implizitem Wissen. In der Regel erfolgen Bürobesetzungen nach der funktionalen Zugehörigkeit der betreffenden Stelle, die räumliche Distanz zu wichtigen Partnern wird nur unzureichend berücksichtigt. Demzufolge müssen vor allem Mitarbeiter, die nicht Vollzeit in ein Team eingebunden sind, mit weiten Distanzen zu ihren Teamkollegen umgehen. Die Reduzierung der räumlichen Distanz ist dann eine Maßnahme, um die Kommunikation unter den Mitarbeitern zu fördern, da bei räumlich getrennt arbeitenden Teams häufig Probleme mit der persönlichen Kommunikation auftreten und die Gefahr von Informationsverlusten wächst.[400] Die Arbeitssituation eines Teams kann entweder kommunikationsgerecht gestaltet werden, indem durch eine entsprechende Büroarchitektur die Arbeitsplätze der Teammitglieder in relativer Nähe zueinander angesiedelt werden,[401] oder durch eine entsprechende informationstechnologische Infrastruktur, auf die in Kap. 3.3 vertieft eingegangen wird.

---

397 Vgl. zu Untersuchung der Sozialkompetenz z.B. Prechtl (1999) und Högl (1998).

398 Vgl. zur Vorgehensweise bei der Teambesetzung exemplarisch Augustin/Kern/Hornstein (2002).

399 Vgl. Högl/Gemünden (2001), S. 53, zu einer empirischen Analyse dieses Sachverhaltes in Innovationsteams.

400 Vgl. hierzu Kap. 3.2.4 sowie Davenport/Prusak (1999), S. 95.

401 Vgl. Probst/Raub/Romhardt (1999), S. 229.

Pinto et al. untersuchten in einer Studie mit 72 Teams den Einfluß der räumlichen Distanz auf die teaminterne Kooperation.[402] *Keller* konnte in einer Studie mit 32 F&E-Projektteams zeigen, daß die räumliche Nähe außerdem einen positiven Einfluß auf die Teamkohäsion hat.[403] Allerdings bringt die zunehmende Globalisierung und Internationalisierung mit sich, daß Teams national oder sogar international verteilt agieren müssen, so daß eine räumliche Zusammenarbeit in vielen Fällen nicht möglich ist.

Ob räumliche Entfernung der Teammitglieder als negativer Einfluß auf den Wissenstransfer angesehen werden muß und in welchem Ausmaß die räumliche Distanz der Teammitglieder den Transfer beeinflußt, ist in der empirischen Analyse zu prüfen.[404]

3.2.3.3 Teamgröße

Wie bereits definiert, besteht ein Team aus mindestens drei Personen, wobei die optimale Teamgröße zwischen fünf und neun Personen liegt.[405] Die absolute Teamgröße beeinflußt einerseits die teaminterne direkte Kommunikation, da diese mit steigender Mitgliederzahl aufgrund der überproportional ansteigenden Komplexität der Kommunikationsstruktur zunehmend aufwendiger wird, andererseits wird der teaminterne Koordinationsbedarf zur Abstimmung einzelner Beiträge zur Teamleistung erhöht.[406] *Smith et al.* bestätigten in einer Studie mit 53 Top Management Teams bei zunehmender Teamgröße eine signifikante Verringerung der direkten Kommunikation der Teammitglieder untereinander.[407]

Aufgrund der überproportional steigenden Komplexität der Kommunikationsstruktur erscheint es schwierig, Teams mit mehr als zwölf Mitgliedern zu beschäftigen.[408] Mit steigender Mitgliederzahl sinkt zudem die Wahrscheinlichkeit für eine persönliche direkte Zusammenarbeit; gleichzeitig steigt die Wahrscheinlichkeit für die Bildung von Subteams.[409] Darüber hinaus beeinflußt die Größe des Teams die Art der Entscheidungsfindung, je nachdem wieviele Teammitglieder in Abstimmungsprozessen

---

402 Vgl. Pinto et al. (1993), S. 1291ff.

403 Vgl. Keller (1986).

404 Vgl. auch Davenport/Prusak (1999), S. 94f. sowie Högl (1998), S. 93.

405 Vgl. Kap. 2.1.1.

406 Vgl. z.B. Hackman (1987), S. 327; Steiner (1966), S. 274f.; Campion/Medsker/Higgs (1993), S. 823.

407 Vgl. Smith et al. (1994). Vorausgegangen war dieser Studie eine Untersuchung mit F&E-Teams in einer US-amerikanischen Elektronikfirma, vgl. hierzu Zenger/Lawrence (1989), S. 365.

408 Vgl. Bühner/Pharao (1993), S. 49.

409 Vgl. Högl (1998), S. 10f. sowie S. 95.

in der Mehrheit bzw. in der Minderheit sind.[410] Bei Projektteams hängt die optimale Teamgröße letztlich aber auch von der Art der zu erfüllenden Aufgabe ab.[411]

3.2.4 Art der teaminternen Kommunikationsstruktur

Der Transfer von Wissen ist auf eine leistungsfähige Kommunikationsstruktur angewiesen. Da der freie Austausch von Informationen und Wissen ein wesentlicher Bestandteil der Teamarbeit ist, sind die Kommunikationsstrukturen als notwendige Voraussetzung für einen funktionierenden Wissenstransfer zu untersuchen.[412] Die Kommunikation dient der Übermittlung von Informationen und Wissen zur Erfüllung der Aufgaben innerhalb eines Teams und ist in unterschiedlicher Art und Intensität geregelt.[413] Dies wird im Rahmen dieser Arbeit mit Hilfe der in Abb. 3-4 dargestellten Attribute Häufigkeit, Formalisierungsgrad und Medienunterstützung konkretisiert.[414]

Aspekte	Art der teaminternen Kommunikation	
Häufigkeit	Regelmäßig in Teamsitzungen	Unregelmäßig in Teamsitzungen
Formalisierungs-grad	Formell	Informell
Kommunikations-mittler	Direkt	Indirekt
Medien-unterstützung	Face-to-Face	IuK-Technologie

Abb. 3-4: Attribute zur Analyse der Art der teaminternen Kommunikation

Die **Kommunikationshäufigkeit** beschreibt, wie oft Individuen untereinander Informationen bzw. Wissen austauschen. In der Regel wird mit Hilfe von fest vereinbarten und regelmäßigen Teamsitzungen eine Plattform für den Wissenstransfer im gesamten Team geschaffen.

> „Teams usually meet at least quarterly face to face to share practices and issues, and they continue to communicate via e-mail and electronic conferences to provide ongoing coaching and advice." O'Dell/Grayson (1998), S. 161

---

410 Vgl. Weick (1969), S. 3ff., der verschiedene Teamgrößen klassifiziert.

411 Vgl. Wiswede (1992), Sp. 743.

412 Vgl. Pinto/Pinto (1990), S. 202. Die Autoren unterscheiden interne vs. externe; formelle vs. informelle sowie schriftliche vs. mündliche Kommunikation. Vgl. außerdem zur Form der Kommunikation North/ Romhardt/Probst (2000), S. 38.

413 Vgl. Thom (1980), S. 282ff.

414 Vgl. zu einem ähnlichen Vorgehen Högl (1998), S. 78ff.

Der **Formalisierungsgrad** der Kommunikation beschreibt deren Spontaneität und läßt sich durch verschiedene Ausprägungen beschreiben.[415] Formale Kommunikation zeichnet sich durch längere Planung oder Vorarbeit aus, z.B. durch den Austausch von Besprechungsprotokollen oder Statusberichten. Ein spontanes Gespräch unter Teammitgliedern stellt eine Ausprägung informeller Kommunikation dar. Dabei ist der Formalisierungsgrad jedoch weitgehend unabhängig vom genutzten Kommunikationsmedium, da spontane (informelle) Telefonate genauso denkbar sind wie vorher verabredete Telefonkonferenzen. Dasselbe gilt für schriftliche Kommunikation, die spontan via E-Mail oder aber formal über regelmäßige Projektzwischenberichte erfolgen kann. Gute Kooperation im Team ist durch häufige und informelle Kommunikation gekennzeichnet,[416] da auf diesem Wege Ideen und Anregungen spontan mit anderen Teammitgliedern diskutiert werden können, ohne daß eine formale Teamsitzung einberufen werden muß. Gerade aus ungeplanten spontanen Gesprächen entspringen neue Ideen und Anregungen. Ein informelles Gespräch, sog. Flurkommunikation, trägt dazu bei, daß auch Kollegen, die nicht gemeinsam in Projekten arbeiten oder in den gleichen Büros sitzen, informell Wissen und Meinungen zu Problemlösungen austauschen können und dabei neues Wissen schaffen.[417]

Ein weiterer Aspekt teaminterner Kommunikationsstrukturen ist eine Unterscheidung in **direkte** und **indirekte** Kommunikation zwischen den einzelnen Teammitgliedern.[418] Dabei handelt es sich einerseits um eine örtliche oder zeitliche Verschiedenheit bzw. Übereinstimmung (asynchron, synchron), auf die in Kap. 3.3.2 näher eingegangen wird, und andererseits um die Einschaltung eines Vermittlers. Diese Position kann entweder ein Teammitglied einnehmen oder direkt vom Teamleiter bekleidet werden. Danach „verteilt" dieser Kommunikationsmittler die Informationen – je nach Aufgabenbereich – an einzelne, ausgewählte Mitarbeiter innerhalb des Teams. Auf diese Weise können einzelne Personen durch den Transfer von Wissen und Interessenharmonisierung zur Überwindung bestehender teaminterner Grenzen beitragen.[419] Im Zusammenhang mit der Einschaltung eines Kommunikationsmittlers existieren mögliche Konfigurationen teaminterner Kommunikation, die empirisch untersucht wurden (Abb. 3-5).[420]

---

415 Vgl. Stärkle/Jäger (1972), S. 662f., zu den Unterschieden zwischen formeller und informeller Kommunikation. Coenenberg (1966), S. 79ff., versteht unter formeller Kommunikation die Struktur innerbetrieblicher Kommunikationsbeziehungen, die der optimalen Aufgabenerfüllung dienen.

416 Vgl. Pinto/Pinto (1990), S. 208; Katz (1982), S. 81 sowie Boeglin (1992), S. 86.

417 Vgl. Henn (1995), S. 68ff. sowie Davenport/Prusak (1999), S. 185ff.

418 Vgl. exemplarisch Wagner (1995), S. 19f.

419 Hier ist bspw. auf Verbindungspositionen oder Integrationsmanager zu verweisen, vgl. Schanz (1994), S. 184 u. S. 188f. *Wilensky* rät zum Einatz von *‚internal communication specialists‘*, die politisch und manipulativ zur Führungsunterstützung aktiv werden. Vgl. Wilensky (1967), S. 13f.

420 Vgl. z.B. Wiswede (1992), Sp. 741.

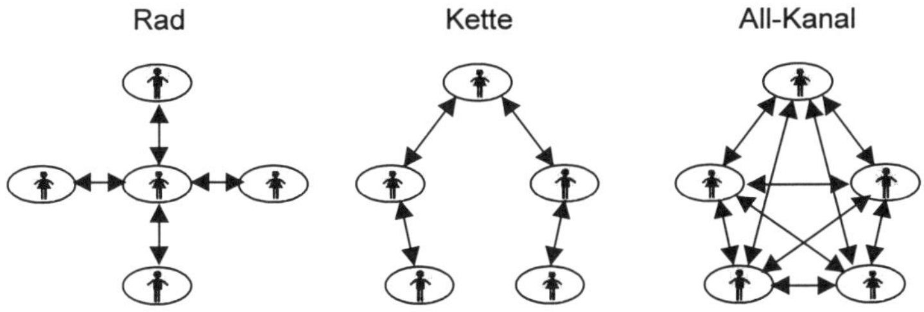

Abb. 3-5: Grundformen der Kommunikation[421]

Sowohl beim *Rad* als auch bei der Form der *Kette* steht ein zentraler Kommunikationsmittler im Vordergrund, der die Informationen – direkt bzw. indirekt über weitere Teammitglieder – weiterleitet. Bezüglich der Frage, wer mit wem kommunizieren darf, gelten bestimmte Regeln und Richtlinien, was sich hinsichtlich des Transfers von Wissen innerhalb eines Teams als hinderlich erweisen kann: „Ein zu enges Korsett von Vorschriften kann dazu führen, daß vorhandenes Wissen nicht aktiviert und geteilt wird."[422] *Thom* äußert die Vermutung, daß ein hohes Maß an Kommunikationsfreiheit notwendig ist, wenn der Wissenstransfer als Mittel und Teil der Generierung von Wissen im Vordergrund steht.[423] Die Form des sog. *All-Kanals (Totale)* kann demnach als Idealtypus einer dezentralisierten Struktur angesehen werden, da alle Teammitglieder gleichberechtigt mit jedem Teamkollegen kommunizieren dürfen.[424]

Eine eingeschränkte Kommunikationsfreiheit in Form einer starken Formalisierung durch geltende Regeln und Vorschriften oder die Tatsache, daß die Kommunikation über eine Mittelsperson (z.B. Teamleiter) geführt wird, kann sich als hinderlich für den Wissenstransfer erweisen. Die Wissensträger im Team müssen regelmäßig und intensiv kommunizieren, jedoch nicht in einem zu engen Sinne zielbezogen, sonst werden Wissenstransfer-Chancen von vornherein ausgegrenzt.[425] Zu überprüfen ist daher im folgenden, welcher Zusammenhang zwischen dem Formalisierungsgrad der Kommunikation und dem Wissenstransfer besteht, d.h. ob eine informelle und spontane teaminterne Kommunikation den Transfer fördert, und in welchem Zusammenhang die Art und die Häufigkeit der Teammeetings mit dem Wissenstransfer stehen.

---

421 In Anlehnung an Stärkle/Jäger (1972), S. 661.

422 Wagner (2000), S. 100.

423 Vgl. Thom (1980), S 286ff. Thom untersucht die Einflüsse der Strukturvariablen auf die Innovationsrate. Es wird hier – gemäß dem Konzept von Nonaka/Takeuchi (1997) – eine hohe Innovationsrate mit einem intensiven und erfolgreichen Wissenstransfer gleichgesetzt.

424 Vgl. hierzu Wiswede (1992), Sp. 741f.; Stärkle/Jäger (1972), S. 661f. sowie Gebert (1992), Sp. 1114ff. zum Begriff des All-Kanals, für den oftmals auch der Begriff ‚Totale' verwendet wird.

425 Vgl. Simon (1999), S. 308.

3.3 Informationstechnologische Unterstützung der Teamarbeit

3.3.1 Informations- und Kommunikationstechnologien

Um den Herausforderungen beim Wissenstransfer begegnen zu können, wird die Nutzung neuer Informations- und Kommunikationstechnologien (IuK) von vielen Unternehmen als ein möglicher Lösungsansatz gesehen.[426] In der Unternehmenspraxis zirkulieren Projektinformationen und -dokumente vielfach noch in Papierform, was zu umständlichen Recherchen der entsprechenden Dokumente führen und erhebliche Zeitverluste mit sich bringen kann.[427] Außerdem fließen innerhalb eines Unternehmens häufig zu viele Informationen, so daß sich der einzelne Mitarbeiter der Informationsflut hilflos ausgesetzt sieht.[428]

Mit Hilfe geeigneter IuK-Technologien können relevante Informationen konzentriert und strukturiert gesammelt, verwaltet und verteilt werden. Sie helfen bei der Überwindung hierarchischer, funktionaler, geographischer und institutioneller Grenzen. Die Entwicklungen in der IuK-Technologie haben darüber hinaus weitreichende Folgen für die Zusammenarbeit von Personen. *Ledin* ist der Ansicht, daß gerade durch die neuen IuK-Technologien netzwerkartige Strukturen hervorgerufen werden.

> „The technology now becoming available will not only support the evolution of networks [...], but make them virtually unavoidable." Ledin (1990), S. 347f.

Durch den gezielten Einsatz neuer Telekommunikationstechnik, offener und integrierter Datenbanken, von Systemen der Büroautomation oder Groupware lassen sich Flexibilität und Effizienz kollektiver Problemlösungsprozesse verbessern.[429] Bereits bei der Zusammenstellung von Projektteams können Personaldatenbanken hilfreich sein, die Informationen, bspw. über die formale Qualifikation, praktische Bearbeitungsgebiete oder bisherige Projekterfahrungen einzelner Mitarbeiter, speichern, und mit deren Hilfe sich geeignete Teammitglieder für die Projektaufgabe identifizieren lassen.[430]

Innerhalb von Teams muß der Wissenstransfer den Kriterien Schnelligkeit und Flexibilität genügen, daher stehen bei der technologischen Bewältigung die Art der Wissensübermittlung und die Form der Speicherung im Vordergrund, um dem jeweiligen Umfang und der Art des Wissens zu genügen. Da die Kommunikation als

---

426 Vgl. hierzu und im folgenden Kersten/Schröder (2002), S. 153.

427 Vgl. Schindler (2001), S. 100.

428 Vgl. Königer/Reithmayer (1998), S. 13. Zu möglichen Konsequenzen der Informationsüberflutung vgl. Kap. 3.3.2.

429 Vgl. allgemein zu diesen Entwicklungen im End-User Computing z.B. Robson (1994), S. 265ff.

430 Vgl. zu dieser Art „Elektronischer Reputationssysteme" Reihlen (1997), S. 291.

eines der konstituierenden Elemente von Teams gilt,[431] ist vor der Analyse des Einsatzes von Instrumenten zur Unterstützung des teaminternen Wissenstransfers aufbauend auf den Ausführungen in Kap. 3.2.4 die Kommunikationsstruktur innerhalb des Teams zu untersuchen.

3.3.2 Arten der Teamkommunikation und zugehörige IuK-Unterstützung

Es existieren verschiedene Formen der teaminternen Kommunikation unter Einbeziehung aller Teammitglieder: institutionalisierte Meetings im Rahmen von Teamsitzungen, Nutzung von Groupware, Video- oder Telefonkonferenzen, aber auch informelle bzw. spontane Kommunikation beim Mittagessen, in Kaffee-Ecken oder im Rahmen einer Begegnung auf dem Flur.[432] Für den teaminternen Wissenstransfer kommt die Nutzung verschiedener Medien in Frage, je nach Kommunikationstyp und einsetzbarer IuK-Technologie. Ein häufig genutztes Modell zur Kategorisierung von IuK-Technologien ist das Zeit-Ort-Modell von *Johansen*.[433] Tab. 3-1 systematisiert die verschiedenen IuK-Technologien anhand der zeitlichen und örtlichen Verteilung der Teamarbeit in einer Raum-Zeit-Matrix.

Eine Kommunikation heißt synchron, wenn die Partner zeitgleich kommunizieren und die Möglichkeit haben, von der Tätigkeit des anderen Notiz zu nehmen. Asynchrone Zusammenarbeit bedeutet im Gegenzug, daß die Aktionen nicht unmittelbar wahrgenommen werden.[434] Bei der synchronen Kommunikation findet das Senden und Empfangen von Wissen nahezu zur selben Zeit und bei der asynchronen zeitlich versetzt statt. Darüber hinaus läßt sich die Art der Kommunikation unterteilen in unmittelbare, d.h. unter persönlich anwesenden Personen, und mediengestützte Kommunikation. Die synchrone Kommunikation kann dabei sowohl unmittelbar als auch mediengestützt, die asynchrone lediglich durch Nutzung von IuK-Technologien durchgeführt werden. Für ein Projektteam sind prinzipiell alle in Tab. 3-1 genannten Kommunikationstypen denkbar.

---

431 Vgl. Unger (1998), S. 11ff.

432 Vgl. zu verschiedenen Arten von Kommunikation Pinto/Pinto (1990), S. 212 sowie zur Unterscheidung von formeller und informeller Kommunikation Kap. 3.2.4.

433 Vgl. Johansen (1988), S. 44.

434 Vgl. Schulte (1999), S. 45f.

Zusammenarbeit der Teammitglieder	**synchron (zu gleicher Zeit)**	**asynchron (zu verschiedenen Zeiten)**
am gleichen Ort	IuK-Technologien zur Meeting-Unterstützung, z.B. • Face-to-Face-Meetings • Systeme zur computer-unterstützten Sitzungs-moderation (elektronische Meetingsysteme)	IuK-Technologien für die gemeinsame Nutzung von Informationen, z.B. • Gruppenterminkalender • Projektdatenbanken • Portale
räumlich verteilt an verschiedenen Orten	Einsatz von synchronen Kommunikationsmitteln, z.B. • Text-, Audio- oder Videokonferenzsysteme • Computerkonferenz	IuK-Technologien zur elektronischen Dokumenten-verarbeitung, z.B. • E-Mail-Systeme • gemeinsame Informations-räume im Internet • Projektplattformen

Tab. 3-1: Klassifikation von IuK-Technologien nach dem Zeit-Ort-Modell[435]

Je nach Anzahl der empfangenden Teammitglieder stehen verschiedene „Verteilstrukturen" zur Verfügung:[436] Wenn Informationen von allen Mitarbeitern benötigt werden, können diese auf einem Web-Server eingestellt oder per unternehmenseigenem Radio oder Fernsehen übertragen werden. Für Informationen, die mehrere Mitarbeiter erreichen sollen, eignet sich die Einstellung im Web oder der Versand per E-Mail. Ist eine Information nur an ein Teammitglied adressiert, so kann sie bspw. per E-Mail, per Brief oder telefonisch weitergeleitet werden. Der Einsatz der neuen IuK-Technologien kann dabei nicht nur Wissensflüsse innerhalb des Teams, sondern auch nach außen unterstützen.

Im Hinblick auf die Art der Informationsverteilung sind zwei Prinzipien zu unterscheiden.[437] Das **Pull-Prinzip** setzt beim Wissensnutzer und seinen Bedürfnissen an. Der Mitarbeiter muß sich das notwendige Wissen selbst aus dem System beschaffen.[438] Die Wissensnachfrage wird demnach zur Holschuld. Wichtig ist hierbei, daß er benötigtes Wissen im Bedarfsfall schnell anfordern kann. Dieses Prinzip birgt jedoch die Gefahr in sich, daß Mitarbeiter wertvolle Informationen nicht erhalten, da ein

435 In Anlehnung an Johannsen (1988), S. 44; Schulte (1999), S. 28; Heinatz (1995), S. 150 und Haberstock (2000), S. 74.

436 Vgl. hierzu Bullinger (1997), S. 10.

437 Vgl. Haywood (1998), S. 31; Königer/Reithmayer (1998), S. 130ff.; Probst/Raub/Romhardt (1998), S. 237 sowie Servatius (1998), S. 102.

438 Vgl. Dierker/Sander (1999), S. 105.

permanentes aktives Nachfrageverhalten nach Informationen vor dem Hintergrund eines umfangreichen Tagesgeschäftes wenig realistisch erscheint.[439] Bei der Informationsverteilung nach dem **Push-Prinzip** werden relevante Informationen über klar definierte Kanäle in das Team geleitet. Hierbei erhalten Teammitglieder gemäß definierten Interessen- bzw. Nutzerprofilen mit entsprechenden Informationspräferenzen oder gemäß gewünschten Themengebieten ungefragt Hinweise auf für sie relevante Informationen durch das IuK-System. Nachteilig an diesem Prinzip ist, daß es einerseits zum Aufbau von Informationsmonopolen und andererseits zu Informationsdefiziten unter den Mitarbeitern führen kann.[440] Informationsdefizite entstehen auch dann, wenn Nachrichten ungelesen gelöscht oder archiviert werden und sich Mitarbeiter aus Verteilerlisten streichen, die möglicherweise relevante Informationen enthalten.[441] Als weitere mögliche Gefahr des Push-Prinzips ist der vielzitierte „Information Overload" zu nennen.[442] Informationsüberlastung führt nicht nur zum Absinken der Entscheidungseffizienz, sondern auch zur Erhöhung von Durchlaufzeiten und zu einer gesundheitlichen Belastung (Streß) der Mitarbeiter.[443]

Für diese Vielzahl an Möglichkeiten zur Distribution von Informationen und Wissen innerhalb eines Teams ist eine funktionierende technische Infrastruktur erforderlich.[444] Dabei ist eine wichtige Anforderung an eine den Wissenstransfer unterstützende Technologie die Kombination des Push- und Pull-Prinzips. Im folgenden wird der aktuelle Stand der Forschung im Gebiet der computergestützten Teamarbeit mit verschiedenen begrifflichen Grundlagen erläutert, bevor auf einige ausgewählte, auf die Fragestellung der Arbeit zutreffende IuK-Technologien eingegangen wird.

3.3.3 IuK-Technologien zur Unterstützung der Teamarbeit

3.3.3.1 Computerunterstützte Zusammenarbeit von Individuen

Unter dem Begriff **Computer Supported Cooperative Work** (CSCW)[445] wird ein Forschungsgebiet zusammengefaßt, das auf interdisziplinärer Grundlage die Zusammenarbeit von Personengruppen und deren Unterstützung durch IuK-Technologie untersucht. Während CSCW in der Literatur nahezu durchgängig als wissen-

---

439 Vgl. Gentsch (1999), S. 110.

440 Vgl. Wildemann (1995), S. 83.

441 Vgl. Reif-Mosel (2000), S. 93. Generell kann auch dann von einem Informationsverlust gesprochen werden, wenn Teammitglieder Informationen nicht lesen, nicht verstehen oder nicht nutzen.

442 Vgl. Gentsch (1999), S. 109.

443 Vgl. Bork (1994), S. 13.

444 Vgl. hierzu Schulte (1999), S. 43f.

445 Vgl. dazu insb. Greenberg (1991); Hasenkamp/Kirn/Syring (1994); Teufel et al. (1995). Ein Überblick findet sich bei Heinatz (1995).

schaftlicher Rahmen beschrieben wird, der das gesamte Forschungsgebiet des kooperativen Arbeitens umfaßt, fällt es schwerer, die Begriffe „Groupware", „Workgroup Computing" und „Workflow Management" zu definieren und voneinander abzugrenzen, da diese Begriffe noch stark im Wandel begriffen sind und sich bisher noch keine einheitlichen Definitionen und Kategorisierungen herausgebildet haben.[446] Im Rahmen dieser Arbeit sollen gemäß der Definition nach *Nastansky* unter dem Begriff **Groupware**[447] Hard- und Softwarewerkzeuge verstanden werden, die die Computerunterstützung von Kommunikation, Koordination und Kooperation in Teams ermöglichen.[448]

> „Groupware stellt computergestützte Konzepte für die Teamarbeit bereit. Insbesondere müssen dabei [...] der Arbeitsfluß und das Vorgangsmanagement in den vielfältigen Kommunikations- und Abarbeitungsinteraktionen zwischen Mitarbeiterinnen und Mitarbeitern im Office-Bereich bzw. in Projektteams unterstützt werden." Nastansky (1993), S. 6.

Mittlerweile werden unter der Bezeichnung Groupware viele verschiedene, verknüpfte Funktionalitäten angeboten, die weit über ein Mailsystem und Terminplanung hinausgehen,[449] und die Teams unterstützen, „deren Mitglieder sich am selben Ort oder an unterschiedlichen Orten befinden, wobei diese Unterstützung synchron oder asynchron erfolgen kann."[450] Groupware-Systeme mit entsprechenden Applikationsentwicklungsumgebungen erlauben neben der ortsunabhängigen auch eine zeitunabhängige Zusammenarbeit von Teammitgliedern, indem sie den Wissenstransfer auf elektronischem Wege unterstützen.[451] Daher sind Konzepte und Instrumente auf Basis von Groupware-Systemen und Internet-Technologien von erheblicher Bedeutung, um entscheidungsrelevantes Wissen zu sammeln und aufgabenadäquat innerhalb des Teams zu verteilen. *Wagner* erklärt, daß der „Einsatz von Groupware als verteilter Informationsspeicher [...] eine Transformation des individuellen Wissens der Mitarbeiter zu einem gemeinsamen Wissen aller Mitarbeiter" ermöglicht.[452]

Unabhängig von den eingesetzten Groupware-Technologien lassen sich Groupware-Applikationen nach ihren elementaren Funktionen zur jeweiligen Unterstützung von Kommunikation, Kooperation und Koordination gliedern, vgl. Abb. 3-6.

---

[446] Vgl. bspw. Teufel et al. (1995), S. 21ff. Einen tabellarischen Überblick über die wichtigsten Groupware-Definitionen geben z.B. Scholer (1998), S. 16f.; Bornschein-Grass (1995), S. 12 sowie Wilmes (1995), S. 60.

[447] Populär wurde dieser Begriff durch *Johansen*, der ‚Groupware' vorrangig als Computerunterstützung für kleine projektorientierte Arbeitsgruppen versteht. Vgl. Johansen (1988).

[448] Vgl. Schulte (1999), S. 24 sowie Burger (1997), S. 7. Groupware-Instrumente stellen Applikationen des CSCW dar. Vgl. Teufel et al. (1995) S. 22.

[449] Vgl. hierzu und im folgenden Gaßen (1999), S. 34.

[450] Petrovic (1992), S. 17.

[451] Vgl. Haberstock (2000), S. 91.

[452] Wagner (1995), S. 3.

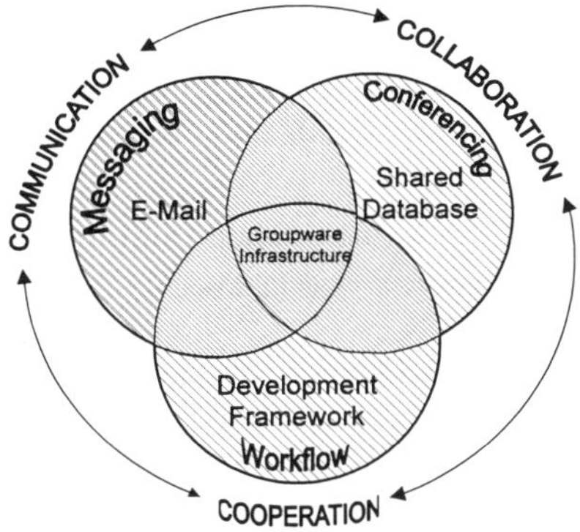

Abb. 3-6: Funktionsbereiche von Groupware[453]

Für den Gegenstandsbereich dieser Arbeit erweisen sich – unter Berücksichtigung dieser Funktionalitäten – insbesondere die Applikationen zur Kommunikationsunterstützung und zur Schaffung gemeinsamer Informationsräume als beachtenswert.[454]

3.3.3.2 Kommunikationsunterstützung

Die **Kommunikationsunterstützung**[455] als Grundlage für Kooperation und Koordination, umfaßt die zwischen Personen, Personen-Maschine oder nur zwischen Maschinen stattfindenden Prozesse der Übermittlung bzw. des Austausches von Informationen sowie die damit verbundenen vor- und nachgelagerten Aktivitäten.[456] Dabei werden Informationen vom Sender zum Empfänger geschoben, d.h., das Sende-Prinzip (Push-Modell) steht im Vordergrund und erlaubt einen asynchronen Informationsfluß, bei dem aufgrund der angewandten Technik eine Synchronisation der kommunizierenden Elemente nicht notwendig ist.[457] Klassische Systeme zur Kommunikationsunterstützung sind Systeme zur elektronischen Nachrichten- und Dokumentenübermittlung, wie z.B. E-Mail-Systeme bzw. Messaging-Systeme in verallgemeinerter Form. Die Weiterentwicklung von IuK-Technologien verändert das Verständnis von Ort und Raum: Das Internet ermöglicht es, daß in verschiedenen Ländern arbeitende Teammitglieder gemeinsam eine Maschine konstruieren oder eine Software

453 In Anlehnung an Schulte (1999), S. 26.

454 Vgl. ausführlicher zu den übrigen Funktionsbereichen Teufel et al. (1995), S. 127-241 sowie die Arbeiten von Geibel (1993) und Syring (1994).

455 Vgl. Iten (2000), S. 103ff.

456 Vgl. Seufert (1997), S. 76 sowie Wendel (1996), S. 22.

457 Vgl. Dierker/Sander (1999), S. 105

entwickeln.[458] So kommt dem **Internet** im Zusammenhang mit dem Transfer von Wissen eine zentrale Bedeutung zu, da es die Möglichkeit bietet, externe Informationen und Wissensquellen zu identifizieren. Das Internet läßt sich somit als Kommunikationsmedium definieren, das den Zugriff und Austausch von digitalisierten Daten und Informationen aller Art ermöglicht.[459] Eng verknüpft mit der Entwicklung des World Wide Web, ist die Entwicklung der Electronic Mail (E-Mail).

Die **E-Mail** (Elektronische Post) bezeichnet den Austausch von Nachrichten in Form von Texten, Grafiken, Bildern oder Videos zwischen einem Sender und einem oder mehreren Empfängern mittels Computer über ein Netzwerk.[460] E-Mail ist das wahrscheinlich am meisten verbreitete Computerwerkzeug zur Unterstützung der Kommunikation zwischen Teammitgliedern. Ein E-Mail-System wird in unternehmensweite – sogar unternehmensübergreifende – Netzwerke für gemeinsamen Informationszugriff eingebunden und ist heute der vorrangige Transportmechanismus für zahlreiche, innerhalb (und außerhalb) von Unternehmen verwendete Informationstypen.[461] E-Mail dient der Unterstützung kooperativer Arbeitsprozesse, in denen ständig Informationen zur Aufgabenlösung ausgetauscht werden, und stellt somit eine Basistechnologie aller gängigen Groupware-Produkte dar, mit den Vorteilen gegenüber der Briefpost hinsichtlich der Geschwindigkeit sowie gegenüber dem Telefon im Hinblick auf die Erreichbarkeit des Kommunikationspartners.[462] Im Vergleich zu anderen Kommunikationsformen zeichnen sich E-Mail-Systeme durch Vorteile, wie eine geringere Zahl von Arbeitsunterbrechungen, eine bessere Erreichbarkeit, die einfachere Überwindung von Raum- und Zeitgrenzen, einen Abbau von Wartezeiten sowie eine leichtere Wiederauffindbarkeit von Informationen, aus.[463] Die E-Mail ist ein typisches asynchrones Kommunikationsmedium, d.h. der Nachrichtenaustausch erfolgt unabhängig von der Anwesenheit und dem Aufenthaltsort des Empfängers, jedoch kann sie in der Verwendungsform der Computerkonferenz als synchrones Entscheidungswerkzeug fungieren.[464] Neuere Entwicklungen erlauben, daß Mail-Programme nicht mehr nur auf die Übertragung von textuellen Informationen beschränkt sind, sondern auch

---

458 Um die orts- und zeitunabhängige Kommunikation zu ermöglichen, bieten sich grundsätzlich E-Mail-Systeme, inter- oder intranetbasierte Portale sowie Audiokonferenzen (z.B. Telefone), Videokonferenzen (z.B. Bildtelefon) oder textbasierte Konferenzsysteme (z.B. sog. ‚Chats') an. Vgl. Teufel et al. (1995), S. 127ff.

459 Vgl. Probst/Raub/Romhardt (1999), S. 136.

460 Vgl. Pribilla/Reichwald/Goecke (1996), S. 51f.

461 Vgl. Scholer (1998), S. 30.

462 Vgl. Appel (2000), S. 47 sowie Rapaport (1991), S. XIX. Weitere Merkmale von E-Mail finden sich bei Yin (1996), S. 11. Zur Funktionsweise von E-Mail-Programmen vgl. Schwickert (1994), S. 58.

463 Vgl. Appel (2000), S. 48.

464 Vgl. Long (1987), S. 53; McGrath (1990), S. 52 sowie Pribilla/Reichwald/Goecke (1996), S. 56.

Grafiken, Video- oder Audiosequenzen in eine elektronische Botschaft integrieren können.

Weitere Möglichkeiten zur Kommunikationsunterstützung in Teams bieten sich durch **Multimedia-Anlagen** bzw. **Videokonferenzschaltungen** mit Ton-, Video- und Textübertragung, um besonders reichhaltige und subtile Bedeutungsinhalte menschlichen Wissens zu übermitteln.[465] Durch nonverbale Kommunikation ergänzen Videokonferenzsysteme die Ausdrucksmöglichkeiten normaler Telefongespräche und vermitteln so ein umfassendes Bild vom Gesprächspartner sowie von dessen Arbeitsumgebung.[466] Da Videokonferenzen auf einen Ort beschränkt sind, ist ihre Flexibilität im Gebrauch vermindert, da sich die für eine Sitzung benötigten Unterlagen oftmals an den entsprechenden Arbeitsplätzen und nicht in Videokonferenzräumen befinden.[467] Obwohl Videokonferenzen die persönliche Interaktion nicht ersetzen können, sind sie der schriftlichen Kommunikation zwischen Personen überlegen, da mehr Informationen gleichzeitig übermittelt werden können.[468] *Handy* zufolge sind Videokonferenzen erfolgversprechender, wenn sich die kommunizierenden Personen persönlich kennen.[469]

Eine weitere Möglichkeit der Kommunikation über das Internet bietet sich durch das sogenannte **NetMeeting**. Hierbei handelt es sich um ein internetbasiertes Multifunktionsprogramm, das es neben der herkömmlichen Videokonferenz ermöglicht, mit anderen Teilnehmern durch eine zusätzliche Chatfunktion schriftliche Nachrichten auszutauschen.[470]

3.3.3.3 Koordinations- und Kooperationsunterstützung

Die Zusammenarbeit eines Teams wird nach dem Share-Prinzip unterstützt, indem Teammitglieder einen gemeinsamen Datenbestand nutzen und bearbeiten können. Die gemeinsame Nutzung und Bearbeitung von Daten – subsummiert unter dem Begriff Joint-Editing – wird durch die **Schaffung gemeinsamer Informationsräume** durch die Teammitglieder ermöglicht und wandelt bis dato isolierte Arbeitsplätze in „Shared Workspaces" um.[471] Als Anwendungen lassen sich verteilte Hypertext-Systeme, wie das World Wide Web, und besondere Datenbankapplikationen anführen. **Datenbanken**

---

465 Vgl. Davenport/Prusak (1999), S. 54. Zu Video-Konferenzsystemen vgl. Lautz (1995).

466 Vgl. Reif-Mosel (2000), S. 99f.

467 Vgl. Scholer (1998), S. 31.

468 Vgl. Scholer (1998), S. 31 sowie Bronner (1997), S. 87 zum Vergleich von Videokonferenzen mit persönlicher Kommunikation.

469 Vgl. Handy (1995), S. 46.

470 Vgl. Gulich (1998), S. 146f.

471 Vgl. Patrick (1998). Joint-Editing-Systeme stellen im Vergleich zu den traditionellen Datenbankverwaltungssystemen zusätzliche Anforderungen an die Datenverwaltung, so daß sie begrifflich von diesen getrennt werden. Vgl. Teufel et al. (1995), S. 153f.

können große Datenmengen effizient verwalten und ermöglichen verschiedene Sichtweisen auf die gespeicherten Wissensbestände.[472] Für Teamaufgaben bietet sich der Aufbau einer zugriffsgeschützten Projektdatenbank an, auf deren Daten nur autorisierte Teammitglieder zugreifen dürfen.

Viele Unternehmen nutzen mittlerweile die Technologie des WWW zum Aufbau eines **Intranets**. Hierbei werden bestimmte Informationen und Daten auf eigens dafür entwickelten Rechnern abgelegt. Den Mitarbeitern des Unternehmens bietet sich somit die Möglichkeit, zu jeder Zeit auf diese Informationen zugreifen zu können. Leistungsfähige Intranets ermöglichen Recherchen und unterstützen den schnellen Zugriff auf Firmeninformationen (z.B. eine Datenbank mit CAD-Zeichnungen).[473] Für Teams können Bereiche des Internets bzw. des Intranets als Portale zur Verfügung gestellt werden.

Ein **Portal** ist ein virtueller Ort im Internet, auf den mittels eines Browsers zugriffen werden kann.[474] „The idea of a portal is to collect information from different sources and create a single point of access to information – a library of categorized and personalized content."[475] *Koenemann et al.* definieren ausführlicher:

> „Ein Unternehmensportal ist eine Web- oder Intranet- oder Extranet-Site, die unternehmensrelevante Informationen aus verschiedenen, ausgewählten Internet-Quellen, Datenbanken und anderen unternehmensspezifischen digitalen Quellen zusammenfaßt und den Nutzern [...] über einen Standard-Web-Browser oder spezielle Software einen personalisierten Zugang zu diesen Informationen mittels Suche und/oder Navigation von Verzeichnisstrukturen bietet, ergänzt um redaktionelle Inhalte, Funktionalität zur Kommunikation und Informationsverarbeitung." Koenemann/Lindner/Thomas (2000), S. 329.

Mit Hilfe eines Portals können Teammitglieder Informationen finden und gemeinsam nutzen. Die Hauptfunktion eines Portals liegt in der Bereitstellung einer Arbeitsumgebung, in der Wissensinhalte kontextgerecht strukturiert, eine zweckorientierte Verknüpfung von Informationsobjekten angestrebt und eine umfassende Vernetzung von Wissensträgern ermöglicht wird.[476] Portale können den teaminternen Wissenstransfer in Form von speziellen **Projektplattformen** oder **Teamrooms** unterstützen, indem sie von einigen Teammitgliedern generiertes Wissen externen Teamkollegen zur Verfügung stellen und vice versa.

---

472 Vgl. Frank/Schauer (2001), S. 721.

473 Vgl. Probst/Raub/Romhardt (1999), S. 137. Für die Schnittstelle vom Intranet zum Internet muß das Unternehmen bspw. durch eine "Firewall" verhindern, daß vertrauliche Firmeninformationen nach außen gelangen.

474 Eine allgemein anerkannte Begriffsdefinition findet sich in der Literatur nicht.

475 Winkler (2001), S. 2.

476 Vgl. Schmidt (2000), S. 114ff.

Ein Teamroom basiert in der Regel auf einer internet-technologischen Infrastruktur mit einem Browser als Zugangssoftware und dient der teaminternen Kommunikation von Teammitgliedern als Platz zum Ideenaustausch, zur Diskussion sowie zur Erstellung und zur gemeinsamen Nutzung von Dokumenten.[477] Ein Vorteil liegt darin, daß der Teamroom zu unterschiedlichen Zeiten genutzt werden kann und – im Gegensatz zu herkömmlichen Diskussionsdatenbanken – mehr Struktur bietet, da je Teamroom ein Teamleiter bestimmt wird, der feste Kategorien, Meilensteine, Dokumenttypen und Aufgaben für die Mitarbeiter im Team definieren kann.[478] Die Teammitglieder diskutieren ihre Probleme elektronisch, legen ihre Datenbestände zentral im Teamroom ab und lösen ihre Aufgaben gemäß der Vorgaben des Teamleiters innerhalb des Teamrooms.[479]

Zu prüfen ist, welche Kommunikationsmedien innerhalb von Projektteams genutzt werden und wie diese IuK-Technologien auf den Wissenstransfer wirken.

3.4 Fazit zu den Einflußfaktoren auf den teaminternen Wissenstransfer

Ein erfolgreicher Transfer von Wissen innerhalb eines Teams setzt gewisse Rahmenbedingungen voraus, die den ungehinderten Austausch von Wissen zwischen einzelnen Mitarbeitern garantieren: Die Ausgestaltung der teaminternen Organisationsstrukturen und Prozesse sowie das Human Resource Management müssen mit der Informationstechnologie zusammenwirken, um teamintern einen optimalen Transfer von Wissen zu ermöglichen.[480] Abb. 3-7 faßt die wesentlichen Barrieren und deren Überwindungsmöglichkeiten als Fazit der vorangegangenen Kapitel zusammen.

Der im vorherigen Kapitel dargestellte ganzheitliche Ansatz und die daraus folgende Relevanz der drei Einflußbereiche Human Resource Management, Organisation und IuK-Technologie lassen eine Analyse der vermuteten Wirkungen auf den Wissenstransfer erfolgversprechend erscheinen. Somit ergibt sich der folgende auf theoretischen und sachlogischen Überlegungen basierende Bezugsrahmen für die empirische Analyse:

---

477 Vgl. hierzu und im folgenden Schulte (1999), S. 68.

478 Vgl. Schulte (1999), S. 66.

479 Vgl. zu Teamrooms als ‚Collaborative Workspace' Cole/Johnson (1996). Vgl. außerdem Kersten/Kern/Zink (2002). Ein frei zugängliches Beispiel für einen Teamroom ist www.teamspace.de.

480 Vgl. zu einer ähnlichen Auffassung Davenport/Prusak (1999), S. 295ff. sowie Bullinger/Wörner/Prieto (1997), S. 10.

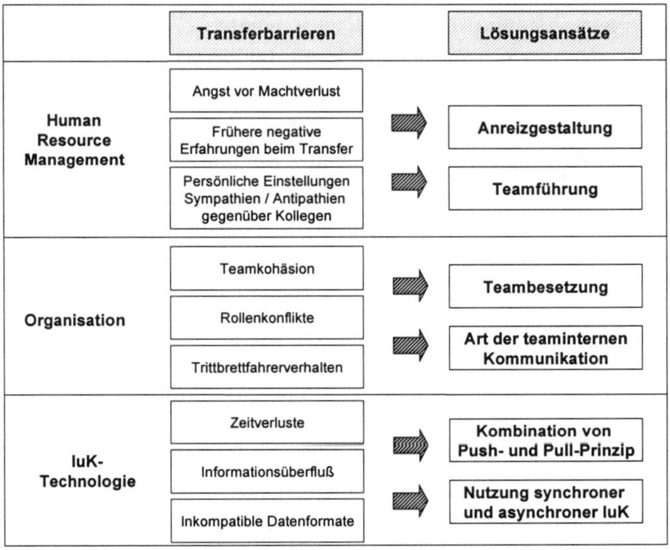

Abb. 3-7: Transferbarrieren und Lösungsansätze der drei Gestaltungsdimensionen

- Aus dem Bereich des **Human Resource Managements** wird der Einfluß von Anreizen sowie der Einfluß der einzelnen Variablen der Mitarbeiterführung im Team, die Art der Zielbildung, Feedback und die Art der Entscheidungsfindung im Hinblick auf die Bereitschaft des individuellen Teammitglieds auf den Wissenstransfer überprüft.

- Aus **organisatorischer Perspektive** ist einerseits die Einflußgröße Teambesetzung mit den Variablen Qualifikation der Teammitglieder, räumliche Distanz und Teamgröße sowie andererseits die Art der teaminternen Kommunikation auf ihren Beitrag zur Förderung der Transferbereitschaft eines Individuums zu analysieren.

- Allerdings sind die organisatorischen Maßnahmen in Verbindung mit Maßnahmen des Human Resource Managements, die die Kommunikationsfähigkeit und -bereitschaft fördern, noch kein Garant dafür, daß Wissen transferiert wird. Zwar können die genannten Kriterien die Entscheidung bzgl. des Wissenstransfers eines Individuums innerhalb des Teams – je nach individueller Position bzw. persönlicher Einstellung – beeinflussen, es muß jedoch zusätzlich eine informationstechnologische Infrastruktur vorhanden sein, die technischen und mitarbeiterseitigen Anforderungen gleichzeitig genügt. Somit wird unterstellt, daß ein reibungsloser Wissensfluß innerhalb eines Teams auch von dem Vorhandensein einer geeigneten **informations- und kommunikationstechnologischen Unterstützung** abhängig ist. Welche Kommunikationsmedien in Projektteams genutzt werden und welchen Einfluß sie auf den teaminternen Wissenstransfer haben, ist im einzelnen zu prüfen.

Abb. 3-8 faßt die als Grundlage der empirischen Untersuchung dienenden Variablen zusammen und ist gleichzeitig Leitfaden für die Konzeption des Fragebogens.

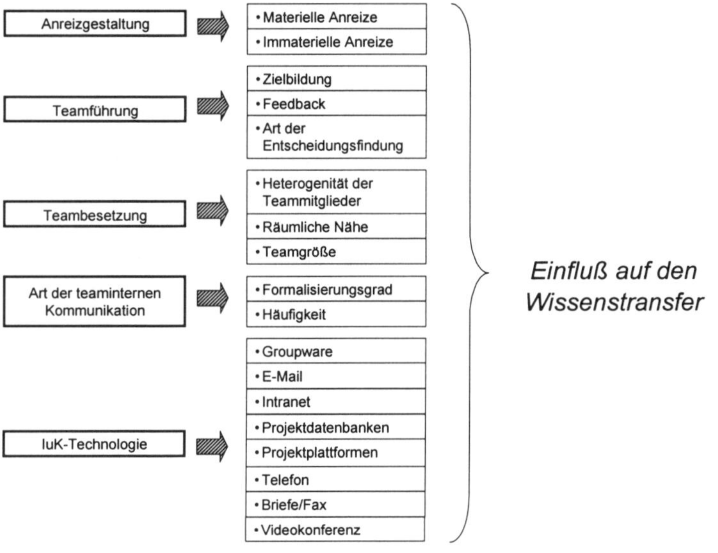

Abb. 3-8: Übersicht über die Einflußfaktoren auf den Wissenstransfer

Es ist zu untersuchen, welche Relevanz die oben beschriebenen Rahmenbedingungen hinsichtlich ihres Einflusses auf den Wissenstransfer innerhalb von Projektteams haben. Insbesondere wird analysiert, inwieweit die genannten Variablen die Bereitschaft des Individuums zum Wissenstransfer beeinflussen.

4 Empirische Analyse

Nachdem in den vorherigen Abschnitten die theoretischen Grundlagen erläutert wurden, haben die folgenden Kapitel die durchgeführte empirische Untersuchung zum Inhalt. Die folgende Beschreibung der methodischen Grundlagen und des Untersuchungsdesigns dient der Interpretation der im Rahmen der empirischen Erhebung gewonnenen Ergebnisse. In diesem Zusammenhang wird in Kapitel 4.1 die Frage der Stichprobengröße und -auswahl geklärt sowie die Erhebungsmethode und die Konzeption des Fragebogens erläutert. Anschließend folgt die Darstellung der wichtigsten deskriptiven Ergebnisse (Kap. 4.2). Kapitel 4.3 hat die verwendeten Auswertungsverfahren zum Inhalt: Da die Untersuchung eine Vielzahl von Einzelvariablen beinhaltet, werden einige dieser Variablen mit Hilfe einer Faktorenanalyse gebündelt. Auf Basis der Faktorenanalyse werden anschließend Regressionsanalysen durchgeführt. Das Kapitel endet mit einer Zusammenfassung der wichtigsten Ergebnisse. Kapitel 5 leitet aus den Analysen Schlußfolgerungen ab und entwickelt Handlungsempfehlungen zur Förderung des teaminternen Wissenstransfers.

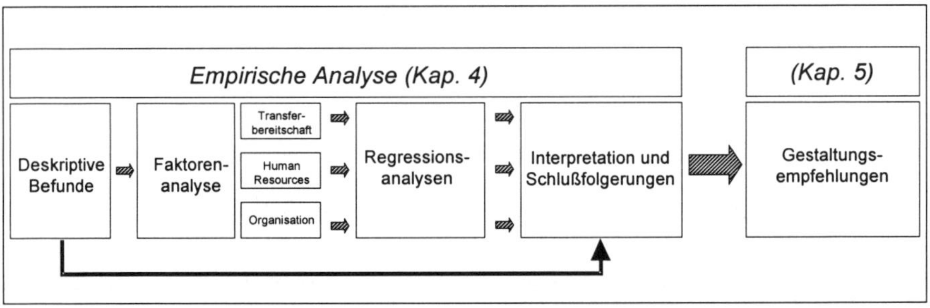

Abb. 4-1: Gang der empirischen Untersuchung

4.1 Methodische Grundlagen der Untersuchung

4.1.1 Auswahl der Stichprobe und Konzeption des Fragebogens

Das zentrale Ziel dieser empirischen Untersuchung ist es, Einflußgrößen auf den internen Wissenstransfer innerhalb von Teams zu identifizieren. Die vorliegende Untersuchung ist explorativer Natur und erlaubt im Rahmen der Stichprobe das Aufzeigen von Strukturzusammenhängen und eine Erklärung von Annahmen. Zwar gibt es keine genauen Richtlinien bzw. Untergrenzen hinsichtlich der Größe der Stichprobe, generell gilt jedoch, daß mit zunehmendem Stichprobenumfang repräsentativere Schlüsse gezogen werden.[481]

Bei der Durchführung der empirischen Untersuchung liegt ein Schwerpunkt auf der Auswahl der geeigneten Unternehmen, die im Interesse einer möglichen Generalisierung der Aussagen einigen Anforderungen genügen müssen, um die notwendige Repräsentativität der Analyse zu gewährleisten. Eine Grundvoraussetzung zur Aufnahme in die Untersuchung stellte das Vorhandensein von Projektteams dar. Zielgruppe der Befragung waren Mitglieder aus Projektteams in Unternehmen der produzierenden Industrie, insbesondere aus der Automobilindustrie, und der Dienstleistungsbranche, stellvertretend aus Beratungsunternehmen, in Deutschland. Es wurden zwei Arten von Unternehmen ausgewählt, deren Mitarbeiter in Projektteams zusammenarbeiten, um die Ausgestaltung des teaminternen Wissenstransfers an zwei verschiedenen Beispielbranchen zu untersuchen.

Die eingesetzten Methoden zur Datenerhebung sind ein wichtiges Element empirischer Untersuchungen. Für die vorliegende Untersuchung stellt die Befragung eine geeignete Erhebungsmethode dar,[482] da sich aus den Ergebnissen einer Breitenbefragung generelle Aussagen ableiten lassen. Zu diesem Zweck wurde auf Basis von Literaturstudien ein standardisierter Fragebogen entwickelt.[483] Der Aufbau des Fragebogens gestaltet sich dabei wie folgt: Die Definition „Projektteam“ ist zur eindeutigen Abgrenzung des Untersuchungsgegenstandes vorangestellt und bezeichnet die Zusammenarbeit von Mitarbeitern im Unternehmen zur Erledigung einer klar abgegrenzten Aufgabe innerhalb eines abgeschlossenen Zeitraums.[484] Die Fragen beziehen sich nur auf ***ein*** – entweder zur Zeit laufendendes oder ein bereits abgeschlossenes – Projekt. Der *erste Teil* des Fragebogens dient der Gewinnung von Informationen über die Ausgestaltung der Teamarbeit im befragten Unternehmen. Einige Kontextfaktoren werden auf diese Art abgefragt, um daraus Rückschlüsse auf das Verhalten beim Wissenstransfer ziehen zu können. Der *zweite Teil* analysiert den Transfererfolg. Dabei besteht die zu untersuchende Größe – der Wissenstransfer – aus verschiedenen Variablen, die basierend auf Literaturstudien und Expertengesprächen abgeleitet und im Fragebogen mit Hilfe von geschlossenen Fragen erhoben wurden. Der *dritte* bis *vierte Teil* fragt die in Kapitel drei beschriebenen Variablen zu den drei Dimensionen Organisation, Human Resource Management und Informations- und

---

481 Vgl. Bortz (1999), S. 125.

482 Vgl. Atteslander (2000), S. 114ff.

483 Vgl. Atteslander (2000), S. 147f. und Bortz (1984), S. 163ff. zu den spezifischen Vor- und Nachteilen von schriftlichen Befragungen. Prinzipiell sollten so viele Personen wie möglich befragt werden, um möglichst repräsentative Aussagen zu erhalten. Vgl. hierzu Bortz (1999), S. 11.

484 Vgl. hierzu Kap. 2.1.2.

Kommunikationstechnologie ab. Die Befragung schließt in *Teil fünf* nach einer Einschätzung hinsichtlich des zukünftigen Transferbedarfs mit allgemeinen Fragen zum Unternehmen. Abb. 4-2 faßt die Themenkomplexe des Fragebogens zusammen.

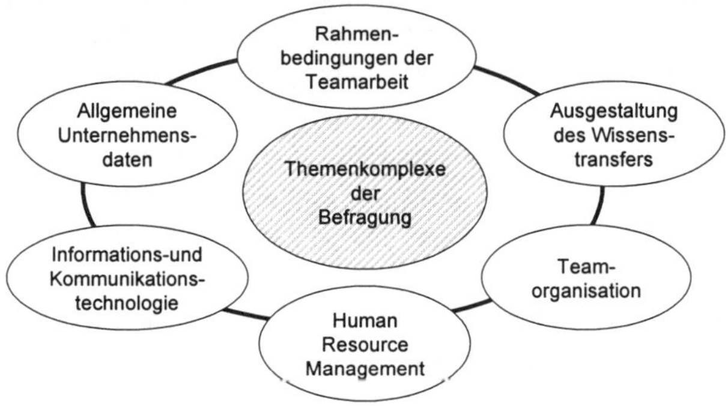

Abb. 4-2: Themenkomplexe der durchgeführten Befragung

Nach Abschluß der Konzeption des Fragebogens wurde schriftlich ein Pretest mit zehn Teammitgliedern durchgeführt.[485] Ziel dieser Erhebung war es, die Verständlichkeit der einzelnen Fragen zu prüfen und die theoretische Brauchbarkeit des Instruments „Fragebogen" hinsichtlich der Dauer der Beantwortung zu testen. In Bezug auf die Länge des Fragebogens zeigte sich eine Beantwortungszeit zwischen fünfzehn und zwanzig Minuten. Die auf Basis dieses Pretests auftretenden Verständnisprobleme wurden durch Umformulierung einzelner Fragen beseitigt.

4.1.2 Durchführung der Untersuchung

Im Rahmen der empirischen Untersuchung von September bis November 2001 wurden 280 Teams in deutschen Unternehmen aus den beiden Branchen produzierendes Gewerbe und Unternehmensberatung schriftlich befragt. Die Erhebung wurde als Zufallsstichprobe mit Hilfe eines standardisierten Fragebogens mit vorgegebenen Antwortalternativen durchgeführt. Die Antworten wurden auf einer siebenstufigen Likert-Skala (1: *trifft nicht zu*, bis 7: *trifft zu* bzw. 1: *niedrige Bedeutung* bis 7: *hohe Bedeutung*) bewertet. Zusätzlich zu den siebenstufigen Skalen wurden weitere metrische Daten erhoben, wie z.B. die Dauer der Projektarbeit oder die Teamgröße. Die Auswertung des Datenmaterials erfolgte mit Hilfe des Tabellenkalkulationsprogramms Excel sowie des Softwarepakets SPSS (*Statistical Package for the Social Sciences*), Version 10.1.

---

485 Zur Fragebogenkonstruktion vgl. Bortz (1984), S. 181ff. sowie Schnell/Hill/Esser (1999), S. 319ff. Zur Durchführung von Pretests vgl. Prüfer/Rexroth (1996), S. 97ff. Im Rahmen des Pretests zeigte sich, daß die Befragten in der Lage waren, auf einer siebenstufigen Skala sinnvoll zu differenzieren.

Insgesamt nahmen 151 Teammitglieder an der Befragung teil. Da alle zurückgesendeten Fragebögen verwertet werden konnten, betrug die Rücklaufquote 54%.

Die Analyse der erhobenen Daten erfolgt in mehreren Schritten, um durch Nutzung verschiedener Analysemethoden Zusammenhänge zu erklären. Basierend auf theoretischen Abhandlungen in der Literatur oder in anderen Forschungsschwerpunkten sollen mit Hilfe der empirischen Untersuchung Zusammenhänge zwischen den erläuterten Einflußfaktoren aus den drei Bereichen Human Resource Management, Organisation und IuK-Technologie und dem teaminternen Wissenstransfer entdeckt bzw. Einflüsse überprüft werden. Hierzu wird die Faktorenanalyse als exploratives Analyseinstrument angewendet.[486] Im Anschluß daran werden die identifizierten Einflußfaktoren aus den drei oben genannten Bereichen auf ihren Zusammenhang mit dem Wissenstransfer analysiert. Dies geschieht mit Hilfe der Regressionsanalyse, auf die in Kapitel 4.3.1.3 detaillierter eingegangen wird. Aus den empirischen Ergebnissen werden abschließend Hinweise für die Ausgestaltung des teaminternen Wissenstransfers abgeleitet, insbesondere im Hinblick auf die Beeinflussung der Transferbereitschaft des einzelnen Teammitglieds. Zunächst folgt jedoch eine Darstellung der wichtigsten deskriptiven Ergebnisse der Befragung zum Wissenstransfer, bevor in Kap. 4.3 auf die einzelnen Schritte der Analyse eingegangen wird.

486 Vgl. Backhaus et al. (2000), S. 320.

4.2 Deskriptive Befunde zum teaminternen Wissenstransfer

4.2.1 Beschreibung der Stichprobe

Eine kurze Charakterisierung der Stichprobe soll die richtige Einordnung der nachfolgenden Ergebnisse erleichtern. Die Stichprobe verteilt sich zu annähernd gleichen Teilen auf Teammitglieder aus Unternehmen des produzierenden Gewerbes (46%) und Beratungsunternehmen (54%). Tab. 4-1 gibt eine kurze Beschreibung der wichtigsten allgemeinen Unternehmensdaten und deren Ausprägungen in der Erhebung wieder. Bei der Diskussion der deskriptiven Ergebnisse wird nach den beiden Branchen Beratung und Produktion unterschieden.[487]

Charakteristika	**Ausprägung in der vorliegenden Untersuchung** (n=151)			
Teamgröße[488] (Personen)	2 bis 3 7%	4 bis 7 46%	8 bis 12 31%	≥ 13 16%
Teambesetzung	funktional 43%		multifunktional / interdisziplinär 57%	
	nationale Teambesetzung 66%		internationale Teambesetzung 34%	
Branche	Beratungsunternehmen 54%		Produzierendes Gewerbe 46%	

Tab. 4-1: Charakteristika der Stichprobe

In der Gesamtbetrachtung schwankt die Zahl der Teammitglieder zwischen zwei und 50 Personen. Die Teams der Gesamtstichprobe weisen eine durchschnittliche Größe von 8,6 Mitgliedern auf. Abb. 4-3 verdeutlicht die Verteilung der Teamgröße der beiden betrachteten Branchen im Vergleich. In der Beratung haben die Teams durchschnittlich 8,1 Mitglieder, in den Teams der produzierenden Industrie liegt die durchschnittliche Teamstärke bei 9,2 Personen.[489] Wie in Abb. 4-3 zu sehen ist, antworteten in den befragten Projektteams mehrheitlich Mitglieder aus kleineren Teams: 78% der Teams in den Beratungsunternehmen und 77% in der produzierenden Industrie haben zwischen

---

[487] Die Ergebnisse basieren auf einem Mittelwertvergleich mit Hilfe eines T-Tests der zwei unabhängigen Stichproben.

[488] Zwar wurde die Untergrenze eines Projektteams in Kap. 2.1.2 mit drei Mitgliedern festgelegt, zur vollständigen Darstellung der Stichprobe werden an dieser Stelle jedoch die angegebenen Mitgliederzahlen wiedergegeben.

[489] Der durchgeführte T-Test für die Mittelwertgleichheit ergab keinen signifikanten Unterschied. 2-seitige Signifikanz: Beratung = 0,286 bzw. produzierende Industrie = 0,292.

zwei und zehn Mitarbeiter in einem Team. Diese Zahlen spiegeln die Auffassungen in der Literatur wider, die die optimale Größe eines Teams mit einer Mitgliederzahl zwischen drei und neun Personen empfehlen.[490]

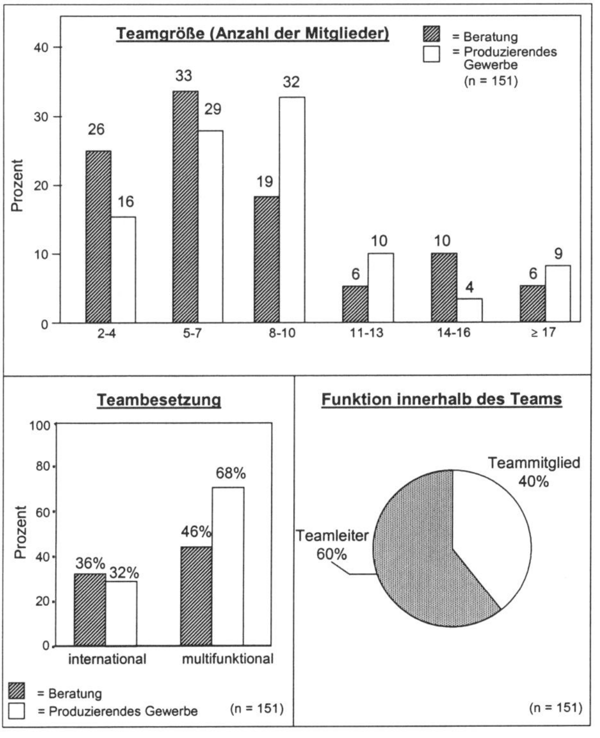

Abb. 4-3: Charakterisierung der Stichprobe

Bei Betrachtung der Teambesetzung wird deutlich, daß lediglich ein Drittel der Teams international besetzt sind. Mit 64% in Beratungsunternehmen und 68% in den Unternehmen des produzierenden Gewerbes setzen sich die Teams überwiegend aus nationalen Mitarbeitern zusammen. Darüber hinaus erfolgt die Teambesetzung mehrheitlich multifunktional: In den Beratungsunternehmen stammen 46% der Teammitglieder aus verschiedenen Funktionsbereichen, in der produzierenden Industrie sogar 68%.[491] Bezüglich der Position der befragten Personen innerhalb ihres Teams stellte sich heraus, daß der Anteil der Personen mit Führungsfunktion in beiden

---

490 Vgl. stellvertretend Högl (1998), S. 10f.

491 Dabei wurde keine Unterscheidung in Einsatzbereiche der Teams vorgenommen, z.B. Entwicklung, Produktion oder Konstruktion. Vgl. hierzu auch Kap. 2.1.2.

Branchen stärker vertreten war: Aus der Beratungsbranche gaben 59% an, Leiter des Teams zu sein, in der produzierenden Industrie sogar 62%.[492]

Abb. 4-4 verdeutlicht, daß sich der Zeithorizont der Projekte bei den befragten Teammitgliedern in zwei große Anteile gliedert: Zum einen arbeiten die Teams eher mittelfristig, d.h. zwischen drei und sechs Monaten, zusammen (Beratung: 39%; produzierendes Gewerbe: 23%). In der produzierenden Industrie gaben 43% der Befragten an, länger als ein Jahr im selben Team zu arbeiten. Vergleichsweise sind dies in der Beratung nur 15%. Das läßt darauf schließen, daß das Verständnis von Projektarbeit in beiden Branchen im Hinblick auf die Dauer der Zusammenarbeit variiert. In der Unternehmensberatung arbeiten nur ca. ein Drittel der Befragten länger als sechs Monate in einem Projektteam zusammen. Ein Grund mag darin liegen, daß Kunden von Unternehmensberatungen innerhalb kurzer Zeiträume konkrete Ergebnisse erwarten und Beratungsprojekte folglich inhaltlich stärker spezialisiert bzw. enger gefaßt sind, damit sie relativ zügig abgewickelt werden können.

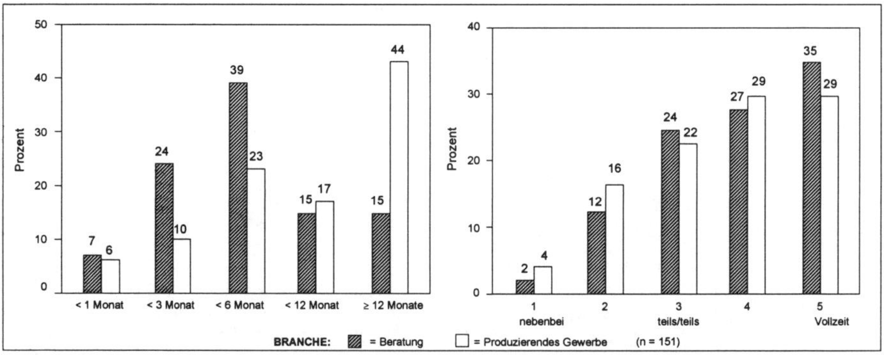

Abb. 4-4: Dauer und Intensität der Zusammenarbeit im Team

Die Mehrheit der Befragten ist Vollzeit in Projekten beschäftigt: 62% der Mitglieder in Beratungsteams bzw. 58% der Teammitglieder im produzierenden Gewerbe.[493] Der Anteil derjenigen, die neben dem eigentlichen Tagesgeschäft in einem Projekt mitarbeiten, ist in beiden Branchen relativ niedrig (14% in Beratungsunternehmen bzw. 20% im produzierenden Gewerbe).

[492] Obwohl unter den Befragten sowohl Teammitglieder als auch Teamleiter sind, ergaben sich insgesamt keine signifikant abweichenden Ergebnisse in der Einschätzung der zwei Gruppen.

[493] Aggregation der Antworten 4 und 5.

Im Hinblick auf regelmäßige Sitzungen des Projektteams ergab die Untersuchung, daß sich ca. 40% der befragten Teammitglieder einmal pro Woche zu einer offiziellen Teamsitzung treffen, vgl. Abb. 4-5.

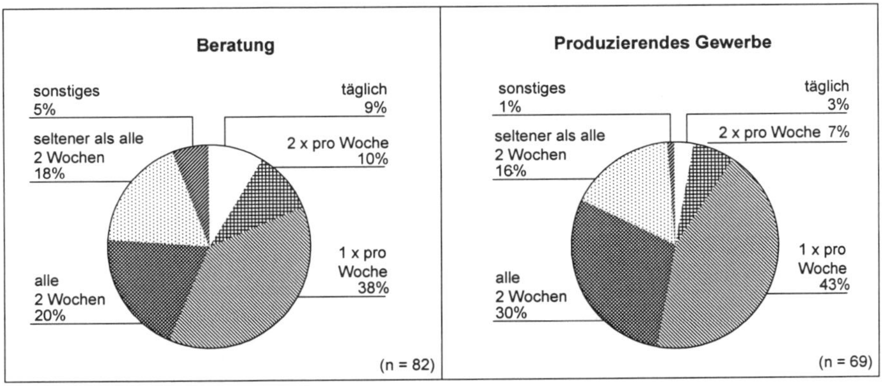

Abb. 4-5: Häufigkeit von Teammeetings

Immerhin kommen 30% der Teams in der produzierenden Industrie und 20% der Beraterteams noch in einem Zwei-Wochen-Rhythmus zusammen. Durchschnittlich 17% der Gesamtstichprobe führen sogar seltener als alle zwei Wochen Teamsitzungen durch. Abb. 4-5 zeigt, daß sich die Teams in der Beratungsbranche generell häufiger treffen als die Teams in der produzierenden Industrie, was sich dadurch erklären läßt, daß die Projektteams in den Beratungsunternehmen in der Regel gemeinsam beim Kunden vor Ort sind und daher terminlich und räumlich gebündelt arbeiten. Ein weiterer Grund ist darin zu sehen, daß Projekte in der Beratungsbranche häufig eine kürzere Projektlaufzeit haben, so daß die Teams in der Beratung nicht selten einem höheren Zeitdruck ausgesetzt sind als die Teams in der produzierenden Industrie.

Die Intensität des Wissenstransfers läßt sich durch die Häufigkeit und Dauer von Teamsitzungen bzw. die Häufigkeit der Kontakte der Teammitglieder charakterisieren.[494] Eine Analyse zwischen der Häufigkeit der Teamsitzungen und der Einschätzung des Wissenstransfers und der teaminternen Kommunikationssituation bestätigte, daß sich die Häufigkeit der Teammeetings positiv auf den Wissenstransfer auswirkt.[495]

---

494 Vgl. North/Romhardt/Probst (2000), S. 38.

495 Vgl. hierzu Anhang A.6.

4.2.2 Ausgestaltung des Wissenstransfers in den untersuchten Teams

Im folgenden werden die deskriptiven Ergebnisse zum Ablauf des Wissenstransfers in den befragten Projektteams dargestellt. Insgesamt gesehen wurde der Wissenstransfer innerhalb des Teams von den befragten Teammitgliedern in der Beratungsbranche und in der produzierenden Industrie positiv eingeschätzt (vgl. Abb. 4-6).

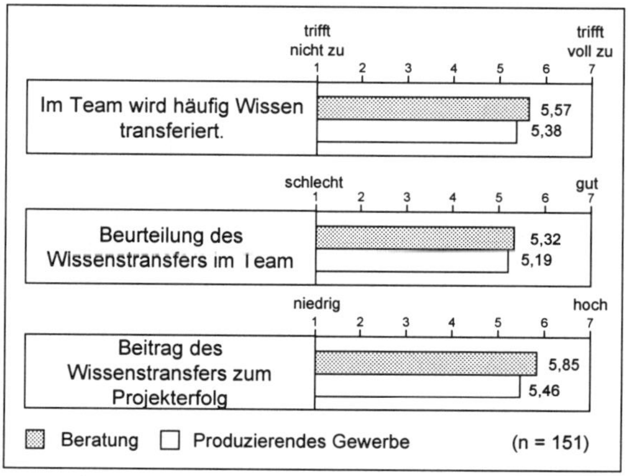

Abb. 4-6: Einschätzung des Wissenstransfers innerhalb der betrachteten Teams

Die Mittelwerte verdeutlichen, daß sowohl in den Beratungsunternehmen als auch im produzierenden Gewerbe innerhalb der Teams Wissen ausgetauscht wird (M=5,57 bzw. M=5,38). Die Teammitglieder in beiden Branchen beurteilen den Wissenstransfer innerhalb ihres Teams als relativ gut. Darüber hinaus sind die Befragten der Ansicht, daß der Transfer von Wissen einen recht hohen Beitrag zum Erfolg ihrer zu bearbeitenden Projekte leistet (M=5,85 bzw. M=5,46).

Wie sich der Wissenstransfer im Team gestaltet, wurde mit Hilfe verschiedener Einzelfragen analysiert, deren Ergebnisse in Abb. 4-7 anhand der Häufigkeitsverteilungen bei der Beratung und der produzierenden Industrie dargestellt werden. Die Befragten gaben an, entsprechende Anfragen von Kollegen in der Regel sofort zu beantworten (M=6,38 bzw. M=6,58). Die direkte Weitergabe von Wissen an einen Kollegen schätzten die Teammitglieder beider Branchen als sehr wichtig ein (M=6,09 bzw. M=6,38). Im Hinblick auf den Umfang der übermittelten Informationen bestätigten die Befragten, daß sie nicht nur die nachgefragten Informationen an ihre Teamkollegen übermitteln, sondern alle Informationen, die zum Weiterarbeiten benötigt werden (M=6,02 bzw. M=6,42).[496] Diese

[496] Dieses Ergebnis ist sehr signifikant (s=0.012 bzw. s=0.011).

Angaben unterstreichen das Ergebnis, daß innerhalb der befragten Teams der Wissenstransfer gut funktioniert.

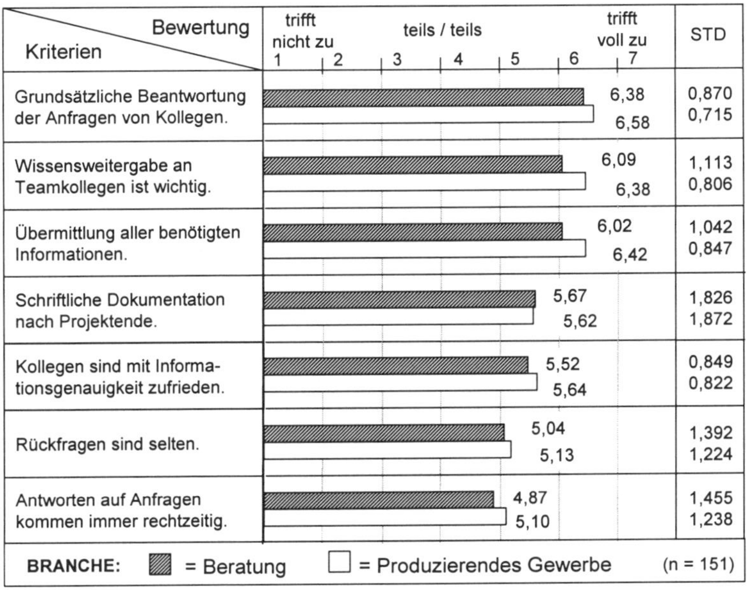

Abb. 4-7: Ergebnisse des Wissensaustausches im Team

Weiterhin gaben die Befragten mehrheitlich an, Projektergebnisse schriftlich zu dokumentieren (M=5,67 bzw. M=5,62), um das erarbeitete Wissen zu explizieren und anschließend zu archivieren.

Obwohl es das Hauptziel des Wissenstransfers ist, das richtige Wissen zum richtigen Zeitpunkt an den entsprechenden Ort bzw. zum Wissensnachfrager zu bringen,[497] ergab die Befragung der Teammitglieder beider Branchen, daß Antworten auf Anfragen nicht immer rechtzeitig eintreffen (M=4,87 bzw. M=5,10). Für dieses Ergebnis läßt sich als Begründung anführen, daß der Transfer von Wissen einen hohen Zeitbedarf mit sich bringt, da der Sender das benötigte Wissen zuvor explizieren bzw. dokumentieren muß, bevor er es dem Wissensnachfrager zukommen lassen kann. Dieser Zeitbedarf kollidiert häufig mit der eigentlichen Aufgabe im Projekt und führt so zu Verzögerungen.

Die Ergebnisse der Analyse der Transfergeschwindigkeit bzw. des zeitlichen Bedarfs des Wissenstransfers in den befragten Teams stellt Abb. 4-8 dar.

---

497 Vgl. Lullies/Bollinger/Weltz (1993), S. 20 sowie Marquardt/Herstatt/Dombach (1999), S. 176.

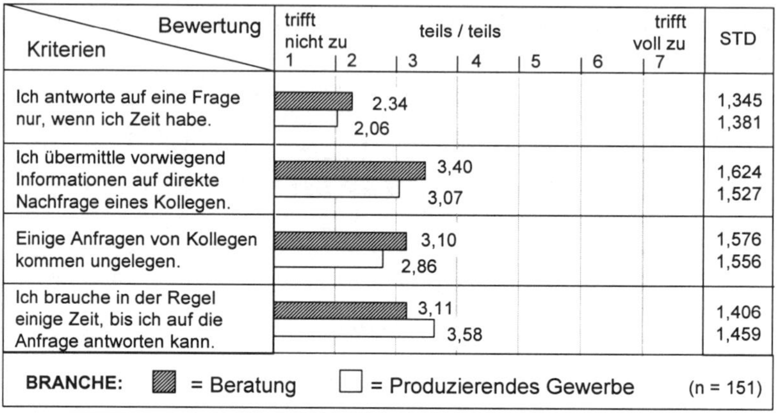

Abb. 4-8: Zeit für den teaminternen Wissenstransfer

Anfragen von Kollegen werden nach Einschätzung der befragten Mitarbeiter nicht nur dann beantwortet, wenn der Wissensträger Zeit zur Beantwortung hat, sondern generell (M=2,34 in der Beratung bzw. M=2,06 in der Produktion), was auf ein sehr gutes Verhältnis der Teamkollegen untereinander schließen läßt. Damit einher geht die Tatsache, daß Informationen nicht nur auf konkrete Nachfrage hin übermittelt werden (M=3,40 bzw. M=3,07), sondern auch solche Informationen transferiert werden, die lediglich dem Wissenssender wichtig erscheinen. Die These, daß einige Anfragen von Kollegen ungelegen kommen, trifft für die Befragten eher nicht zu (M=3,10 bzw. M=2,86), so daß sich für den untersuchten Wissenstransfer innerhalb der Stichprobe insgesamt ergab, daß Anfragen relativ zügig beantwortet werden (M=3,11 bzw. M=3,58). Demzufolge kann geschlußfolgert werden, daß der Transfer zwischen Wissenssender und Wissensnachfrager in den befragten Teams unmittelbar vonstatten geht.

Als weitere Voraussetzung für einen optimalen Wissenstransfer muß dem Wissenssender bzw. -empfänger der aktuelle Wissensbestand seines Gegenüber bekannt sein, so daß der jeweilige Transferpartner eine Vorstellung davon hat, was der andere bereits weiß und welche zusätzlichen Informationen noch übermittelt werden müssen. Die Resultate der Frage nach dem gegenseitigen Empfinden von Genauigkeit und Umfang der übertragenen Informationen sowie der Häufigkeit von Rückfragen zeigt Abb. 4-9. Sowohl in den Teams der Beratungsunternehmen als auch in den Teams des produzierenden Gewerbes sind die nachfragenden Kollegen mit der Genauigkeit der Informationen größtenteils zufrieden (M=4,89 bzw. M=5,42). Im Regelfall stellen die Wissensempfänger die Informationsgenauigkeit ihrer Kollegen nicht in Frage, so daß die Wissenssender den Genauigkeitsgrad ihrer übermittelten Informationen selbst als relativ hoch einschätzen (M=5,52 bzw. M=5,64). Im Hinblick auf den Umfang der Informationen gaben die Wissenssender mehrheitlich an, daß alle Informationen, die die Kollegen zum Weiterarbeiten benötigen, übermittelt werden (M=6,02 bzw. M=6,42). Diese Schlußfolgerung deckt sich mit den Aussagen der Wissensnachfrager beider Branchen, denen der Umfang der erhaltenen Informationen ebenfalls als ausreichend erscheint (M=5,16 bzw. M=5,75).

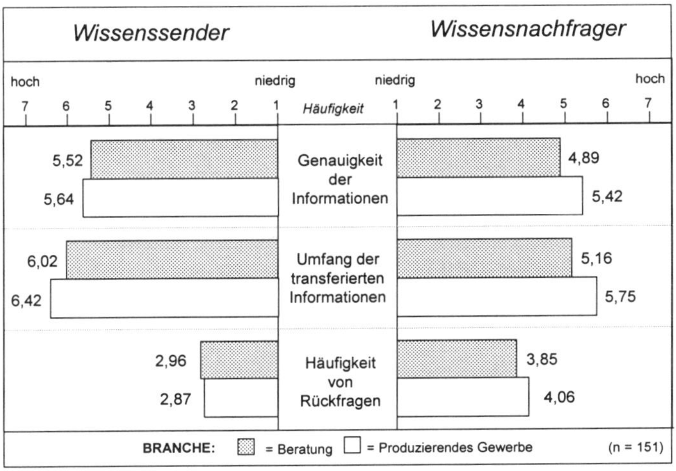

Abb. 4-9: Einschätzung des Wissenstransfers aus Sicht von Sender und Nachfrager

Die Frage nach dem Auftreten von Rückfragen nach erfolgtem Wissenstransfer ergab, daß die Häufigkeit von Rückfragen für selbst „gesendetes" Wissen als relativ niedrig eingeschätzt wird. Dabei gaben die Wissenssender an, daß bei ihnen eher selten zusätzliche Nachfragen zu den transferierten Informationen gestellt werden (M=2,96 bzw. M=2,87). Aus Sicht der Wissensnachfrager werden jedoch in vergleichsweise höherem Umfang Rückfragen gestellt. Hierbei zeigte sich bei der Betrachtung der Teams beider Branchen, daß in der Produktion (M=4,06) Rückfragen etwas häufiger auftreten als bei den befragten Teammitgliedern in den Beratungsunternehmen (M=3,85).

Generell bestätigt die Gegenüberstellung der Einschätzung von Wissenssender und Wissensnachfrager das Ergebnis, daß in den befragten Teams häufig Wissen transferiert wird und daß dieser Transfer überwiegend positiv beurteilt wird.

4.2.3 Deskriptive Ergebnisse zum teaminternen Wissenstransfer

4.2.3.1 Einfluß des Human Resource Managements

Die Ergebnisse aus dem Bereich Human Resource Management werden getrennt nach der Rolle von materiellen und immateriellen Anreizen und nach der Ausgestaltung der Mitarbeiterführung innerhalb des Teams diskutiert.

Vor dem Hintergrund der Zielsetzung dieser Arbeit, Einflußfaktoren auf die Bereitschaft zum Wissenstransfer zu identifizieren, wird zur Interpretation der Ergebnisse auf die im theoretischen Bezugsrahmen hergeleitete Unterteilung in materielle und immaterielle Anreize zurückgegriffen. Abb. 4-10 stellt die Häufigkeiten der Vergabe von materiellen und immateriellen Anreizen für den Transfer von Wissen in den betrachteten Projektteams gegenüber.

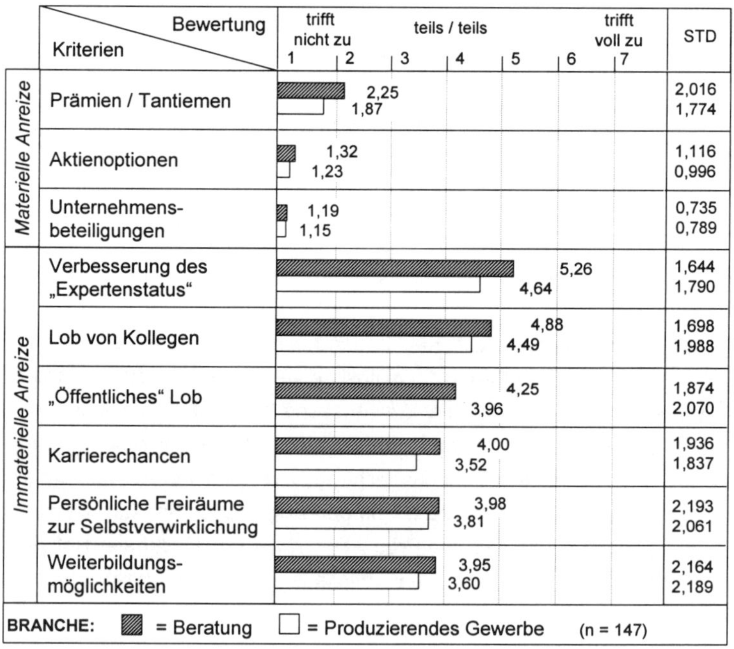

Abb. 4-10: Häufigkeit der Anreizvergabe für den Transfer von Wissen

Dabei wird deutlich, daß den Teammitgliedern für den Transfer von Wissen überwiegend immaterielle Anreize in Aussicht gestellt werden. Bei den seltenen materiellen Anreizen dominiert die Vergabe von Prämien bzw. Tantiemen (M=2,25 in den Teams der Beratungsunternehmen und M=1,87 in den Teams der produzierenden Industrie).

Die Anreize Aktienoptionen und Unternehmensbeteiligungen spielen in den befragten Teams beider Branchen nahezu keine Rolle.

Die Vergabe immaterieller Anreize hingegen ist stärker ausgeprägt: Hauptsächlich bestätigten die befragten Teammitglieder die Verbesserung ihres Expertenstatus als angebotenen Anreiz (M=5,26 in den Beratungsteams bzw. M=4,64 in den produzierenden Unternehmen). Ähnlich hohe Ergebnisse ergab die Frage nach lobenden Anerkennungen durch Kollegen: Bei den befragten Teammitgliedern der Beratungsbranche lag der Mittelwert bei M=4,88 und in den Unternehmen der produzierenden Industrie bei M=4,49. Die Frage nach öffentlichem Lob als Anreiz ergab Mittelwerte von M=4,25 in den Beratungsteams und M=3,96 in den Teams des produzierenden Gewerbes. Dieses Ergebnis deckt sich mit der im theoretischen Bezugsrahmen diskutierten These, daß sich Anerkennung und positives Feedback über die erbrachten Leistungen positiv auf die Individualmotivation auswirken können. Die Existenz der immateriellen Anreize Karrierechancen, Gewährung persönlicher Freiräume und Weiterbildungsmöglichkeiten bestätigten die Befragten nur teilweise (vgl. Abb. 4-10). Interessanter Weise ergab die Analyse der Anreize in den Teams der Beratungsbranche durchgängig höhere Mittelwerte. Der Einsatz von Anreizen zur Förderung des Wissenstransfers ist in der Beratungsbranche demzufolge weiter verbreitet als in der produzierenden Industrie.[498]

Die Analyse nach der Häufigkeit der Vergabe der materiellen Anreize verdeutlichte, daß lediglich 21% der Beratungsunternehmen und 12% der Unternehmen im produzierenden Gewerbe materielle Anreize für den Transfer von Wissen vergeben. Obwohl finanziellen Anreizen in der Literatur eine große Wirkung beigemessen wird, scheint diese Anreizart von den befragten Unternehmen kaum eingesetzt zu werden, bzw. die Anreize werden von den Teammitgliedern als solche nicht wahrgenommen. Da ein meßbarer Grad der Zielerreichung eine wichtige Voraussetzung für die Vergabe sowohl von materiellen als auch von immateriellen Anreizen ist, muß bezogen auf den Wissenstransfer das Ergebnis des Transfers – bspw. im Sinne des Projekterfolges – quantifizierbar sein.[499] Diese Prämisse wird in Kap. 4.3.2.5 ausführlicher diskutiert. Festzuhalten ist, daß in den Teams der Stichprobe für den Transfer von Wissen überwiegend immaterielle Anreize vergeben werden.

Im Hinblick auf die Mitarbeiterführung in den befragten Teams zeigten sich unterschiedliche Ergebnisse. Abb. 4-11 gibt die Verteilung der Häufigkeiten in den zwei Branchen

[498] Eine vertiefte Analyse der Anreizvergabe aus Sicht der Teammitglieder und der Teamleiter zeigte höhere Häufigkeiten bei den befragten Teamleitern und führt somit zu dem Ergebnis, daß die existierenden Anreizsysteme eher auf die Teamleiter abzielen.

[499] Vgl. zu dieser Problematik der Operationalisierbarkeit des Wissenstransfers Kap. 4.3.2.5.

wieder. Die Befragten aus den beiden Branchen äußerten sich ähnlich bzgl. der Führung von **offenen und gleichberechtigten Diskussionen** innerhalb ihrer Teams.

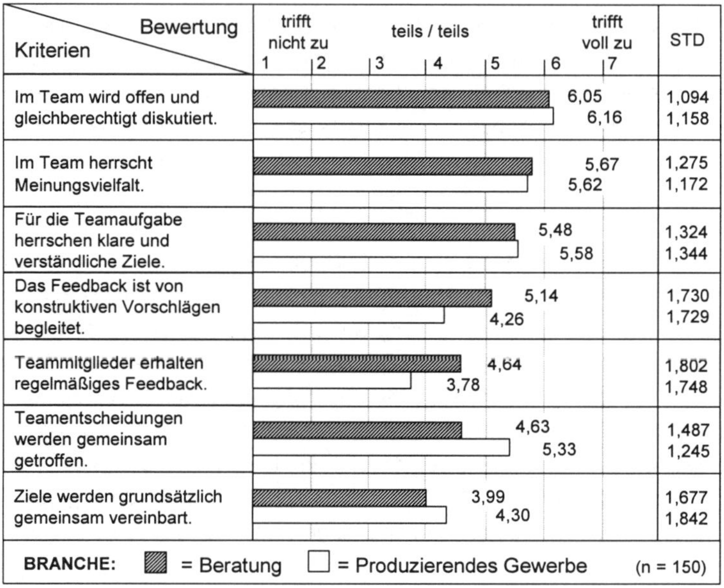

Abb. 4-11: Ergebnisse der Mitarbeiterführung im Team

Demzufolge wird innerhalb der befragten Teams sowohl in der Beratung (M=6,05) als auch in der produzierenden Industrie (M=6,16) mehrheitlich offen und gleichberechtigt diskutiert. Von den Mitgliedern in den Teams beider Branchen wurde bestätigt, daß innerhalb ihres Teams überwiegend **Meinungsvielfalt** herrscht (M=5,67 bzw. M=5,62). Die in Abb. 4-12 dargestellten Einschätzungen von Teammitgliedern und Teamleitern unterstreichen diese Ergebnisse.

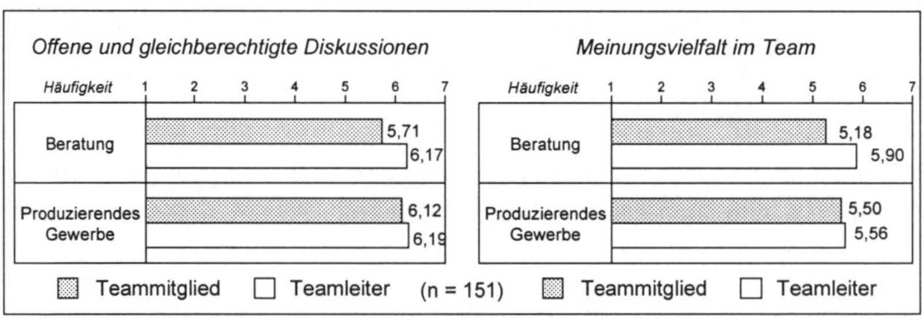

Abb. 4-12: Einschätzung von Teammitgliedern und Teamleitern

Bezüglich der Frage nach dem Erhalt von **Feedback**, z.B. durch den Vorgesetzten oder die Teamkollegen, gaben die Teammitglieder in der Beratung eher an, regelmäßig Feedback über ihre Leistungen zu erhalten (M=4,64) als die Teammitglieder in der produzierenden Industrie (M=3,78). Darüber hinaus wird das Feedback nach Einschätzung der Befragten in der Beratung eher von konstruktiven Vorschlägen begleitet als in den Teams der produzierenden Industrie (M=5,14 bzw. M=4,26). Abb. 4-13 verdeutlicht die Unterschiede in der Einschätzung des Feedbacks aus Sicht der Teammitglieder und der Teamleiter. Interessant ist an dieser Stelle zu sehen, daß in den Teams der Unternehmensberatung die Teamleiter eher der Meinung sind, daß sie ein regelmäßiges Feedback bekommen (M=5,00) als in den Teams der produzierenden Industrie (M=3,51), und daß dieses Feedback von konstruktiven Vorschlägen begleitet ist (M=5,65 in den Teams der Beratungsbranche gegenüber M=4,26 in den Teams der produzierenden Industrie).

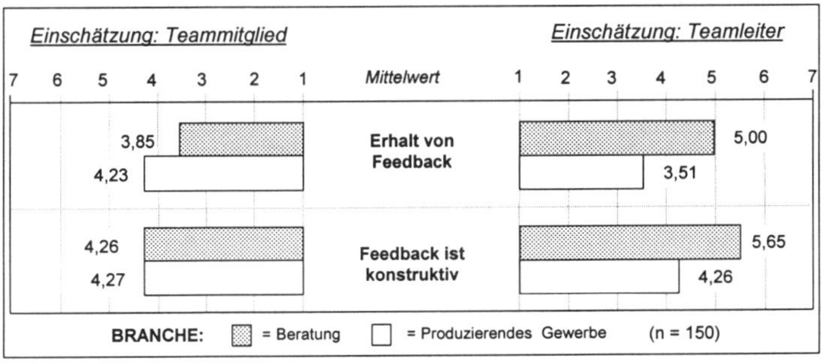

Abb. 4-13: Unterschiedliche Einschätzung des Feedback

Ebenfalls auffällig ist, daß die Teammitglieder in der produzierenden Industrie den Erhalt von Feedback ein wenig höher einschätzen (M=4,23) als die Teamleiter (M=3,51). Die vergleichende Auswertung von Teammitgliedern und Teamleitern spiegelt in der Beratung ein unterschiedliches Rollenverständnis der Teamleiter wider. Die Teamleiter von Beratungsteams gaben im Gegensatz zu den Teammitgliedern häufiger an, Feedback zu erhalten. Interessanterweise bewerteten von den Befragten in der produzierenden Industrie die Teammitglieder den Erhalt von Feedback höher als die Teamleiter.

Die **Art der Entscheidungsfindung** wird in den betrachteten Teams unterschiedlich eingeschätzt. Während die Teammitglieder der produzierenden Industrie eher zustimmten, daß Teamentscheidungen gemeinsam gefällt werden (M=5,33), treffen die

Beratungsteams Entscheidungen nur teilweise gemeinsam (M=4,63).[500] Ähnliche Angaben wurden bei der Frage nach Zielvereinbarungen im Team getroffen. Zwar sind die existierenden **Teamziele** für die Mehrheit der Befragten klar und verständlich (M=5,48 bzw. M=5,58). Jedoch existieren in den Teams der Stichprobe Unterschiede hinsichtlich der Art der Zielvereinbarung: Nicht alle Befragten bestätigten, daß die Teamziele gemeinsam mit Teamleitern und Teamkollegen vereinbart werden (M=3,99 bzw. M=4,30). Abb. 4-14 zeigt die Unterschiede in der Einschätzung aus Sicht der Teammitglieder und der Teamleiter beider Branchen auf. In den Beratungsteams ergab sich ein höherer Mittelwert bei der Einschätzung der gemeinsamen Zielbildung durch die Teamleiter (M=4,21). Aus der Abbildung wird weiterhin deutlich, daß Ziele eher in der produzierenden Industrie gemeinsam vereinbart werden als in der Beratungsbranche. Hieraus läßt sich schlußfolgern, daß das Konzept der Zielvereinbarungen (MbO) in der produzierenden Industrie in vielen Fällen angewendet wird. In der Beratung hingegen werden Projekte und demzufolge auch die Projektziele häufig vom Kunden, d.h. von außen vorgegeben, so daß von einer Zielfindung durch das Team im Sinne der Projektfragestellung im Regelfall nicht gesprochen werden kann.

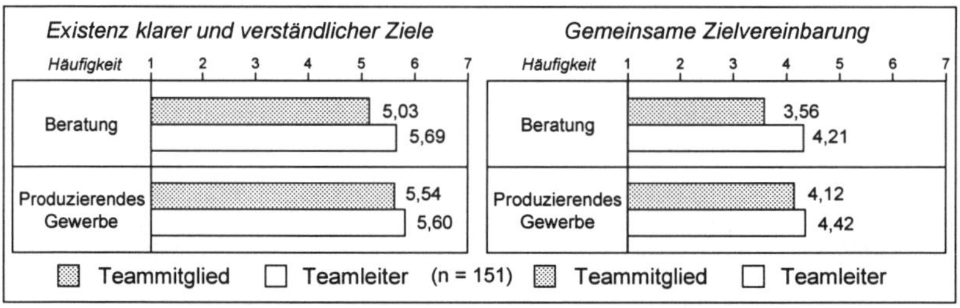

Abb. 4-14: Einschätzung von Teammitgliedern und Teamleitern

4.2.3.2 Einfluß der Teamorganisation

Gegenstand der Befragung aus dem Bereich der organisatorischen Strukturvariablen waren die Bereiche Teambesetzung und Art der teaminternen Kommunikation. Wie Abb. 4-15 verdeutlicht, stammen die Teammitglieder aus unterschiedlichen Funktionsbereichen (M=4,55 bzw. M=5,62), wobei sich die befragten Teams der produzierenden Industrie mehrheitlich interdisziplinär zusammensetzen. In diesem Zusammenhang stimmten die Teammitglieder beider Branchen der Aussage zu, daß sie ihre Teamkollegen als fachlich kompetent ansehen (M=5,63 bzw. M=5,68).

---

500 Die Analyse der Antworten getrennt nach Teamleitern und Teammitgliedern bestätigte dieses Ergebnis.

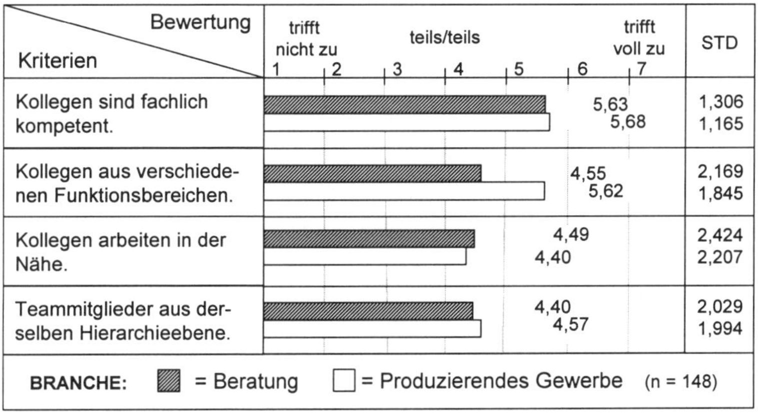

Abb. 4-15: Ergebnisse der teamorganisatorischen Strukturvariablen

Bei den Teams aus dem produzierenden Gewerbe trifft es eher zu, daß die Teams im Hinblick auf die Unterschiedlichkeit der Funktionsbereiche heterogener zusammengesetzt sind. In der produzierenden Industrie werden Projekte eher funktionsübergreifend abgewickelt als in der Beratung. Die Vermutung, daß die Teammitglieder beider Branchen aus derselben Hierarchieebene stammen, bestätigte sich jedoch nur teilweise (M=4,40 in der Beratung bzw. M=4,57 in der Produktion).[501]

Die Befragten gaben an, daß die Teamkollegen weitestgehend (70%) in unmittelbarer Nähe sitzen, so daß sie persönlich erreichbar sind (M=4,49 bzw. M=4,40).[502] Wie bereits im theoretischen Teil dieser Arbeit erläutert, ist die räumliche Nähe der Teammitglieder eine wichtige Voraussetzung für den Transfer von Wissen, da sie die persönliche Kommunikation der Mitarbeiter untereinander fördert.[503]

Die Analyse der Art der teaminternen Kommunikation (vgl. Abb. 4-16) verdeutlicht, daß die Teamkommunikation in den Projektteams der produzierenden Industrie eher im Rahmen von Teamsitzungen erfolgt als in den Teams der Unternehmensberatung (M=5,32 in der Produktion gegenüber M=4,75 in der Beratung). Allerdings stimmten die Befragten beider Branchen mehrheitlich zu, daß auch außerhalb der regelmäßigen Teammeetings mit Kollegen kommuniziert wird (M=6,39 bzw. M=6,48). Teilweise erfolgt die Kommunikation hierbei spontan beim Mittagessen oder in sog. Kaffee-Ecken (M=4,91 bzw. M=4,20).

---

501 Inwieweit durch diese eher heterogene Teamzusammensetzung der Wissenstransfer gefördert oder gehemmt wird, ist Gegenstand der nachfolgenden Analysen in Kap. 4.3.3.3.

502 Vgl. ausführlicher zur räumlichen Distanz Kap. 4.3.3.1.

503 Vgl. Kap. 3.2.3.2.

Die Analyse der Kommunikationsstruktur im Hinblick auf eine direkte Kommunikation zwischen den Teammitgliedern oder ein eher indirektes Kommunikationsverhalten durch Einschalten eines Kommunikationsmittlers ergab, daß in den befragten Teams nur teilweise ein Vermittler die teaminterne Kommunikation lenkt (M=3,61 bzw. M=3,96). Wie bereits die Untersuchung des offenen Meinungsaustausches gezeigt hat,[504] bestätigte die Analyse der Art der teaminternen Kommunikationsstruktur, daß alle Teammitglieder der Stichprobe gleichberechtigt miteinander kommunizieren dürfen.[505]

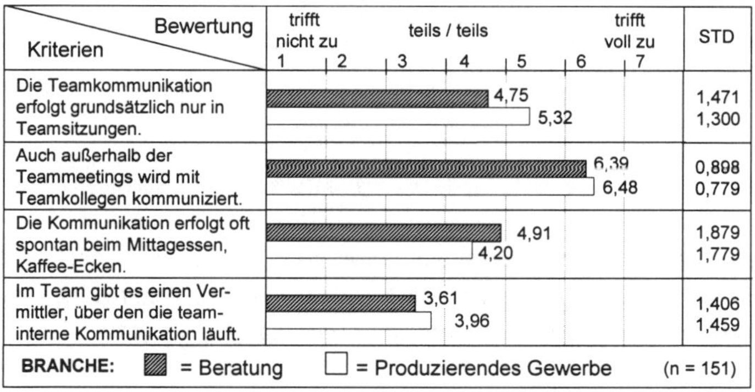

Abb. 4-16: Struktur der teaminternen Kommunikation

4.2.3.3 Art und Häufigkeit der eingesetzten IuK-Technologien

Unabhängig von der Kommunikationsstruktur bieten sich verschiedene Medien zur Unterstützung der teaminternen Kommunikation – und somit des Wissenstransfers – an. Abb. 4-17 stellt dar, wie häufig bestimmte IuK-Technologien in den befragten Teams angewendet werden. Von den verschiedenen IuK-Technologien steht die Nutzung von E-Mail zur Kommunikation an erster Stelle, daneben spielt die fernmündliche Kommunikation bzw. das persönliche Gespräch eine wichtige Rolle. Die Untersuchung verdeutlicht jedoch auch, daß die befragten Teammitglieder häufiger persönliche Gespräche führen und IuK-Technologien – E-Mail ausgenommen – vergleichsweise seltener nutzen. E-Mail und Telefon werden von den Teammitgliedern in der produzierenden Industrie häufiger genutzt als in den Beratungsteams, die im direkten Vergleich mehr persönliche Gespräche führen. Zugriffsbeschränkte Projektdatenbanken nutzen die Befragten ebenfalls noch recht häufig (M=5,06 bzw. M=4,62).

---

504 Vgl. Kap. 4.2.3.1.

505 Ein hoher Grad an Kommunikationsfreiheit hat eine positive Wirkung auf die Zusammenarbeit innerhalb eines Teams. Vgl. Thom (1980), S. 286ff.

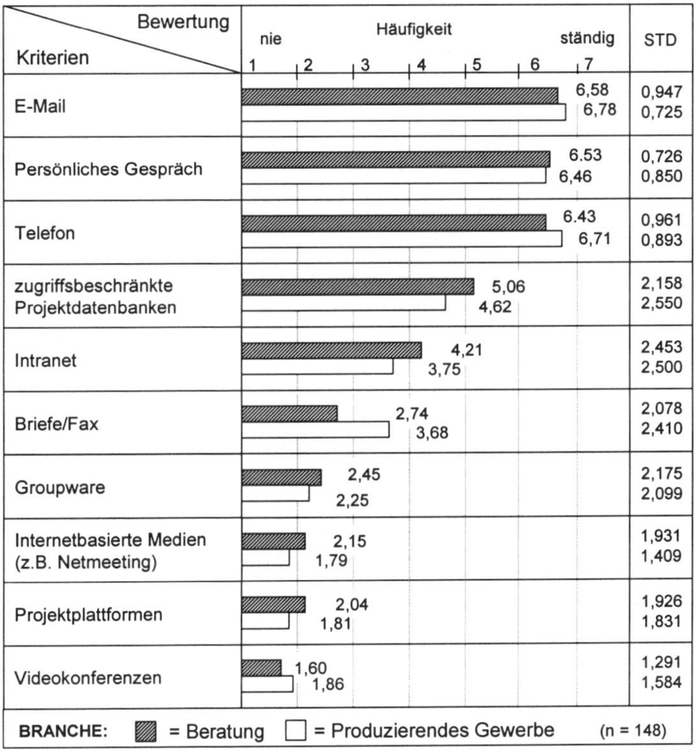

Abb. 4-17: Häufigkeit der genutzten IuK-Technologien

Das unternehmenseigene Intranet wird von den Projektteammitgliedern der Beratungsbranche häufiger genutzt als von ihren Kollegen in der produzierenden Industrie. Während die Nutzung von Brief und Fax von den Befragten in der produzierenden Industrie noch immer als relativ häufig angegeben wird (M=3,68), machen die Teammitglieder in der Beratung davon nur selten Gebrauch (M=2,74).

Wie aus den Ergebnissen hervorgeht, scheint es in den befragten Teams der Fall zu sein, daß die produzierende Industrie informations- und kommunikationstechnologische Neuentwicklungen im Vergleich zur Dienstleistungsbranche mit einer gewissen zeitlichen Verzögerung einführt. Die Applikationen Groupware, Projektplattformen und Videokonferenzen werden in beiden Branchen vergleichsweise wenig verwendet. Insbesondere dieses Ergebnis über die relativ geringe Nutzung hoch entwickelter IuK-Technologien zur Unterstützung des Wissenstransfers läuft den Beschreibungen in der Literatur zuwider. Der Beitrag der IuK-Technologien zum Wissenstransfer wird in Kap. 4.3.4 vertieft diskutiert.

4.3 Empirische Analyse der Einflußfaktoren auf den Wissenstransfer

Nach der Darstellung der wichtigsten deskriptiven Ergebnisse der Befragung wird im folgenden der Einfluß der oben diskutierten Aspekte auf den teaminternen Wissenstransfer geprüft. Im Mittelpunkt der Untersuchung steht dabei die Frage, von welchen Einflußfaktoren die Bereitschaft der Teammitglieder zum Wissenstransfer abhängt. Um jedoch die Einflußfaktoren auf den Wissenstransfer und somit auf die Transferbereitschaft eines Individuums beurteilen und optimieren zu können, ist es zunächst notwendig, die Variable ‚Wissenstransfer' zu bestimmen.

4.3.1 Methodisches Vorgehen

4.3.1.1 Operationalisierung des Konstruktes Wissenstransfer

In der Literatur finden sich verschiedene Versuche, die Wissensbasis eines Unternehmens zu bewerten:[506] Einige Autoren haben sich die Aufgabe gestellt, den Wissenstransfer mit Hilfe von Kennzahlen, z.B. Anzahl der Datenbankzugriffe eines Mitarbeiters oder Anzahl der besuchten Weiterbildungsmaßnahmen, zu quantifizieren.[507] Da es jedoch mit erheblichen Schwierigkeiten verbunden ist, im Unternehmen vorhandenes Wissen zu identifizieren und zu bewerten, erweist sich die Operationalisierung des Wissenstransfers als schwierig.[508] Problematisch ist hierbei insbesondere, daß sich die Ergebnisse eines erfolgreichen Wissenstransfers nicht unmittelbar in meßbaren Größen widerspiegeln. So kann beispielsweise ein funktionierender Wissenstransfer dazu beitragen, daß ein Projekt schneller erfolgreich abgeschlossen wird. Jedoch ist keine konkrete Aussage darüber möglich, welcher Anteil am Projekterfolg dem Wissenstransfer zuzuschreiben ist. Eine rein quantitativ orientierte Bewertung im Zusammenhang mit der Operationalisierung des teaminternen Wissenstransfers scheidet folglich aus. Vielmehr muß versucht werden, den Wissenstransfer näherungsweise durch das Verständnis von Ursache-Wirkungs-Zusammenhängen zu bestimmen oder indirekt durch Ersatzvariablen zu bewerten. Dasselbe Problem tritt bei der Operationalisierung der ‚Bereitschaft zum Wissenstransfer' auf. Als eine grundsätzliche Schwierigkeit bei der Untersuchung dieser Konstrukte stellte sich heraus, daß komplexe Begriffe wie ‚Wissenstransfer' oder ‚Transferbereitschaft' sich nicht durch eine einzige Variable – repräsentiert durch eine Frage des Fragebogens –

---

506 Vgl. bspw. Sveiby (1998); Davenport/Prusak (1999), S. 32f. sowie Stewart (1998).

507 Vgl. zu verschiedenen Kennzahlen zur Bewertung von Wissenstransfer Busch/Wernig (1999), S. 580 sowie zu einem Bewertungsmodell Probst/Raub/Romhardt (1999), S. 158.

508 Vgl. Becker (1991), S. 63ff. sowie Ortwein/Spallek (1998), S. 105. „Was wichtig ist, kann nicht immer gemessen werden." (Albert Einstein). Vgl. hierzu Roos (1997), S. 14.

darstellen lassen. In der empirischen Forschung müssen solche Begriffe folglich in viele einzelne Variablen zerlegt werden.[509]

Im Rahmen der empirischen Analyse wurden diese einzelnen Variablen auf Basis von Literaturstudien mit Hilfe des Fragebogens erhoben.[510] In einer ersten Auswertungsstufe wurde die ‚Transferbereitschaft' bestimmt. Hierzu wurde mit Hilfe einer Faktorenanalyse geprüft, inwieweit die im Fragebogen erhobenen Variablen dahingehend homogen sind, daß sie alle hinreichend hoch auf einen Faktor – die Transferbereitschaft – laden.[511] Da im Rahmen der durchgeführten Faktorenanalyse aus allen Einzelvariablen, die zu dem Konstrukt Wissenstransferbereitschaft gehören, ein Faktor extrahiert wurde, bestätigte sich die Zusammenfassung der verschiedenen Items zum Faktor ‚Transferbereitschaft'. Dabei wurden nur die Faktorladungen berücksichtigt, die über dem angesetzten Grenzwert von 0,5 bzw. -0,5 liegen.[512] Auf dem Faktor ‚Transferbereitschaft' basieren die folgenden Regressionsanalysen dieser Untersuchung.[513] Tab. 4-2 faßt die Ergebnisse der Faktorenanalyse zusammen.

Variablen / Faktor	Transferbereitschaft
Nach Ende eines Projektes wird eine schriftliche Dokumentation (Bericht) angefertigt.	,375
Ich beantworte grundsätzlich alle Anfragen von Kollegen so gut ich kann.	**,734**
Es ist mir wichtig, Teamkollegen an meinem Wissen teilhaben zu lassen.	**,721**
Ich übermittle meinen Teamkollegen alle Informationen, die sie benötigen (bspw. um weiterarbeiten zu können).	**,699**

Tab. 4-2: Rotierte Komponentenmatrix „Bereitschaft zum Wissenstransfer"

509 Vgl. Brosius/Brosius (1995), S. 815 sowie Bühl/Zöfel (2000), S. 452. Die im Fragebogen verwendeten Variablen basieren auf den Operationalisierungskriterien Effektivität und Effizienz. Eine Diskussion dieser Begriffe findet sich z.B. bei Scholz (1992), Sp. 533f.

510 Vgl. hierzu den Fragebogen im Anhang A.12.

511 Vgl. Backhaus et al. (2000), S. 291f.

512 Dieser Grenzwert entspricht allgemeinen Regeln. Faktorladungen können generell Werte zwischen -1 und 1 annehmen. Dabei bestimmt die Höhe der Faktorladung das Gewicht, mit dem eine Variable in die Berechnung der extrahierten Faktorwerte eingeht. Vgl. Backhaus et al. (2000), S. 291ff.

513 In der durchgeführten Faktorenanalyse wurden diejenigen Faktoren extrahiert, deren Eigenwerte im Rahmen der Hauptkomponentenanalyse größer als 1 sind. Die Faktorenanzahl wurde dabei nicht vorgegeben. Als Rotationsmethode wurde die orthogonale Rotation nach der Varimax-Methode gewählt.

4.3.1.2 Faktorenanalyse zur Mitarbeiterführung und zur Teamorganisation

Um die Vielzahl an Variablen aus den Einflußbereichen Human Resource Management und Organisation zu bündeln, wurden ebenfalls Faktorenanalysen durchgeführt. Anknüpfend an die theoretischen Grundlagen der Mitarbeiterführung in Kap. 3.1.4 wurden aus der Literatur und aus Experteninterviews Variablen gewonnen, die in der empirischen Erhebung überprüft und mit Hilfe der Faktorenanalyse auf Zusammenhänge untersucht wurden. Die Faktorenanalyse beschränkte sich auf die am wichtigsten erachteten Faktoren, da mit steigender Faktorenanzahl eine eindeutige Ableitung von Beziehungen zwischen den Faktoren immer schwieriger wird.[514] Für die Faktorladung eines Indikators wurde dabei ebenfalls der untere Grenzwert von 0,5 als Mindestanforderung angesetzt.

Tab. 4-3 zeigt die Ergebnisse der Faktorenanalyse, mit deren Hilfe vier Faktoren zur Mitarbeiterführung im Team extrahiert wurden: (1) *Partizipative Entscheidungsfindung*, (2) *Feedback*, (3) *Zielakzeptanz* und (4) *Offenheit innerhalb des Teams*.

Faktor / Variable	1 Entscheidungsfindung	2 Feedback	3 Zielakzeptanz	4 Offenheit
Teamleiter trifft Entscheidungen allein.	**-,831**	,127		-,320
Entscheidungen werden gemeinsam getroffen.	**,830**		,130	,326
Gemeinsame Zielvereinbarung	**,632**	,105	,452	-,327
Feedback über die Leistungen		**,949**		
Feedback mit konstruktiven Vorschlägen		**,917**	-,158	,131
Existenz von klaren u. verständlichen Zielen		,124	**,841**	,198
Teammitglieder akzeptieren die Teamaufgabe.	,122	,119	**,778**	,275
Offene u. gleichberechtigte Diskussion	,125	,132	,300	**,745**
Wichtige Informationen werden nicht zurückgehalten.	,271		,165	**,716**
KMO-Kriterium = 0,674; Bartlett-Test auf Sphärizität: χ^2=475,35, df=36, p<0,000; % der Varianz: 76,84; Hauptkomponentenmethode (Eigenwerte > 1); Varimax-Rotation; n=151				

Tab. 4-3: Rotierte Komponentenmatrix „Mitarbeiterführung im Team“

Analog zum Vorgehen bei der Faktorenanalyse zur Mitarbeiterführung wurden Variablen zur organisatorischen Gestaltung von Teams empirisch überprüft.[515] Die

---

514 Vgl. zu einem ähnlichen Vorgehen Lechler (1997), S. 88.

515 Vgl. zu den theoretischen Grundlagen Kap. 3.2.

Faktorenanalyse reduzierte die Variablenanzahl auf drei Faktoren, wie in Tab. 4-4 zu erkennen ist. Es wurden die drei Faktoren (1) *räumliche Distanz der Teammitglieder*, (2) *persönliche Beziehungen innerhalb des Teams* sowie (3) *Heterogenität der Teammitglieder* extrahiert.

Variable \ Faktor	1 Räumliche Distanz	2 Persönliche Beziehungen	3 Heterogenität
Teamkollegen sitzen in unmittelbarer Nähe, so daß sie erreichbar sind.	**-,851**		
Räumliche Distanzen erschweren die Zusammenarbeit.	**,780**		-,310
Kommunikationsmedien überbrücken die räumlichen Entfernungen.	**,414**		,196
Teamkollegen sind sympathisch.	-,123	**,773**	
Teamkollegen sind Freunde.	-,137	**,620**	,165
Im Team herrscht Meinungsvielfalt.	,158	**,519**	
Teammitglieder kommen aus verschiedenen Funktionsbereichen.	,345	-,327	**,654**
Alle Teammitglieder sind auf ihrem Gebiet fachlich kompetent.		,454	**,517**
Teammitglieder stammen aus derselben Hierarchieebene.			**,515**
KMO-Kriterium = 0,515; Bartlett-Test auf Sphärizität: χ^2=111,88, df=36, p<0,000; % der Varianz: 48,88; Hauptkomponentenmethode (Eigenwerte > 1); Varimax-Rotation; n=151			

Tab. 4-4: Rotierte Komponentenmatrix „Organisatorische Strukturvariablen"

Die extrahierten Faktorenwerte der zwei Dimensionen Human Resource Management und Teamorganisation bilden – neben dem Faktor Transferbereitsschaft – als Variablen die Basis der nachfolgenden Regressionsanalysen.[516]

4.3.1.3 Regressionsanalyse

Unter Anwendung multipler Regressionsanalysen wird die Stärke des Einflusses zwischen der **abhängigen Variablen** ‚Transferbereitschaft' und den **unabhängigen Variablen** ermittelt. Als unabhängige Variablen gelten dabei die zuvor extrahierten Faktoren aus den Einflußbereichen Human Resource Management und Organisation. Darüber hinaus werden weitere Einflußgrößen auf ihren Zusammenhang zum Wissenstransfer in Teams analysiert und diskutiert. Da es sich bei den IuK-Technologien nicht um Konstrukte handelt, ist eine Faktorenanalyse zur Bündelung der einzelnen IuK-Technologien nicht sinnvoll. Stattdessen wird an dieser Stelle der Ein-

[516] Vgl. Backhaus et al. (2000), S. XXII; Flury/Riedwyl (1988), S. 54-74 und Cryer/Miller (1994), S. 207-242 zur Regressionsanalyse.

teilung des theoretischen Bezugsrahmens in synchrone und asynchrone IuK-Technologien gefolgt.[517]

In den nachfolgenden Darstellungen zeigen die standardisierten Regressionskoeffizienten (β),[518] welche Zusammenhänge zwischen der abhängigen Variable ‚Transferbereitschaft' und den unabhängigen Variablen aus Human Resource Management und Organisation bestehen, und erlauben Schlußfolgerungen über die Stärke des Einflusses der unabhängigen Variablen. Dabei werden unterschiedliche Signifikanzniveaus auf dem 0,1%-, 1%- und dem 5%-Niveau zugrunde gelegt, die die Wahrscheinlichkeit des identifizierten Einflusses der Variablen angeben.[519]

4.3.2 Einflußfaktoren aus dem Bereich Human Resource Management

Abb. 4-18 dokumentiert die Ergebnisse der multiplen Regressionsanalysen zur Erklärung der individuellen Bereitschaft zum Wissenstransfer mit Hilfe der Variablen der Mitarbeiterführung im Team.

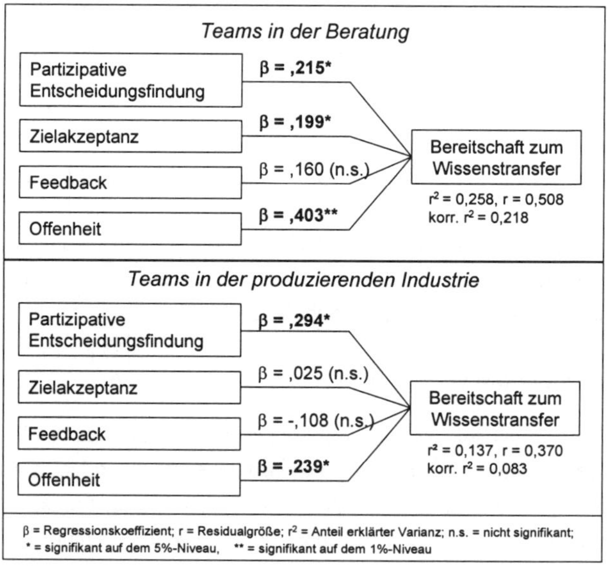

Abb. 4-18: Einfluß der Teamführung auf die Bereitschaft zum Wissenstransfer

517 Vgl. Kap. 3.3.2.

518 Zur Regressionsanalyse vgl. Backhaus et al. (2000), S. 2ff.

519 Die Signifikanzniveaus sind dabei wie folgt gekennzeichnet: *** = 0,1%-Niveau, ** = 1%-Niveau, * = 5%-Niveau. Aussagen mit einer Irrtumswahrscheinlichkeit von p > 0,1 gelten allgemein als nicht mehr signifikant. Vgl. Bortz (1984), S. 368.

In den Teams der Beratungsbranche haben die drei Faktoren *partizipative Entscheidungsfindung, Zielakzeptanz* und *Offenheit* einen positiven Einfluß auf die Transferbereitschaft. Dieses Ergebnis bestätigt die Auffassungen verschiedener Autoren, die gemeinsame Zielvereinbarungen und Offenheit unter die immateriellen Anreize subsumieren.[520] Weiterhin läßt sich dieses Ergebnis darauf zurückführen, daß die drei Faktoren generell die Zusammenarbeit von Individuen erleichtern und somit auch zur Förderung des Wissenstransfers beitragen. In den Teams der produzierenden Industrie erwiesen sich die Faktoren *partizipative Entscheidungsfindung* und *Offenheit* ebenfalls als signifikant und beeinflussen die Transferbereitschaft positiv. Anders als bei den Teammitgliedern in Beratungsunternehmen spielt die *Zielakzeptanz* für die Bereitschaft zum Transfer keine gewichtige Rolle, da für diesen Faktor kein signifikanter Zusammenhang vorliegt. In den folgenden Kapiteln werden diese Ergebnisse in Verbindung mit weitergehenden Analysen interpretiert.

4.3.2.1 Partizipative Entscheidungsfindung

Der Fokus der vorliegenden Untersuchung liegt auf dem Wissenstransfer aus Sicht des Wissenssenders. Da es um den Transfer innerhalb eines Teams geht, sind die Beziehungen des betrachteten Individuums zu seinen Teamkollegen von Bedeutung. Dabei geht es auch um das Zusammenspiel zwischen dem Teamleiter und seinem Team. In der Erhebung wurde eine globale Betrachtung des praktizierten Partizipationsgrads vorgenommen und somit von einer konkreten Entscheidungssituation abstrahiert. Der Grad der Partizipation bei der Entscheidungsfindung hängt in der Realität jedoch von der jeweiligen Situation ab. So ist es zum Beispiel naheliegend, daß Entscheidungen unter Zeitdruck oder Entscheidungen, die vom Teamleiter projektübergreifend gefällt werden müssen, anders verlaufen als wiederholt anfallende technische oder terminliche Projektentscheidungen.

Sowohl in den Projektteams der Beratungsbranche als auch in den Teams der produzierenden Industrie steht die *partizipative Entscheidungsfindung* in einem positiven Zusammenhang mit der Bereitschaft zum Wissenstransfer. Dieser positive signifikante Zusammenhang zwischen einer kooperativen bzw. partizipativen Entscheidungsfindung und der Transferbereitschaft läßt den Schluß zu, daß das einzelne Teammitglied bei einem partizipativen Führungsstil eher bereit ist, sein Wissen zu transferieren. Demokratische Entscheidungen und gemeinsame Abstimmungsprozesse fördern die Identifikation des Einzelnen mit seiner Tätigkeit und seinem Umfeld und motivieren ihn auf diese Weise, sein Wissen mit den Teamkollegen zu „teilen". Dieses Ergebnis läßt

520 Vgl. Anhang A.5 sowie Rosenstiel (1975), S. 280; Kohn (1993), S. 59 sowie Justus (1999), S. 219 zur Bedeutung von Feedback als immaterieller Anreiz.

sich in Anlehnung an die erläuterten theoretischen Ansätze damit begründen, daß eine gemeinsame Entscheidungsfindung zu einer höheren Identifikation der Teammitglieder mit der (kollektiven) Entscheidung führt, so daß diese auch engagierter umgesetzt wird.[521] Im Zusammenhang mit der Entscheidungsdezentralisation beschreibt *Högl*, daß eine weniger ausgeprägte Hierarchie innerhalb eines Teams bei der Entscheidungsfindung zu einem offeneren, der Lösung komplexer Aufgaben dienlichen Wissensaustausch führt.[522] Wenn den Teammitgliedern durch Gleichberechtigung die Chance gegeben wird, sich mit ihren Ideen und Beiträgen in Lösungsprozesse einzubringen, wird die teaminterne Kommunikation – und auf diese Weise der Wissenstransfer – angeregt.[523] Feststehende Weisungsbefugnisse und eine ausgeprägte Hierarchie hingegen schwächen die Kommunikation.

Gleichzeitig stellt die Delegation von Verantwortung und somit von Entscheidungskompetenz an jedes einzelne Mitglied des Projektteams eine Voraussetzung für die Selbstorganisation des Teams dar. Selbstorganisation wird dabei verstanden als die Gesamtheit aller „Prozesse, die aus einem System heraus von selbst entstehen und in diesem ‚Selbst' Ordnung entstehen lassen, verbessern oder erhalten."[524] In selbstorganisierten Systemen bedarf es keines Eingriffs von außen, so daß den Teammitgliedern ein hohes Ausmaß an Partizipation und Interesse an der Aufgabe ermöglicht wird. Wie bereits beschrieben und durch die empirische Analyse bestätigt worden ist, wirkt sich ein hoher Partizipations- und Autonomiegrad positiv auf die Motivation der Mitarbeiter aus.[525]

Wird der Partizipationsgrad unter Berücksichtigung der Teamgröße analysiert, so zeigt sich, daß sowohl die Häufigkeit der gemeinsamen Entscheidungsfindung als auch die Akzeptanz der Teamaufgabe mit steigender Teamgröße abnimmt (vgl. Abb. 4-19). Zusätzlich sinkt der Autonomiegrad der Teammitglieder, da ein Trend zur alleinigen Entscheidungsfindung durch den Teamleiter erkennbar ist. Um den einzelnen Teammitgliedern einen hohen Partizipationsgrad an Entscheidungsprozessen zu ermöglichen und sie somit zum Wissenstransfer zu motivieren, sollte demzufolge die Teamgröße so klein wie möglich gehalten werden.

---

521 Vgl. Kap. 2.5 sowie Vroom (1987), S. 371. Vgl. zu den Folgen eines eingeschränkten Partizipationsgrades am Beispiel von Mitarbeitern in Problemlösungsgruppen Bielenberg (1996), S. 99f.

522 Vgl. Högl (1998), S. 104 sowie Borowsky (2000), S. 16.

523 Vgl. Armer/Thomas (1978), S. 169; Ford/Randolph (1992), S. 284.

524 Vgl. Probst (1992), Sp. 2255.

525 Vgl. Kap. 2.5 sowie Hackman/Oldham (1975).

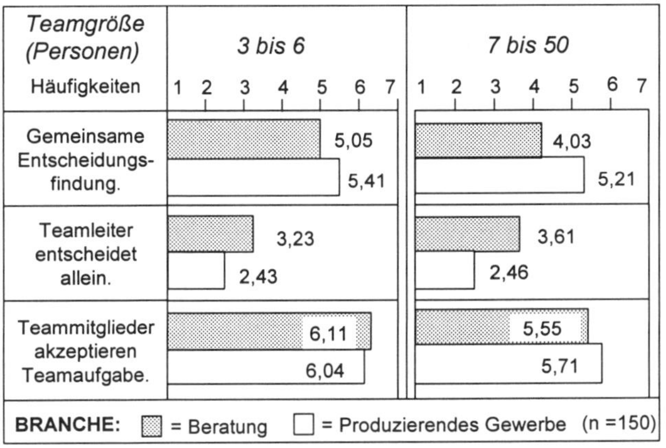

Abb. 4-19: Abnehmender Partizipationsgrad mit zunehmender Teamgröße

4.3.2.2 Art der teaminternen Zielbildung

Für jedes Konzept, das auf die Motivation der Mitarbeiter im Hinblick auf ein bestimmtes Verhalten ausgerichtet ist, kommt der Zielkomponente eine zentrale Bedeutung zu, da menschliches Verhalten durch Ziele geleitet wird.[526] Die Analyse des Faktors *Zielakzeptanz* zeigte zwar nur für die Teams der Beratungsbranche einen direkten positiven signifikanten Zusammenhang mit der Bereitschaft zum Wissenstransfer. An dieser Stelle wird jedoch die Ansicht vertreten, daß die Art der Zielbildung innerhalb des Teams einen indirekten Einfluß auf den Wissenstransfer hat: Da für die Aufgabenerfüllung in der Regel die Vereinbarung von Zielen notwendig ist, müssen für die erfolgreiche Durchführung eines Projektes Ziele definiert werden. Demzufolge müssen zur Realisierung des teaminternen Wissenstransfers ebenfalls Ziele festgelegt werden. Der Beitrag des Wissenstransfers zum Projekterfolg wurde von den Befragten als relativ hoch eingeschätzt (M=5,85 in der Beratung und M=5,46 in der produzierenden Industrie).[527] Daher läßt sich vermuten, daß der Transfer von Wissen mit der Aufgabenerfüllung innerhalb des Projektes zusammenhängt.

Der divergente Einfluß der *Zielakzeptanz* auf die *Transferbereitschaft* bei Betrachtung der beiden Branchen legt die Vermutung nahe, daß es den Teammitgliedern in der produzierenden Industrie schwerfällt, für die Operationalisierung des Wissenstransfers innerhalb ihres Teams gemeinsam Ziele zu vereinbaren. Hingegen stellt der Transfer von Wissen hin zum Kunden für die Teams der Beratungsbranche das eigentliche Kern-

526 Vgl. Kap. 3.1.4.2 sowie Schmid (1987), Sp. 2088.

527 Vgl. zu den Ergebnissen Abb. 4-6.

geschäft dar, so daß sich der signifikante positive Einfluß der Zielakzeptanz für die Teammitglieder der Beratungsteams nachvollziehen läßt.

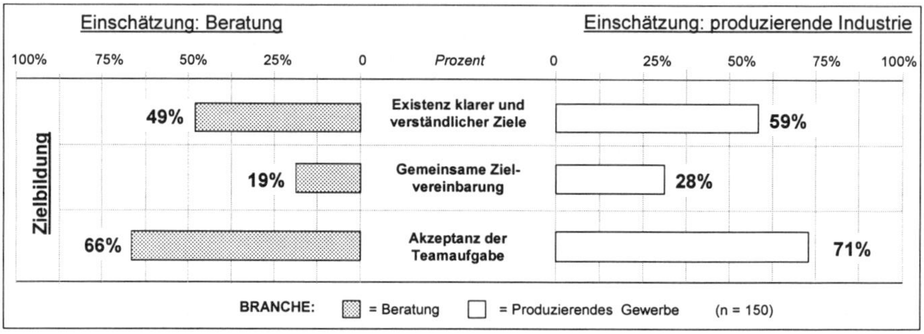

Abb. 4-20: Zielbildung im Team

Festhalten läßt sich, daß die Vereinbarung von Zielen generell erforderlich ist, da Ziele einen ständigen Verbesserungsanreiz schaffen und damit sowohl als Maßstab zur Ausrichtung des Verhaltens aller Beteiligten als auch als Grundlage für ein Feedback zur Planung und Steuerung der Teamaufgaben dienen. Abb. 4-20 zeigt, daß für die Teammitglieder beider Branchen klare und verständliche Ziele existieren und daß die zu erledigende Teamaufgabe von der Mehrheit der Teammitglieder akzeptiert wird (Beratung: 66%, produzierende Industrie: 71%).[528] Es ist nachvollziehbar, daß Teammitglieder eher bereit sind, ihr Wissen zu transferieren, wenn klare und verständliche Ziele existieren, die von den Teammitgliedern akzeptiert werden.[529] Jedoch ist die Entwicklung von Zielen im Zusammenhang mit dem Transfer von Wissen generell als schwierig zu beurteilen, weil Wissensziele nicht eindeutig definiert und nur unzureichend quantifiziert werden können.[530]

Diese Ergebnisse lassen – auch im Hinblick auf den zuvor diskutierten Partizipationsgrad bei der Entscheidungsfindung – den Schluß zu, daß eine Beteiligung der Teammitglieder an teaminternen Entscheidungen und an der Vereinbarung von Teamzielen eher zu deren Akzeptanz führt.[531] Neben der grundsätzlichen Anwendung der einzelnen Ziele ist bei der Vereinbarung von Zielen zu berücksichtigen, wer in welchem Umfang an der Entscheidung über die Zielauswahl und an der Festlegung der Zielhöhe beteiligt werden sollte. Innerhalb eines Teams ist demnach zu klären, ob die Ziele durch den

528 Aggregation der Antworten 6 bzw. 7: trifft (voll) zu. Ob es sich bei den Zielen explizit um Wissensziele handelt, war nicht Gegenstand der Befragung.

529 Vgl. Kap. 3.1.4.3.

530 Vgl. zur Problematik der Messung von Wissen Kap. 4.3.1.1.

531 Vgl. hierzu Tab. 4-3.

Teamleiter bzw. von außen vorgegeben werden, oder ob sie durch kooperative Vereinbarungen zwischen Teammitgliedern und -leiter zustande kommen. Da die Art der Aufgabe eine wichtige Voraussetzung für die von der Motivationstheorie geforderte Ganzheitlichkeit und Vollständigkeit der Aufgabe ist,[532] trägt die in der empirischen Erhebung ermittelte hohe Akzeptanz der Teamaufgabe – und somit indirekt der Ziele – erheblich zur Förderung der intrinsischen Motivation der Befragten bei.

4.3.2.3 Feedback

Eine wichtige Voraussetzung für die Aufgabenerfüllung ist die Versorgung der Teammitglieder mit einem Feedback in Form von Informationen über ihr Arbeitsergebnis. Diese rückkoppelnden Informationen sind für die Qualität der Aufgabenbearbeitung genauso wichtig wie für die Motivation.[533] Eine unzureichende Informationsversorgung kann demotivierend wirken und zu Vorbehalten der Mitarbeiter sowie zu nachlassender Leistungsmotivation führen. Rückkoppelnde Informationen können die Erbringung einer größeren Anstrengung nach sich ziehen und zu einer besseren Zielerreichung beitragen.[534] Empirische Untersuchungen belegen, daß Individuen, die Informationen über ihre erbrachte Leistung erhalten, in Folge meist eine höhere Leistung erreichen als Individuen, denen diese Informationen vorenthalten bleiben.[535]

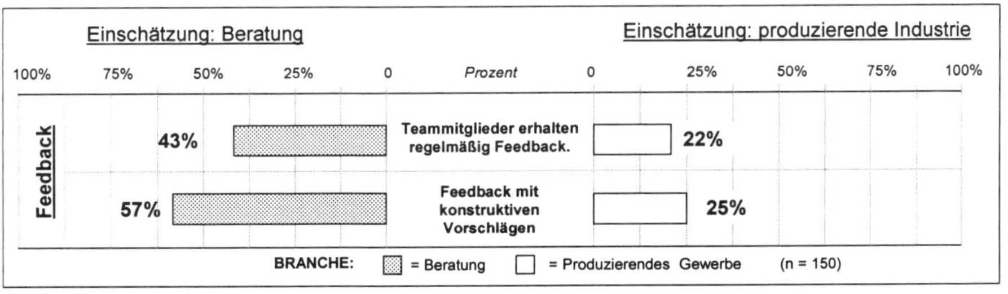

Abb. 4-21: Vergabe von Feedback im Team

Wie Abb. 4-21 verdeutlicht, erhalten die Mitglieder in den befragten Teams nur zum Teil eine Rückkopplung über ihr Arbeitsergebnis. Allerdings ist ersichtlich, daß die Teammitglieder in den Teams der Beratungsunternehmen deutlich häufiger ein Feedback bekommen als in den Teams der produzierenden Industrie.

---

532 Vgl. Kap. 2.5.

533 Vgl. Schumacher (1984).

534 Vgl. Locke (1968), S. 157ff.

535 Vgl. Vroom (1964), S. 238ff. sowie Rosenstiel (1975), S. 304f.

Die Analyse der Ausgestaltung des Wissenstransfers in Teams, in denen Feedback vergeben wird, im Vergleich zu Teams, in denen kein Feedback vergeben wird, führte zu den in Abb. 4-22 dargestellten Ergebnissen. Durchgängig ergaben sich bei der Vergabe von Feedback im Hinblick auf die Transferhäufigkeit in beiden Branchen höhere Mittelwerte. Darüber hinaus wurde der Wissenstransfer besser und dessen Beitrag zum Projekterfolg höher beurteilt. Diese Ergebnisse lassen den Schluß zu, daß sich ein gezieltes Feedback über die Arbeitsergebnisse positiv auf den teaminternen Wissenstransfer auswirkt. Wie im theoretischen Teil dieser Arbeit bereits dargelegt wurde, erhält das Individuum durch ein Feedback über das Ergebnis seiner Tätigkeit einen Motivationsanreiz.[536] Dies impliziert jedoch gleichsam, daß der zeitliche Abstand bis zur Rückmeldung über das Transferergebnis nicht zu groß werden darf. Als Hinweis zur Förderung der Transferbereitschaft eines Individuums ist daher zu empfehlen, daß die am Transfer beteiligten Akteure möglichst häufig und aktuell ein Feedback über den Ablauf des Transferprozesses erhalten sollten.

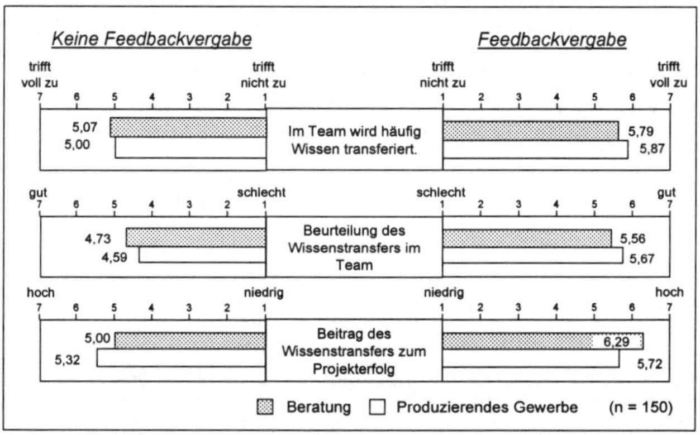

Abb. 4-22: Wissenstransfer mit und ohne Feedback

4.3.2.4 Offenheit der Teammitglieder

Damit jedes Teammitglied sein gesamtes aufgabenrelevantes Wissen vorbehaltlos einbringt, ist Offenheit der Teammitglieder untereinander eine wichtige Voraussetzung.[537] Die empirische Analyse bestätigt diese Aussage, da der Faktor *Offenheit* in den Teams beider Branchen einen positiven Zusammenhang mit dem Faktor *Bereitschaft zum Wissenstransfer* aufweist. Wenn das einzelne Teammitglied die Erfahrung macht, daß Teamkollegen Probleme offen diskutieren und ihr Wissen vorbehaltlos einbringen, um

536 Vgl. Kap. 2.5 sowie Hackman et al. (1975).

537 Vgl. Kap. 3.1.4.1.

Fragen zu beantworten, so fühlt sich der Einzelne ebenfalls motiviert, sein Wissen zu transferieren. Dabei ist Offenheit sowohl auf Seiten des Wissenssenders als auch seitens des Empfängers eine entscheidende Grundlage für die Transferbereitschaft.[538] Fehlende Offenheit der Teammitglieder untereinander beeinträchtigt die Zusammenarbeit in Teams grundlegend und hemmt bzw. verhindert damit den Transfer von Wissen. Wie Abb. 4-23 zeigt, wird in den Teams der Stichprobe sehr häufig offen und gleichberechtigt diskutiert (M=6,05 in der Beratung bzw. M=6,16 in der produzierenden Industrie). Ebenso trifft es zu, daß für das Team relevante Informationen nicht zurückgehalten werden (M=5,93 bzw. M=6,28).

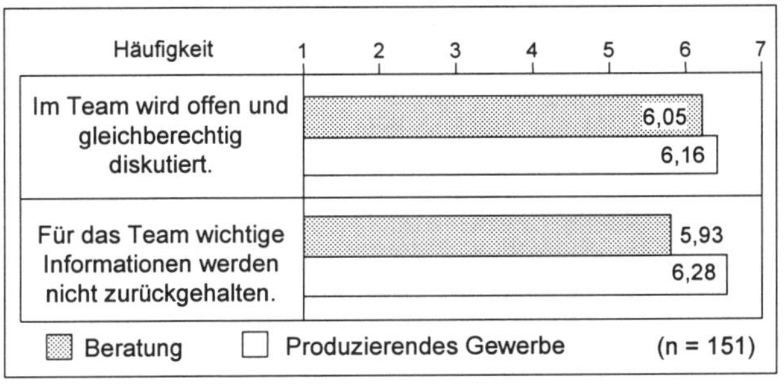

Abb. 4-23: Offenheit in den befragten Projektteams

Die geforderte Offenheit im Sinne eines transparenten Aktionsbereiches des einzelnen Teammitglieds kann durch Maßnahmen der teaminternen Informationsversorgung geschaffen werden. Dabei ist die Transparenz umso höher, je schneller und zuverlässiger die empfangenen Informationen sind und je mehr kommuniziert wird.[539] Um eine große Menge von Informationen bewältigen zu können, ist der Einsatz von IuK-Technologien unverzichtbar. Jedoch können die Potentiale der IuK-Technologie ohne das Vorhandensein einer Vertrauensbasis, ohne den Willen der Teammitglieder zu offener Kommunikation und ohne die Einbettung der Technologien in soziale Strukturen nicht voll ausgeschöpft werden.[540] Hier zeigt sich der enge Zusammenhang zwischen der Mitarbeiterführung und dem Einsatz von IuK-Technologien.

Festhalten läßt sich, daß der Grad an empfundener Informiertheit und an Transparenz über die Aufgabe sowie ein offener Umgang miteinander das Individuum im Team zum

538 Vgl. Davenport/Prusak (1999), S. 71 sowie Darling (1997).

539 Vgl. Thom (1980), S. 283f.

540 Zur IuK-Technologie vgl. Kap. 3.3. Zu weiteren Ausführungen vgl. Handy (1995), S. 46 sowie Nohria/Berkley (1994).

Wissenstransfer motiviert.[541] Gleichzeitig entwickelt sich auf diese Weise eine offene Atmosphäre im Team.

4.3.2.5 Vergabe von Anreizen

Ausgehend von bisherigen Forschungsarbeiten, die die Vergabe von Anreizen für den Transfer von Wissen empfehlen, wurden die Teammitglieder im Rahmen der empirischen Analyse befragt, inwieweit ihr Unternehmen bestimmte Anreize für die Weitergabe von Wissen vergibt. Hierzu wurden die Anreizarten in materielle und immaterielle Anreize unterteilt. Da Vorschlägen aus Expertengesprächen und einigen Literaturquellen zufolge materielle Anreize alle anderen Anreize an Motivationswirkung übertreffen, werden in Unternehmen vielfach materielle Anreize vergeben.[542] Die vorliegende empirische Analyse am Beispiel von Projektteams kam für den Bereich des Wissenstransfers zu gegenteiligen Ergebnissen. In den befragten Teams werden materielle Anreize für den Transfer von Wissen in den Teams der Beratung nur bei 21% der Befragten angewendet, in den Produktionsunternehmen sogar nur bei 12%.[543] Aus den hohen Mittelwerten bei der Analyse der Transferhäufigkeit läßt sich ableiten, daß der teaminterne Wissenstransfer auch ohne die Vergabe materieller Anreize funktionieren kann.

Jedoch läßt sich der Zusammenhang zwischen der Anreizvergabe und einer Steigerung der Transferbereitschaft nicht eindeutig belegen. Daß für die materiellen Anreize nahezu keine Aussagen hinsichtlich ihres Einflusses auf die Transferbereitschaft getroffen werden können, läßt verschiedene Interpretationen zu: Die genannten Anreizarten werden in Unternehmen in der Regel für die Erbringung einer individuellen Leistung eingesetzt. Es gestaltet sich jedoch als schwierig, zwischen den materiellen Anreizen, die in der Regel an quantitative Meßgrößen gekoppelt sind, und der relativ schwer zu erfassenden Größe Wissenstransfer eine Verbindung herzustellen.[544] Oftmals ist innerhalb eines Teams nicht erkennbar, inwieweit der Projekterfolg auf einen erfolgreichen Wissenstransfer zurückzuführen ist, oder ob dieser Erfolg auf der Kompetenz und dem Engagement der Teammitglieder bzw. auf der Qualifikation der Projektleitung basiert. Zwar hat auch der Wissenstransfer auf die Leistung in Teams einen mittelbaren Einfluß, dieser läßt sich jedoch weder eindeutig zuordnen noch quantifizieren, da für den Transfer von Wissen keine Maßgrößen bzw. Kennzahlen vorliegen. Anreize greifen

---

[541] Vgl. Kap. 2.5 sowie Hackman/Oldham (1975) sowie Thom (1980), S. 284.

[542] „The major advantage of paying in cash is that the value of cash in the eyes of the recipient is universally high". Lawler (1994), S. 222. Vgl. zu derselben Auffassung Bullinger et al. (2001), S. 48f. Die Motivationswirkung materieller Anreize kann auch kulturell bedingt sein.

[543] Dabei wies die Vergabe von Anreizen in der Analyse jedoch keinen Zusammenhang mit der Unternehmensgröße auf.

[544] Vgl. zur Operationalisierungsproblematik Kap. 4.3.1.1.

generell kaum, wenn Indikatoren über die gewünschten Leistungsmerkmale der Aufgabe fehlen.[545] Da Personen in der Regel nur solche Leistungen vollbringen, an denen sie gemessen werden, werden sie von mehreren Aufgaben den Wissenstransfer vernachlässigen, wenn dafür in den Zielvereinbarungen keine Indikatoren vorgesehen sind.[546]

Ein opportunistisch denkendes Individuum versteht Wissen als Machtposition, so daß der Transfer von Wissen einen Machtverlust bedeutet. Als Konsequenz hält das Individuum sein Wissen zurück. In diesem Fall hängt die Bereitschaft des Wissenssenders zum Transfer von dem Nutzen ab, den er sich vom Transfer verspricht.[547] Bei opportunistischen Präferenzen der Teammitglieder kann die Vergabe von Anreizen für den Transfer von Wissen innerhalb eines Teams ein „Trittbrettfahrerverhalten" auslösen.[548] Im Extremfall wird das eigene Wissen nicht preisgegeben und stattdessen vom Wissen der Teamkollegen profitiert, da sich die individuellen Beiträge der einzelnen Teammitglieder nicht eindeutig messen und zuordnen lassen. Generell sind Wissenstransferprozesse mit Unsicherheit bezüglich einer Gegenleistung behaftet.[549] Der Erhalt von Belohnungen für Wissenstransfer brächte dem Individuum zwar einen Nutzen, da sich der Transfer von Wissen jedoch nicht operationalisieren läßt, gestaltet sich die Vergabe materieller Anreize für den Transfer von Wissen als schwierig. Der erfolgte Wissenstransfer und der davon abhängige Anteil des Projekterfolgs ist nicht unbedingt auf das einzelne Teammitglied zurechenbar, so daß eine Übertragung von Wissen in Teams durch Preise und Anordnungen nicht erreicht werden kann.[550] Die empirische Analyse bestätigt somit die Annahme, daß die Anziehungskraft von bloßen materiellen Anreizen zur Motivation von Personen eher als begrenzt einzuschätzen ist, somit auch für den Wissenstransfer.[551]

Im Hinblick auf die immateriellen Anreize ergaben sich bei der Frage nach ihrer Vergabe für den Transfer von Wissen überwiegend höhere Werte. Der Analyse zufolge spielt die lobende Anerkennung von Teamkollegen oder von den Vorgesetzten für die Befragten als Anreiz eine wichtige Rolle. Das einzelne Teammitglied wird durch Anreize, wie Wahrnehmung und Wohlwollen des Teams bzw. Zugehörigkeit zu einer

---

545 Vgl. Homstrom/Milgrom (1991) und Schmidt (1998) sowie Osterloh/Frey/Frost (1999), S. 1254.

546 Vgl. Kreps (1997).

547 Vgl. Wagner (2000), S. 98.

548 Vgl. Wagner (2000), S. 98; Osterloh/Frey/Frost (1999), S. 1256ff. sowie Kap. 3.2.2.3 zu diesem Phänomen.

549 Davenport/Prusak (1999), S. 93.

550 Vgl. zu derselben Auffassung Osterloh/Frey/Frost (1999), S. 1254.

551 Vgl. Kap. 2.4.1.3 sowie zu dieser Ansicht Barnard (1970), S. 126 und Schneider (1993), S. 17.

Gruppe, zum Wissenstransfer motiviert.[552] In diesem Zusammenhang verweist *Kohn* auf eine Reihe von Studien, die eine höhere Ergebnisqualität von Tätigkeiten zeigten, die ohne Erwartung einer Belohnung ausgeführt worden sind, als von solchen Arbeiten, deren erfolgreiche Ausführung explizit mit einer Belohnung verknüpft wurde.[553] In der Literatur wird verstärkt der Einfluß immaterieller Anreize auf die Motivation hervorgehoben.[554] Die empirische Analyse zeigte diesbezüglich, daß immaterielle Anreize beim Wissenstransfer eine stärkere handlungsleitende Wirkung haben als materielle Anreize. Insbesondere unter Berücksichtigung eines sich beschleunigenden Wertewandels hin zu stärkeren Selbstentfaltungsmotiven besteht die Möglichkeit, daß immaterielle Anreize die materiellen kompensieren.[555] Hierbei verschwimmen jedoch gleichsam die Ursachen für die Leistungssteigerung, d.h. ob ein Individuum aus intrinsischen Motiven heraus handelt, oder ob es durch immaterielle Anreize extrinsisch motiviert wird. Als problematisch erweist sich zudem, daß sich immaterielle Anreize aufgrund struktureller und kultureller Zwänge oft einer direkten und systematischen Gestaltbarkeit durch das Unternehmen entziehen. Daher können sie nur sehr begrenzt Teil eines formal geschaffenen und dokumentierten Anreizsystems sein. Bei der Vergabe von Anreizen ist generell zu berücksichtigen, daß Verhaltensänderungen nicht durch eine kurzfristig wirksame Anreizvergabe, sondern ausschließlich mittels Bewußtseinsänderung zu erreichen sind.

Die empirische Analyse zur Anreizgestaltung ging darüber hinaus der Frage nach, inwieweit die vom Unternehmen in Aussicht gestellten Anreize innerhalb des Teams individuell nach der Leistung eines Teammitglieds oder kollektiv für die gemeinsame Teamleistung vergeben werden. Insbesondere im Hinblick auf die Zurechenbarkeit von Belohnungen oder Prämien für den Transfer von Wissen ist für Personengruppen folgendes zu bedenken:

> „Geldanreizsysteme, die pauschal für eine große Gruppe von Unternehmensangehörigen angewandt werden, verlieren schnell ihren Anreizcharakter, wenn die Kriterien der Leistungsmessung zu grob und unpräzise sind, nicht mehr verstanden und nicht mehr akzeptiert werden." Hagen (1985), S. 47.

Des weiteren ist bei der Anreizgestaltung zu beachten, daß sich die Vergabe von Aufgaben und Belohnungen innerhalb eines Teams immer auf die Beziehungen der Teammitglieder untereinander auswirkt. Die Vergabe kollektiver Anreize fordert das oben beschriebene Trittbrettfahrerverhalten heraus. Die Aussicht auf eine individuelle Beloh-

---

552 Vgl. North/Romhardt/Probst (2000), S. 37. Diese Rahmenbedingungen sind eng verknüpft mit der im Team herrschenden Offenheit und Transparenz sowie mit den persönlichen Beziehungen der Teammitglieder untereinander.

553 Vgl. Kohn (1993), S. 55ff.

554 Vgl. hierzu Kap. 3.1.3.

555 Vgl. Herbert (1991), S. 63 sowie Ellig (1982), S. 22 zur Selbstentfaltung.

nung fördert individuelle Egoismen, da jedes Teammitglied bestrebt ist, unabhängig von der Leistung der Teamkollegen eigene Leistungen zu erbringen.[556] Beide Verhaltensausprägungen sind für den Wissenstransfer nicht förderlich, da er gerade von der gemeinsamen Interaktion lebt. Zentraler Punkt des Wissenstransfers ist das gegenseitige Vertrauen in einen funktionierenden Tausch.[557] Ob ein Individuum durch die Vergabe von Anreizen langfristig die Motivation verliert, zum Erreichen von Wissenszielen beizutragen, bleibt jedoch weiterhin fraglich und ist im Einzelfall individuell für jeden Mitarbeiter und für jedes Team zu prüfen.

Die Erhebung nach der Art der Verteilung der Belohnungen innerhalb des Teams anhand von zwei unterschiedlichen Fragen ergab abweichende Antworten (vgl. Abb. 4-24). In den Beratungsteams sind 44% der Befragten der Ansicht, daß die Belohnung nicht entsprechend der individuellen Leistung einzelner Teammitglieder verteilt wird. Die Mitglieder in den Teams der produzierenden Industrie bestätigten dies sogar zu 53%. Demzufolge würde innerhalb des Teams eher die gemeinsame Teamleistung als die individuelle Leistung eines Mitglieds belohnt.

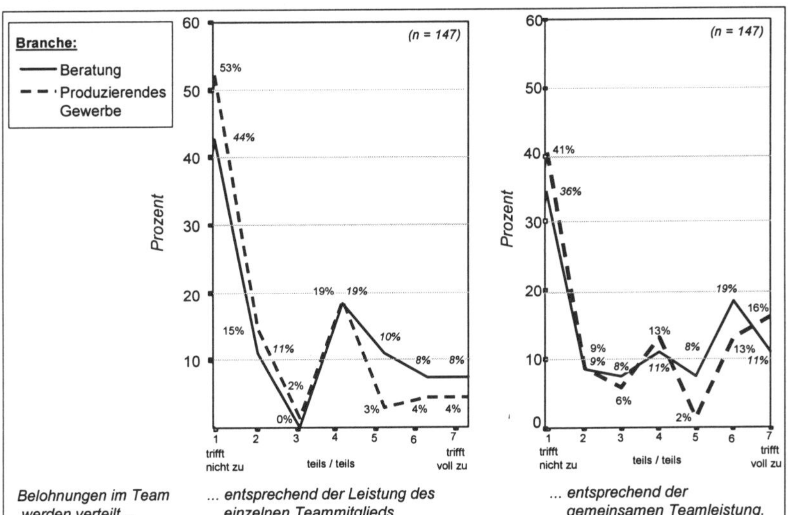

Abb. 4-24: Art der Verteilung der Belohnungen innerhalb der befragten Teams[558]

[556] Vgl. Osterloh/Frey/Frost (1999), S. 1256ff.

[557] Vgl. zum Aspekt des Vertrauens Kap. 5.4.2.

[558] Der Verteilungsmodus der Belohnungen wurde anhand von zwei getrennten Fragen erhoben.

Daß die Belohnungen im Team entsprechend der gemeinsamen Teamleistung verteilt werden, verneinten jedoch 36% in der Beratung und 41% in der produzierenden Industrie. In beiden Branchen gaben nur jeweils knapp 30% an, daß sich die Belohnungen auf die gemeinsame Teamleistung beziehen.[559] Insoweit läßt die empirische Erhebung offen, nach welchen Kriterien innerhalb der befragten Teams Belohnungen verteilt werden. In Verbindung mit den geringen Häufigkeiten bei der Vergabe materieller Anreize, ist allerdings zu vermuten, daß die Vergabe von Belohnungen von den befragten Teammitgliedern mit der Vergabe materieller Anreize gleichgesetzt wird.

Die obigen Ausführungen bezüglich der schwierigen Zurechenbarkeit von Anreizen werden durch die Tatsache untermauert, daß der Transfer von Wissen in den befragten Projektteams nur selten **Bestandteil der Zielvereinbarungen** ist. Abb. 4-25 gibt einen Überblick über die Rolle des Wissenstransfers im Rahmen von Zielvereinbarungen: In den befragten Unternehmen ist der Austausch von Wissen zwar für 71% der Befragten in den Teams der Beratungsunternehmen und für 57% der Befragten in den produzierenden Unternehmen direkter bzw. indirekter Bestandteil der Zielvereinbarung. Es gaben jedoch nur wenige Teammitglieder an (16% Beratung; 10% produzierendes Gewerbe), daß Wissenstransfer ein direkter Bestandteil der Zielvereinbarung sei.

Für die Mehrheit der Befragten ist der Transfer von Wissen indirekt in den Zielvereinbarungen enthalten, bspw. über den Projekterfolg. Für 29% der Teammitglieder in der Beratung und sogar für 43% in der produzierenden Industrie spielt Wissenstransfer bei der Zielvereinbarung keine Rolle. Dieses Ergebnis führt zu der Annahme, daß der Wissenstransfer aufgrund seiner schwierigen Operationalisierbarkeit im Rahmen von Zielvereinbarungen zur Bewertung der Individual- und der Teamleistung vernachlässigt wird oder daß er neben anderen Zielen im Team eine untergeordnete Priorität hat.

Wissenstransfer ist ...	**Beratung**	**Produktion**
direkter Bestandteil der Zielvereinbarungen.	16 %	10 %
indirekter Bestandteil der Zielvereinbarungen.	55 %	47 %
kein Bestandteil der Zielvereinbarungen.	29 %	43 %

Abb. 4-25: Anteil des Wissenstransfers an den Zielvereinbarungen[560]

559 Aggregation der Antworten „6 und 7: trifft (voll) zu".

560 Aggregation der Antworten „1 und 2: indirekter Bestandteil" bzw. „4 und 5: direkter Bestandteil".

4.3.3 Einfluß der Teamorganisation auf die Transferbereitschaft

Aufbauend auf der Faktorenanalyse in Kap. 4.3.1.2 werden Zusammenhänge zwischen der individuellen Transferbereitschaft und den extrahierten Faktoren aus dem Bereich der Teamorganisation überprüft. Abb. 4-26 zeigt anhand der Regressionskoeffizienten (β) den Einfluß der drei organisatorischen Strukturvariablen *räumliche Distanz*, *persönliche Beziehungen* und *Heterogenität* auf die Transferbereitschaft.[561]

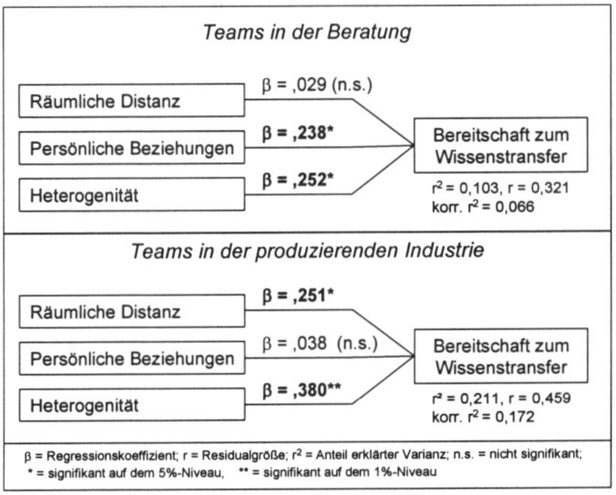

Abb. 4-26: Einfluß der Teamorganisation auf die Transferbereitschaft

In der multiplen Regressionsanalyse erwies sich die *Heterogenität* sowohl für die Beratungsbranche als auch für die produzierende Industrie als signifikante (bzw. sehr signifikante) Einflußgröße auf die Bereitschaft des Teammitglieds zum Transfer. In den Teams der Beratungsunternehmen nehmen außerdem *persönliche Beziehungen* einen signifikanten Einfluß auf die Bereitschaft zum Transfer. Für die Teams der produzierenden Industrie erwies sich neben der *Heterogenität* die *räumliche Distanz* in der Regressionsanalyse als signifikante Einflußgröße auf die Bereitschaft zum Transfer.

4.3.3.1 Räumliche Distanz der Teammitglieder

Den Ergebnissen der empirischen Analyse zufolge ist die Mehrheit der befragten Teammitglieder in räumlicher Nähe zueinander angesiedelt (vgl. Tab. 4-5).[562] In der Beratung und in der produzierenden Industrie arbeiten 30% der befragten Teammitglieder von ihren Kollegen räumlich getrennt, d.h. unter Umständen nicht am selben Standort. Die

---

[561] Die Signifikanzniveaus sind dabei wie folgt gekennzeichnet: *** = 0,1%-Niveau, ** = 1%-Niveau, * = 5%-Niveau.

[562] Vgl. Kap. 4.2.3.

räumliche Distanz wird dabei jedoch nur von einem Fünftel der Befragten als erschwerend für die Zusammenarbeit im Team eingeschätzt. Eine wesentliche Rolle spielen hier moderne IuK-Technologien. So gaben 65% der Teams in der Beratung sowie in 52% der Teams der produzierenden Industrie an, daß die räumlichen Distanzen durch IuK-Technologien überbrückt werden.

Kriterien	Ausprägung	
Branchen	in den Teams der Beratungsunternehmen	in den Teams der produzierenden Industrie
Kollegen arbeiten räumlich getrennt.	30%	30%
Räumliche Distanz erschwert die Zusammenarbeit.	21%	17%
Kommunikationsmedien überbrücken Distanzen.	65%	52%

Tab. 4-5: Räumliche Distanzen im Team[563]

Während in den Teams der Beratungsindustrie keine signifikanten Einflüsse zwischen der räumlichen Nähe und der Transferbereitschaft nachzuweisen waren, zeigte sich in den Teams der produzierenden Industrie ein positiver Zusammenhang zwischen den beiden Faktoren. Dabei war erstaunlicherweise festzustellen, daß die Bereitschaft der Teammitglieder in den Projektteams der produzierenden Industrie zum Wissenstransfer wächst, je größer die Distanz zu ihren Teamkollegen ist. Gerade hier wäre zu erwarten gewesen, daß die Bereitschaft zum Wissenstransfer bei räumlicher Nähe stärker ausgeprägt ist, da die Akteure persönliche Beziehungen und somit ein gewisses Vertrauensverhältnis zueinander aufbauen können. Für das abweichende Ergebnis lassen sich folgende Begründungen anführen: Einerseits ist vorstellbar, daß für den Wissenssender gegenüber dem nachfragenden Teamkollegen aufgrund der großen Entfernung in der Zusammenarbeit keine unmittelbare Konkurrenzsituation vorliegt, so daß er sein Wissen bereitwillig mitteilt. Andererseits besteht vielleicht gerade wegen der räumlichen Distanz auf allen Seiten ein größeres Informationsbedürfnis, wodurch sich die Bereitschaft zum Wissenstransfer erhöht.

Daß der Einfluß der räumlichen Distanz bei den Teams der Beratungsunternehmen keinen signifikanten Zusammenhang mit der Transferbereitschaft aufweist, läßt sich dadurch erklären, daß räumlich getrenntes Arbeiten für die Abwicklung von Beratungs-

563 Aggregation der Antworten „1 und 2: trifft nicht zu" bzw. „6 und 7: trifft (voll) zu".

projekten eine normale Rahmenbedingung darstellt. In der produzierenden Industrie hingegen stellt dieser Umstand für die Teammitglieder zumindest teilweise eine neue, ungewohnte Situation dar.

Abb. 4-27 zeigt einen Vergleich der Mittelwerte in den Teams beider Branchen bei räumlicher Nähe und bei räumlicher Distanz im Hinblick auf die Transferhäufigkeit. Dabei fällt auf, daß die Einschätzung der Transferhäufigkeit in den Teams der produzierenden Industrie bei räumlicher Distanz geringfügig sinkt, während sie in der beratenden Industrie nahezu gleichbleibt.

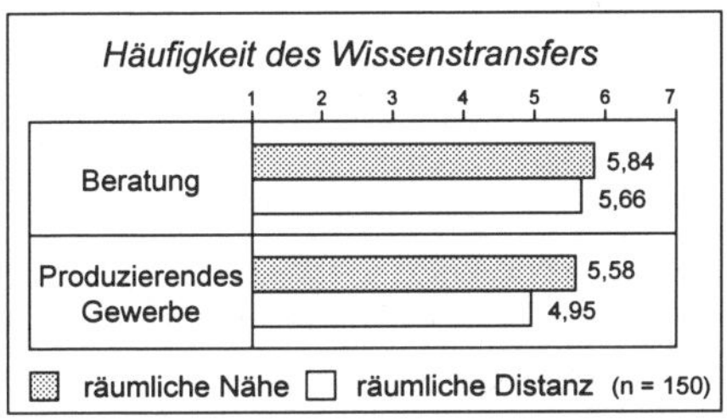

Abb. 4-27: Konsequenzen der räumlichen Distanz

Mehrere Forschungsarbeiten haben bereits die Kommunikationshäufigkeit in Teams analysiert und sind zu dem Ergebnis gelangt, daß die Kommunikationshäufigkeit im Team mit steigender räumlicher Distanz abnimmt.[564] Eine Regressionsanalyse zur Überprüfung des Zusammenhangs zwischen der räumlichen Distanz und der Häufigkeit des Wissenstransfers in den betrachteten Projektteams wies einen negativen Zusammenhang auf und bestätigt die bisherigen Forschungsergebnisse dahingehend, daß Wissen in den Teams der produzierenden Industrie seltener transferiert wird, je größer die Distanzen der Teamkollegen voneinander sind (vgl. Abb. 4-28).[565] Die Analyse der Transferbereitschaft zeigt allerdings ebenso, daß die räumliche Entfernung keinen Hinderungsgrund für die Bereitschaft zum Wissenstransfer darstellt.

---

564 Vgl. z.B. Allen (1993); Högl (1998), S. 93 oder Davenport/Prusak (1999), S. 94f.

565 Dies ist das zentrale Untersuchungsergebnis einer Studie von Allen (1993).

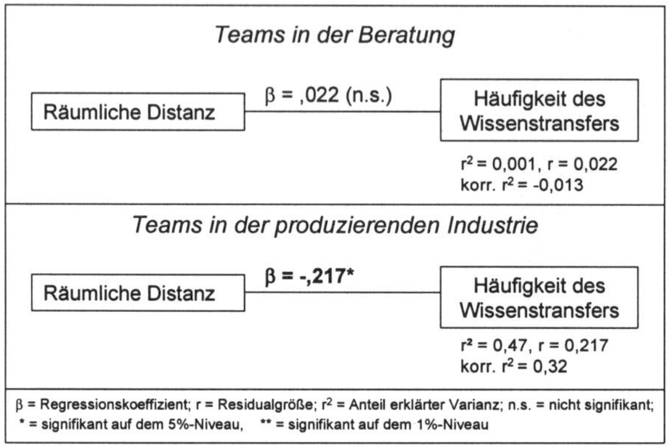

Abb. 4-28: Zusammenhang zwischen räumlicher Distanz und Transferhäufigkeit

Hinsichtlich der Empfehlungen für die Ausgestaltung der räumlichen Nähe ist es schwierig, die gegensätzlichen Einflüsse des Faktors *räumliche Distanz* auf die Häufigkeit und die Bereitschaft zum Wissenstransfer für die Teammitglieder in der produzierenden Industrie zu vereinen. Jedoch erscheint es plausibel, die Teammitglieder räumlich zu integrieren, da auf diese Weise einerseits eine direkte Nutzung von Expertenwissen ermöglicht wird und sich andererseits innerhalb der Teams persönliche Beziehungen und informelle Kommunikationsstrukturen entwickeln können, die ebenfalls einen großen Einfluß auf die Mitarbeitermotivation und somit auf die Transferbereitschaft nehmen.[566] Arbeitsplätze, die nahe beieinander liegen, stellen eine Voraussetzung für eine direkte und informelle Interaktion der Teammitglieder untereinander dar. Zudem kann implizites Wissen besser transferiert werden.

4.3.3.2 Art der teaminternen Beziehungen

Der Erfolg des Wissenstransfers – im Sinne einer Deckungsgleichheit der intendierten Wissensinhalte – hängt sehr stark von der Sender-Empfänger-Beziehung, von den generellen Transferbedingungen im Team und dem unmittelbaren Übertragungskontext (Zeit, Person, Aufgaben etc.) ab.[567] Im Hinblick auf die persönlichen Beziehungen des einzelnen Mitarbeiters zu seinen Teamkollegen hegen die meisten Befragten Sympathie für ihre Teamkollegen (M=5,98 bzw. M=5,97). Freundschaften untereinander existieren hingegen nicht deutlich ausgeprägt (M=3,69 bzw. M=3,53).

---

566 Vgl. Wagner (2000), S. 92 sowie Högl (1998), S. 83.

567 Vgl. Peritsch (2000), S. 165f. Zu Beziehungen im Team vgl. Kap. 3.2.2.1.

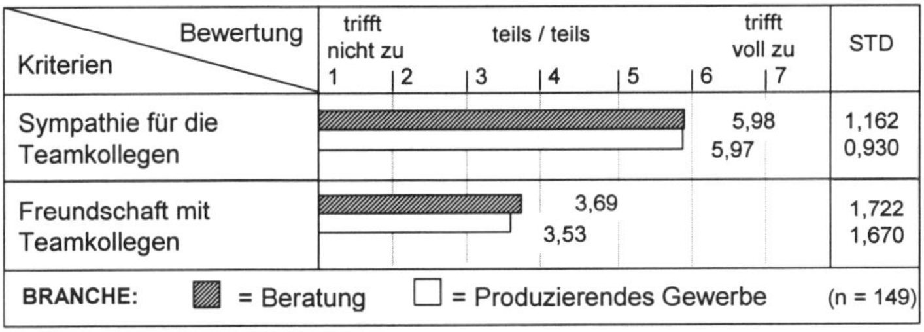

Abb. 4-29: Ausmaß an Sympathie für die Teamkollegen

Eine zusätzliche Regressionsanalyse im Hinblick auf die Transferhäufigkeit zeigte für beide Branchen, daß Teammitglieder, die persönliche Beziehungen zu ihren Teamkollegen pflegen, d.h. die einander sympathisch oder sogar befreundet sind, häufiger Wissen austauschen.[568] Bei der Betrachtung der Beratungsteams wurde ein positiver Zusammenhang zwischen den persönlichen Beziehungen im Team und der Bereitschaft der Teammitglieder zum Transfer deutlich. Die Beziehungen der Teammitglieder untereinander beeinflussen den Wissenstransfer insofern, als eine hohe Kohäsion die Interaktion anregt und auf diese Weise das Individuum zum Transfer von Wissen motiviert.[569] Somit findet sich die auf den Motivations- und Austauschtheorien basierende Forderung nach einem intakten sozialen Umfeld zur Förderung der intrinsischen Motivation bestätigt.

Festzuhalten ist, daß die Teammitglieder umso eher bereit sind, ihr Wissen auszutauschen, je sympathischer sie die Teamkollegen finden und je mehr Meinungsvielfalt im Team herrscht (vgl. Abb. 4-30).[570] Daher ist ein gewisses Maß an Sympathie der Teammitglieder eine notwendige Voraussetzung für den Wissenstransfer im Team. Denn Mitarbeiter, die einander sympathisch finden oder sogar befreundet sind, transferieren ihr Wissen meist häufiger.

---

568 Vgl. zu den Ergebnissen Anhang A.10.

569 *Wiswede* beschreibt, daß das Ausmaß der zwischenmenschlichen Sympathie proportional zu der Zahl der Interaktionen steigt, wobei allerdings eine Freiwilligkeit der sozialen Beziehung vorausgesetzt wird. Vgl. Wiswede (1992), Sp. 738. Der Autor stützt sich bei seinen Ausführungen auf die Erkenntnisse von Homans (1960).

570 Vgl. zu den Ergebnissen der Meinungsvielfalt innerhalb der Teams Abb. 4-12.

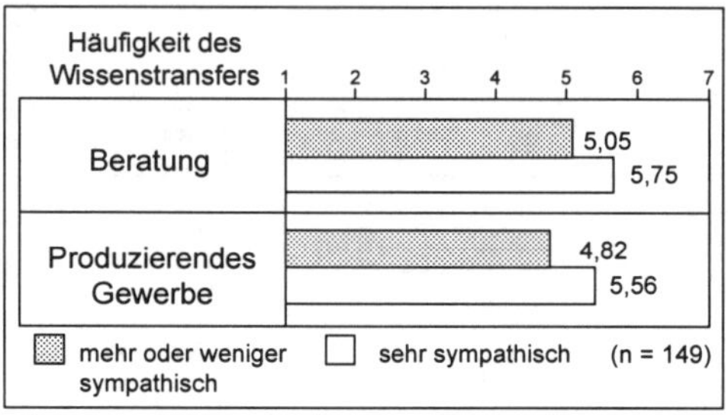

Abb. 4-30: Transferhäufigkeit im Team nach Sympathie der Kollegen

4.3.3.3 Heterogenität der Teammitglieder

Die Heterogenität der Teambesetzung erwies sich in der Regressionsanalyse – sowohl in der Beratung als auch in der produzierenden Industrie – als signifikanter Faktor, der die Bereitschaft des einzelnen Teammitglieds zum Wissenstransfer positiv beeinflußt.[571] Als Heterogenität werden allgemein Unterschiede hinsichtlich individueller Merkmale von Teammitgliedern auf Teamebene bezeichnet.[572] Da Projektteams in der Regel mit Mitarbeitern aus verschiedenen Wissens- und/oder Unternehmensbereichen besetzt sind, ergeben sich hieraus Unterschiede bspw. hinsichtlich der Fachkenntnisse, der Bereichskulturen oder des Berufsverständnisses einzelner Teammitglieder.[573] Unabhängig von der Fachrichtung der Expertise oder dem Grad der Ausbildung (Lehre, Studium etc.) kann sich eine heterogene Teambesetzung als problematisch für die Zusammenarbeit – und somit auch indirekt für den Wissenstransfer – erweisen oder gar zu Konflikten führen, wenn das Fähigkeitsniveau der Teammitglieder zu große Diskrepanzen aufweist.[574]

Die betrachteten Teams der Stichprobe sind fachlich mehrheitlich heterogen, hierarchisch jedoch eher homogen zusammengesetzt (vgl. Abb. 4-31). Die vorliegende empirische Analyse ergab, daß die fachliche Heterogenität der Teammitglieder bei der Teambesetzung eine wichtige Voraussetzung für die Schaffung neuen Wissens und somit auch zum Wissenstransfer darstellt.[575]

---

571 Vgl. zu den Ergebnissen der Regressionsanalyse Abb. 4-26.

572 Vgl. Högl (1998), S. 98.

573 Vgl. Goodman/Ravlin/Argote (1987), S. 15 sowie Dougherty (1987), S. 75ff. zu Unterschieden in den Wahrnehmungen und Informationsständen von Mitarbeitern aus verschiedenen organisationalen Bereichen.

574 Vgl. Morgan/Lassiter (1992), S. 82f. sowie Högl (1998), S. 98.

575 Vgl. Nonaka/Takeuchi (1995), S. 74ff. Die Autoren vertreten die Auffassung, daß Vielfalt, lokale Abweichungen und Flexibilität bei der Zusammenarbeit von Personen den Wissenstransfer fördert.

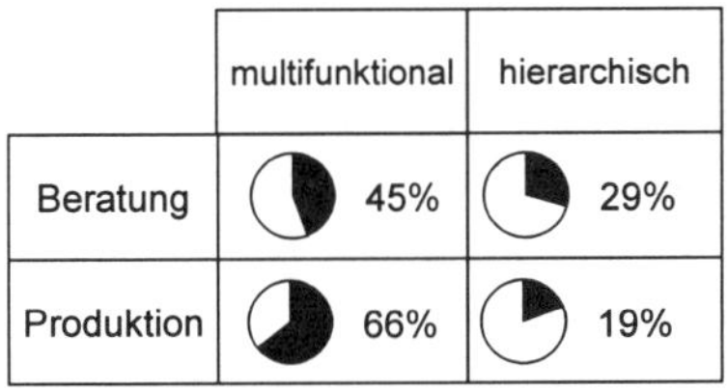

Abb. 4-31: Art der Zusammensetzung der betrachteten Teams

Eine weiterführende Analyse der Teams unterteilt nach fachlicher Homogenität und Heterogenität der Teammitglieder unterstützt die These, daß die Teambesetzung zur Förderung des Wissenstransfers möglichst heterogen erfolgen sollte (vgl. Abb. 4-32): So werden bspw. Kollegen anderer Funktionsbereiche in multifunktional zusammengesetzten Teams eher am Wissen beteiligt (M=6,48). Ebenso trifft es in multifunktionalen Teams eher zu, daß alle benötigten Informationen übermittelt werden (M=6,57). Im Hinblick auf die fachliche Kompetenz sprechen die Projektteammitglieder ihren Teamkollegen bei multifunktionaler Besetzung eher fachliche Kompetenz zu (M=5,78). Die Befragung ergab darüber hinaus, daß es in multifunktionalen Teams eher zutrifft, daß die Teammitglieder offen und gleichberechtigt diskutieren (M=6,39).

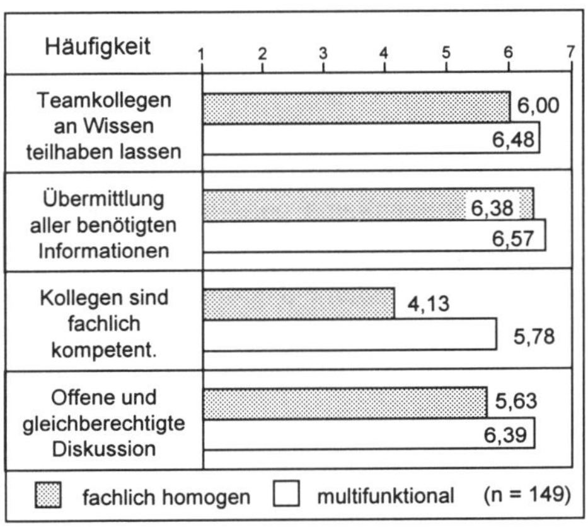

Abb. 4-32: Beurteilung der Zusammenarbeit im Team

Wenn Mitarbeiter verschiedener Bereiche zusammenarbeiten – und somit auch die Chance besteht, daß sie voneinander lernen – entsteht durch die Kombination der vielfältigen Fachkenntnisse und verschiedenen Wissensbasen der Teammitglieder untereinander ein nicht zu unterschätzendes Kreativitätspotential.[576] Darüber hinaus steigt die Problemlösungskapazität des Gesamtteams aufgrund der Meinungsvielfalt und der Zusammenführung verschiedener Spezialisten bei einer interdisziplinären Teambesetzung. Werden Teammitglieder jedoch aus einem eng abgegrenzten Spezialgebiet rekrutiert, so wird der Austausch von Wissen gehemmt.

Zusammenfassend ist festzuhalten, daß ein unterschiedliches Wissens- und Fähigkeitsniveau der Teammitglieder sowie die Heterogenität der Teammitglieder, bspw. in Bezug auf ihr Ausbildungsniveau oder ihre Position in der Unternehmenshierarchie, die Zusammenarbeit und somit den Wissenstransfer erschweren kann.[577] Daher sollte innerhalb eines Teams darauf geachtet werden, daß die Teammitglieder neben ihrer fachspezifischen Expertise aus unterschiedlichen Bereichen inhaltliche Anknüpfungspunkte zueinander haben. Da die Heterogenität der Teammitglieder bzgl. ihrer Tätigkeit im Unternehmen die Bereitschaft zum Wissenstransfer positiv beeinflußt, ist ein Team nicht nur aus fachlichen Gründen, sondern auch zur Unterstützung des teaminternen Wissenstransfers interdisziplinär zu besetzen, wobei die Teammitglieder den in Kap. 3.2.3.1 beschriebenen Anforderungen genügen müssen.[578]

4.3.3.4 Einfluß der Teamgröße

Wie zuvor erläutert, muß bei der Teamzusammensetzung auf eine Balance zwischen einer nötigen hierarchischen Homogenität der Mitglieder und einer ausreichenden Diversifikation der Fachqualifikationen geachtet werden. Darüber hinaus spielt für die Ausprägung des Wissenstransfers die ‚richtige' Teamgröße eine wichtige Rolle, wobei die optimale Teamgröße bei Projektteams generell von der zu erfüllenden Aufgabe abhängt.[579] Im Zusammenhang mit der Anzahl der Personen in einem Team ist insbesondere die Obergrenze zu beachten, damit das Team nicht so viele Mitglieder hat, daß sich zusätzlich Subteams ausbilden.[580]

---

576 Vgl. Myers (1996), S. 100 und S. 101 sowie Campion/Medsker/Higgs (1993), S. 823.

577 Vgl. Högl (1998), S. 99.

578 Vgl. zur Vorgehensweise bei der Teambesetzung z.B. Augustin/Kern/Hornstein (2002).

579 Vgl. Wiswede (1992), Sp. 743.

580 Vgl. zur Gefahr der Bildung von Subteams Högl (1998), S. 10f.

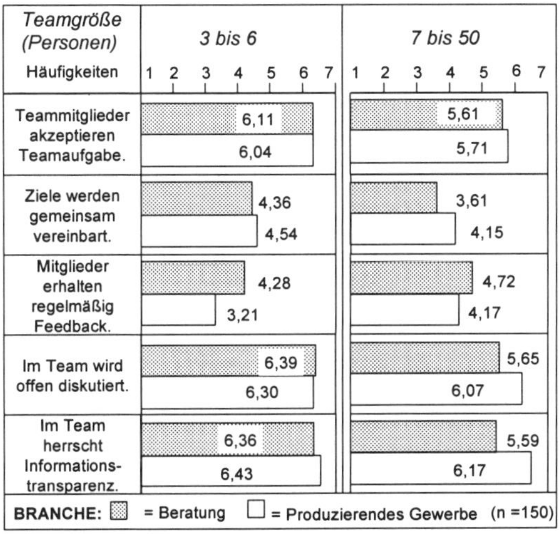

Abb. 4-33: Einschätzungen der Teamführung bei zunehmender Teamgröße

Abb. 4-33 stellt unterschiedliche Einschätzungen der Einflußgrößen aus dem Bereich Human Resource Management von Teammitgliedern aus kleinen und aus großen Teams gegenüber. So sinkt die Akzeptanz der Teamaufgabe in den Teams beider Branchen mit zunehmender Teamgröße. Ein Grund liegt sicherlich darin, daß Ziele in größeren Teams nicht mehr so häufig gemeinsam vereinbart werden. Interessant ist jedoch, daß von den Befragten beider Branchen die Mitglieder größerer Teams häufiger angaben, ein Feedback über ihre Leistungen zu erhalten. Zurückzuführen ist dieser Umstand auf die Tatsache, daß bei größeren Teams regelmäßige institutionalisierte Meetings erforderlich sind, in deren Rahmen die Rückkopplung über die bisherigen Arbeitsergebnisse einen festen Bestandteil darstellt. Die Analyse ergab, daß große Teams überwiegend in großen Unternehmen gebildet werden, in denen üblicherweise Führungsprozesse stärker formalisiert sind. Die empirischen Ergebnisse zeigen jedoch auch, daß die Befragten mit zunehmender Teamgröße die Führung offener Diskussionen und die Informationstransparenz innerhalb ihrer Teams als weniger zutreffend beurteilen (vgl. Abb. 4-33).

Bei einer überschaubaren Anzahl an Teammitgliedern bilden sich in kleineren Teams schneller persönliche Beziehungen, die den Wissenstransfer zwischen einzelnen Mitarbeitern fördern können.[581] Die in Abb. 4-34 dargestellten Analyseergebnisse bestätigen diese These. In kleinen Teams wird in beiden analysierten Branchen häufiger

---

581 Vgl. Mullen/Copper (1994). Vgl. zum Einfluß persönlicher Beziehungen auf den Wissenstransfer Kap. 4.3.3.2.

Wissen transferiert. Bei einer Teamstärke bis zu sechs Personen lassen Teammitglieder ihre Kollegen eher an ihrem Wissen teilhaben. Abb. 4-34 stellt ebenso dar, daß der Wissenstransfer in kleinen Teams – insbesondere von den Teammitgliedern in der Beratung – besser eingeschätzt wird als in großen Teams.

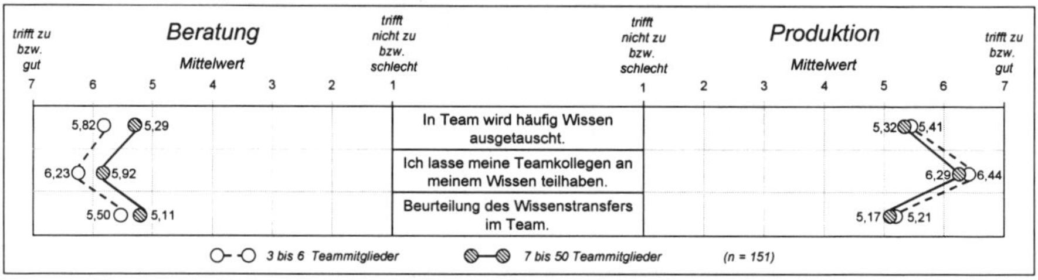

Abb. 4-34: Beurteilung des Wissenstransfers in kleinen und großen Teams

Aus diesen Ergebnissen läßt sich ableiten, daß zur Förderung des teaminternen Wissenstransfers eher kleine Teams mit einer durchschnittlichen Teamgröße zwischen drei und sechs Mitgliedern gebildet werden sollten.[582] Bei einer zu großen Mitgliederzahl wird die direkte Kommunikation aufgrund steigender Komplexität der Kommunikationsstrukturen aufwendiger, zudem wächst der Koordinationsaufwand.[583] Wie die Diskussion zeigt, beeinflußt die Anzahl der Teammitglieder sowohl den Wissenstransfer als auch die identifizierten Einflußfaktoren. Daher ist die Teamgröße zusätzlich als weiterer Kontextfaktor zu den in der Analyse identifizierten Einflußgrößen zu berücksichtigen, um optimale Rahmenbedingungen für den teaminternen Wissenstransfer zu schaffen.

4.3.3.5 Art der teaminternen Kommunikationsstruktur

Verschiedene Tätigkeiten von räumlich und zeitlich getrennt arbeitenden Personen, die in einem Projektteam mitarbeiten und somit an der Projektdurchführung beteiligt sind, können nur dann koordiniert werden, wenn eine entsprechende Informationsversorgung gewährleistet ist. Da Wissen durch Kommunikation übertragen wird, hängt die Art der Kommunikation eng mit dem Wissenstransfer der Teammitglieder untereinander zusammen. Für die Bereitstellung von Informationen kommt der in Kapitel 3.2.4 beschriebenen teaminternen Kommunikationsstruktur eine wichtige Bedeutung zu. Dabei wird die Art der teaminternen Kommunikation von einigen Rahmenbedingungen beeinflußt:

---

582 Vgl. Högl (1998), S. 10f. sowie Bühner/Pharao (1993), S. 49. Die Empfehlung basiert weiterhin auf den insgesamt positiven Einschätzungen der Befragten zum Wissenstransfer (vgl. Abb. 4-6). Die Teamgröße liegt in der Stichprobe bei durchschnittlich acht Personen in den Beratungsteams (bzw. neun in der produzierenden Industrie) (vgl. zu diesen Ergebnissen Abb. 4-3).

583 Vgl. Högl (1998), S. 95.

a) der Beziehung zwischen Wissenssender und -empfänger,

b) der räumlichen Distanz, da räumliche Nähe Voraussetzungen für spontane Kommunikation schafft, und

c) der Art der Kommunikationsstruktur im Team. So läßt beispielsweise die Art und die Anzahl der Teamsitzungen – denkbar sind hier regelmäßige oder unregelmäßige Treffen – in denen der aktuelle Stand des Projektes aufgezeigt und das weitere Vorgehen geklärt wird, auf die Art der teaminternen Kommunikation schließen.

Die persönlichen Beziehungen und die räumliche Entfernung sind bereits als Einflußgrößen auf den Wissenstransfer identifiziert und diskutiert worden. Sie beeinflussen jedoch gleichzeitig die teaminterne Kommunikationsstruktur. Aus diesem Grund läßt es sich erklären, daß die Faktorenanalyse keine verwertbaren Ergebnisse zur Strukturierung dieser Variablen im Bereich der Art der Kommunikation liefern kann. Im folgenden werden wesentliche Ergebnisse zur Gestaltung der teaminternen Kommunikationsstruktur diskutiert und interpretiert.

Innerhalb von Teams müssen für das Projekt relevante Informationen schnell weitergegeben werden. Im Hinblick auf die Kommunikationssituation im Team kann dies formell oder informell, auf schriftlichem oder mündlichem Wege erfolgen. Tab. 4-6 stellt die Ausprägungen der teaminternen Kommunikation in der Stichprobe dar. Innerhalb der befragten Teams findet eine rege Kommunikation statt, in denen Wissensträger ihr Wissen mit Kollegen diskutieren und dabei neues Wissen schaffen, das sie in ihrer Zusammenarbeit weiter bringt. Insgesamt gaben ca. 75% der Befragten an, daß die Kommunikation innerhalb ihres Teams gut sei.[584] Die Analyse der teaminternen Kommunikationsstrukturen ergab, daß 44% der Befragten die Teamkommunikation vorrangig im Rahmen von regelmäßigen Teamsitzungen sehen, d.h. sie kommunizieren eher formell.

Tab. 4-6 verdeutlicht jedoch ebenso, daß 87% der Befragten auch außerhalb der offiziellen Teamsitzungen kommunizieren. Diese Kontakte können informell und relativ unstrukturiert sein, so daß sie sich nur bedingt für die Lösung spezifischer, z.B. technischer Probleme eignen. Es kann sich jedoch auch um strukturierte bilaterale Gespräche zweier Teamkollegen zur Diskussion einer bestimmten Problemstellung handeln. Generell bietet die Kommunikation außerhalb von Teamsitzungen Chancen für die Entstehung neuer Ideen oder unkonventioneller Lösungswege. Parallel zu den formellen entwickeln sich informelle Kommunikationsstrukturen infolge von Kontakt- und

---

584 Vgl. Anhang A.9.

Mitteilungsbedürfnissen der Mitarbeiter und ihrer individuellen Ziele und Motive.[585] Begünstigt wird die Entstehung informeller Kommunikationsstrukturen durch eine wissensfreundliche Teamkultur.[586]

Kriterien	**Ausprägung** (n=149)	
Institutionalisierung der Kommunikation im Team[587]	Kommunikation erfolgt in Sitzungen. 44%	Kommunikation auch außerhalb der Sitzungen. 87%
Unterstützung der teaminternen Kommunikation	über einen Vermittler 28%	ohne Vermittler 36%
Die Kommunikation im Team verläuft...	... oft spontan. 37%	... geplant. 20%

Tab. 4-6: Ausprägung der teaminternen Kommunikation

Im weiteren Hinblick auf den Formalisierungsgrad der Kommunikation gaben 28% der Befragten an, daß ihre Kommunikation über einen Vermittler, d.h. über den Teamleiter oder einzelne Teammitglieder, verläuft (Tab. 4-6). 36% verneinten die Existenz eines solchen Vermittlers in ihrem Team. Die teaminterne Kommunikation kann bei den betrachteten Projektteams demzufolge eher als direkt bezeichnet werden. Somit ist als Ergebnis festzuhalten, daß die Kommunikation oft spontan und seltener geplant erfolgt.

Den Einfluß der Kommunikation auf den Wissenstransfer bei den befragten Teammitgliedern gibt Abb. 4-35 wieder. Sowohl in der Beratungsbranche als auch in der produzierenden Industrie ergaben sich bei einer als gut empfundenen Kommunikation im Team höhere Mittelwerte für den Transfer von Wissen. Insbesondere bei der Frage nach der Häufigkeit des Wissenstransfers zeigte sich in den Teams der Beratungsbranche eine deutlich bessere Einschätzung (M=6,04) bei guter Teamkommunikation als bei nur mittelmäßiger Teamkommunikation (M=4,67). Obwohl die Teammitglieder nicht in unmittelbarer Nähe zueinander arbeiten, unterstützen vorhandene Medien die Teamkommunikation und kompensieren somit die Situation, daß die Teamkollegen nicht physisch anwesend sind.[588]

---

585 Vgl. Kap. 3.2.4 sowie Tab. 2-1 zu intrinsischen Motiven.

586 Vgl. zur Teamkultur Kap. 5.4.2.

587 Dieser Aspekt wurde mit Hilfe zweier verschiedener Fragen abgeprüft. Die Prozentzahlen enthalten die aggregierten Werte „1 und 2 : trifft (gar) nicht zu“ und „6 und 7 : trifft (voll) zu“.

588 Vgl. hierzu die Ausführungen Tab. 4-6.

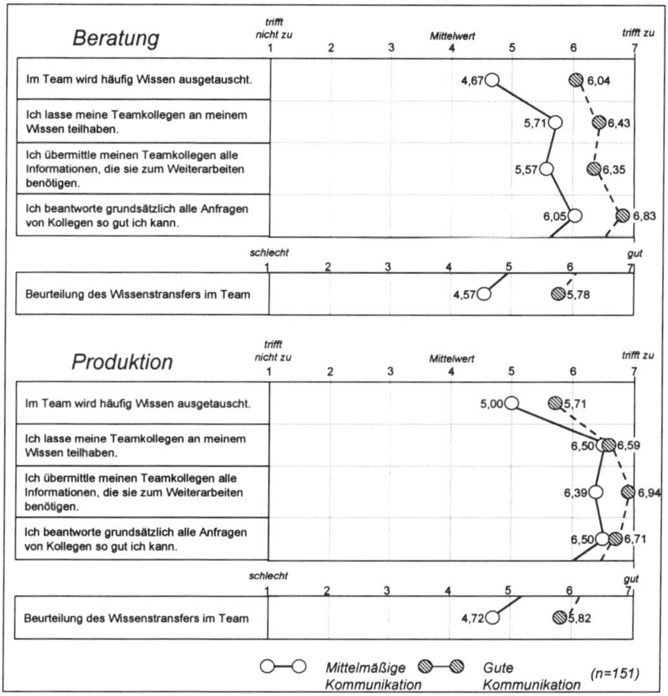

Abb. 4-35: Zusammenhang zwischen Teamkommunikation und Wissenstransfer

4.3.4 Nutzung von IuK-Technologien für den Wissenstransfer

Zur Unterstützung der teaminternen Kommunikation – und somit des teaminternen Wissenstransfers – können neben dem direkten persönlichen Gespräch verschiedene IuK-Technologien genutzt werden. Aufbauend auf dem theoretischen Bezugsrahmen dieser Arbeit, daß IuK-Technologien eng mit dem Wissenstransfer zusammenhängen, wurden in Kap. 4.2.3.3 Ausprägungen und Nutzungshäufigkeiten einiger Technologien diskutiert und interpretiert. Insgesamt bewerteten die Befragten die Unterstützung des Wissenstransfers mit Hilfe der vorhandenen IuK-Technologien zu 63% als optimal.[589] Lediglich 3% der befragten Teammitglieder waren der Ansicht, daß die existierenden Technologien den Transfer nur unzureichend unterstützen.

Aus den deskriptiven Ergebnissen läßt sich ableiten, daß der IuK-Technologie beim Wissenstransfer generell eine wichtige unterstützende Funktion zukommt. Die Analyse

---

589 Vgl. Anhang A.11.

der Nutzungshäufigkeit der IuK-Technologien verdeutlicht, daß die Teammitglieder E-Mail und der Face-to-Face-Kommunikation den höchsten Stellenwert einräumen.[590] 89% bzw. 86% der befragten Teammitglieder nutzen die synchrone, unmittelbare Kommunikation in Form von Face-to-Face-Gesprächen für den Wissenstransfer.[591] *Katz* merkt dazu an,

> „that interpersonal communication, rather than technical reports, publications, or other written documentations, are the primary means by which [...] professionals collect and transfer important new ideas and information into their [...] groups." Katz (1982), S. 81.

Dieses Resultat deckt sich mit den Aussagen der **Media-Richness-Theorie**.[592] Dieses theoretische Konzept beschreibt die Reichhaltigkeit der möglichen – sowohl technischen als auch persönlichen – Interaktionsinstrumente beim Wissenstransfer anhand des gewählten Medientyps und der Schnelligkeit des Feedbacks durch dieses Medium.[593] Basierend auf der Annahme, daß IuK-Technologien unterschiedliche Kapazitäten für den Transfer von Wissen besitzen, fanden *Daft* und *Lengel* heraus, daß sich die persönliche Kommunikation als „reichhaltigstes Medium" für den Transfer von Wissen gegenüber den IuK-Technologien besonders eignet.[594] Mit Hilfe von Sprache, Tonfall, Gestik und Mimik bietet die Face-to-Face-Kommunikation eine Vielzahl paralleler Kanäle, ermöglicht unmittelbares Feedback, stellt ein reiches Spektrum an Ausdrucksmöglichkeiten zur Verfügung und erlaubt die unmittelbare Wahrnehmung persönlicher Stimmungslagen und Emotionen. Dem persönlichen Gespräch folgt die Nutzung des Telefons sowie die Wissensdokumentation in Form persönlicher Notizen. Der Output von Computern in Form numerischer Informationen bzw. Daten steht für die Autoren am Ende ihres Media-Richness-Rasters.[595] Welches Medium die Kommunikation optimal unterstützt, hängt von der Komplexität der Aufgabe ab, die es zu erledigen gilt.[596]

Zu demselben Ergebnis kommen auch *Grant* und *Almeida*, die in Experteninterviews Mechanismen analysierten, die bei internationalen Wissenstransfers in der Halbleiterindustrie eingesetzt wurden.[597] Zwischen der Reichhaltigkeit des gewählten Mediums und der Effektivität des Wissenstransfers liegt eine indirekte kausale Beziehung vor:[598] Ein reichhaltiges Medium fördert die Offenheit zwischen den Akteuren und führt so zu

---

590 Vgl. zu den deskriptiven Ergebnissen Abb. 4-17.

591 Vgl. Anhang A.11.

592 Vgl. Daft/Lengel (1984) sowie Reichwald/Göcke (1995), Sp. 166ff.

593 Vgl. Wagner (2000), S. 104ff. Zur Reichhaltigkeit verschiedener Instrumente vgl. Daft/Lengel (1984).

594 Vgl. Daft/Huber (1987), S. 14 sowie Daft/Lengel (1984), S. 197.

595 Vgl. Daft/Lengel (1984), S. 196. Es gilt jedoch nicht, daß „reiche" Medien automatisch besser und „arme" Medien per se schlechter sind.

596 Vgl. hierzu Möslein (2000), S. 112f.

597 Vgl. Almeida/Grant (1998).

598 Vgl. zu dieser Studie, die die o.g. Ergebnisse bestätigt Wathne/Roos/Krogh (1996), S. 62.

einer höheren Effektivität des Transfers. Obwohl durch das persönliche Gespräch nur eine geringe Zahl an Wissensempfängern erreicht werden kann, bietet es sich insbesondere für den Transfer von implizitem Wissen an. Abb. 4-36 zeigt die Systematisierung der Mechanismen nach den Merkmalen der Explizierbarkeit des Wissens (implizit versus explizit) und der Reichweite der IuK-Technologien (Media-Richness).

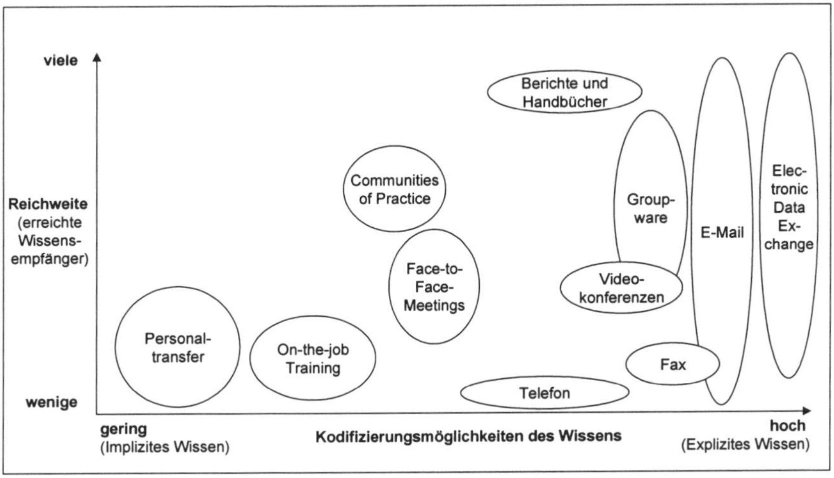

Abb. 4-36: Klassifikation von Transfermechanismen nach Explizierbarkeit und Reichweite[599]

Da der elektronische Austausch von Informationen häufig keine direkte persönliche Interaktion zwischen Wissenssender und -empfänger vorsieht, kommt die Nutzung von Medien nur für Wissen in Frage, das einen geringen Komplexitätsgrad aufweist. Liegt das Wissen bereits in explizierter Form vor, bietet sich die Nutzung von IuK-Technologien an: So kann es per E-Mail oder in gemeinsamen Informationsräumen an einen großen Empfängerkreis transferiert werden. Je komplexer das zu übertragende Wissen jedoch ist, desto effektiver ist die Kommunikation über reiche Medien bzw. durch Face-to-Face-Kommunikation.[600] Die Übermittlung impliziten Wissens erfordert eine intensive Interaktion der beteiligten Transferpartner. Im Sinne der zuvor beschriebenen Personalisierungsstrategie kann derart komplexes unstrukturiertes Wissen nur durch On-the-Job-Training bzw. eine Entsendung von Mitarbeitern im Rahmen eines Personaltransfers – durch Sozialisation – übertragen werden.[601] Neuere Entwicklungen

599 In Anlehnung an Almeida/Grant (1998), S. 20. Abb. 4-36 gibt die unterschiedliche Beurteilung der Reichweite bei Betrachtung der erreichten Wissensempfänger wieder. Zu weiteren Beispielen vgl. Daft/Huber (1987), S. 14f. sowie Daft/Lengel (1984), S. 195ff.

600 Vgl. Möslein (2000), S. 112f.

601 Vgl. hierzu Kap. 2.3.3 sowie Nonaka/Takeuchi (1995), S. 62ff.

im Bereich der IuK-Technologien dienen nicht mehr ausschließlich der Kommunikationsunterstützung, sondern fördern die Kooperation räumlich getrennt arbeitender Mitarbeiter. Als Beispiel sind hier Projektplattformen zu nennen, die durch eine gemeinsame Bearbeitung von Daten eine gewisse Interaktion ermöglichen.[602]

Bezugnehmend auf das in Kap. 3.3.2 diskutierte Ort-Zeit-Modell von *Johansen* läßt sich die Nutzungshäufigkeit der untersuchten synchronen und asynchronen IuK-Technologien innerhalb der betrachteten Teams folgendermaßen charakterisieren:[603] Abb. 4-37 zeigt, daß die befragten Teammitglieder eine direkte, schnelle und persönliche Kommunikation bevorzugen, da E-Mail, Telefon und die Face-to-Face-Kommunikation für den Transfer von Wissen am häufigsten genutzt werden. Sowohl die befragten Teammitglieder in den Projektteams der Beratungsbranche (M=6,53) als auch die Teammitglieder in der produzierenden Industrie (M=6,46) nutzen die **synchrone**, unmittelbare Kommunikation in Form von Face-to-Face-Gesprächen für den Wissenstransfer nahezu ständig. Das persönliche Gespräch gewährleistet nicht nur eine hohe Informationsreichhaltigkeit, sondern schafft durch die physische Anwesenheit der Teammitglieder auch eine gemeinsame Vertrauensbasis, die einen Erfahrungs- und Wissensaustausch in Gang setzt.[604]

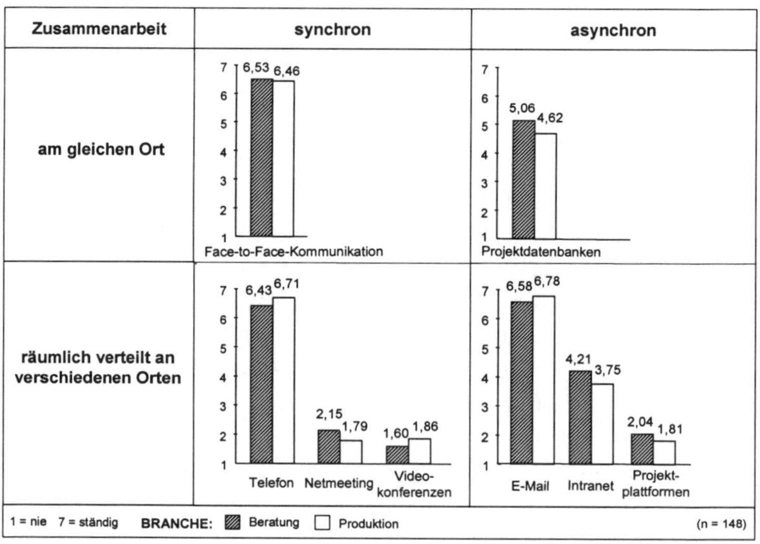

Abb. 4-37: Einordnung der genutzten IuK-Technologien in das Ort-Zeit-Modell

602 Vgl. Kap. 3.3.3.

603 Vgl. hierzu Kap. 3.3.2 sowie Johansen (1988), S. 44.

604 Vgl. Kap. 2.3.3.

In das Modell der synchronen IuK-Technologien, die räumlich verteilt an verschiedenen Orten genutzt werden, lassen sich das Telefon und Konferenzsysteme einordnen. Hierbei dominiert die Nutzung des Telefons sowohl in den Teams der Beratungsbranche (M=6,43) als auch in den Projektteams der produzierenden Industrie (M=6,71). Computerkonferenzen (Netmeeting) finden eher selten Verwendung, wobei die Nutzungshäufigkeit in den Teams der Beratungsbranche einen höheren Wert aufwies. Videokonferenzsysteme werden ebenfalls eher selten genutzt (M=1,60 in der Beratung bzw. M=1,86 in der produzierenden Industrie). Videokonferenzen bieten sich für den Transfer von Wissen an, das einen geringen Abstraktionsgrad aufweist, d.h. wenn ein reales Erleben erforderlich ist. Mit Hilfe von Bildern können komplexe Inhalte und teilweise Aspekte impliziten Wissens innerhalb von räumlich getrennt agierenden Projektteams transferiert werden, so daß Videokonferenzen der rein schriftlichen oder der fernmündlichen Kommunikation, nicht nur unter Qualitätsgesichtspunkten, sondern unter zeitlichen Aspekten weit überlegen sind.[605] Mit Hilfe von Gesten oder in Form von Bildern ist Wissen schneller zu übermitteln als in umfangreichen Projektberichten. Unter Kostengesichtspunkten stellen Videokonferenzen dann gegebenenfalls eine günstige Alternative zu regelmäßigen persönlichen Treffen dar. Jedoch kann auch mit Hilfe von Videokonferenzen die persönliche Interaktion nicht vollständig ersetzt werden.[606] Einen Erklärungsbeitrag für die geringe Nutzungshäufigkeit liefert das Ergebnis, daß die befragten Teammitglieder wie bereits erläutert zu 70% in räumlicher Nähe zueinander angesiedelt sind.[607]

Bei den **asynchronen** Technologien, die am gleichen Ort genutzt werden sind Projektdatenbanken zu nennen, deren Nutzung in beiden Branchen relativ häufig erfolgt (M=5,06 in der Beratung und M=4,62 in der produzierenden Industrie). Zu den IuK-Technologien, die asynchron und unabhängig von der Anwesenheit und dem Aufenthaltsort der agierenden Teammitglieder genutzt werden, zählen insbesondere E-Mail sowie daneben das Intranet und Projektplattformen. Während E-Mail-Systeme sehr häufig zum Einsatz kommen, ist die elektronische Dokumentenverarbeitung mittels internetbasierter Projektplattformen in den Teams beider Branchen eher selten (M=2,04 in der Beratung bzw. M=1,81 in der produzierenden Industrie).

605 Vgl. Möslein (2000), S. 213ff.; Reif-Mosel (2000), S. 99f.; Scholer (1998), S. 31 sowie Kap. 3.3.3.2.

606 Ein Vergleich von Videokonferenzen und persönlicher Kommunikation findet sich bei Bronner (1997), S. 87.

607 Vgl. zur räumlichen Distanz Kap. 4.3.3.1. Ein weiterer Grund für die seltene Nutzung mag in den relativ hohen Kosten für die technische Ausstattung liegen.

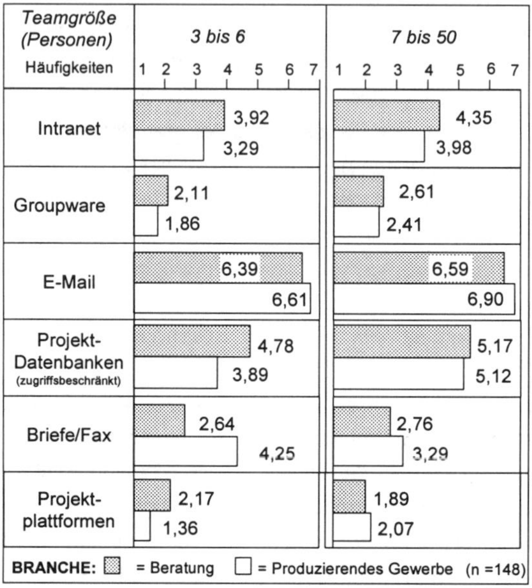

Abb. 4-38: Nutzung der IuK-Technologien nach der Größe des Teams

Interessant sind die Ergebnisse der vergleichenden Analyse zur Nutzungshäufigkeit einiger Technologien in kleinen und in großen Teams, die Abb. 4-38 darstellt. Generell werden alle analysierten Medien in größeren Teams stärker genutzt als in kleinen Teams. Diesen Trend unterstreichend gaben die Mitglieder großer Teams an, weniger Briefe bzw. Faxe zu versenden als die Mitglieder kleiner Teams. Um eine ausreichende Informationsversorgung aller Teammitglieder zu gewährleisten, empfiehlt sich die Implementierung von IuK-Technologien zur Unterstützung des Wissenstransfers eher für große als für kleinere Teams.

Abschließend läßt sich die Diskussion der in den Teams verwendeten IuK-Technologien zusammenfassen, daß der Wissenstransfer wenig sensibel auf die verwendeten IuK-Technologien reagiert. Diese Vermutung läßt sich darauf zurückführen, daß die Mitglieder der Teams beider Branchen den Transfer von Wissen innerhalb ihres Teams mehrheitlich als gut einschätzen.[608] Die Analyse der genutzten IuK-Technologien führte zu dem Ergebnis, daß überwiegend persönlich, per E-Mail oder per Telefon kommuniziert wird. Dieser Zusammenhang gibt einen Hinweis darauf, daß eine eindeutige Fokussierung von IuK-Technologien als Lösungsansatz für den Transfer von Wissen offensichtlich nicht berechtigt ist bzw. daß Möglichkeiten hochentwickelter techno-

608 Vgl. Kap. 4.2.2.

logischer Lösungen in den befragten Unternehmen noch nicht ausgeschöpft werden. Das läßt im Hinblick auf die positiven Aussagen zur Häufigkeit des Wissenstransfers die Schlußfolgerung zu, daß der Wissenstransfer in größerem Maße von anderen Faktoren abhängt als von dem Vorhandensein und der Nutzung von entsprechenden IuK-Technologien.

4.4 Fazit der empirischen Analyse

Generell haben sich in der empirischen Analyse alle wesentlichen Einflußfaktoren, die in der Literatur für die Gestaltung von Teamarbeit identifiziert und der empirischen Analyse zugrunde gelegt worden sind, bestätigt: Teammitglieder werden durch immaterielle Anreize, Feedback, Information, Delegation von Aufgaben oder die Gewährung von Autonomie motiviert.[609] Zur Förderung der Teammotivation sind die Mitglieder an Entscheidungen über Inhalt und Abwicklung des Projektes zu beteiligen.[610] Außerdem sollten Aufgaben, Befugnisse und Verantwortung weitestgehend an die Teammitglieder delegiert werden.[611] Für die Beteiligung der Teammitglieder an der Entscheidungsfindung bietet sich die Führung der Mitarbeiter mit Hilfe von Zielvereinbarungen (MbO) und Delegation an. Darüber hinaus wirkt sich Feedback positiv auf die Entwicklung und Leistung der Teammitglieder aus, da sie durch differenziertes und regelmäßiges Feedback lernen, sich und ihre Arbeitssituation besser einzuschätzen.[612]

Die Analyse der vorliegenden Arbeit mit Fokus auf die Individualmotivation zum Wissenstransfer hat jedoch einige zusätzliche Faktoren identifiziert. Die Untersuchung hat gezeigt, daß aus allen drei Bereichen Human Resource Management, Organisation und IuK-Technologie einzelne Variablen bzw. Faktoren den teaminternen Wissenstransfer beeinflussen können. Dabei haben sich einige Variablen als wesentliche Prädiktoren durchgesetzt, auf die im folgenden Kapitel detailliert eingegangen wird. Die optimale Personalauswahl für die Besetzung des Projektteams nach entsprechender Qualifikation der Experten oder nach deren Verfügbarkeit zur Förderung des team-

---

609 Vgl. Wurst/Högl (2001), S. 180.

610 Vgl. Patzak/Rattay (1998), S. 284f.

611 Vgl. Patzak/Rattay (1998), S. 284f.

612 Vgl. stellvertretend für die Literatur zur Teamführung Cartwright/Zander (1968).

internen Wissenstransfers fällt dabei nur als ein Kriterium ins Gewicht.[613] Aufbauend auf den in diesem Kapitel diskutierten Interpretationen der Analyseergebnisse werden anschließend Konzepte und Instrumente aus den drei Gestaltungsfeldern Human Resource Management, Teamorganisation und IuK-Technologie als Empfehlungen für die Praxis vorgestellt.

613 Vgl. zu Anforderungen an die Mitglieder eines Projektteams bspw. Augustin/Kern/Hornstein (2002).

5 Handlungsempfehlungen zur Förderung des Wissenstransfers

Basierend auf der Aufgabenstellung dieser Arbeit, Einflußfaktoren auf die Bereitschaft eines Individuums zum Wissenstransfer zu identifizieren, wurde eine empirische Befragung von Projektteammitgliedern in den beiden Branchen Unternehmensberatung und produzierendes Gewerbe durchgeführt. Die Auswertung der gewonnenen Daten ermöglicht es, Rückschlüsse auf die Ausgestaltung des Wissenstransfers in Projektteams zu ziehen. Die folgenden Abschnitte fassen die wesentlichen empirischen Ergebnisse zusammen und diskutieren die identifizierten Einflußfaktoren im Hinblick auf ihren Beitrag zur Motivation eines Teammitglieds zum teaminternen Wissenstransfer. Zentrales Anliegen dieses Kapitels ist es, die aus den theoretischen Betrachtungen und der empirischen Überprüfung gewonnenen Erkenntnisse über die Einflußfaktoren aus den drei Untersuchungsbereichen Human Resource Management, Organisation und IuK-Technologie auf den Wissenstransfer innerhalb von Projektteams zu Empfehlungen zur Förderung des teaminternen Wissenstransfers zu verdichten.

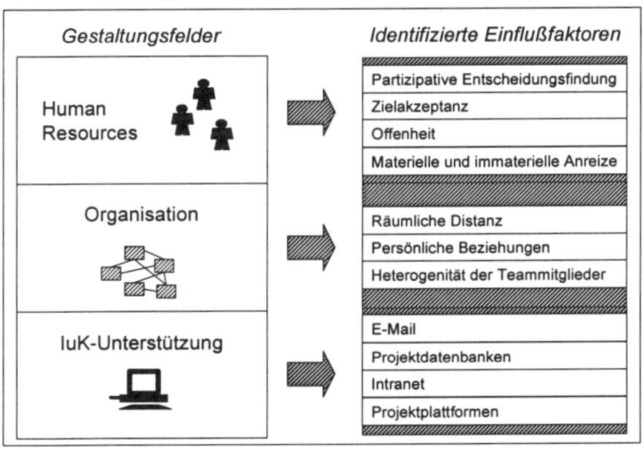

Abb. 5-1: Gestaltungsbereiche zur Förderung des teaminternen Wissenstransfers

Die empirische Untersuchung ergab, daß 80% der Teammitglieder in der Beratung (77% in der produzierenden Industrie) sehr gerne im Team arbeiten.[614] Dieses Ergebnis stützt die Annahme, daß die Strukturierung der Aufgaben eines gesamten Unternehmens nach Prozessen und in Teams bereits die intrinsische Motivation stärkt,[615] so daß sich die positiven Ergebnisse zum Wissenstransfer insgesamt erklären lassen: So gaben bspw. insgesamt 52% der Befragten an, daß in ihrem Team sehr häufig Wissen

[614] Vgl. Kap. 2.5 sowie zu den empirischen Ergebnissen Anhang A.9.

[615] Vgl. zu dieser Annahme Schulz (2000), S. 139f.; Frey/Osterloh (1997), S. 317; Schüppel (1996), S. 274 sowie Becker (1994), S. 937f.

ausgetauscht wird.[616] Intrinsische Motivation entwickelt sich bei dem einzelnen Teammitglied dann, wenn es über einen großen Handlungsspielraum verfügt, der von persönlichen Vorstellungen und Präferenzen geprägt ist.[617]

5.1 Gestaltungsbereich Human Resource Management

5.1.1 Würdigung der Ergebnisse zum Human Resource Management im Team

Aus dem Bereich des Human Resource Managements wurden in der empirischen Analyse Variablen aus dem Bereich Mitarbeiterführung im Team abgefragt und zu den vier Faktoren *partizipative Entscheidungsfindung, Zielakzeptanz, Feedback* und *Offenheit* verdichtet. Nachfolgende Abb. 5-2 stellt die Einflüsse der Faktoren auf die Transferbereitschaft für die analysierten Branchen Unternehmensberatung und produzierende Industrie zusammenfassend gegenüber.[618]

Branche / Einflußgrößen auf die Transferbereitschaft	Beratung	Produktion
Partizipative Entscheidungsfindung	●	●
Zielakzeptanz	●	○
Feedback	○	○
Offenheit	●	●
Materielle Anreize	○	○
Immaterielle Anreize	○	○

● = signifikanter Zusammenhang
○ = kein signifikanter Zusammenhang

Abb. 5-2: Einfluß der Faktoren der Mitarbeiterführung auf die Transferbereitschaft

Für die Teams der Beratungsunternehmen wiesen die Faktoren *partizipative Entscheidungsfindung, Zielakzeptanz* und *Offenheit* einen positiven signifikanten Zusammenhang mit der Transferbereitschaft auf. In den Teams der produzierenden Industrie ließ sich jeweils ein positiver Einfluß der Faktoren *partizipative Entscheidungsfindung* und *Offenheit* auf die Transferbereitschaft feststellen. Die Regressionsanalyse verdeutlicht damit, daß das einzelne Teammitglied durch eine offene Atmosphäre im

616 Der Prozentwert ergibt sich durch Aggregation der Antworten „6: trifft zu“ und „7: trifft voll zu“.
617 Vgl. Hackman/Oldham (1975), S. 161 sowie Cooper (1974), S. 54.
618 Vgl. zu den einzelnen Analyseergebnissen Abb. 4-18 in Kap. 4.3.2.

Team und durch einen hohen Partizipationsgrad an der Entscheidungsfindung dazu motiviert wird, sein Wissen zu transferieren.

Dem theoretischen Bezugsrahmen zufolge läßt sich intrinsische Motivation bei einem Individuum nicht erzeugen, jedoch indirekt fördern, indem das Umfeld des Individuums im Hinblick auf die Befriedigung individueller intrinsischer Motive gestaltet wird.[619] Intrinsische Motivation kann demnach durch einen interessanten und herausfordernden Arbeitsinhalt, d.h. durch eine aufgabenorientierte Arbeitsgestaltung, gefördert werden.[620] Organisationsmitglieder sind dem theoretischen Bezugsrahmen dieser Arbeit zufolge intrinsisch motiviert, wenn sie Interesse an der Tätigkeit haben, über persönliche Beziehungen und Kommunikationsmöglichkeiten in ihrem Arbeitsumfeld verfügen, Möglichkeiten zur Partizipation an Entscheidungen haben, sich mit den Teamzielen identifizieren können, und wenn sie erfahren, daß ihr individueller Beitrag vom Team wertgeschätzt und anerkannt wird.[621] Wie bereits in Kap. 2.5 aufgeführt, bringt der Einsatz eines Individuums in einem Projektteam im Regelfall genügend **Abwechslungsreichtum der Aufgabe** mit sich, da nach Abschluß von Teilaufgaben innerhalb des Projektes bzw. des gesamten Projektes neue Aufgaben auf die Teammitglieder zukommen.

Da innerhalb eines Teams im Idealfall Transparenz über die Aufgaben des gesamten Teams und über notwendige Informationen herrscht, ist das Kriterium der **Ganzheitlichkeit und Vollständigkeit der Aufgabe** ebenfalls als erfüllt anzusehen.[622] Neben der Mitwirkung an Planungs-, Entscheidungs- und Kontrollprozessen trägt das Projektteam selbst Verantwortung, bspw. hinsichtlich der Qualität seiner Aufgabenerfüllung, der Einhaltung von Terminen sowie beeinflußbarer Kosten innerhalb eines vorgegebenen Rahmens. Wird die Teamaufgabe vom einzelnen Teammitglied akzeptiert, so identifiziert es sich in der Regel mit seiner Arbeitsaufgabe.[623] Aufgrund der sich aus der Teamarbeit ergebenden Identifikation des Individuums mit der zu lösenden Gesamtaufgabe steigt die Motivation sowie die Bereitschaft des einzelnen Teammitglieds, mit den Teamkollegen zusammenzuarbeiten und Wissen an diese weiterzuleiten.

Durch Gewährung von Eigenverantwortlichkeit auf Individualebene kann das **Bedürfnis nach Selbstverwirklichung** dadurch befriedigt werden, daß das einzelne Teammitglied

---

619 Vgl. Gebert/Rosenstiel (1996), S. 55 sowie Kap. 2.5.

620 Vgl. Hackman et al. (1974), S. 3.

621 Vgl. hierzu und im folgenden Kap. 2.5.

622 78% der Beratungsteammitglieder (90% produzierende Industrie) bejahten die Transparenz innerhalb des Teams. Vgl. Anhang A.9.

623 Vgl. Prechtl (1999), S. 37 sowie Locke/Latham (1985), S. 206f.

im Rahmen der Aufgabenerfüllung eigene Möglichkeiten zur Entwicklung und Entfaltung hat.[624] *O'Dell* und *Grayson* sind ebenfalls dieser Ansicht:

> „Rewards and recognition may be healthy and useful in the early stages of building enthusiasm for transfer. However, in the long run and for a sustainable effort, employees have to find the work itself rewarding." O'Dell/Grayson (1998), S. 169.

Bereits die teilautonome Organisationsform der Teamarbeit ermöglicht den Individuen ein hohes Ausmaß an Partizipation an der Aufgabe.[625] Durch die Anwendung eines partizipativen Führungsstils hat das Individuum innerhalb seines Teams zusätzlich die Möglichkeit, an **Prozessen der Entscheidungsfindung** mitzuwirken.[626] Eine gemeinsame Entscheidungsfindung führt zu einer höheren Identifikation der Teammitglieder mit der Teamentscheidung und als Konsequenz dazu, daß diese Entscheidungen aktiver umgesetzt werden.[627] Daneben stellt ein offener teaminterner Meinungsaustausch eine weitere Möglichkeit zur Befriedigung intrinsisch motivierter Bedürfnisse dar.[628] Zur Förderung der Transferbereitschaft sollte ein Team nach dem Prinzip der möglichst weitgehenden Dezentralisierung von Kompetenz und Verantwortung geführt werden, da sich ein hoher Partizipations- und Autonomiegrad innerhalb des Teams positiv auf die Motivation des Individuums auswirkt.[629] Das gemeinsame Treffen von Entscheidungen – und somit auch indirekt das Vereinbaren von Zielen – ist erforderlich, da die gemeinsame Entscheidungsfindung einen ständigen Motivationsanreiz für die Zusammenarbeit schafft und damit sowohl Maßstab zur Ausrichtung des Verhaltens aller Teammitglieder als auch Grundlage für die Planung und Steuerung der Teamaufgabe ist.

Eng mit der Art der Entscheidungsfindung innerhalb eines Teams verbunden ist die **Akzeptanz der Teamziele**. Obwohl dieser Faktor in der Analyse nur bei den Projektteams in der Beratungsbranche einen signifikanten positiven Zusammenhang aufweist, hängt die Zielbildung eng mit der Gestaltung der Teamaufgaben und auf diese Weise mit dem Prozeß der Entscheidungsfindung zusammen.[630] Sowohl die Teamziele als auch die Individualziele müssen sich aus den übergeordneten Unternehmenszielen ableiten und sollten realistisch, d.h. von den Teammitgliedern erreichbar, sein.[631] Wenn

---

624 Vgl. zum Bedürfnis nach Selbstverwirklichung Becker (1990), S. 9; Staehle (1985), S. 242 sowie Schanz (1978), S. 126ff.

625 Vgl. Frey/Osterloh (1997), S. 317.

626 Die empirische Analyse konnte einen positiv signifikanten Zusammenhang zwischen der partizipativen Entscheidungsfindung und der Transferbereitschaft nachweisen. Vgl. Kap. 4.3.2.

627 Vgl. Vroom (1987), S. 371.

628 Vgl. Darling (1997) sowie Becker (1994), S. 937f. Der Faktor Offenheit wies in der Faktorenanalyse einen positiven signifikanten Zusammenhang zur Transferbereitschaft auf.

629 Vgl. Justus (1999), S. 219; Hackman et al. (1974), S. 3 sowie Kap. 4.3.2.

630 Vgl. hierzu Kap. 4.3.2.2.

631 Vgl. Koch (1976), S. 819.

die Teammitglieder in den Zielvereinbarungsprozeß einbezogen werden, indem sie aktiv beteiligt und gefragt werden, ob sie die Zielvereinbarungen realisieren können, ist eher eine Akzeptanz der Ziele gegeben, da die Teammitglieder als Aufgabenträger mit den jeweiligen Leistungserstellungsprozessen vertraut sind und somit zu realistischen Vorgaben beitragen können.[632] Mit der Methode der strukturierten Zielvorgabe können langfristige Teamziele im Team verankert und deren Einhaltung überprüft werden. Grundsätzlich ist jedoch zu berücksichtigen, daß das Setzen von Zielen ohne Rückmeldung über den Zielerreichungsgrad in der Regel nicht zu den gewünschten Leistungssteigerungen führt.[633] Daher ist die Vergabe von **Feedback** eng mit der Methode der Zielvereinbarung verknüpft. Den positiven Einfluß dieser Rückkopplung über das eigene Arbeitsergebnis auf den Wissenstransfer konnte die empirische Untersuchung für die Teammitglieder ebenfalls nachweisen.[634] Ein Feedback sollte möglichst in Form von direkten Informationen erfolgen. Eine gezielte positive Rückmeldung für den Wissenstransfer durch Teamkollegen oder -leiter kann das individuelle Bedürfnis nach Lob bzw. Anerkennung befriedigen und trägt zur Wertschätzung des eigenen Beitrags zum Wissenstransfer bei.[635] Darüber hinaus kann das Individuum sein Bedürfnis nach Selbstverwirklichung befriedigen, indem es – als Inhaber relevanten Wissens – durch die Weitergabe dieses Wissens seine Expertise zum Ausdruck bringt. Dabei kann der Transfer von Wissen dieses Bedürfnis direkt erfüllen, wenn der Wissenstransfer als Teil der Arbeitsleistung angesehen wird. Indirekt, wenn das Individuum den Erhalt von Belohnungen anstrebt, die ihm für die Abgabe bestimmten Wissens in Aussicht gestellt werden. Erst die Kombination von Zielsetzungen und Feedback kann Leistungssteigerungen bewirken, indem Ziele die Handlungen aktivieren und Feedbackprozesse Leistungsfortschritte in Bezug auf die Zielerreichung nachvollziehbar machen.[636] Im Hinblick auf eine Rückkopplung über den Transfer von Wissen bietet sich einerseits die Face-to-Face-Kommunikation an, da diese Art der Verständigung den am Transfer beteiligten Personen die Möglichkeit zu einem direkten Feedback eröffnet. Andererseits kommt der Methodik der Visualisierung eine wichtige Bedeutung zu.[637]

Wie die Analyse für beide Branchen weiterhin gezeigt hat, wirkt der Faktor **Offenheit** im Team positiv auf die individuelle Bereitschaft zum Wissenstransfer.[638] Somit scheint der Grad an empfundener Informiertheit sowie ein offener Umgang der Teammitglieder

---

632 Vgl. hierzu Deutsch (1976), S. 31 sowie Kap. 3.1.4.2.
633 Vgl. Kernaghan/Cooke (1990).
634 Vgl. hierzu Kap. 4.3.2.3.
635 Vgl. Kohn (1993), S. 202.
636 Vgl. Locke/Latham/Erez (1988).
637 Vgl. zur Methode der Visualisierung Kap. 5.1.2.
638 Vgl. Kap. 4.3.2.4.

untereinander das einzelne Teammitglied zum Wissenstransfer zu motivieren. Eine Maßnahme, um Offenheit innerhalb eines Teams zu schaffen, ist die Methode der Moderation. Im Rahmen der Moderation von Projektteams hat der Moderator die Aufgabe, neben der Steuerung und Lenkung des Leistungserstellungsprozesses das Miteinander der einzelnen Teammitglieder zu koordinieren.[639] Hierbei wird der Schwerpunkt auf eine zielgerichtete Problembearbeitung im Team und die Förderung konstruktiver Beiträge aller Teammitglieder gelegt. Dem Konzept der Moderation liegt weiterhin der Gedanke zugrunde, daß das individuelle Teammitglied nicht durch einen Moderator zu einem bestimmten Leistungsverhalten geführt wird, sondern daß es durch die Unterstützung des Moderators dazu befähigt wird, sein erforderliches Leistungsverhalten nach eigenem Ermessen zu steuern.[640]

Jedoch sollten Entscheidungsträger sich nicht allein darauf verlassen, daß Individuen grundsätzlich intrinsisch motiviert sind. Vielfach trägt erst eine extrinsische Motivation dazu bei, daß die angestrebten Aufgaben erfüllt werden. Wird dem Individuum den Annahmen der Organisationstheorie zufolge ein nutzenmaximierendes Verhalten unterstellt, so verspricht es sich einen persönlichen Nutzen, der wertmäßig zumindest ebenso hoch oder höher eingeschätzt wird, als das Wissen, das es zur Verfügung stellt. Darüber hinaus muß der subjektive Aufwand für die eigentliche Tätigkeit des Transfers gedeckt sein.[641] An dieser Stelle kommen die vom Unternehmen in Aussicht gestellten **materiellen** und **immateriellen Anreize** zur Anwendung. Die Regressionsanalyse des Einflusses von materiellen und immateriellen Anreizen auf die Transferbereitschaft ließ zwar keine signifikanten Zusammenhänge erkennen, die Untersuchung der Anreizvergabe in der Stichprobe verdeutlicht jedoch, daß die Transferbereitschaft in den betrachteten Projektteams überwiegend auf immateriellen Anreizen beruht.[642] Daneben erhält das Individuum Gegenleistungen, wie beispielsweise durch informelle Beziehungen zwischen den Teamkollegen, die der Befriedigung sozialer Bedürfnisse und dem Streben nach Wertschätzung dienen und in Anlehnung an den theoretischen Erklärungsansatz zur Beeinflussung des Individualverhaltens eine Motivationssteigerung zur Folge haben können.[643] Bei der Frage nach einer adäquaten Belohnung für seine Transferleistung ist für das Teammitglied vor allem von Bedeutung, welche Belohnung es als gerecht empfindet, da Belohnungen, die nicht als solche empfunden werden, keinen positiven Einfluß auf die Motivation und das Transferverhalten ausüben. Welcher Anreiz von den Teammitgliedern überhaupt als solcher wahrgenommen wird

---

639 Vgl. Bielenberg (1996), S. 93.

640 Vgl. Heidack/Brinkmann (1987), S. 376.

641 Vgl. Szulanski (1996), S. 31.

642 Vgl. zu den empirischen Ergebnissen Kap. 4.2.3.1.

643 Vgl. hierzu Kap. 2.5.

und demnach im Team eingesetzt werden sollte, ist jedoch im Einzelfall zu entscheiden. Wie bereits im theoretischen Teil dieser Arbeit deutlich wurde, ist die konkrete Wahl der Anreize interdependent mit dem organisatorischen und kontextuellen Umfeld verknüpft, das sich in jedem Team anders gestaltet. Ob sich Anreize generell als wirksam oder unwirksam für eine Steigerung der Transferbereitschaft in Teams erweisen, ist im Rahmen dieser Arbeit nicht abschließend zu beurteilen.

Da Mitglieder in einem Projektteam in hohem Maße eigenverantwortlich agieren müssen, sind sie regelmäßig zielgerichtet und umfassend zu informieren.[644] Die Bereitstellung von Informationen versetzt Mitarbeiter in die Lage, sich an Entscheidungsprozessen zu beteiligen. Daneben sind Informationen über zu erbringende Leistungen Voraussetzung für die Vereinbarung von Zielen im Rahmen der Teamarbeit und bilden die Basis für Feedback über den Grad der Zielerreichung. Somit kann durch Maßnahmen der Informationsversorgung einerseits Offenheit im Sinne von Transparenz über die Aktivitäten und Leistungsdaten eines Teams erreicht werden. Andererseits wird innerhalb des Teams eine offene Atmosphäre geschaffen, da die Bereitstellung von Informationen Ausdruck der Wertschätzung der Mitarbeiter ist. Langfristig wird Offenheit – und auf diese Weise eine Steigerung der Transferbereitschaft des Individuums – durch die Unternehmenskultur beeinflußt.[645]

5.1.2 Steigerung der Mitarbeitermotivation durch Informationstransparenz

Eine Möglichkeit, für das Team relevante Informationen komprimiert darzustellen, indem große und komplexe Datenmengen zusammengefaßt werden, bieten Visualisierungstechniken.[646] Unter **Visualisierung** wird eine bildliche Darstellung von Informationen über Arbeitsabläufe und -ergebnisse verstanden.[647] Das visuelle Wahrnehmungsvermögen erlaubt dem Menschen, Bilder schnell zu erfassen, sie wiederzuerkennen und sich an sie zu erinnern.[648] Das Grundprinzip der Visualisierung von Informationen liegt darin, Ziele, Prozesse und Leistungen für die an einer Arbeitsaufgabe beteiligten Individuen transparenter zu machen. Die Aufstellung von Informationstafeln in den Teamräumen sorgt für eine durchgängige Information, hat einen positiven Einfluß auf die Kommunikationsqualität und fördert somit den teaminternen Wissenstransfer.[649] Wenn Teammitglieder informiert werden, erweitert dies die Vertrauensbasis zwischen

---

[644] Vgl. Bartölke (1992), Sp. 2389.

[645] Vgl. hierzu Thom (1980), S. 283f. Zur Unternehmenskultur vgl. Kap. 5.4.2.

[646] Vgl. Grinstein/Ward (2002), S. 21.

[647] Vgl. Wildemann (1994b), S. 80. Vgl. Ausführlicher hierzu Spence (2001), S. 1ff.

[648] Vgl. Grinstein/Ward (2002), S. 21.

[649] Vgl. Wildemann (1997b), S. 65f.

Teamleiter und Teammitgliedern sowie der Teammitglieder untereinander.[650] Neben verbesserten Kommunikationsbeziehungen bewirken Informationen über das eigene Team und dessen Aktivitäten bei den Individuen eine stärkere Identifizierung mit dem Team und der eigenen Arbeitsaufgabe, so daß im Idealfall die Teamkohäsion gestärkt wird und die Teammitglieder ihre verschiedenen Projektaufgaben motivierter erledigen.

Die Visualisierung von Ist- und Soll-Zuständen ermöglicht dem Team eine wirkungsvolle Selbststeuerung hinsichtlich der Überwachung seiner Leistungsziele.[651] Durch die Darstellung von Ziel- und Kenngrößen und der jeweils erreichten Ausprägung bzw. des Zielerfüllungsgrades bildet die Methode der Visualisierung eine wichtige Grundlage für die Bewertung der Leistung und des Verhaltens der Teammitglieder. Wichtig ist hierbei, daß visualisierte Leistungsdaten und Kennzahlen eindeutig, für jedes Teammitglied verständlich und durch das Team beeinflußbar sind.[652] Die Aktualisierung der Informationen sollte daher durch die Teammitglieder selbst wahrgenommen und vom Teamleiter aktiv unterstützt und gefördert werden. Durch die Informationsübermittlung an die Teammitglieder wird dem Tatbestand Rechnung getragen, daß die Aufgabenerfüllung im Team insbesondere vom Ausmaß und von der Qualität der beim einzelnen Teammitglied verfügbaren Informationen beeinflußt wird.[653]

Je nach Struktur der darzustellenden Information kommen verschiedene Visualisierungsmethoden zur Darstellung komplexer Zusammenhänge zum Einsatz:[654] Informationstafeln mit Übersichten, Schaubildern, Tabellen bzw. Aushänge oder Plakate, die innerhalb der vom Team genutzten Räume aufgestellt werden.[655] Im Hinblick auf die Inhalte der Visualisierung im Zusammenhang mit dem teaminternen Wissenstransfer stellt Tab. 5-1 einige Beispiele dar.

---

650 Vgl. Gaugler (1987), Sp. 1130.

651 Vgl. Wildemann (1995), S. 83ff.

652 Vgl. Niefer (1993), S. 133.

653 Vgl. Gaugler (1987), Sp. 1129f.

654 Eine Übersicht von Darstellungssachverhalten und entsprechenden Visualisierungstechniken findet sich bei Möslein (2000), S. 53.

655 Vgl. zu weiteren Instrumenten Grinstein/Ward (2002), S. 21ff.; Spence (2001), S. 52ff. sowie Reimer (1991), S. 28.

Teamdaten und Teamorganisation	Organisation des Teams, Anzahl der Teamsitzungen, Anwesenheit bei Teamsitzungen, interne Aufgabenverteilung im Team, Einhaltung von „Spielregeln“ für die Zusammenarbeit
„Wissenskennzahlen“	Anzahl Experten je Fachgebiet, Anzahl besuchter Seminare, bisherige Projekterfahrung, Liste unternehmensinterner Fachleute, Anzahl der Datenbankzugriffe, Nutzzeiten des IuK-Systems
Problemlösungsaktivitäten	Anzahl aufgelisteter Probleme, Anzahl Verbesserungsvorschläge pro Teammitglied, Quote umgesetzter Vorschläge, Durchführung von Ursachenanalysen
Teamkohäsion	Zeitliche Dauer der Entscheidungsfindung im Team, Einschätzung des internen Wissenstransfers, wechselseitige Unterstützung
Motivation der Mitglieder	Krankheitsrate, Abwesenheitsliste aufgrund Nebentätigkeit in anderen Projekten, Fluktuation im Projektteam

Tab. 5-1: Relevante Visualisierungskriterien für den teaminternen Wissenstransfer[656]

Neben quantitativen Kenngrößen, wie Meilensteinen, Prozeßdauer, Zielerreichungsgrad oder Kapazitätszahlen, lassen sich auch qualitative Visualisierungsinhalte heranziehen, die Aufschluß über Expertise und Motivation der Mitarbeiter geben und weiterhin Methoden zur Problemlösung darstellen.[657] Als Beispiele für qualitative Kenngrößen an den Informationstafeln sind aktuelle projektspezifische Fachinformationen, Problemlösungsaktivitäten und Verbesserungsvorschläge sowie Mitarbeiterqualifikationen und Qualifizierungsmaßnahmen zu nennen. Abb. 5-3 stellt eine Visualisierungstafel für ein Projektteam dar, die neben Informationen über teamspezifische Vorgaben auch Probleme und Maßnahmen als Lösungsvorschläge enthält.

---

656 Zusammengestellt aus Busch/Wernig (1999), S. 580; Prechtl (1999); Kandaouroff (1998), S. 125; Patzak/Rattay (1998).

657 Vgl. hierzu und im folgenden Fauth (1994), S. 251ff. Die Visualisierungsflächen können in Muß- und Kann-Inhalte unterteilt werden. Im „Muß-Feld“ sind teambezogene Kenngrößen, wie Leistungs-, Qualitäts- und Prozeßdaten sowie Aktivitäten- und Terminpläne, darzustellen. Für das „Kann-Feld“, das der Gestaltungsfreiheit des Teams unterliegt, sind Informationen auszuwählen, die für das Team eine besondere Relevanz besitzen, z.B. Verbesserungsideen oder spezielle Projektinformationen

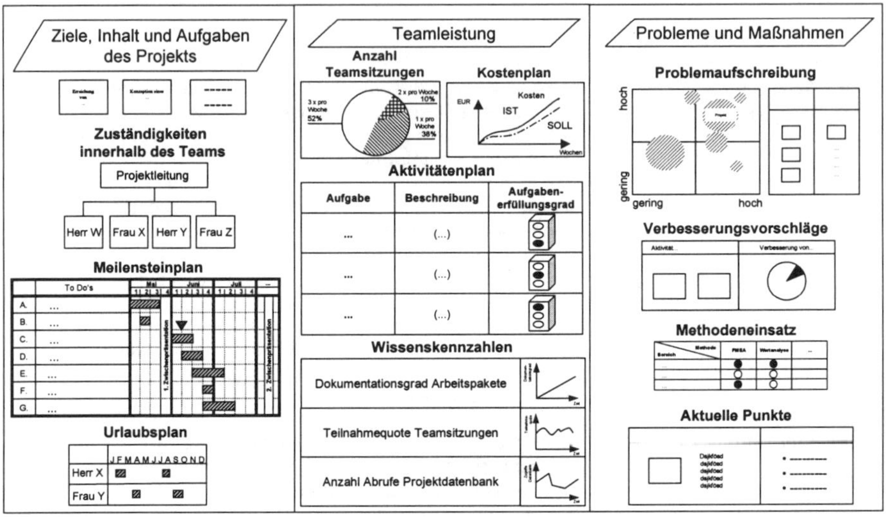

Abb. 5-3: Projektbezogene Visualisierung

Abb. 5-3 visualisiert neben der Zielsetzung und dem Inhalt des Projektes die anfallenden Aufgaben. Die Zuständigkeiten innerhalb des Teams sind mit Hilfe eines Organigramms dargestellt, dessen Attraktivität als Visualisierungsform darin liegt, daß nicht nur Zugehörigkeiten innerhalb des Teams in einer Graphik, sondern gleichzeitig Verantwortungen und Schnittstellen abgebildet werden können.[658] Die Informationstafel in der Abbildung stellt darüber hinaus das eigene Team und die jeweiligen Zuständigkeiten dar. Die Aufführung der Namen und der Funktionen bzw. der Aufgaben der einzelnen Teammitglieder dient der Identifikation mit dem Team. Denkbar wäre auch eine Visualisierung der Einordnung des Teams in die Gesamtorganisation mit Schnittstellen zu anderen Abteilungen, Kunden oder Zulieferern sowie eine Übersicht über den Personaleinsatz im Rahmen des Projektes. Die Darstellung der Projektmeilensteine und des Urlaubsplans unterstützt die teaminterne Personalkapazitäts- und Aufgabenplanung.[659] Der mittlere Bereich der Visualisierungstafel beinhaltet Informationen über die Teamleistung, bspw. die Häufigkeit der Teamsitzungen, den Kostenplan des Projektes, den Grad der Aufgabenerfüllung bzw. der Zielerreichung sowie einen Meilensteinplan. Transparenz über erbrachte Leistungen beim Wissenstransfer kann durch die Visualisierung der in Tab. 5-1 genannten Kriterien, wie z.B. Anzahl der Datenbankzugriffe, Dauer der Entscheidungsfindung oder Häufigkeit von Teammeetings, erreicht werden.

---

658 Vgl. Reimer (1991), S. 28. Ein Beispiel für die Visualisierung von Projektangaben findet sich unter http://www.fx-project.de/infomaterial/fx-project_handbuch.pdf.

659 Vgl. Wildemann (1995), S. 85.

Die Informationstafel in Abb. 5-3 stellt des weiteren Probleme, die sich im Verlauf des Projektes ergeben, und deren Ursachen themenbezogen dar.[660] Die Methode der Visualisierung kann in zweifacher Hinsicht zur Erschließung der Problemlösungskapazität der Mitarbeiter beitragen und auf diese Weise den teaminternen Wissenstransfer fördern.[661] Zum einen unterstützt sie durch die Abbildung aktueller Probleme und deren Ursachen – bspw. mit Hilfe von Checklisten oder Ursache-Wirkungs-Diagrammen – die Teammitglieder bei der Erkennung, Sammlung, Strukturierung und Lösung von Problemen.[662] Da Abweichungen von den Zielvorgaben oder entstehende Probleme für jedes Teammitglied transparent werden, dient die Visualisierung gleichzeitig als Auslöser für Korrekturmaßnahmen und Verbesserungsaktivitäten. Die Transparenz der Probleme und entsprechender Maßnahmen als mögliche Lösungsansätze unterstützt Lern- und Problemlösungsprozesse innerhalb des Teams, so daß das Ideenpotential aller Teammitglieder genutzt werden kann.[663] Zum anderen kann die Darstellung der im Projektteam erarbeiteten Lösungen und deren Umsetzung als lobende Anerkennung im Sinne eines immateriellen Anreizes die Motivation der Teammitglieder zur aktiven Beteiligung am Problemlösungsprozeß erhöhen.[664]

5.1.3 Konsequenzen der Visualisierung für den Wissenstransfer

Die Visualisierung von Informationen stellt die direkte Umsetzung einer offenen Informationspolitik im Team dar. Sie kann zu einem verbesserten Arbeitsklima und einer erhöhten Identifikation der Teammitglieder mit dem eigenen Team beitragen.[665] Dadurch daß visualisierte Informationen allen Mitarbeitern zugänglich sind und keine Selektion von Adressaten stattfindet, werden traditionelle Informationsmonopole abgebaut und der teaminterne Wissenstransfer gefördert. Der Transfer von Wissen stellt im Rahmen des Visualisierungskonzeptes eine Holpflicht jedes einzelnen Teammitglieds dar, da für das Team relevante Informationen veröffentlicht und dem gesamten Projektteam zur Verfügung gestellt werden.[666] Somit wird durch Visualisierungsaktivitäten im Team ein interner Markt für Ideen und Verbesserungsmaßnahmen

---

660 Vgl. zu Instrumenten für die Problemlösung Suzaki (1994), S. 142ff.

661 Vgl. Wildemann (1994c), S. 48f.

662 Vgl. Wildemann (1995), S. 90.

663 Vgl. Wildemann (1997b), S. 68. Erreichte Leistungen von Mitarbeitern in vergleichbaren Projektsituationen und ihre Ideen sind aufgrund ihrer relativ guten Vergleichbarkeit als Anreiz für Verbesserungsprozesse im eigenen Team vor allem in frühen Phasen der Problemlösung geeignet.

664 Vgl. Weinert (1992), Sp. 129f.

665 Vgl. Kandaouroff (1998), S. 128. Durch die Visualisierung von teamrelevanten Leistungsdaten wird die Kommunikation und der Kontakt zwischen den Teammitgliedern untereinander und dem Teamleiter gefördert. Ein Austausch ist in all den Fragen möglich, die das Arbeitsumfeld, die Teamorganisation, die Zielvorgaben und das Vorgesetzten- sowie das Teamverhalten betreffen. Vgl. Wildemann (1997a), S. 272.

666 Vgl. Wildemann (1995), S. 83. Zur Hol- und Bringschuld von Informationen vgl. Kap. 3.3.3.

geschaffen, der den teaminternen Wissenstransfer unterstützt. Das Visualisierungskonzept läßt sich auch informationstechnologisch unterstützen, wenn Informationstafeln von den Teammitgliedern elektronisch von ihren Computern abgerufen werden können.

Die Visualisierung von Informationen erhöht die Transparenz teaminterner Arbeitsabläufe und Ergebnisse und ermöglicht Feedbackprozesse, so daß Offenheit und Vertrauen innerhalb eines Teams gefördert werden.[667] Da die Teamaufgabe auf diese Weise für die Teammitglieder besser nachvollziehbar wird, beugt das Konzept der Visualisierung Motivationshemmnissen vor, die aufgrund von Informationsasymmetrien und -defiziten entstehen können. Informationen über Leistungsdaten und Zielvorgaben signalisieren den Mitarbeitern Anerkennung und fördern damit Motivation, Engagement und Leistungsbereitschaft.[668] Damit ein Feedback über das Arbeitsergebnis möglich ist, müssen zwischen Teamleiter und jedem einzelnen Teammitglied Zielvereinbarungen getroffen werden, um die Auswirkungen bestimmter Verhaltensweisen belohnen oder sanktionieren zu können. Neben den Projektzielen sollten innerhalb eines Teams sog. Wissensziele entwickelt werden, die den teaminternen Wissenstransfer aktiv fördern. Denkbar wären hier die Anzahl der Zugriffe auf teaminterne Dokumentationen oder elektronische Ressourcen (Datenbankzugriffe). Diese Wissensziele sollten zunächst pilotweise innerhalb des Teams mit einzelnen Teammitgliedern vereinbart, ggf. angepaßt und anschließend auf das gesamte Team ausgeweitet werden.

Durch die Visualisierung und die pilotweise Umsetzung von Zielvereinbarungsprozessen beim Wissenstransfer läßt sich erreichen, daß die Ziele jedem Teammitglied einerseits klar und verständlich sind, und daß sie andererseits von allen akzeptiert werden. Zusätzlich können entsprechende Maßnahmen aus dem Bereich der Personalführung dazu beitragen, den Lernwillen des einzelnen Teammitglieds zu fördern und somit die intrinsische Motivation als grundsätzliche Voraussetzung zum Wissenstransfer zu aktivieren. Insbesondere in der Einführungsphase eines Zielvereinbarungssystems bedarf es einer intensiven Begleitung, um auftauchende Probleme frühzeitig zu erkennen und gegebenenfalls das Ziel- und Feedbacksystem den gewonnenen Erkenntnissen anpassen zu können. Beispiele sind die Förderung der Weiterbildung, das Einüben von Gruppenverhalten oder die Aktivierung der Wissensübertragung, z.B. durch Verbesserung des Vorschlagswesens. Visualisierungstechniken können auch in der laufenden Projektarbeit eingeführt werden. Zuvor sollten jedoch Schulungsmaßnahmen für alle Betroffenen durchgeführt und Hilfsmittel für die Zielvereinbarung und -verfolgung bereit gestellt werden.

---

[667] Auf diese Weise wird ein Beitrag zu einer Weiterentwicklung der Führungskultur geleistet. Vgl. Lücke/Herl (1996), S. 323.

[668] Vgl. Niefer (1993), S. 133.

Zur Optimierung des Wissenstransfers innerhalb eines Teams bietet sich neben der Visualisierung die gegenseitige Auditierung an,[669] da die Visualisierung die Basis für die gegenseitige Leistungssteuerung der Teammitglieder bildet und somit ein Hilfsmittel für die gegenseitige Auditierung darstellt.[670] Im Zusammenhang mit der Auditierung stellt sich generell die Frage, ob der Teamleiter die teaminternen Prozesse und die Tätigkeiten der einzelnen Teammitglieder vergleichend auf Schwachstellen hin beurteilt und entsprechende Gegenmaßnahmen einleitet, oder ob diese Tätigkeiten im Rahmen einer gegenseitigen Auditierung vollzogen werden. Bei der **gegenseitigen Auditierung** werden verschiedene Teammitglieder einbezogen, die sich wechselseitig beurteilen.[671] Dabei werden mehr Verantwortung und Kompetenzen an die einzelnen Teammitglieder abgegeben, so daß sie neben einer offenen Atmosphäre und der Institutionalisierung eines kontinuierlichen Verbesserungsprozesses innerhalb des Teams ebenfalls den Wissenstransfer fördert.

Die Ausgestaltung der Mitarbeiterführung zur Optimierung des teaminternen Wissenstransfers liegt in der Überwindung von Transferbarrieren bei gleichzeitiger Aktivierung der Transferbereitschaft jedes Teammitglieds. Eine personalorientierte Gestaltung des teaminternen Wissenstransfers sollte auf eine direkte Veränderung des Mitarbeiterverhaltens im Transferprozeß abzielen, da jeder einzelne Mitarbeiter im Unternehmen als Wissensträger anzusehen ist. Eine Grundlage für einen derart lern- und entwicklungsorientierten Führungsstil bildet das Konzept des Coaching.[672] Dabei vermittelt der Teamleiter seine Erfahrung bzw. sein Wissen und berät die Teammitglieder als Coach oder Mentor. Dieses Führungsverständnis basiert auf der Erkenntnis, daß der Wissenstransfer letztlich von Verhaltensweisen aller betroffenen Teammitglieder, ihren fachlichen und sozialen Fähigkeiten und von ihrer Bereitschaft zum Wissenstransfer abhängt.

---

669 Vgl. zur Auditierung als Führungsinstrument Wildemann (1997), S. 259.

670 Vgl. Wildemann (2000), S. 326. Auf diese Weise werden teaminterne Kunden-Lieferanten-Beziehungen offen analysiert.

671 Vgl. Wildemann (1997), S. 261.

672 Vgl. Meyer (1998), S. 210.

5.2 Gestaltungsbereich Teamorganisation

5.2.1 Würdigung der Ergebnisse zur Teamorganisation

Die zu den drei Faktoren *räumliche Distanz, persönliche Beziehungen* und *Heterogenität* zusammengefaßten Variablen aus dem Bereich der Teamorganisation zeigten ebenfalls einen starken Zusammenhang zur Transferbereitschaft auf, wie Abb. 5-4 darstellt.[673]

Einflußgrößen auf die Transferbereitschaft / Branche	Beratung	Produktion
Räumliche Distanz	○	●
Persönliche Beziehungen	●	○
Heterogenität	●	●

● = signifikanter Zusammenhang
○ = kein signifikanter Zusammenhang

Abb. 5-4: Zusammenhang zwischen Teamorganisation und Wissenstransfer

Der Faktor *räumliche Distanz* korrelierte in den Teams der produzierenden Industrie negativ mit dem Faktor Transferbereitschaft. Daraus läßt sich für die Unternehmenspraxis zwar rein methodisch ableiten, daß Mitglieder in Teams, die räumlich getrennt voneinander agieren, eher bereit sind, ihr Wissen zu transferieren.[674] Jedoch spielt hierbei auch die Transferhäufigkeit eine Rolle, die mit zunehmender Entfernung der Transferpartner zueinander abnimmt. Ob ein Projektteam räumlich nah beieinander arbeiten kann, hängt von der Ausgestaltung des Projektes und von der Projektorganisation ab. So muß für jedes Projekt situationsspezifisch entschieden werden, inwieweit die Mitarbeiter in räumlicher Nähe zueinander agieren können.

Der Faktor *persönliche Beziehungen* zeigte in den befragten Teams der Beratungsbranche einen positiven signifikanten Zusammenhang zur Transferbereitschaft, die Analyse des Einflusses auf die Transferhäufigkeit ergab sogar für die Teams beider Branchen einen positiven signifikanten Zusammenhang.[675] Wie bereits in Kapitel 2.5 dargelegt wurde, aktiviert die konstruktive Zusammenarbeit mit Teamkollegen

[673] Vgl. zu den einzelnen Analyseergebnissen Abb. 4-26 in Kap. 4.3.3.
[674] Vgl. hierzu und im folgenden die Ausführungen in Kap. 4.3.3.1.
[675] Vgl. Anhang A.11.

höherrangige Bedürfnisse eines Individuums und erfüllt soziale Bedürfnisse im Hinblick auf Freundschaften und Akzeptanz innerhalb des Teams sowie Bedürfnisse nach Wertschätzung durch Anerkennung von Kollegen oder vom Teamleiter.[676] Wie in der Befragung deutlich wurde, unterhalten die am Transfer beteiligten Teamkollegen gute Beziehungen untereinander.[677] Auf diese Weise findet die Forderung nach einer sozialen Einbindung des Individuums im Sinne der Austauschtheorien ihre Bestätigung.[678] Die teaminternen Beziehungen wirken positiv auf die Teamkohäsion. Eine hohe Kohäsion wiederum regt Interaktionen mit den Teamkollegen an und fördert auf diese Weise den Wissenstransfer.[679]

Da die Transferbereitschaft von der fachlichen *Heterogenität* der Mitglieder in den Teams beider Branchen positiv beeinflußt wird, kommt der Personalauswahl für die Teambesetzung eine besondere Bedeutung zu. Zusätzlich zu den klassischen Anforderungen an die Teammitglieder,[680] die über entsprechende Fach-, Sozial- und Methodenkompetenz verfügen müssen, sind im Hinblick auf die Förderung des teaminternen Wissenstransfers geeignete Kriterien für die Personalauswahl zu entwickeln. Zum Beispiel sind bisherige Projekterfahrungen, die berufliche Qualifikation oder die Teilnahme an Schulungen zur Förderung der Methodenkompetenz als zusätzliche Auswahlkriterien denkbar. Darüber hinaus sollte bei der Zusammenstellung eines Teams mit Bezug auf die Analyse auf eine ausreichend heterogene Zusammensetzung des Teams geachtet werden. Die Bündelung des Erfahrungswissens verschiedener Fachexperten mobilisiert ein erhebliches Kreativitätspotential. Durch ihre unterschiedlichen Denkweisen bringen die Teammitglieder wertvolle konstruktive Ideen in das Projektteam ein. Bei der Zusammenstellung eines Projektteams sollte jedoch im Hinblick auf die Förderung des Wissenstransfers auch darauf geachtet werden, daß die Teammitglieder ein ähnliches Fähigkeitsniveau und inhaltliche Anknüpfungspunkte im Sinne eines verwandten Kontextes aufweisen. So sollten die Experten verschiedener Fachdisziplinen bspw. über frühere Projekterfahrungen verfügen.

Der Forderung nach einer konstruktiven Zusammenarbeit der Teammitglieder kann neben einem entsprechend ausgeprägten Führungsstil auch mit Hilfe organisatorischer Maßnahmen, z.B. durch eine geeignete Teambesetzung, durch die Schaffung einer

---

676 Vgl. z.B. Weinert (1992), Sp. 129f.

677 Während in den analysierten Teams zwar weniger Freundschaften existieren, sind sich die Teamkollegen der Stichprobe jedoch überwiegend sympathisch. Vgl. ausführlicher zu den Untersuchungsergebnissen Kap. 4.3.3.2.

678 Vgl. zur Austauschtheorie Kap. 2.4.2.1.

679 Vgl. Wiswede (1992), Sp. 738 sowie Wagner (2000), S. 90f.

680 Vgl. Patzak/Rattay (1998), S. 132.

geeigneten Kommunikationsstruktur oder durch eine räumliche Integration der Teammitglieder nachgekommen werden.

5.2.2 Räumliche Integration der Teammitglieder

Um ein Projektteam in die Organisation eines Unternehmens zu integrieren, bieten sich – je nach den spezifischen Eigenschaften des zu bearbeitenden Projektes – die drei Möglichkeiten reine Projektorganisation, Stabs-Projektorganisation und Matrix-Projektorganisation an.[681] Bei der reinen Projektorganisation werden die Mitarbeiter vollständig aus ihren Stammabteilungen herausgelöst, so daß es zur Bildung einer eigenen Organisationseinheit kommt und das Team seine Tätigkeiten optimal auf das Projektziel ausrichten kann.[682] Vorteile dieser reinen Projektorganisation sind das Vorhandensein eindeutiger Verantwortlichkeiten sowie kurzer Kommunikationswege, da die Teammitglieder direkt miteinander kommunizieren können. Darüber hinaus fördert das Gefühl der Zugehörigkeit zu dem Team die Teamkohäsion und somit die Entwicklung von Vertrauen und einer Teamkultur.[683]

Neben der organisatorischen Zusammenführung schafft eine temporäre räumliche Integration von Teammitgliedern ideale Voraussetzungen für die Projektabwicklung.[684] Dies kann bspw. durch die Bereitstellung von Konferenzräumen, eine offene Raumaufteilung oder im Idealfall durch die Einrichtung von Teamarbeitsplätzen, z.B. in Form von sog. Projektinseln, geschehen. In einer Projektinsel werden die wesentlichen Projektbeteiligten für die Dauer des Projektes räumlich zusammengeführt.[685] Insbesondere für den Transfer impliziten Wissens bietet sich die Umsetzung des Projektinsel-Konzeptes an, da durch die räumliche Zusammenarbeit der Projektteammitglieder die Möglichkeit geschaffen wird, daß innerhalb des Teams direkte Interaktionen stattfinden können. Im Gegensatz zum Konferenzraum werden in einer Projektinsel Schnittstellenprobleme nicht nur diskutiert, sondern auch direkt dort gelöst, da alle projektrelevanten Informationen dort vorhanden sind.[686]

Charakteristisch für ein in einer Projektinsel arbeitendes Team sind zwei wesentliche Merkmale: Einerseits übernimmt das Projektteam eine weitgehende Selbststeuerung seiner Arbeits- und Kooperationsprozesse verbunden mit Planungs-, Entscheidungs-

---

681 Vgl. hierzu und im Detail zu den einzelnen Organisationsformen Schulte-Zurhausen (1995), S. 368. Im folgenden wird auf die reine Projektorganisation fokussiert.

682 Dabei können Mitarbeiter je nach Art der Projekt- und Aufgabengröße und der daraus resultierenden Arbeitsbelastung in mehrere Projekte eingebunden werden.

683 Vgl. Högl (1998), S. 83; Wiswede (1992), Sp. 737ff. sowie Kap. 3.2.2.1.

684 Vgl. Kersten (1998), S. 427.

685 Vgl. Zbinden (1995).

686 Vgl. Zbinden (1995), S. 467.

und Kontrollfunktionen innerhalb der projektbezogenen Rahmenbedingungen. Andererseits verfügt es über einen erweiterten Dispositionsspielraum in dem Sinne, daß das Team notwendigerweise mit den entsprechenden Funktionen und Entscheidungskompetenzen ausgestattet sein muß.[687] Ein räumlich integriertes Team bearbeitet sein Projekt weitgehend autark mit nur wenigen Schnittstellen nach außen in die Gesamtorganisation.[688] Dabei kann die Intensität dieser Schnittstellen zwischen der Projektinsel und der Gesamtorganisation jedoch sehr hoch sein. Dieser Autonomiegrad als weiteres wesentliches Merkmal der Projektinsel äußert sich in der Integration von Teammitgliedern unterschiedlicher Funktionsbereiche. Die räumliche Nähe von qualifizierten Fachkräften erleichtert die Nutzung von Expertenwissen und fördert somit die Optimierung der interdisziplinären Zusammenarbeit. Abb. 5-5 stellt beispielhaft die Ausgestaltung einer Projektinsel dar.

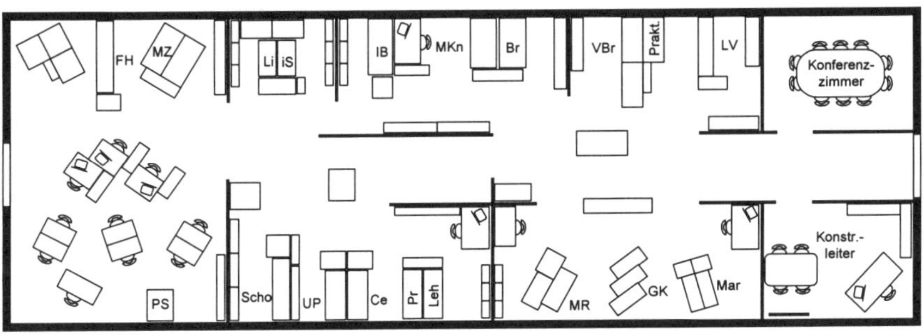

Abb. 5-5: Projektinselkonzept[689]

Darüber hinaus besteht in einer Projektinsel ein leichterer Zugang zu visualisierten Kenndaten eines Projektes.[690] Visualisierungstafeln können Projektinhalt und -ziele darstellen, die Mitglieder des Projektteams vorstellen, die Teamleistung definieren und regelmäßig überwachen und darüber hinaus Probleme und Maßnahmen sowie aktuelle Punkte beinhalten. Durch die Veröffentlichung der Ziele und des aktuellen Projektstatus wird einerseits das Projektcontrolling erleichtert und andererseits ein zusätzlicher Anreiz zur Zielerreichung gegeben. Gleichzeitig wird auf diese Weise die Identifikation der Teammitglieder mit ihren Projektaufgaben gesteigert.

Durch die räumliche Darstellung des Projektes ist die Projektaufgabe jederzeit präsent, so daß sich der einzelne Mitarbeiter stärker mit seinem Team und seinen Aufgaben

---

687 Vgl. Zbinden (1995), S. 466f.

688 Die Anzahl der Schnittstellen nach außen variiert dabei je nach Art des Projektes.

689 Vgl. Zbinden (1995), S. 508.

690 Vgl. zur Methode der Visualisierung Kap. 5.1.2.

identifizieren kann. Aufgrund der räumlichen Nähe haben die Teammitglieder ständig die Möglichkeit zur offenen Kommunikation der Projektaufgabe. Daraus resultiert eine höhere Zufriedenheit der Teammitglieder mit ihrer Aufgabe.

Die Projektinsel ist als Umsetzung des Konzeptes der Engineeringzentren aus der Automobilindustrie auf die Bedürfnisse und Möglichkeiten der kleinen und mittleren Unternehmen zu verstehen.[691] Häufig arbeiten in einem Engineeringzentrum jedoch nicht alle Teammitglieder in Form einer reinen Projektorganisation zusammen, sondern es wird nur ein Kernteam in einer Projektinsel zusammengeführt.[692] Für Unternehmen, in denen die beteiligten Mitarbeiter nicht Vollzeit in ein Projekt eingebunden sind, bietet es sich ebenfalls an, lediglich ein Kernteam räumlich zu integrieren.

5.2.3 Konsequenzen der räumlichen Integration für den Wissenstransfer

Im Hinblick auf den Wissenstransfer ermöglicht eine Projektinsel direkte Interaktionen der Teammitglieder, die insbesondere für den Transfer impliziten Wissens notwendig sind. Da die Arbeitsplätze der Teammitglieder nah beieinander liegen, sind Voraussetzungen dafür gegeben, daß die Teammitglieder spontan zueinander in Kontakt treten und informell miteinander kommunizieren können. Die Projektinsel schafft nicht nur in Meetings sondern vor allem im laufenden Arbeitsprozeß Möglichkeiten für eine spontane Kommunikation und intensiviert dadurch die Häufigkeit des teaminternen Wissenstransfers.[693] Eine Alternative, um die informelle Kommunikation im Team zusätzlich zu begünstigen, liegt in der Schaffung von Pausenbereichen, sog. „Kaffee-Ecken", damit sich Teammitglieder spontan treffen können. Ein völliger Verzicht auf derartige Freiräume zur informellen Kommunikation innerhalb des Teams birgt dagegen die Gefahr, daß wichtige Kommunikationskanäle und damit Möglichkeiten zur Übermittlung wertvoller Wissensbestände ungenutzt bleiben.[694]

Allerdings kann eine intensive informelle Kommunikation nur gefördert nicht jedoch erzwungen werden, da sie wiederum stark von den sozialen Kompetenzen der beteiligten Teammitglieder und deren Sympathien füreinander abhängt. Obwohl eine direkte Steuerung persönlicher zwischenmenschlicher Kontakte – schon aus dem Charakter der Informalität heraus – nicht möglich ist, kann sich durch geeignete strukturelle Bedingungen eine ‚kommunikationsfreundliche' Teamkultur entwickeln, so daß Voraus-

---

691 Vgl. Kersten (1998) und Kersten (2000). Praktisch umgesetzt wurde das Projektinselkonzept im Konzernbereich Gummi und Kunststoffe der Dätwyler AG und beim Geschäftsbereich Schienenfahrzeuge der Schweizerischen Industrie-Gesellschaft (SIG). Vgl. Zbinden (1995) und (1998).

692 Vgl. Kersten (2000).

693 Wie zuvor ausgeführt, hängt die Kommunikationsstruktur innerhalb eines Teams eng mit dem Wissenstransfer zusammen. Vgl. hierzu Kap. 4.3.3.5.

694 Vgl. Felbert (1998), S. 130.

setzungen für eine informelle Kommunikation geschaffen werden. Auch zu diesem Zweck können die zuvor diskutierten Visualisierungstechniken eingesetzt werden.[695]

Als problematisch kann sich beim Projektinselkonzept in Verbindung mit einer reinen Projektorganisation nach Beendigung des Projektes die Rückführung der Teammitglieder in ihre Linienfunktionen gestalten. Durch die räumliche und aufgabenmäßige Trennung der Mitarbeiter von ihrer Ursprungsposition während der Dauer des Projektes können sie dort häufig nur schwer wieder integriert werden, weil ihre ursprüngliche Position zwischenzeitlich anderweitig besetzt wurde. Im Sinne eines Wissenstransfers über die Grenzen des Teams hinaus sollten die Teammitglieder jedoch in ihre Funktionsbereiche zurückgeführt werden, so daß das im Rahmen des Projektes erarbeitete Wissen in die Gesamtorganisation zurückfließt:

> "Organizational structures that promote ‚silo' behavior, in which locations, divisions, and functions are so focused on maximizing their own accomplishments and rewards that they, consciously or unconsciously, hoard information and thereby suboptimize the total organization. A leadership team and culture supportive of transfer requires a common focus and common fate. Without it, people have little incentive to overcome other obstacles that time and space create." O'Dell/Grayson (1998), S. 157.

Das Konzept der Projektinsel stärkt die Flexibilität der Teamarbeit, indem die Prozeßdurchlaufzeiten und die Entscheidungs- und Kommunikationswege verkürzt werden, und steigert die Transparenz der teaminternen Prozesse. Die räumliche Anordnung der Arbeitsplätze fördert die Entwicklung persönlicher Beziehungen der Teamkollegen untereinander und steigert somit die Transferbereitschaft. Kurze Entscheidungswege im Team beschleunigen darüber hinaus eine direkte Umsetzung von Diskussionsergebnissen in Maßnahmen. Aus der direkten Umsetzung und der eigenständigen Arbeitsweise und Selbstkontrolle resultiert eine hohe Arbeitsdynamik innerhalb des Projektteams.

In global agierenden Unternehmen, in denen Teammitglieder in großen Distanzen voneinander oder sogar in einem virtuellen Team zusammenarbeiten, läßt sich ein Projektinselkonzept kaum realisieren. Stattdessen muß der Wissenstransfer verstärkt durch eine informationstechnologische Infrastruktur unterstützt werden, die so gestaltet werden sollte, daß verlorengegangene persönliche Interaktionsmöglichkeiten möglichst ausgeglichen werden.

---

[695] Vgl. Kap. 5.1.

5.3 Gestaltungsbereich IuK-Technologien

IuK-Technologien nehmen beim Wissenstransfer generell eine wichtige unterstützende Funktion ein, da ohne sie in vielen Fällen eine umfassende Informationsversorgung nur schwer möglich wäre. Die Ergebnisse der empirische Analyse zeigten geringe Häufigkeiten in der Nutzung verschiedener IuK-Technologien zum Wissenstransfer und stark unterschiedliche Stellenwerte der einzelnen Transfermedien.[696] So ergab die Untersuchung, daß in den befragten Teams Wissen überwiegend auf den Kommunikationswegen E-Mail, Telefon oder im persönlichen Gespräch transferiert wird.

Wenn die Teammitglieder zur gleichen Zeit am gleichen Ort arbeiten, bieten sich für den Transfer von Wissen bilaterale persönliche Gespräche und Face-to-Face-Meetings an. Sind die Teammitglieder jedoch nicht in unmittelbarer Nähe zueinander tätig, muß allen Teammitgliedern elektronisch ein Zugriff auf die für sie projektrelevanten Daten und Informationen ermöglicht werden.[697] Das Team muß gemeinsam, d.h. synchron, an seinem Projekt arbeiten können und gleichzeitig die Möglichkeit einer schnellen, direkten Kommunikation zur Verfügung haben.

Abhängig von der Art des zu transferierenden Wissens bietet sich einerseits eine persönliche und andererseits eine mediengestützte Kommunikation an. So läßt sich implizites Wissen nicht in Form einer Notiz oder eines Erfahrungsberichts übertragen, sondern eher durch „Learning-by-Doing" bzw. durch das persönliche Gespräch. Wie die Diskussion der Media-Richness-Theorie zeigte, bieten sich für den Transfer impliziten Wissens insbesondere das persönliche Gespräch und das Telefon an, während die E-Mail eher explizite Wissensbestandteile beinhaltet.[698] Weiterhin konnte zuvor gezeigt werden, daß die Effektivität des Wissenstransfers von der Reichhaltigkeit der genutzten IuK-Technologie abhängt. Dabei ist eine zu ausgeprägte mediengestützte und/oder asynchrone Kommunikation mit nur wenigen bzw. keinen persönlichen Gesprächen insofern hinderlich, als dadurch Möglichkeiten zum Transfer impliziten Wissens eingeschränkt werden. In Projektteams ist das zu transferierende Wissen häufig noch nicht expliziert und auf Datenträgern erfaßt, sondern implizit in den Köpfen der Teammitglieder vorhanden.

Bei der Gestaltung der informationstechnologischen Infrastruktur zur Förderung des Wissenstransfers innerhalb eines Teams geht es vor allem darum, ob, wie und wie

---

696 Vgl. hierzu Kap. 4.2.3.3.

697 Vgl. Kersten/Kern/Zink (2002). Insbesondere das Internet unterstützt den Transfer von explizitem Wissen durch die Möglichkeit des weltweiten Austausches digitalisierter Texte, Graphiken etc. sowie durch seine Recherchierfunktion. Vgl. Probst/Raub/Romhardt (1998), S. 142.

698 Vgl. hierzu Kap. 4.3.4.

effizient ein Team eine seiner Arbeitsweise entsprechende Kommunikations- und Informationsinfrastruktur nutzt. Die Akzeptanz einer Technologie hängt davon ab, inwieweit die Mitarbeiter mit den verschiedenen Applikationen vertraut sind, und inwieweit die Ausgestaltung der Technologien den Anforderungen des Wissenstransfers genügt. *Peritsch* führt in diesem Zusammenhang an: „Steht diese IT-Infrastruktur nicht zur Verfügung oder ist sie unterentwickelt, behindert dies naturgemäß den Transfer expliziter Wissensteile.“[699] Eine wichtige Anforderung an eine den Wissenstransfer unterstützende Technologie ist eine Kombination der zwei Prinzipien Push und Pull:[700] Um den Wissenstransfer optimal zu unterstützen, muß die IuK-Technologie dafür Sorge tragen, daß das einzelne Teammitglied gemäß seiner Aufgaben bedarfsgerecht mit für ihn relevanten Informationen versorgt wird (Bringschuld bzw. Push-Prinzip).[701] Mit einem individuell definierten Interessenprofil muß es dem Teammitglied gleichzeitig möglich sein, seine Bereitschaft zur Informationsnachfrage zu signalisieren (Holschuld bzw. Pull-Prinzip). Zur Unterstützung des teaminternen Wissenstransfers bietet sich die Nutzung einer **internetbasierten Projektplattform** an, die neben Funktionalitäten zur Daten- und Informationsverwaltung auch der Kommunikationsunterstützung dient und die beiden oben beschriebenen Prinzipien im Sinne einer optimalen Informationsversorgung miteinander kombinieren kann.[702]

5.3.1 Projektplattformen zur Unterstützung des Wissenstransfers

Internetbasierte Projektplattformen stellen eine relativ neue technologische Entwicklung dar. Die Grundidee einer Projektplattform liegt darin, mit Hilfe eines Browsers und einem Zugang zum Internet allen Teammitgliedern zur gleichen Zeit dieselben Informationen zur Verfügung zu stellen.[703] Die Hauptfunktion liegt in der Bereitstellung einer gemeinsamen Arbeitsumgebung, in der Wissensinhalte kontextgerecht strukturiert, eine zweckorientierte Verknüpfung von Informationsobjekten angestrebt und eine umfassende Vernetzung von Wissensträgern ermöglicht wird.[704] Alle Teammitglieder können – gemäß ihren jeweiligen Zugriffsrechten – Daten vom Speicherplatz abfordern, oder an diesen übermitteln. Darüber hinaus werden alle Daten, die für die Projektbearbeitung erforderlich sind, an einem zentralen Ort ge-

---

699 Peritsch (2000), S. 190.

700 Vgl. zu diesen Prinzipien Kap. 3.3.2.

701 Vgl. Gentsch (1999), S. 110. *Haywood* zufolge zeichnen sich erfolgreiche Teams dadurch aus, daß die Menge an Informationen, die aktiv von den Teammitglieder nachgefragt wird, größer ist als die auf dem Push-Prinzip basierende Informationsmenge. Vgl. Haywood (2001), S. 521 und Haywood (1998), S. 35f.

702 Ein IuK-System muß die vom jeweiligen Aufgabenträger benötigten Funktionen, Leistungen und Schnittstellen zur Verfügung stellen. Vgl. z.B. Heinrich (1997), S. 89; Frank/Kronen (1991), S. 9.

703 Vgl. Newton (2000). Schulte (1999), S. 68, spricht in diesem Zusammenhang von Teamroom.

704 Vgl. Schmidt (2000), S. 114ff.

speichert, so daß sie allen Beteiligten zur Verfügung stehen. Internetbasierte Projektplattformen erleichtern die Verwaltung großer Datenmengen und ermöglichen einen schnellen Zugriff auf projektrelevante Informationen.[705] Indem Teammitglieder in verschiedenen Ländern und verschiedenen Zeitzonen miteinander vernetzt werden, verliert das Problem der räumlichen Distanz an Bedeutung.[706]

Internetbasierte Projektplattformen umfassen in der Regel Basisfunktionen klassischer IuK-Technologien für eine Zusammenarbeit, wie Dokumentenverwaltung, Versionsverwaltung usw., und stellen darüber hinaus eine Möglichkeit zur Unterstützung der Koordination und Kooperation innerhalb eines Teams dar.[707] Da sich bisher kommerziell angebotene Plattformen in ihren Funktionalitäten zum Teil erheblich unterscheiden, werden im folgenden verschiedene Anforderungen an eine internetbasierte Projektplattform zur Unterstützung des teaminternen Wissenstransfers abgeleitet und diskutiert. Abb. 5-6 stellt Funktionen dar, die eine internetbasierte Projektplattform zur Unterstützung des Wissenstransfers innerhalb von Teams aufweisen sollte.

Funktionen einer internetbasierten Projektplattform

Daten- und Informationsverwaltung	**Kommunikationsunterstützung**	**Koordinations- und Kooperationsunterstützung**
• **Gemeinsame Datenverarbeitung**	• **E-Mail**	• **Terminplan**
• **Informationssuche**	• **Chatrooms**	• **Projektpinnwand**
• **Dokumentenverwaltung**	• **Online-Konferenzen**	• **Projektstrukturplan**
• **Versionsverwaltung**	• **Newsgroups**	• **Projektablaufplan**
• **Gemeinsame Ablage**	• ...	• **Kostenplan**
• ...		• ...

Abb. 5-6: Anforderungskatalog an eine internetbasierten Projektplattform[708]

5.3.1.1 Daten- und Informationsverwaltung

Eine wichtige Voraussetzung für die Teamarbeit ist der **gemeinsame Zugriff auf Informationen**. Durch die Schaffung eines gemeinsamen Informationsraums im Internet können Teammitglieder einen gemeinsamen Datenbestand, in Form von Doku-

---

705 Eine Internetplattform beschreiben Jordan et al. (1999).

706 Darüber hinaus können sich die Kommunikationskosten durch Telefon, Fax oder Videokonferenzen verringern. Vgl. Karolak (1998), S.16.

707 Vgl. Bartsch-Beuerlein/Klee (2001), S. 55ff.

708 Vgl. Kersten/Kern (2002), S. 48; Bartsch-Beuerlein/Klee (2001), S. 55ff.; Schmidt (2000); Schulte (1999).

menten, nutzen und bearbeiten.[709] Auf diese Weise erhalten sie Zugriff auf gemeinsame Dokumente und werden über den Projektfortschritt und Terminabstimmungen informiert. Die internetbasierte Projektplattform dient dann einerseits als Kommunikationsmedium zum Transfer von Daten, Informationen und Wissen und andererseits als Speichermedium für Zwischen- und Endergebnisse der Projektarbeit. Da sich im Laufe des Projektfortschrittes eine Vielzahl an Informationen ansammeln, muß die Projektplattform gewährleisten, daß Informationen zu allgemeinen und spezifischen Fragestellungen schnell auffindbar und beschaffbar sind (**Informationssuche und Recherche**). Daher ist eine zentrale Ablage und Informationsverteilung erforderlich.[710]

Die übermittelten Informationen innerhalb des Teams müssen Qualitätskriterien genügen, wie z.B. Aktualität, Genauigkeit, Vertrauenswürdigkeit, Vollständigkeit, und einheitlich aufbereitet sein (z.B. attraktive Darstellungsform, inhaltliche Strukturierung),[711] da die Qualität der Informationen neben der Benutzerfreundlichkeit des Systems in hohem Maße die Bereitschaft der Benutzer beeinflußt, die angebotenen Informationen auch abrufen zu wollen.[712] Um den Wissenstransfer zu unterstützen, muß eine Projektplattform die räumliche und zeitliche Unabhängigkeit der Informationsaufnahme und -bereitstellung gewährleisten. Hierzu ist es notwendig, daß alle Informationen, die zur Erfüllung der Arbeitsaufgaben benötigt werden, mit einfachen Mitteln und ohne großen technischen Aufwand abgerufen werden können.[713] Die Informationen sollten dabei direkt nach dem Einstellen in die Plattform auch zur Verfügung stehen. Dies verlangt nach einer Lösung, die Änderungen im Datenbestand flexibel verarbeiten kann. Es muß dafür gesorgt werden, daß die zur Verfügung gestellten Informationen stets auf aktuellem Stand sind, d.h. daß sich die Teammitglieder auf die Validität der Informationen verlassen können.[714] Um möglichst aktuelle Informationen bereit zu stellen und einen „Information Overload" zu vermeiden, sind nicht mehr benötigte Altinformationen regelmäßig zu entsorgen.

Eine **Dokumentenverwaltung** sorgt für eine strukturierte, in der Regel von den Nutzern vorzugebende Ablage der zur Zusammenarbeit benötigten Dateien auf der Projektplattform, um ein standortunabhängiges Abrufen der Dateien durch einzelne Teammitglieder zu ermöglichen. Dabei werden die verschiedenen Versionen der Dokumente archiviert.[715] Eng mit der Dokumentenverwaltung verknüpft ist die Funktion der

---

709 Vgl. Graf/Jordan (2002), S. 9; Teufel et al. (1995), S. 153f. sowie Patrick (1998).

710 Vgl. Bartsch-Beuerlein/Klee (2001), S. 57 sowie Schindler (2000), S. 197.

711 Vgl. Königer/Reithmayer (1998), S. 92f.; Heinrich (1997), S. 281f.

712 Vgl. Zöller/Rentergent (2000), S. 42.

713 Die Zugriffsrechte der Teammitglieder werden häufig individuell in Abhängigkeit von ihrer Aufgabe festgelegt.

714 Vgl. Graf/Jordan (2002), S. 9.

715 Vgl. Seufert (1997), S. 82.

Versionsverwaltung, deren Ziel es ist, alle an einem Prozeß beteiligten Teilnehmer über Änderungen in den Dateien zu informieren und auf diese Weise immer die aktuellste Version der Datei zu den Arbeitstätigkeiten bereit zu stellen.[716] So kann bspw. mit Hilfe einer Benachrichtigung an definierte Teilnehmer das Team über Änderungen an einer der Dateien informiert werden.[717] Hierzu ist festzulegen, welches Teammitglied über welche Rechte, z.B. zur Veröffentlichung, Überarbeitung oder zum Löschen von Dokumenten, verfügt. Insgesamt sollte darauf geachtet werden, daß der systemseitige Änderungsaufwand für die jeweiligen Verantwortlichen gering ist.

5.3.1.2 Kommunikationsunterstützung

Die eigentlichen Teamsitzungen können zwar mit Hilfe von Telefon- oder Videokonferenzen durchgeführt werden, eine internetbasierte Projektplattform bietet jedoch die Möglichkeit Videobesprechungen durchzuführen, die in einem virtuellen Raum eine elektronische Teamkonferenz bei gleichzeitiger Einsicht in die benötigten Unterlagen gewährleisten.[718] Integrierte Conferencing-Fähigkeiten ermöglichen eine synchrone Bearbeitung von Dokumenten durch mehrere Teammitglieder über Video-, Text- oder Sprachkanäle.[719] Diese Konferenzen können herkömmliche Sitzungen und Treffen mit physischer Anwesenheit und Reiseaufwand der Teammitglieder reduzieren. Eine in die Projektplattform integrierte E-Mail-Funktion bietet die Möglichkeit Nachrichten an eine beliebige Anzahl von Empfängern zu versenden. Hierbei ist jedoch darauf zu achten, daß einheitliche Formate von Dokumenten und Grafiken die Lesbarkeit der E-Mails im Team gewährleisten.[720]

5.3.1.3 Koordinations- und Kommunikationsunterstützung

Auch für ein verteilt arbeitendes Projektteam ist es notwendig, daß es regelmäßig zu **Teamsitzungen** zusammenkommt. Die Führung eines **gemeinsamen Kalenders** ermöglicht es, gemeinsame Termine zu finden und abzustimmen und darüber hinaus die persönliche Verfügbarkeit der einzelnen Teammitglieder anzuzeigen.[721] Grund-

---

716 Vgl. Haberstock (2000), S. 87f.

717 Vgl. Schindler (2000), S. 197.

718 Vgl. Bartsch-Beuerlein/Klee (2001), S. 57f.

719 Im Bereich Conferencing geht der Trend weg von der Abbildung klassischer Face-to-Face-Meetings durch Videokonferenzen hin zu einer Integration von Audioelementen mit Präsentationsgrafiksoftware. Vgl. Schindler (2000), S. 204.

720 Vgl. Zöller/Rentergent (2000), S. 42 sowie Fank (1996), S. 109.

721 Vgl. Bartsch-Beuerlein/Klee (2001), S. 58. Hierbei gilt es, das Problem der Portabilität zu lösen, die die Doppelführung eines privaten Kalenders und eines Gruppenkalenders erfordert.

voraussetzung ist hierbei, daß jedes Teammitglied einen individuellen, elektronischen Kalender führt, der sämtliche Termine enthält und permanent aktualisiert wird.[722]

Weiterhin ermöglicht eine internetbasierte Projektplattform die Einrichtung eines **„Schwarzen Brettes“** bzw. einer virtuellen Projektpinnwand, so daß alle Teammitglieder mit zentral eingestellten Informationen, z.B. neuen Terminen, anstehenden oder erreichten Meilensteinen oder Ankündigungen von Beiträgen, versorgt werden können.[723] Dabei „heftet“ jedes Teammitglied Nachrichten in Form von Dateien, Texten, Bildern oder Tabellen sortiert nach Themen an die elektronische Pinnwand.[724]

Zur Unterstützung der teaminternen Prozesse, z.B. bei der technischen Freigabe von Dokumenten oder der Abstimmung von weiterzuleitenden Informationen, ist es darüber hinaus hilfreich, wenn die Projektplattform zusätzlich eine **Workflow-Funktionalität** bietet, die teaminterne Abläufe festhält und unterstützt.[725]

Eine internetbasierte Projektplattform zur Unterstützung des Wissenstransfers sollte weiterhin dem Kriterium der **Flexibilität** genügen, indem Systemveränderungen, -erweiterungen oder -reduzierungen relativ einfach vorgenommen werden können, und sie sich auf diese Weise an verändernde Rahmenbedingungen anpassen läßt.[726] Diese Flexibilität setzt eine mit geringem Aufwand ausbaufähige Architektur des Systems voraus. Die Modifizierungen sollten bei einzelnen Systemteilen durchführbar sein, ohne daß dabei die Gesamtstruktur des Systems geändert werden muß.

Eine internetbasierte Projektplattform muß darüber hinaus dem Kriterium der **Sicherheit** genügen, so daß eine Entstehung von Gefährdungszuständen möglichst vermieden wird.[727] Diese Anforderung zielt auf den Schutz vor äußeren Einflüssen ab, wie z.B. Sicherung von Informationen bei systemunabhängigen Betriebsunterbrechungen. Darüber hinaus muß der unbefugte Zugriff auf die gespeicherten Informationen verhindert und die Geheimhaltung der Informationen gewährleistet werden. Hierzu ist die Plattform mit internen Schutzmechanismen, wie z.B. Erstellung von Benutzerprofilen, Systemüberwachung und Kontrollmechanismen zur Abfrage von Paßwörtern etc., auszustatten. Ferner muß die Plattform gegen eine Veränderung der Informationsinhalte durch unbefugte Personen sowie Störungen durch Bedienfehler und

---

722 Vgl. Reif-Mosel (2000), S. 109f.

723 Vgl. Schindler (2000), S. 197.

724 Vgl. Jordan et al. (1999), S. 3. Die Autoren schreiben der Nutzung des Schwarzen Brettes zusätzlich eine Motivationsfunktion zu. Vgl. hierzu Jordan et al. (1999), S. 4.

725 Vgl. Bartsch-Beuerlein/Klee (2001), S. 59.

726 Vgl. hierzu bspw. Fank (1996), S. 109; Heinrich (1997), S. 87; Klotz/Strauch (1990) S. 53; Frank/Kronen (1991), S. 5.

727 Vgl. Heinrich (1997), S. 89; Klotz/Strauch (1990), S. 53.

technische Probleme geschützt werden. Eng zusammen mit der Systemsicherheit hängt der Aspekt der **Zuverlässigkeit** der Internetplattform im Sinne eines einwandfreien, fehlerlosen Betriebs. Ein System gilt dann als zuverlässig und stabil, wenn es störungs- und fehlerfrei läuft bzw. wenn die Fehlerhäufigkeit gering ist und Fehlfunktionen möglichst selten auftreten.[728] Bei Problemen muß das System eine Unterstützung bzw. Hilfetools zur schnellen Lösung bereitstellen. Die zuverlässige Funktion der Plattform kann bspw. durch einen modularen Aufbau aus einzelnen Bausteinen bzw. Zusatzfunktionen, die jeweils unabhängig voneinander eingesetzt und beliebig miteinander kombiniert werden können, erhöht werden. Ein modularer Systemaufbau beschleunigt zudem die Wartung.[729]

5.3.2 Konsequenzen der Nutzung von IuK-Technologien auf den Wissenstransfer

Damit die internetbasierte Projektplattform von den Teammitgliedern intensiv für ihre Zusammenarbeit und den Transfer von Wissen genutzt wird, muß sie benutzerfreundlich sein. Die Benutzerfreundlichkeit beschreibt dabei eine Menge von Eigenschaften, die eine einfache, leicht erlernbare und sichere Benutzung einer IuK-Technologie erlauben.[730] Hierzu zählen Aspekte, wie das schnelle Auffinden relevanter Informationen (evtl. auch mit Hilfe eines umfangreichen Suchsystems), eine klare, einheitlich aufgebaute Navigation, eine selbsterklärende Oberfläche und geringe Antwortzeiten. Eine weitere wichtige Anforderung im Hinblick auf den Wissenstransfer ist eine einfache Handhabung, so daß der Benutzer motiviert wird, die benötigten Informationen auch abrufen zu wollen. Dies kann bspw. durch ein integriertes Lernprogramm oder umfangreiche Hilfefunktionen gefördert werden.[731]

Es empfiehlt sich, eine bestehende Lösung einer internetbasierten Projektplattform für ihr entsprechendes Einsatzgebiet zu adaptieren. Denn je nach Projektaufgabe, nach Art des Projektes, Teamgröße, Organisationsstruktur, informationstechnologischer Infrastruktur oder nach Branche unterscheiden sich Umfang und Ausgestaltung der benötigten Funktionen.

Um internetbasierte Projektplattformen (bzw. neue IuK-Technologien) zur Unterstützung des Wissenstransfers effektiv nutzen zu können, sind neben Kenntnissen über das Projekt und dessen Ziele auch Kenntnisse über die teaminternen Prozeßabläufe und über die Arbeitsweise der an der Zusammenarbeit beteiligten Teammitglieder

[728] Vgl. Fank (1996), S. 110.

[729] Vgl. Klotz/Strauch (1990), S. 53.

[730] Vgl. Heinrich (1997), S. 88; Fank (1996), S. 109.

[731] Um die Akzeptanz der Plattform langfristig zu gewährleisten, sollte im laufenden Betrieb eine System-Hotline oder eine Vor-Ort-Betreuung eingerichtet werden.

erforderlich. Neben den herkömmlichen Basisfunktionen – Information und Kommunikation – muß die Projektplattform über erweiterte Funktionen verfügen, die die Interaktion der Teammitglieder unterstützen. Bspw. indem eine Plattform für Entwicklungsprojektteams die Möglichkeit der gleichzeitigen Bearbeitung einer CAD-Datei (CAD-Realtime-Collaboration) bietet oder eine wechselseitige Beeinflussung der Handlungen von mindestens zwei Personen zuläßt. Neben den o.g. Anforderungen müssen auch Systemanforderungen beachtet werden, wie das Vorhandensein geeigneter Schnittstellen, eine Anpassung des Systems an die individuellen Bedürfnisse der Nutzer oder die Bereitstellung portabler Module, da eine Projektplattform nicht von vornherein alle benötigten Funktionen beinhalten kann.

Die internetbasierte Projektplattform muß zum einen den Bedürfnissen und Anforderungen der Teamaufgabe gerecht werden. Zum anderen sollte der Einarbeitungsaufwand relativ gering sein, so daß das Tool für die Teammitglieder schnell zu echten Arbeitserleichterungen führt, bspw. durch Zeiteinsparung bei der Suche von Dokumenten.[732] Bei der Einführung neuer IuK-Technologien ist generell zu berücksichtigen, daß die Teammitglieder mit einer Veränderung ihres Arbeitsumfeldes konfrontiert werden, da sich Informationsprozesse und Kommunikationsstrukturen ändern. Für die erfolgreiche Implementierung einer internetbasierten Projektplattform müssen entsprechende organisatorische Rahmenbedingungen geschaffen werden, indem z.B. Prozeßabläufe und Projektrollen der beteiligten Teammitglieder angepaßt werden.[733] Weiterhin können organisatorische und kulturelle Veränderung erforderlich werden. Häufig befürchten die betroffenen Teammitglieder, ihre Wissensvorsprünge zu verlieren, obwohl sich ihnen durch die Transparenz und den breiten Zugang zu Informationsquellen neue Möglichkeiten eröffnen, ihr Wissen – bspw. zu aktuell diskutierten Themen – zu vergrößern und neue Qualifikationen zu erlangen.[734] Durch entsprechende Maßnahmen und Schulungen sind die Mitarbeiter hierauf rechtzeitig und umfassend vorzubereiten, so daß sie die internetbasierte Projektplattform akzeptieren und aktiv für die Teamarbeit und den Wissenstransfer nutzen. Bei international besetzten Projektteams können zusätzliche Probleme aufgrund der unterschiedlichen Kulturkreise entstehen.

Zwar verringert die Nutzung von internetbasierten Projektplattformen das Gefühl der räumlichen Distanz, sie führt jedoch auch dazu, daß die Teammitglieder eher „Face-to-Computer“ arbeiten als Face-to-Face. Im Hinblick auf die Analyseergebnisse zur räumlichen Distanz bietet die Einführung einer internetbasierten Projektplattform eine

---

[732] Vgl. Kersten/Kern/Zink (2002).

[733] Vgl. beispielhaft zur Vorgehensweise bei der Implementierung Bäumer/Meifert (2001), S. 262ff.

[734] Vgl. Reif-Mosel (2000), S. 138.

gute Möglichkeit, um die geforderte Balance zwischen räumlicher Entfernung und räumlicher Nähe zu realisieren.[735] Jedoch können bei räumlich verteilter Zusammenarbeit trotz hochentwickelter IuK-Technologien Informationsverluste auftreten. Zwar können Informationen auf elektronischem Wege übertragen werden, ein gemeinsames Verständnis für die zu erledigende Aufgabe kann jedoch nur erzielt werden, indem komplexe Sachverhalte innerhalb eines Teams gemeinsam diskutiert werden.[736] Im Extremfall kann eine einseitige virtuelle Ausrichtung ohne persönliche Treffen bei den Teammitgliedern auch dazu führen, daß sie sich dem Team nicht zugehörig fühlen. Darüber hinaus ist zu berücksichtigen, daß in einem räumlich getrennt arbeitenden Team Verständnisschwierigkeiten auftreten können, wenn die Teammitglieder nicht direkt und persönlich interagieren können. Eine Vertrauenskultur innerhalb des Teams entwickelt sich dann nur langsam. Eine notwendige Voraussetzung für den Transfer von Wissen sind persönliche Beziehungen zwischen Wissenssender und -empfänger, die nur in persönlichen Gesprächen aufgebaut werden können, sowie eine interaktive Zusammenarbeit und Face-to-Face-Kommunikation.[737] Daher muß insbesondere zu Projektbeginn gewährleistet werden, daß Teammitglieder zunächst mit Hilfe traditioneller IuK-Technologien arbeiten, um sich kennenzulernen und persönliche Beziehungen zueinander aufbauen zu können. Für einen sicheren Umgang der Teammitglieder mit der Projektplattform kann ein Trainingsprogramm bspw. mit Telefon- oder Videokonferenzen, oder – wenn möglich – in Face-to-Face-Meetings durchgeführt werden. Ebenso sollte bereits bei der Zusammenstellung der Teams darauf geachtet werden, daß alle Mitglieder über die Fähigkeit verfügen, mit Internettechnologien umgehen zu können. Nur wenn die Mitarbeiter über ihre neue Situation und ihr verändertes Tätigkeitsprofil informiert und darüber hinaus aktiv an der funktionalen Ausgestaltung der Technologie beteiligt werden, wird die Implementierung einer internetbasierten Projektplattform erfolgreich sein.[738]

5.4 Einfluß weiterer Kontextfaktoren auf den Wissenstransfer

Neben den konzeptionellen Gestaltungsparametern des teaminternen Wissenstransfers sind jedoch noch weitere situative Gegebenheiten zu berücksichtigen, die sich als motivationsfördernd bzw. -hemmend herausstellen können. Aus der Vielzahl dieser exogenen Einflüsse wird exemplarisch auf die zwei Aspekte Dauer der Zusammenarbeit im

---

[735] Vgl. Kap. 4.3.3.1.

[736] Vgl. zur Bedeutung der drei Ebenen der Kommunikation für den Transfer von Wissen Kap. 2.3.1.

[737] Vgl. Kap. 4.3.3.2 sowie Gerybadze (2003), S. 155.

[738] So berichtet Müller (2000), S. 2, von einem Fall, bei dem ein Unternehmen Millionen von US-Dollar in den Aufbau eines modernen Intranets investierte, um dadurch die Kommunikation zu verbessern, die Mitarbeiter jedoch dieses System primär dafür nutzten, den Speiseplan der Kantine abzurufen.

Team und Teamkultur eingegangen.[739] Die Dauer der Zusammenarbeit beeinflußt das Verhalten des Individuums und somit auch die Leistungsmotivation (vgl. 5.4.1). Ausprägungen der Teamkultur finden sich zwar indirekt in den drei Perspektiven Human Resource Management, Organisation und IuK-Technologie wieder und erschweren daher eine Überprüfung, trotzdem werden einige wichtige kulturelle Einflüsse in Kap. 5.4.2 kurz dargestellt.

5.4.1 Dauer der Zusammenarbeit

Bei Teamorganisationen handelt es sich in der Regel um Organisationen auf Zeit. Nach Beendigung des Projektes gehen die Teammitglieder auseinander und nehmen ihr hinzugewonnenes Wissen und ihre Erfahrungen mit.[740] Daher müssen geeignete Vorkehrungen getroffen werden, um das im Team geschaffene Wissen nach Abschluß des Projektes zu explizieren und weiterzugeben.[741] Die Dauer der Zusammenarbeit beeinflußt dabei einerseits den Zusammenhalt der Teammitglieder untereinander und andererseits den Aufwand des Transfers. Vertrauen und persönliche Beziehungen bauen sich in der Regel erst nach längerer Zusammenarbeit auf. Des weiteren vollzieht sich der eigentliche Transferprozeß schneller, wenn die beteiligten Partner aufgrund intensiver Interaktion auf einer gemeinsamen Verstehensebene agieren.[742] Demzufolge ist davon auszugehen, daß der Wissenstransfer umso besser funktioniert, je länger die Teammitglieder ein Projekt bearbeiten. Dieser Zusammenhang ließ sich empirisch jedoch nicht eindeutig nachweisen. In der Stichprobe arbeiten die Teams in der Regel länger als sechs Monate zusammen. Daher kann unterstellt werden, daß sich der Wissenstransfer in diesen Teams eingespielt hat und sich daher relativ schnell vollzieht.[743]

Um dem möglichen Nachteil einer zu hohen Teamkohäsion entgegenzuwirken und um die Gefahr einer Tendenz zur Konformität zu verkleinern, besteht die Möglichkeit, die Teams nur eine begrenzte Zeit zusammenarbeiten zu lassen bzw. ihre Zusammensetzung häufiger zu verändern.[744] Diese Maßnahmen wirken allerdings der Forderung entgegen, daß Teams zusammenwachsen müssen.[745] Wenn sich die Teambesetzung

---

739 Diesen Einflußfaktoren wird in der Literatur eine wichtige Bedeutung beigemessen.

740 Vgl. Probst/Raub/Romhardt (1999), S. 120.

741 Bspw. durch Anfertigen von Projekt- oder Erfahrungsberichten oder durch Vorstellung von Lessons Learned für die Kollegen.

742 Vgl. Kap. 2.3.1 sowie Gerybadze (2003), S. 155.

743 Vgl. Kap. 4.2.1.

744 Vgl. Thom (1980), S. 293 sowie Kap. 3.2.2.1.

745 Für das ‚Zusammenwachsen' eines Teams gibt es in der Literatur verschiedene Phasenmodelle, wobei das 1965 entwickelte Modell von *Tuckman* die weiteste Verbreitung und Akzeptanz gefunden hat. Nach diesem Modell durchläuft die Teamentwicklung die vier Phasen Abtasten bzw. Formieren (forming), Konflikt bzw. Konfrontation (storming), Organisieren bzw. Normieren (norming) sowie

im Laufe der Zusammenarbeit ändert, wird die Arbeitsleistung des Teams durch die wechselnden internen und externen Veränderungen beeinflußt. Jede Person, die das Team verläßt, nimmt Wissen mit, das noch nicht expliziert und systematisiert bzw. erfaßt wurde. Jede Person, die neu in das Team eintritt, lenkt die Aufmerksamkeit der anderen Teammitglieder von ihrer eigentlichen Aufgabe der Wissensentwicklung darauf, ihr das bisher Erarbeitete und die sozialen Umstände nahezubringen, um nicht wieder von vorne beginnen zu müssen. Jedes neue Teammitglied bewirkt Veränderungen in der bisherigen Zusammenarbeit, so daß der Eintritt eines neuen Teammitglieds mit einer Neuformierung des Teams gleichgesetzt werden kann. Ein häufiger Wechsel von Teammitgliedern erschwert neben der Aufgabenerledigung auch den Wissenstransfer, da einerseits Unklarheiten bezüglich der Ansprechpartner entstehen können und andererseits wichtige Voraussetzungen für den Transfer, wie Vertrauen, Entwicklung einer persönlichen Beziehung etc., noch nicht genügend ausgeprägt sind bzw. neu geschaffen werden müssen.[746]

Probleme können sich auch dann zeigen, wenn das vom Team entwickelte Wissen für weitere Unternehmensbereiche nutzbar gemacht werden soll. Dies geschieht sowohl durch zwischenmenschliche Kontakte zur Vermittlung von internalisiertem Wissen als auch durch eine personenungebundene Darstellung impliziten Wissens, z.B. in Form von Berichten, und vollzieht sich leichter, wenn die Teammitglieder trotz ihrer Projektarbeit weiterhin in die Linienorganisation eingebunden sind.

Neben der Dauer spielt die Intensität der Zusammenarbeit eine Rolle beim Wissenstransfer. Zu klären im Hinblick auf das Verhalten eines einzelnen Teammitglieds ist der Grad der Einbindung in das Team, d.h. inwieweit die Projektarbeit als zusätzliche Aufgabe zum Tagesgeschäft erledigt werden muß. Die Analyse ergab, daß mehr als die Hälfte der Mitarbeiter für die Zeit der Projektarbeit vom Tagesgeschäft freigestellt sind und überwiegend Vollzeit im Team mitarbeiten, so daß von einer Identifikation mit dem Team ausgegangen werden kann.[747]

5.4.2 Einfluß der Teamkultur

Die empirische Analyse konnte den Einfluß von Faktoren aus den drei Gestaltungsbereichen Human Resource Management, Organisation und IuK-Technologie, wie bspw. partizipative Entscheidungsfindung, Offenheit, Heterogenität

---

Arbeiten (performing), vgl. hierzu z.B. Wiendieck (1992), Sp. 2378. Eine klare Abgrenzung dieser Phasen ist jedoch in der Praxis kaum vorzufinden, stattdessen sind Überschneidungen und Sprünge zu erwarten. Vgl. Henschel (2001), S. 22.

746 Vgl. Castiglioni (1994), S. 131.

747 Vgl. Abb. 4-4.

der Teammitglieder etc., auf die individuelle Transferbereitschaft nachweisen. Aus der Perspektive der Entscheidungsträger innerhalb eines Unternehmens gilt es die Frage zu klären, inwiefern die Transferbereitschaft von weiteren Faktoren beeinflußt wird und wie die Bereitschaft zum Wissenstransfer bei gleichzeitiger Berücksichtigung der individuellen Interessen der Teammitglieder erhalten werden kann. In diesem Zusammenhang wird in der Literatur immer wieder der motivationale und integrative Charakter der Unternehmenskultur hervorgehoben, der individuelles Handeln prägen und fördern kann.[748]

Bullinger et al. stellen die große Bedeutung der Unternehmenskultur für den Wissenstransfer heraus, indem sie anführen, daß das in einem Unternehmen kommunizierte Wissen, welches allen Mitgliedern des Unternehmens zugänglich ist, einen Orientierungs- und Handlungsrahmen für die Mitarbeiter darstellt und maßgeblich durch die Unternehmenskultur geprägt ist.[749] *Kriwet* weist in ihrer Arbeit vor allem auf den Stellenwert kultureller Barrieren beim Wissenstransfer hin und sieht in deren Überwindung eine große Herausforderung für die Gestaltung des Wissenstransfers.[750] Unternehmenskultur ist die Gesamtheit der durch Gewohnheiten und Praxis entstandenen Sichtweisen, Einstellungen, Handlungsmuster und Werte, die das alltägliche Denken, Wahrnehmen, Fühlen und Handeln der Individuen im Unternehmen bestimmt.[751] Die Kultur innerhalb eines Teams schlägt sich unter anderem in entsprechenden Leitbildern, in der Bereitstellung von organisatorischen, personellen, finanziellen und zeitlichen Ressourcen, in der Art der Informationsverteilung und innerhalb von Anreizstrukturen nieder. Dabei gibt die Kultur einen einheitlichen Rahmen vor, an dem sich Verhaltensausprägungen der einzelnen Organisationsmitglieder orientieren.[752]

Vor diesem Hintergrund schränken bestimmte Erscheinungsformen bzw. Auswirkungen einer transferhemmenden Kultur nicht nur den Prozeß des Wissenstransfers selbst ein, sondern auch den Rahmen, in dem dieser stattfindet. Im folgenden werden – unter Berücksichtigung der kulturellen Barrieren – wesentliche Aspekte einer wissenstransferfördernden Teamkultur diskutiert, die in der Literatur gefordert werden. Abb. 5-7 stellt diese Merkmale einer wissensförderlichen Kultur dar.[753]

---

748 Vgl. Sattelberger (1996), S. 14; Castiglioni (1994), S. 204. Einer Studie zufolge schätzen 75% die Unternehmenskultur im Wissensmanagements als einen der geeignetsten Anreize ein. Vgl. Bullinger et al. (2001), S. 54f.

749 Vgl. Bullinger/Wagner/Ohlhausen (2000), S. 84.

750 Vgl. Kriwet (1997), S. 305. Den Einfluß der Unternehmenskultur auf die Innovationsfähigkeit haben bereits eine Vielzahl von Autoren analysiert. Vgl. z.B. Trommsdorf (1990), S. 16f.; Kieser (1990); Castigionli (1994), S. 204ff. sowie Sattelberger (1996), S. 35ff.

751 Vgl. Brödner (1999), S. 162.

752 Vgl. Castiglioni (1994), S. 204f.

753 Zusammengestellt aus Darling (1997).

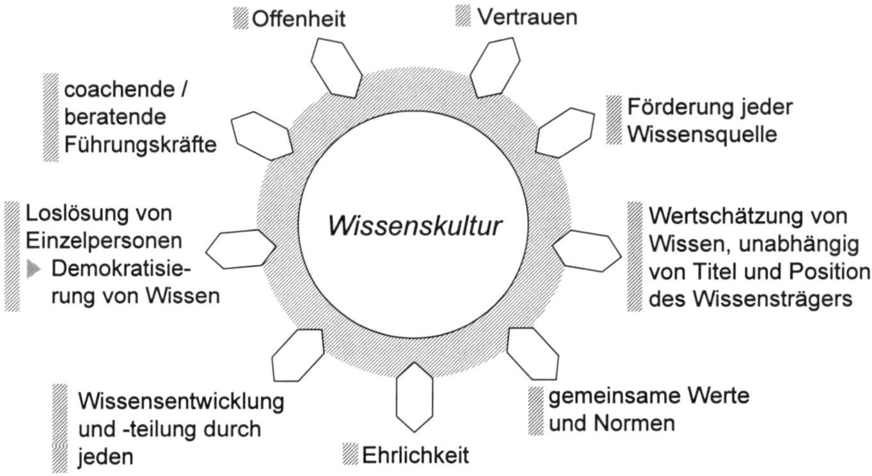

Abb. 5-7: Merkmale einer Wissenskultur

Eine Teamkultur muß „sowohl durch Offenheit und Ehrlichkeit als auch durch Vertrauen – Vertrauen in die Mitarbeiter von Seiten der Vorgesetzten und unter Kollegen – geprägt" sein.[754] Im Zusammenhang mit der Teamkultur sollte das Teilen von Wissen und Informationen eher als ein freiwilliger Vorgang betrachtet werden, um die Bedeutung des horizontalen Informationsflusses für die Schaffung neuen Wissens zu betonen. Indem die Teammitglieder Zugang zu allen relevanten Informationen erhalten, bspw. durch die oben beschriebene Methode der Visualisierung, werden Informationsasymmetrien abgebaut und Transparenz geschaffen.[755] Eine den Wissenstransfer fördernde Teamkultur läßt sich dadurch charakterisieren, daß die Teammitglieder ungehindert kommunizieren und informelle Kommunikationskanäle nutzen.[756]

Ein wesentliches Merkmal einer transferhemmenden Kultur ist ein wenig ausgeprägtes Vertrauensklima.[757] Unter Vertrauen wird die subjektive Erwartung eines Teammitglieds bezüglich des Verhaltens seiner Interaktionspartner verstanden.[758] Vertrauen gilt als Basis für Interaktion und damit für den Wissenstransfer. Vertrauen übt einen starken Einfluß auf die Teammitglieder aus und kann einen hohen Anreiz zur Transfer-

754 Bullinger/Wörner/Prieto (1998), S. 22. Der Faktor Offenheit zeigte in der empirischen Analyse für beide Branchen einen signifikanten positiven Einfluß auf die Transferbereitschaft.

755 Vgl. Castiglioni (1994), S. 211f. sowie Meyer (1998), S. 60.

756 Vgl. zur Kommunikationsstruktur Kap. 4.3.3.5.

757 Vgl. Bendt (2000), S. 58; Davenport/Prusak (1999), S. 83ff. u. S. 94; Henschel (2001), S. 216; Justus (1999), S. 135 sowie Krogh/Köhne (1998), S. 244.

758 Vgl. Wagner (2000), S. 92.

bereitschaft von Wissen erzeugen.[759] Es wird durch positive Beispiele nur langsam geschaffen, kann jedoch durch negative Ereignisse schnell und nachhaltig zerstört werden.[760] *Barson et al.* beschreiben den blockierenden Einfluß mangelnden Vertrauens wie folgt:

> „Trust concerns both the receipt and the dissemination of knowledge. If an individual does not trust the information or knowledge they are receiving they are obviously unlikely to make full use of it. Conversely, if an individual does not trust the person to whom they are imparting knowledge to use it wisely [...] they will resist sharing." Barson et al. (2001), S. 6.

Felbert stellt dar, daß Teammitglieder, denen Mißtrauen entgegengebracht wird, dies als persönliche Abwertung und Verletzung empfinden und daher resignieren und sich innerlich zurückziehen, so daß Interaktionen und somit ein Wissenstransfer erheblich behindert werden.[761] Nur wenn Individuen ihren Teamkollegen ein gewisses Vertrauen entgegenbringen, sind sie bereit, ihr Wissen zu transferieren.

Vertrauen trägt einerseits dazu bei, daß der Wissenssender die Furcht davor verliert, durch Preisgabe seines Wissens seine Position innerhalb des Unternehmens zu gefährden, und ermöglicht andererseits, daß sich im Team eine Philosophie des „Lernens aus Fehlern" entwickeln kann.[762] Dabei sollte das Eingestehen von Fehlern „nicht als Eingeständnis von Schwäche und Inkompetenz sondern als Offenheit und produktive Neugier bewertet werden."[763] Eine fehler-intolerante Kultur, die wiederum Auslöser für negative, das Vertrauen zerstörende Ereignisse sein kann,[764] behindert den Wissenstransfer.[765] Fehler stellen jedoch eine wertvolle Quelle für Lernprozesse dar und gelten daher als wichtiger Erfolgsfaktor für Verbesserungen.[766] Um Mitarbeiter ständig zur Weiterentwicklung und Modifizierung von Prozessen im Sinne einer kontinuierlichen Verbesserung anzuregen, ist daher eine fehlertolerante Teamkultur notwendig. Auf diese Weise wird eine positive Einstellung zum kalkulierbaren Risiko und zum Experimentieren ermöglicht.

Verknüpft mit dem Grad des gegenseitigen Vertrauens ist die Autonomie. Wenn Aufgaben weitgehend so delegiert werden, daß der Einzelne sie autonom erledigen kann, wird sein Interesse geweckt, kreativ zu sein und sein Wissen mitzuteilen.[767] In einem autonomiefeindlichen Umfeld werden Teammitglieder ihr Wissen nur ungern

---

759 Vgl. Wagner (2000), S. 92.
760 Vgl. Probst/Raub/Romhardt (1999), S. 259.
761 Vgl. Felbert (1998), S. 139.
762 Vgl. Simon (1999), S. 308.
763 Probst/Raub/Romhardt (1999), S. 257. Vgl. ebenso Simon (1999), S. 308; Meyer (1998), S. 60.
764 Vgl. Bendt (2000), S. 58.
765 Vgl. Felbert (1998), S. 139f.
766 Vgl. Frese (1998), S. 58ff. sowie Niefer (1993), S. 134.
767 Vgl. zu dieser Einflußgröße zur Förderung intrinsischer Motivation Kap. 2.5.

explizieren – und somit kollektivieren – da sie für den Fall eines Fehlers befürchten, gemaßregelt oder sanktioniert zu werden.[768] Gegenseitiges Konkurrenzdenken, Machtaspekte und Angst vor Mitarbeiterbeurteilungen wirken ebenso negativ auf das Arbeitsklima im Team wie die Tatsache, daß fremdes Wissen häufig zum persönlichen Vorteil mißbraucht wird. Aufgabe der Teamführung muß sein, jede Wissensquelle – und somit eine Wissensentwicklung und den -transfer jedes Teammitglieds – zu fördern. Der Teamleiter muß kommunizieren, daß das Wissen jedes Teammitglieds unabhängig von dessen Position innerhalb des Unternehmens wichtig ist, und daß nicht das Wissen einzelner Teammitglieder, sondern das kollektive Teamwissen wesentlich zum Erreichen des Projektziels beiträgt. Hierzu ist einerseits eine Demokratisierung bzw. Explizierung des Wissens notwendig, so daß es losgelöst vom Einzelnen dem gesamten Team zur Verfügung steht und andererseits Vertrauen. Der Teamleiter kann durch einen coachenden bzw. beratenden Führungsstil helfen, dieses Vertrauen aufzubauen, zu fördern und aufrecht zu erhalten.

Zur Förderung eines teaminternen Wissenstransfers gilt es folglich, Werte zu schaffen, die in Verbindung mit der Nutzung und Weiterentwicklung des im Team vorhandenen Wissens stehen. Werte sind Normen und Verhaltensweisen, die die Teamkultur bilden und somit wichtige Einflußgrößen für einen erfolgreichen Wissenstransfer darstellen.[769] Werte ermöglichen die Zusammenarbeit der Teammitglieder auch in wechselnden Projekten, sie verkörpern implizites Wissen und erleichtern den Umgang miteinander.[770] Häufig entstehen in Teams Normen und Tabus, die sich in einem Wertesystem manifestieren, das den Transfer von Wissen beeinflußt.[771] Damit einher geht nicht selten ein Bruch in der Kommunikation und in der Zusammenarbeit. Dieses Phänomen kann in Führungs- und Verständigungsproblemen begründet liegen oder in einer unzureichenden Wertorientierung.[772] Hinzu kommt häufig eine mangelnde räumliche und zeitliche Gelegenheit, sich informell mit Teamkollegen zu treffen und sich auszutauschen, wodurch der Wissenstransfer erheblich eingeschränkt wird.[773] Um die geforderte Wertekongruenz zu erreichen, müssen die individuellen Werte der Teammitglieder mit den Werten und der Strategie des gesamten Teams in Einklang

---

768 Vgl. Klimecki/Probst (1990), S. 53.

769 Vgl. Davenport/Prusak (1999), S. 96.

770 Vgl. North (1999), S. 225. Jedoch können ‚falsche' Werte (z.B. Ressortegoismen, Abteilungsdenken) negative Wirkungen haben. Wichtig ist ebenfalls, daß die Werte und Normen allen Teammitgliedern bekannt sind und von ihnen akzeptiert werden, da es sonst wiederum zu Konflikten im Team kommen kann. Vgl. Högl (1998), S. 82f.

771 Dabei sind ‚Werte' die Grundlage jedes menschlichen Handelns. Normen orientierten sich an den Wertvorstellungen und geben Handlungsanleitung, zur Umsetzung dieser Werte. Vgl. hierzu Bullinger/Wagner/Ohlhausen (2000), S. 86f.

772 Unzureichende Wertorientierung erschwert auch den Wissenstransfer zwischen Kooperationspartnern. Vgl. Figge (1999), S. 199.

773 Vgl. Davenport/Prusak (1999), S. 96 sowie Kap. 4.3.3.5.

gebracht werden, da gemeinsam geteilte Werte die Basis für eine gute Zusammenarbeit der Teammitglieder darstellen: „Values are what enable people to guide themselves.“[774]

Teammitglieder müssen erkennen, daß der Wissenstransfer nicht nur Hol- sondern vor allem auch eine Bringschuld ist. Erst wenn sie erkennen, daß der Transfer eine Win-Win-Situation darstellt, wird ihre Bereitschaft wachsen, ihr Wissen freiwillig zu transferieren. Wissensintensive Teamarbeit setzt immer eine nötige Teamkohäsion voraus, d.h. ein intrinsisch motiviertes „Commitment“, gemeinsam eine Problemlösung zu entwickeln.[775]

Kriterium	**Autor**
Vertrauen	Borowsky (2000), S. 20; Bullinger/Wörner/Prieto (1998), S. 22; Nachreiner (1992), S. 66; Reiß (1993), S. 191; Schneider (1992), S. 40ff.; Simon (1999), S. 308
Offenheit, Ehrlichkeit, Transparenz	Borowsky (2000), S. 20; Bullinger/Wörner/Prieto (1998), S. 22; Darling (1997); Krallmann/ Boekhoff/Schönherr (2000), S. 214; Meyer (1998), S. 60; Castiglioni (1994), S. 211f.
Fehlertoleranz	Simon (1999), S. 308; Meyer (1998), S. 60; Probst/Raub/Romhardt (1999), 257
Autonomie	Klimecki/Probst (1990), S. 53; Hackman/Oldham (1975), S.162
Wertekongruenz	Bullinger/Wagner/Ohlhausen (2000), S. 87; Figge (1999), S. 199
Kohäsion, Solidarität (Wir-Gefühl)	Castiglioni (1994), S. 207f.; Högl (1998), S. 45ff.; North/Romhardt/Probst (2000); Osterloh/Frost (2000), S. 64f.

Tab. 5-2: Aspekte einer wissenstransferfördernden Teamkultur

Tab. 5-2 faßt die oben genannten Aspekte einer Teamkultur zusammen, die positiv auf den internen Wissenstransfer wirken bzw. das Individuum zum Austausch seines Wissens motivieren. Diese Merkmale zeigen, daß eine wissensförderliche Kultur dazu beiträgt, daß Wissen zwischen den einzelnen Teammitgliedern transferiert wird. Darüber hinaus zeigt sich erneut die Notwendigkeit einer übergreifenden Betrachtung der Gestaltungsansätze, denn die isolierte Implementierung einer IuK-Technologie,

---

774 Bullinger/Wagner/Ohlhausen (2000), S. 87, nennen Personalentwicklungs- und Traineeprogramme, gemeinsame Bildungsmaßnahmen, Firmenclubs und gemeinsame Konfliktworkshops als Instrumente zur Förderung einer gemeinsamen Wertorientierung.

775 Vgl. Osterloh/Frost (2000b), S. 64f.

bspw. der beschriebenen internetbasierten Projektplattform, ohne geeignete personalwirtschaftliche Maßnahmen, ohne eine entsprechend ausgeprägte Unternehmenskultur und die Schaffung struktureller Voraussetzungen, ist wenig sinnvoll.

5.5 Interdependenzen der Gestaltungsempfehlungen

Die vorangegangenen Abschnitte haben Instrumente aus den drei Gestaltungsfeldern Human Resource Management, Teamorganisation und IuK-Technologien vorgestellt, die den Wissenstransfer innerhalb von Projektteams fördern können. Abb. 5-8 faßt die wesentlichen Empfehlungen zusammen.

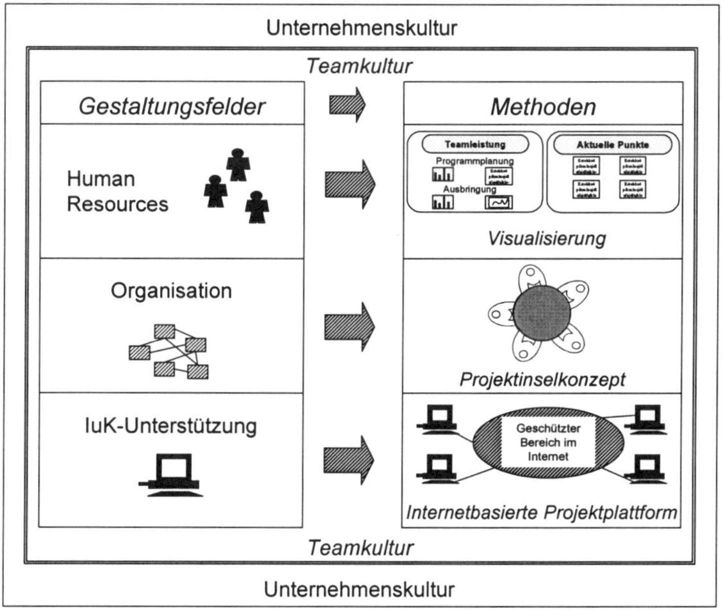

Abb. 5-8: Gestaltungsempfehlungen zur Förderung des teaminternen Wissenstransfers

Aus dem Gestaltungsbereich Human Resource Management bietet sich die Visualisierung von teamrelevanten Informationen an. Informationstafeln innerhalb des Teams schaffen Transparenz über die angestrebten Ziele und den Grad der Zielerreichung. Als Methode aus dem Gestaltungsbereich Teamorganisation wurde das Konzept der Projektinsel vorgestellt, das geeignete Voraussetzungen für die Kommunikation der Teammitglieder untereinander schafft. Die temporäre räumliche Integration der Projektteammitglieder fördert direkte Interaktionen innerhalb des Teams und begünstigt auf diese Weise den teaminternen Wissenstransfer. Unter informationstechnologischen Gesichtspunkten bietet sich die Implementierung einer internetbasierten Projektplattform an, da diese gleichermaßen die Vorteile von IuK-Technologien zur Unterstützung der teaminternen Kommunikation sowie der Kooperation miteinander verknüpft.

Die Maßnahmen der Visualisierung wie auch das Projektinsel-Konzept können in der laufenden Projektarbeit nachträglich eingeführt werden, da eine einmal gewählte Organisationsform nicht zwangsläufig über die gesamte Dauer eines Projektes hinweg gültig sein muß. So ist die nachträgliche Einrichtung einer Projektinsel zur Unterstützung der Zusammenarbeit in der laufenden Projektarbeit nicht auszuschließen. Die Entscheidung über die Nutzung einer internetbasierten Projektplattform sollte im Idealfall vor Beginn der Teamarbeit gefällt werden, um während der gesamten Projektlaufzeit eine umfassende Informationsversorgung zu gewährleisten. Jedoch kann – je nach Ausgestaltung der Teamaufgabe – auch die nachträgliche Einführung einer IuK-Technologie zu einer Situationsverbesserung führen.

Zwischen den drei vorgestellten Konzepten und Instrumenten bestehen zahlreiche Wechselwirkungen. So läßt sich das Visualisierungskonzept mit Informationstafeln in einer Projektinsel genauso realisieren wie virtuell mit Hilfe einer internetbasierten Projektplattform. Die Teammitglieder in einer Projektinsel benötigen bei räumlicher Nähe andere Funktionen einer Projektplattform als bei räumlicher Distanz. Da persönliche Interaktionen möglich sind, können die Funktionen zur Unterstützung der Teamkommunikation ausreichend sein. Bei räumlicher Distanz des Teams sind jedoch die Funktionalitäten zur Kooperationsunterstützung notwendig. Für eine erfolgreiche Implementierung und Nutzung ist eine weitere Voraussetzung, daß das gesamte Instrumentarium in die Unternehmenskultur eingebettet ist. Zur Unterstützung der Umsetzung der drei exemplarisch genannten Instrumente sind frühzeitig Personalentwicklungsmaßnahmen einzuleiten, um das Verhalten der Teammitglieder zu ändern und damit Leistungssteigerungen im Team zu erzielen. Dabei ist sind personalwirtschaftliche Maßnahmen je nach Team situationsspezifisch auszurichten und so flexibel wie möglich anzulegen, um eine aktive Bewältigung der sich verändernden Anforderungen im Projektverlauf im Sinne von Selbstorganisation und Selbststeuerung zu ermöglichen.

Generell eignen sich die beschriebenen Lösungsmöglichkeiten, wenn es um den Transfer von explizitem Wissen geht. Implizites Wissen kann nur durch persönliche interaktive Zusammenarbeit transferiert werden, wofür die Projektinsel ideal Voraussetzungen schafft.

6 Zusammenfassung und Ausblick

6.1 Zusammenfassung der zentralen Untersuchungsergebnisse

Die Zielsetzung der vorliegenden Arbeit bestand darin, Einflußfaktoren aus den drei Bereichen Human Resource Management, Organisation und IuK-Technologie auf den teaminternen Wissenstransfer zu identifizieren, um Aussagen über die Motivation des Wissenssenders ableiten zu können. Der Arbeit liegt eine Vorgehensweise zugrunde, die auf einer theoretischen Analyse und einer praktischen Überprüfung anhand einer empirischen Untersuchung basiert. Dabei wird sowohl ein Beitrag zur motivationsorientierten Analyse als auch zur theoretischen Fundierung des Wissenstransfers im Hinblick auf dessen Förderung in Teams geleistet.

Nach der einführenden Problemstellung und Diskussion der Forschungsfrage wird in Kapitel zwei zunächst der theoretische Bezugsrahmen aufgezeigt. Die Arbeit fokussiert auf den teaminternen Wissenstransfer aus Perspektive des Wissenssenders innerhalb eines Projektteams. Ausgangspunkt war die Annahme, daß der teaminterne Wissenstransfer in hohem Maße von der Bereitschaft des Wissenssenders abhängt. Basierend auf den verschiedenen Interpretationen des Wissensbegriffs in der Literatur wird eine Arbeitsdefinition für einen eigenen Wissensbegriff entwickelt. Darauf aufbauend wird der theoretische Ablauf des Transfers von Wissen zwischen zwei Individuen dargestellt. Dem Wissenstransfer liegt in dieser Arbeit die Prämisse zugrunde, daß er sich im Spannungsfeld der drei Bereiche Human Resource Management, Organisation und IuK-Technologie vollzieht. Da sich die vorliegende Arbeit auf die Förderung der individuellen Transferbereitschaft konzentriert, werden aus ausgewählten Motivations- und Organisationstheorien Einflußgrößen auf die Motivation abgeleitet, um Aussagen über die Individualmotivation zum Wissenstransfer zu ermöglichen. Dabei wird verdeutlicht, daß neben materiellen und immateriellen Anreizen weitere Größen, wie das Arbeitsumfeld, eine gezielte Rückkopplung über das Arbeitsergebnis etc., das individuelle Mitarbeiterverhalten im Team beeinflussen können. Die Verdichtung verschiedener Motivations- und Organisationstheorien zu Einflußgrößen der Arbeitsmotivation in Anlehnung an das Modell von *Hackman* und *Oldham* bildet das Ergebnis des zweiten Kapitels.

Gegenstand des dritten Kapitels ist die Darstellung von Einflußgrößen aus den drei Bereichen Human Resource Management, Organisation und IuK-Technologien auf den teaminternen Wissenstransfer. Das Kapitel beschreibt, daß in bestimmten Konstellationen aus allen drei Bereichen Transferbarrieren entstehen können, und diskutiert Lösungsmöglichkeiten zur Überwindung dieser möglichen Hindernisse.

Auf Basis der Ansätze des Wissenstransfers und der Ansätze zur Erklärung des Individualverhaltens erfolgt die Ableitung von Variablen, die den teaminternen Wissenstransfer beeinflussen. Diese Einflußgrößen werden in einer empirischen Erhebung bei 151 Teams analysiert, deren Ergebnisse Gegenstand des vierten Kapitels sind. Zunächst wird mit Hilfe einer Faktorenanalyse die abhängige Variable ‚Bereitschaft zum Wissenstransfer' operationalisiert. Anschließend werden in Regressionsanalysen Einflußgrößen aus den drei Dimensionen Human Resource Management, Organisation und IuK-Technologie auf ihren Zusammenhang zur Transferbereitschaft geprüft. Die Annahme, daß sich der teaminterne Transfer von Wissen im dargestellten Spannungsfeld vollzieht, konnte im Rahmen der empirischen Untersuchung bestätigt werden.

Auf Basis der empirischen Analyse und der Erkenntnisse aus den Motivationstheorien werden im nächsten Schritt Gestaltungsansätze aus den drei Perspektiven Human Resource Management, Organisation und IuK-Technologien zur Förderung des teaminternen Wissenstransfers beschrieben und diskutiert. Neben Faktoren, die sich den drei Perspektiven eindeutig zuordnen lassen, werden exemplarisch weitere Einflußfaktoren auf den teaminternen Wissenstransfer aufgezeigt, deren Ausgestaltung den Transfer ebenfalls dauerhaft positiv oder negativ beeinflussen kann. Mit der Behandlung dieser Aspekte und der Identifizierung möglicher kultureller Werte zugunsten eines transferförderlichen Klimas schließt der letzte Abschnitt der vorliegenden Untersuchung. Die zentralen Erkenntnisse der Arbeit lassen sich in folgenden Empfehlungen zusammenfassen:

- *Notwendige Voraussetzungen, um die Umsetzung von wissenstransferfördernden Maßnahmen innerhalb des Teams sicherzustellen, sind die Vergabe von Feedback, gemeinsame Zielvereinbarungen und eine Beteiligung der Teammitglieder an der Entscheidungsfindung.*

Die Vereinbarung von Zielen ist eine Voraussetzung für ein zielgerichtetes regelmäßiges Feedback an die Teammitglieder. Die gemeinsame Vereinbarung von Zielen ermöglicht eine projektbegleitende Überwachung und Anpassung der individuellen Ziele der Teammitglieder sowie eine abschließende Beurteilung der Zielerreichung und schafft Transparenz über das Zielsystem. Da Entscheidungen jeweils ausgehend von den vereinbarten Zielen getroffen werden, beeinflußt eine partizipative Entscheidungsfindung die Art der Zusammenarbeit zwischen Wissenssender und -empfänger bei der Zielbildung. Ein partizipativer Führungsstil fördert eine offene Informations- und Kommunikationskultur, die wiederum positiv auf den Transfer von Wissen bzw. die Bereitschaft der Teammitglieder zum Wissenstransfer wirkt.

Eng mit der Führung durch Zielvereinbarungen verbunden ist die Selbststeuerung des Teams durch Visualisierung mit der Konsequenz, daß die Motivation der Teammitglieder gesteigert und Entscheidungen demzufolge schneller umgesetzt werden.

- *Die Vergabe von Anreizen motiviert das einzelne Teammitglied indirekt zum Transfer seines Wissens.*

Die Vergabe von Anreizen erweist sich im Zusammenhang mit der Beurteilung des Transfers von Wissen generell als schwierig, da sich Wissen bzw. der Transfer von Wissen nur indirekt quantifizieren läßt. Immaterielle Anreize, wie Anerkennung durch Kollegen etc., steigern dabei die individuelle Transferbereitschaft eher als materielle Anreize. Bei der Analyse der materiellen und immateriellen Anreize zeigte sich, daß die Variablen der Anreizgestaltung nicht überschneidungsfrei sind. Zwar erwiesen sich insbesondere immaterielle Anreize als Motivatoren, die Vergabe der Anreize ließ sich im Rahmen der Untersuchung jedoch nicht eindeutig mit dem Wissenstransfer in Verbindung bringen. Diese Mehrdeutigkeit der Anreizvergabe ist auf die schwierige Erfassung und Operationalisierung des Wissensbegriffs zurückzuführen und unterstreicht die Schwierigkeiten in der Quantifizierung des Transfererfolgs.

- *Umfassende Informationstransparenz im Team durch Visualisierungstechniken trägt zur Zielerreichung und zur Selbststeuerung des Teams bei und fördert auf diese Weise den Wissenstransfer.*

Maßnahmen der Informationsversorgung und intensive Kommunikation im Team schaffen eine gemeinsame Basis für die Teammitglieder, lassen neue wertvolle Anregungen entstehen und ermöglichen eine Früherkennung von Problemen. Informationstransparenz im Sinne einer offenen Informations- und Kooperationskultur wird durch die Visualisierung von Leistungsdaten erreicht. Die transparenten Ergebnisse und Erfolge des Teams und einzelner Mitglieder motivieren das Gesamtteam zu kontinuierlichen Verbesserungen und fördern auf diese Weise den Transfer von Wissen im Team. Medien wie Informationstafeln sind Elemente einer transferfördernden Informationsstrategie.

- *Eine heterogene Teamzusammensetzung bündelt das zur Erledigung der Projektaufgabe notwendige Kreativitätspotential der Fachexperten und trägt dadurch zur Förderung der Transferbereitschaft bei.*

Durch eine heterogene Teamzusammensetzung werden verschiedene Denkweisen und fachliche Hintergründe verschiedener Mitarbeiter in das Projektteam integriert. Im Idealfall wird auf diese Weise Machtdenken reduziert und die individuelle Transferbereitschaft erhöht. Voraussetzung ist hierbei allerdings, daß die rekrutierten

Teammitglieder über ein ähnliches Fähigkeitsniveau und inhaltliche Anknüpfungspunkte im Sinne eines verwandten Kontextes verfügen. Durch seinen Führungsstil muß der Teamleiter die Förderung der individuellen Transferbereitschaft innerhalb seines Teams entsprechend unterstützen.

- *Die räumliche Integration der Teammitglieder in Form einer Projektinsel schafft die Möglichkeit, daß sich unter den Teammitgliedern persönliche Beziehungen entwickeln können.*

Eine notwendige Voraussetzung für eine intensive Kommunikation der Teammitglieder untereinander sind persönliche Beziehungen im Team. Aufgrund der räumlichen Nähe können die Teammitglieder interaktiv zusammenarbeiten, so daß optimale Voraussetzungen für die Teamkommunikation existieren. Die Zusammenfassung qualifizierter Teammitglieder an einem Ort im Sinne des Projektinselkonzepts fördert darüber hinaus einen unmittelbaren Zugriff auf das im Team vorhandene Wissen. Aus der Analyse wurde deutlich, daß Interaktion und Kommunikation zwischen den Teammitgliedern persönliche Beziehungen stärken und auf diese Weise den Wissenstransfer fördern.

- *Zur technologischen Unterstützung des teaminternen Wissenstransfers bietet sich die Implementierung einer internetbasierten Projektplattform an.*

Da abhängig von der Art des zu transferierenden Wissens einerseits eine persönliche und andererseits eine mediengestützte Kommunikation möglich ist, wurde die Rolle der Interaktionsmedien bzw. die Art der Kommunikation untersucht. Die Befragten maßen der Rolle der Face-to-Face-Kommunikation eine hohe Bedeutung bei, was sich insbesondere auf den Transfer von implizitem Wissen positiv auswirkt. Den Ergebnissen der empirischen Analyse zufolge spielt die IuK-Technologie eine wichtige, jedoch eher unterstützende Rolle. Im Hinblick auf ihre Motivationswirkung konnten keine eindeutigen Aussagen abgeleitet werden, da die Nutzungshäufigkeit der wissenstransferunterstützenden Medien – mit Ausnahme von Face-to-Face-Gesprächen und der Nutzung von E-Mail – in der Stichprobe eher gering ausfiel.

Um die Flut an Informationen bewältigen zu können und gleichzeitig eine umfassende und zielgerichtete Informationsbereitstellung zu gewährleisten, bietet sich eine informationstechnologische Unterstützung des teaminternen Wissenstransfers an. Aus der Diskussion verschiedener Anforderungen an eine den Wissenstransfer unterstützende Technologie wurde die Empfehlung abgeleitet, eine internetbasierte Projektplattform zumindest für räumlich entfernt arbeitende Teams zur Verfügung zu stellen. Diese Technologie kombiniert die für den Transfer von Wissen wichtigen Prinzipien Push und Pull miteinander.

- *Die Förderung der Transferbereitschaft der Teammitglieder muß durch ein entsprechendes Umfeld und eine wissenstransferförderliche Teamkultur unterstützt werden.*

Zur Förderung der Transferbereitschaft innerhalb eines Projektteams ist eine Teamkultur notwendig, in der das Lernen aus Fehlern und eine kontinuierliche Verbesserung von Prozessen als wichtig angesehen wird. Besonders mit Hilfe von Personalführungsmaßnahmen müssen Egoismen verhindert und durch Teamgeist ersetzt werden, um den ungehinderten Austausch von Wissen zwischen einzelnen Mitarbeitern innerhalb eines Teams garantieren und fördern zu können. Dabei sind Werte, wie ein kooperatives Verhalten, eine vertrauensvolle und offene Zusammenarbeit und eine motivierende Unterstützung, von den Teamleitern vorzuleben und als tragende Elemente der Teamkultur anzustreben. Die Vorbereitung auf die Mitarbeit in einem Projekt und ggf. die Wahrnehmung von Führungsaufgaben setzt eine frühzeitige Einleitung von Qualifizierungsmaßnahmen für alle Teammitglieder voraus.

Die Analyse verdeutlichte, daß zwischen den drei Gestaltungsfeldern Human Resource Management, Teamorganisation und IuK-Technologie zahlreiche Interdependenzen bestehen. Bei der Diskussion der Ergebnisse zeigte sich, daß sich die ermittelten Einflußfaktoren auf den Wissenstransfer den drei Bereichen nicht eindeutig zuordnen lassen. Um den Wissenstransfer innerhalb eines Teams erfolgreich zu fördern, ist eine ganzheitliche Betrachtung der Gestaltungsalternativen notwendig. Zudem muß die teamspezifische Lösung in eine entsprechende Kultur eingebettet werden. Die Ergebnisse zeigen insgesamt, daß eine Lösung der Motivationsproblematik zum Wissenstransfer nicht primär in der Vergabe von Anreizen liegen kann, sondern in einer entsprechenden Gestaltung des Arbeitsumfeldes eines Individuums.

6.2 Ausblick

Die empirische Analyse identifizierte Einflußfaktoren, die positiv auf den Wissenstransfer innerhalb von Teams wirken, und spiegelt gleichzeitig die aktuelle Situation innerhalb von Projektteams in den Branchen produzierende Industrie und Unternehmensberatung wider. Als explorative Analyse der Wirkung von Einflußfaktoren auf die Bereitschaft der Mitarbeiter zum teaminternen Wissenstransfer bietet die vorliegende Arbeit Handlungsempfehlungen an. Sie wirft jedoch auch Fragen auf, die praktisch und wissenschaftlich von großem Interesse sind: Mit der Kenntnis der zusätzlichen Kontextfaktoren, die das Transferverhalten beeinflussen, stellt sich insbesondere die Frage, ob die identifizierten Einflußfaktoren objektivierbar sind und auf Projektteams in anderen Branchen gleichermaßen zutreffen. In der Analyse wurde deutlich, daß Faktoren existieren, die in den Projektteams der beiden betrachteten Branchen Beratung und produzierende Industrie einen unterschiedlichen Einfluß auf die Transferbereitschaft ausüben.

Wie bereits im theoretischen Bezugsrahmen diskutiert wurde, ist die Problematik der Operationalisierung des Wissenstransfers nach wie vor ungeklärt. Die vorliegende Arbeit kann diesbezüglich nur Hinweise geben, welche der extrahierten Einflußfaktoren aus Human Resource Management und Teamorganisation mit der Transferbereitschaft signifikant korrelieren. Hierzu müssen team- bzw. unternehmensindividuell Maßstäbe zur Beurteilung der Mitarbeiter entwickelt werden, die die diversen Facetten des Wissenstransfers und der Transfermöglichkeiten innerhalb eines Teams abdecken. Diese Maßstäbe müssen in Form von Kennzahlen fixiert werden und geeignet sein, langfristige Anstöße für die Strategieformulierung zu schaffen. Bei der Beurteilung des Transfers kann immer nur auf das Resultat der Tätigkeit fokussiert werden, das anhand von vorab geplanten Zielen eingeschätzt werden soll. Diesbezüglich gilt es, mit dem Mitarbeiter mit Hilfe von Zielvereinbarungen Maßstäbe zu entwickeln, die die Konsequenzen des Wissenstransfers widerspiegeln können. Dies stellt eine weitere Herausforderung für die Forschung zum Wissenstransfer dar.

Darüber hinaus darf der Prozeß des Wissenstransfers nicht losgelöst von den anderen Prozessen des Wissensmanagements betrachtet werden, da sie voneinander abhängen. So ist bspw. die interne Wissensentwicklung gleichermaßen eine Voraussetzung sowie auch ein Ergebnis eines Wissenstransfers. Daher sind weiterführende Untersuchungen der Thematik Wissenstransfer und der Interdependenzen zu den verwandten Prozessen beim Wissensmanagement ebenso von Interesse. Zur empirischen Fundierung der Ergebnisse erscheinen Analysen innerhalb weiterer Branchen sinnvoll. Inhaltlich wäre eine eingehende Untersuchung des kulturellen Aspektes – in Teams sowie in einer gesamten Organisation – von besonderer

Bedeutung. In diesem Zusammenhang ist ebenfalls zu untersuchen, wie das im Team generierte Wissen in die gesamte Organisation transferiert werden kann.

Weiterhin erscheint eine Übertragung der erarbeiteten Definitionen und Ergebnisse auf andere Untersuchungsgegenstände interessant. Denkbar ist hier die Analyse des Wissenstransfers zwischen Mitarbeitern eines gesamten Unternehmens bzw. zwischen Mitarbeitern aus kooperierenden oder konkurrierenden Unternehmen oder zwischen mehreren Teams, um langfristig zu einer empirisch fundierten Theorie der Motivation zum Wissenstransfer zu gelangen.

Literaturverzeichnis

Alavi, Maryam/ Leidner, Dorothy (1999): Knowledge Management Systems: Emerging Views and Practices from the Field, Proceedings of the 32nd Hawaii International Conference on System Sciences, 5.-8. Januar 1999, Maui, Hawaii, http://www.computer.org/ proceedings/hicss/0001/00017/0001toc.htm; Abruf: 29.04.2001

Albach, Horst/ Kaluza, Bernd/ Kersten, Wolfgang: Kernkompetenz Wertschöpfungsmanagement – Horst Wildemann zum 60. Geburtstag, in: Wertschöpfungsmanagement als Kernkompetenz – Festschrift für Horst Wildemann, hrsg. v. Horst Albach/ Bernd Kaluza/ Wolfgang Kersten, Wiesbaden 2002, S. 1-10

Albrecht, Frank (1993): Strategisches Management der Unternehmensressource Wissen: Inhaltliche Ansatzpunkte zu einem konzeptionellen Gestaltungsrahmen, zugl. Diss. Techn. Univ. Berlin, Frankfurt u.a. 1993

Alderfer, Clayton (1969): An empirical test of a new Theory of Human Needs, in: Organizational Behavior and Human Performance (OBHP), o.Jg., Heft 4, 1969, S. 142-175

Alderfer, Clayton (1972): Existence, Relatedness, and Growth, Human Needs, in: Organizational Settings, New York, London 1972

Alderfer, Clayton (1987): An intergroup perspective on group dynamics, in: Handbook of organizational behavior, hrsg. v. Jay W. Lorsch, Englewood Cliffs, 1987, S. 190-222

Allen, Thomas J. (1993): Managing the Flow of Technology: Technology – Transfer and the Dissemination of Technological Information within R&D Organizations, 6. Aufl., Cambridge USA 1995

Almeida, Paul/ Grant, Richard M. (1998): International Corporations and Cross-Border Knowledge Transfer in the Semiconductor Industry, Working Paper No. 98-13, Carnegie Bosch Institute, http://cbi.gsia.cmu.edu/newweb/1998WorkingPapers/ grant/ Almeida.html, Stand: 10.03.1998, Abruf: 17.04.2002

Amelingmeyer, Jenny (2000): Wissensmanagement: Analyse und Gestaltung der Wissensbasis von Unternehmen, Wiesbaden 2000

Antoni, Conny (2000): Teamarbeit gestalten – Grundlagen, Analysen, Lösungen, Weinheim 2000

Antoni, Conny/ Bungard, Walter/ Kübler, E. (1990): Qualitätszirkel, teilautonome Gruppen und Projektgruppen, in: Psychologen gestalten die Zukunft, hrsg. v. Helmut Mether/ Alfred Gebert, Bonn 1990, S. 464-474

Antoni, Conny/ Hofmann, Karsten/ Bungard, Walter (1996): Gruppenarbeit, in: Neue Organisationsformen im Unternehmen – Ein Handbuch für das moderne Management, hrsg. v. Hans-Jörg Bullinger/ Hans-Jürgen Warnecke, Berlin u.a. 1996, S. 489-498

Appel, Wolfgang (2000): Effektivität PC-gestützer Kommunikationssysteme: Empirische Ergebnisse zur Nutzung von E-Mail und Videoconferencing, Frankfurt am Main 2000, zugl. Diss. Univ. Mainz, 1999

APQC – American Productivity and Quality Center (1996): Emerging Best Practices in Knowledge management, Houston, Texas 1996

Argyris, Chris (1959): Modern organization theory, New York 1959

Argyris, Chris (1964): Integrating the Individual and the Organization, New York 1964

Argyris, Chris/ Schön, Donald (1978): Organizational Learning – A theory of action perspective, Reading 1978

Armer, Bill/ Thomas, Barbara K. (1978): Attitudes toward interdisciplinary collaboration in pupil personnel service teams, in: Journal of School Psychology, Vol. 16, No. 2, pp. 167-176

Atteslander, Peter (2000): Methoden der empirischen Sozialforschung, 9. Aufl., Berlin 2000

Augustin, Siegfried/ Kern, Eva-Maria/ Hornstein, Elisabeth von (2002): Management von Supply Chain Projekten – Einsatz von Planspielen zur Optimierung der Projektbesetzung, in: Tagungsbericht 8. Magdeburger Logistiktagung: Logistikplanung und -management, hrsg. v. Schenk, Michael/ Ziems, Dietrich/ Inderfurth, Karl, Magdeburg 2002, S. 270-282

Aulinger, Andreas/ Fischer, Dirk (2000): Einige Daten und Informationen zum Wissensmanagement, in: DBW, 60. Jg., Heft 5, 2000, S. 642-667

Backhaus, Klaus et al. (2000): Multivariate Analysemethoden: eine anwendungsorientierte Einführung, 9. Aufl., Berlin u.a. 2000

Badaracco, Joseph L. (1991): Strategische Allianzen – Wie Unternehmen durch Know-how-Austausch Wettbewerbsvorteile erzielen, Wien 1991

Barnard, Chester (1938): The Functions of the Executive, Cambridge, Mass. 1938

Barnard, Chester (1970): Die Führung großer Organisationen, Essen 1970

Barney, Jay (1991): Firm resources and sustained competitive advantage, in: Journal of Management, Vol. 17, 1991, S. 99-120

Barson, Richard et al. (2000): Inter- and Intra-Organisational Barriers to Sharing Knowledge in the Extended Supply-Chain, in: E-business - Key Issues, Applications, Technologies, hrsg. v. Brian Stanford-Smith/ Paul T. Kidd, Amsterdam et al. 2000, pp. 367-373, http://www.corma.net/results.html, Abruf: 14. Juni 2002

Bartölke, Klaus (1992): Teilautonome Arbeitsgruppen, in: HWO, hrsg. von Erich Frese, 3. Aufl., Stuttgart 1992, Sp. 2384-2399

Bartsch-Beuerlein, Sandra/ Klee, Oliver (2001): Projektmanagement mit dem Internet: Konzepte und Lösungen für virtuelle Teams, München, Wien, 2001

Bäumer, Jens/ Meifert, Matthias (2001): Personalmanagement und Wissensmanagement – Added Value für das Unternehmen?, in: Visionäres Personalmanagement, hrsg. v. Jochen Kienbaum, 3. Aufl., Stuttgart 2001, S. 253-272

Bea, Franz Xaver (2000): Wissensmanagement, in: WiSt, Heft 7, 2000, S. 362-367

Becker, Fred (1990): Anreizsysteme für Führungskräfte – Möglichkeiten zur strategisch-orientierten Steuerung des Managements, Stuttgart, 1990

Becker, Fred (1991): Potentialbeurteilung – eine kafkaeske Komödie?, in: Zeitschrift für Personalforschung (ZfP), Heft 1, 1991, S. 63-78

Becker, Fred (1994): Anreizsysteme bei dezentralen Gruppenstrukturen, in: Handbuch Produktionsmanagement: Strategie – Führung – Technologie - Schnittstellen, hrsg. v. Hans Corsten, Wiesbaden 1994, S. 929-941

Becker, Fred (1995): Anreizsysteme als Führungsinstrumente, in: HWFü, hrsg. v. Alfred Kieser, 2. neugestaltete Aufl., Stuttgart 1995, Sp. 34-45

Becker, Fred/ Kramarsch, Michael (1998): Anreizsysteme der Zukunft, in: Personalwirtschaft, 25. Jg., Heft 4, 1998, S. 49-51

Bell, Daniel (1985): Die nachindustrielle Gesellschaft, Frankfurt am Main 1985

Benda, Heike von (1989): Synergie und Wissenstransfer: Das Problem, Kooperation zu koordinieren, hrsg. v. Daimler-Benz, Stuttgart 1989

Bendt, Antje (2000): Wissenstransfer in multinationalen Unternehmen, Wiesbaden 2000, zugl. Diss. Kath. Univ. Eichstätt, 1999

Berthel, Jürgen (1967): Informationen und Vorgänge ihrer Bearbeitung in der Unternehmung – eine programmatische Problem- und Aussagenanalyse, Berlin 1967

Betge, Peter (1993): Unternehmens- und Betriebsgröße, in: Handwörterbuch der Betriebswirtschaft, hrsg. v. Waldemar Wittmann, Bd. 3, 5. Aufl., Stuttgart 1993, Sp. 4271-4285

Beuermann, Günter (1992): Zentralisation und Dezentralisation, in: HWO, hrsg. v. Erich Frese, 3. Aufl., Stuttgart 1992, Sp. 2611-2625

Biergans, Bernhard (1984): Zur Entwicklung eines marketingadäquaten Ansatzes und Instrumentariums für die Beschaffung, Köln 1984

Blau, Gary (1994): Testing a Two-Dimensional Measure of Job Search Behavior, in: Organizational Behavior And Human Decision Processes, 1994, pp. 288-312

Bode, Jürgen (1997): Der Informationsbegriff in der Betriebswirtschaftslehre, in: ZfbF, 49. Jg., Heft 5, 1997, S. 449-468

Boeglin, Peter (1992): Innerbetrieblicher Know-How-Transfer, in: io Management Zeitschrift, 61. Jg., 1992, Nr. 9, S. 86-91

Bohnet, Iris (1996): Kooperation und Kommunikation – Eine Analyse individueller Entscheidungen, Tübingen 1996

Bonora, Elda/ Revang, Oivind (1993): A Framework for Analysing the storage and Protection of Knowledge in Organizations, in: Implementing Strategic Processes – Change, Learning and Co-operation, hrsg. v. Peter Lorange et al., Oxford u.a. 1993, pp. 190-213

Bork, Thomas A. (1994): Informationsüberlastung in der Unternehmung – Eine Mehrebenenanalyse zum Problem „Information Overload" aus betriebswirtschaftlicher Sicht, Frankfurt et al. 1994

Bornschein-Grass, Carin (1995): Einsatzformen und betriebswirtschaftliche Gestaltungspotentiale von Groupware als Grundlage von Computer Supported Cooperative Work, Wiesbaden 1995

Borowsky, Rainer (2000): Wissensgemeinschaften – Konzeption und betriebliche Umsetzung eines Knowledge Management-Instruments, in: Veröffentlichungen des Instituts für Wirtschaftsinformatik der Universität des Saarlandes, hrsg. v. August-Wilhelm Scheer, Heft 163, Saarbrücken 2000

Bortz, Jürgen (1984): Lehrbuch der empirischen Forschung für Sozialwissenschaftler, Berlin et al. 1984

Bortz, Jürgen (1999): Statistik für Sozialwissenschaftler, 5. Aufl., Berlin u.a. 1999

Boutellier, Roman/ Corsten, Daniel (1996): Verborgenes Wissen mobilisieren Knowledge-Marketing in Kunden-Lieferanten-Beziehungen, in: Marketingdynamik, hrsg. v. Forschungsinstitut für Absatz und Handel, Universität St. Gallen, St. Gallen 1996, S. 166-175

Breisig, Thomas (1990): It's Team Time – Kleingruppenkonzepte im Unternehmen, Köln 1990

Bretz, Hartmut/ Maaßen, Helmut (1989): Anreizsysteme: Von der „Mitarbeitererhaltung" zur „Strategischen Mobilisierung" der operativen Führung, in: ZfP, Heft 2, 1989, S. 139-152

Brödner, Peter (1999): Innovationsfähigkeit – Unternehmerische Grundlage der Voraus-wirtschaft, in: Wissensteilung – Zur Dynamik von Innovation und kollektivem Lernen, hrsg. v. Peter Brödner/ Ernst Helmstädter/ Brigitta Widmaier, München 1999

Brosius Gerhard/ Brosius Felix (1995): SPSS Base System und Professional Statistics, Bonn u.a. 1995.

Brown, John Seely/ Duguid, Paul (1991): Organizational learning and communities-of-practice: toward a unified view of working, learning and innovation, in: Organization Science, Vol. 2, No. 1, 1991, S. 40-57

Brown, Rupert (2000): Group processes – dynamics within and between groups, Oxford 2000

Brüggen, Michael (1974): Wissen, in: Handbuch psychologischer Grundbegriffe Band 6, hrsg. v. Günter Rexilius/ Siegfried Grubitzsch, München 1974, Sp. 1723-1739

Buchinger, Kurt (1999): Teamarbeit in Organisationen – Zur unaufhaltsamen Karriere eines Instruments, in: Gruppendynamik, 30. Jg., Heft 1, 1999, S. 7-23

Bude, Heinz (1987): Wissen, in: Psychologische Grundbegriffe, hrsg. v. Siegfried Grubitsch, Günter Rexilius, Hamburg 1987, S. 1228-1230

Bühl, Achim/ Zöfel, Peter (2000): SPSS Version 10 - Einführung in die moderne Datenanalyse unter Windows, 7. Aufl., München u.a. 2000

Bühner, Rolf/ Pharao, Iris (1993): Erfolgsfaktoren integrierter Gruppenarbeit, in: Zeitschrift des Vereins deutscher Ingenieure für Maschinenbau und Metallverarbeitung (VDI-Z), 135 Jg., Heft 1/2, 1993, S. 46-57

Bullinger, Hans-Jörg (1999): Wissen und Information als Produktionsfaktor, in: zwf, 94. Jg., Heft 3, 1999, S.83-84

Bullinger, Hans-Jörg (Hrsg.) (1996): Lernende Organisationen: Konzepte, Methoden und Erfahrungsberichte, Stuttgart 1996

Bullinger, Hans-Jörg/ Ohlhausen, Peter/ Rüger, Marc (2000): Wissensmanagement – der zukünftige Erfolgsfaktor Nr. 1, in: Strategisches Management im Zeichen von Umbruch und Wandel, hrsg. v. Stefan Forschiani et al., Stuttgart 2000, S. 199-213

Bullinger, Hans-Jörg/ Rüger, Marc/ Koch, Alexander/ Staiger, Mark (2001): Knowledge meets Motivation: Anreizsysteme im Wissensmanagement, Fraunhofer-Institut Arbeitswirtschaft und Organisation, IAO, Stuttgart 2001

Bullinger, Hans-Jörg/ Wagner, Kristina/ Ohlhausen, Peter (2000): Intellektuelles Kapital als wesentlicher Bestandteil des Wissensmanagements, in: Wettbewerbsvorteile durch Wissensmanagement, hrsg. v. Hermann Krallmann, Stuttgart 2000, S. 73-92

Bullinger, Hans-Jörg/ Wörner, Kai/ Prieto, Juan (1997): Wissensmanagement heute – Daten, Fakten, Trends, Stuttgart 1997

Bullinger, Hans-Jörg/ Wörner, Kai/ Prieto, Juan (1998): Wissensmanagement – Modelle und Strategien für die Praxis, in: Wissensmanagement – Schritte zum intelligenten Unternehmen, hrsg. v. Hans-Dietmar Bürgel, Berlin u.a., 1998, S. 21-39

Burger, Cora (1997): Groupware: Kooperationsunterstützung für verteilte Anwendungen, Heidelberg 1997

Busch, Volker/ Wernig, Boris (1999): Controlling des Implementierungsprozesses von Wissensmanagement-Projekten in öffentlichen Institutionen, in: Controlling, Heft 12, 1999, S. 575-582

Campbell, John P. /Pritchard, Robert D. (1976): Motivation Theory in Industrial and Organizational Psychology, in: Handbook of Industrial and Organizational Psychology, hrsg. von Marvin D. Dunnette, Chicago 1976, pp. 63-130

Campion, Michael A./ Medsker, Gina J./ Higgs, A. Cathrine (1993): Relations between work group characteristics and effectiveness: Implications for designing effective work groups, in: Personnel psychology, Vol. 46, No. 4, 1993, pp. 823-850

Cartwright, Dorwin (1968): The Nature of Group Cohesiveness, in: Group dynamics: Research and theory, hrsg. v. Dorwin Cartwright/ Alvin Zander, 3. Aufl., London 1968, pp. 91-109

Cartwright, Dorwin/ Zander, Alvin (1968): Leadership and Performance of Group Functions, in: Group dynamics: Research and theory, hrsg. v. Dorwin Cartwright/ Alvin Zander, 3. Aufl., London 1968, pp. 301-317

Castiglioni, Elisabetta (1994): Organisatorisches Lernen in Produktinnovationsprozessen: Eine empirische Untersuchung, Wiesbaden 1994, zugl. Diss. Techn. Univ. München 1993

Chia, Yew-Ming (1995): The interaction effect of information asymmetry and decentralisation on manager's job satisfaction: a research note, in: Human Relations, No. 6, 1995, pp. 609-624

Cleveland, Harlan (1989): The knowledge Executive leadership in an Information Society, New York 1989

Coenenberg, Adolf G. (1966): Die Kommunikation in der Unternehmung, Wiesbaden 1966

Conrad, Peter (1983): Maslow – Modell und Selbsttheorie, in: Die Unternehmung, 37. Jg., Heft 3, 1983, S. 258-277

Cooper, Robert (1974): Job Motivation and Job Design, London 1974

Courtright, John A./ Fairhurst, Gail/ Rogers, Edna (1989): Interaction patterns in organic and mechanistic systems, in: Academy of Management Journal, Vol. 32, No. 4, 1989, pp. 773-802

Creighton, James/ Adams, Richard (1998): CyberMeeting – How to link people and technology in your organization, New York 1998.

Cryer, Jonathan D./ Miller, Robert B. (1994): Statistics for Business: Data analysis and modeling, 2. Aufl., Belmont, California 1994

Cumming, Charles M. (1994): Incentives That Really Do Motivate, in: Compensation & Benefits Review, May-June 1994, pp. 38-40

Cummings, Thomas G. (1981): Designing effective work groups, in: Handbook of organization design, hrsg. v. Paul C. Nystrom/ William H. Starbuck, London 1981, pp. 250-271

Cyert, Richard M./ March, James G. (1963): A Behavioral Theory of the Firm, Englewood Cliffs, New Jersey 1963

Daft, Richard L./ Huber, George P. (1987): How organizations can learn: a communication framework, in: Research in the Sociology of Organizations, No. 5, 1987, pp. 1-36

Daft, Richard L./ Lengel, Robert H. (1984): Information Richness: A New Approach to Managerial Behavior and Organization Design, in: Research in Organizational Behavior, No. 6, 1984, pp. 191-233

Darling, Michele S. (1997): Knowledge Cultures, in: Executive Excellence, Vol. 14, No. 2, 1997, S. 10-11

Davenport, Thomas (1994): Saving IT's Soul: Human-Centered Information Management, in: Harvard Business Review, March-April 1994, pp. 119-131

Davenport, Thomas H./ Prusak, Laurence (1997): Information ecology: Mastering the information and knowledge environment, New York, 1997

Davenport, Thomas H./ Prusak, Laurence (1999): Wenn ihr Unternehmen wüßte, was es alles weiß... – Das Praxishandbuch zum Wissensmanagement, 2. Aufl., Landsberg 1999

Davis, Stan/ Botkin, Jim (1994): The Coming of Knowledge-Based Business, in: Harvard Business Review, Vol. 72, No. 5, July-Aug. 1994, pp. 165-170

Deiser, Roland (1996): Vom Wissen zum Tun und zurück – Die Kunst des strategischen Wissensmanagements, in: Wissensmanagement: Die Aktivierung des intellektuellen Kapitals, hrsg. v. Ursula Schneider, Frankfurt 1996, S. 49-76

Demarest, Marc (1997): Understandig Knowledge Management, in: Long Range Planning, Vol. 30, No. 3, 1997, pp. 374-384

Deutsch, Morton (1976): Konfliktregelung, München 1976

Dierker, Markus/ Sander, Martin (1999): Lotus Notes 4.6 und Domino – Integration von Groupware und Internet, 2. Aufl., Bonn u.a. 1999

Domrös, Christof (1993): Innovationen und Institutionen – Eine transaktionsökonomische Analyse unter besonderer Berücksichtigung strategischer Allianzen, Berlin 1993

Domsch, Michael (1993): Personal, in: Vahlens Kompendium der Betriebswirtschaftslehre, hrsg. v. Michael Bitz et al., Bd. 1, 3. Aufl., München 1993, S. 521-580

Domsch, Michael E./ Gerpott, Torsten J. (1995): Führung in Forschung und Entwicklung, in: HWFü, hrsg. v. Alfred Kieser, 2. Aufl., Stuttgart 1995, Sp. 303-314

Dougherty, Deborah (1987): New products in old organizations: The myth of the better mousetrap in search of the beaten path, Boston 1987

Drucker, Peter F. (1988): The Coming of the New Organization, in: Harvard Business Review, Vol. 66, No. 1, 1988, pp. 45-53

Drumm, Hans-Jürgen (2000): Personalwirtschaftslehre, 4. Aufl., Berlin u.a. 2000

Duncan, Robert/ Weiss, Andrew (1979): Organizational Learning, in: Research in Organizational Behavior, hrsg. v. Barry Staw, Vol. 1, Greenwich 1979, pp. 75-123

Eberl, Peter (1996): Die Idee des organisationalen Lernens: Konzeptionelle Grundlagen und Gestaltungsmöglichkeiten, Bern 1996

Eck, Claus (1997): Wissen – Ein neues Paradigma des Managements, in: Die Unternehmung, Heft 3, 1997, S. 155-179

Ehrenthal, Rudolf (1991): Anreizaspekte einer partizipativen Personalentwicklung im Otto-Versand, in: Handwörterbuch Anreizsysteme in Wirtschaft und Verwaltung, hrsg. v. Günther Schanz, Stuttgart, 1991, S. 353-382

Ellig, Bruce R. (1982): Executive Compensation – A Total Pay Perspective, New York u.a. 1982

Emerson, Richard (1962): Power-Dependence Relations, in: American Sociological Review, Vol. 27, 1962, pp. 31-43

Engelhard, Johann (1992): Leistungsdeterminanten, in: HWP, hrsg. v. Eduard Gaugler/ Wolfgang Weber, 2. Aufl., Stuttgart 1992, Sp. 1254-1264

Eppler, Martin J. (1997): Führer durch den Wissensdschungel, in: Gablers Magazin, 1997, Heft 8, 1997, S. 10-13

Eschenburg, Rolf (1988): Zur Anwendung der Anreiz-Beitrags-Theorie in Genossenschaften, in: Zeitschrift für das gesamte Genossenschaftswesen (ZfgG), 38. Jg., Bd. 4, 1988, S. 250-262

Eulgem, Susanne (1993): Die Beziehungen zwischen Unternehmung und Umwelt: theoretische Grundlagen und praktische Implikationen eines Umweltmanagementkonzeptes, Stuttgart 1993

Eunson, Baden (1990): Betriebspsychologie, Hamburg, New York 1990

Faix, Werner/ Laier, Angelika (1991): Soziale Kompetenz – Das Potential zum unternehmerischen und persönlichen Erfolg, Wiesbaden 1991

Fama, Eugene F./ Jensen, Michael C. (1983): Separation of Ownership and Control, in: Journal of Law and Economics, Vol. 26, 1983, pp. 301-351

Fank, Matthias (1996): Einführung in das Informationsmanagement: Grundlagen, Methoden, Konzepte, München, Wien 1996

Fauth, G. (1994): Selbstcontrolling durch Visualisierung – Ein Erfahrungsbericht über die Einführung neuer Arbeitsorganisatoinen, in: Controlling schlanker Unternehmen, hrsg. v. Horst Wildemann, Tagungsbericht 16./17. März, München 1994, S. 227-258

Fauth, Werner (1991): Praktische Personalarbeit als strategische Aufgabe – Grundlagen, Konzepte, Checklisten, Wiesbaden 1991

Felbert, Dirk von (1998): Wissensmanagement in der unternehmerischen Praxis, in: Wissensmanagement – Erfahrungen und Perspektiven, hrsg. v. Peter Pawlowsky, Wiesbaden 1998, S. 120-141

Festinger, Leon (1958): The Motivating Effect of Cognitive Dissonance, in: Assessment of Human Motives, hrsg. v. Gardner Lindzey, New York 1958, pp. 65-86

Figge, Christoph P. (1999): Abwicklungsmanagement horizontaler Entwicklungskooperationen – Typen, Organisationsformen und Instrumente, Wiesbaden 1999

Flury, Bernhard/ Riedwyl, Hans (1988): Multivariate statistics: a practical approach, London 1988

Ford, Robert C./ Randolph, Alan W. (1992): Cross-functional structures: A review and integration of matrix organization and project management, in: Journal of Management, Vol. 18, No. 2, pp. 267-294

Frank, Ulrich/ Kronen, Juliane (1991): Kommunikationsanalyseverfahren – Theoretische Konzepte, Anwendungspraxis und Perspektiven zur Gestaltung von Informationssystemen, Braunschweig 1991

Frank, Ulrich/ Schauer, Hanno (2001): Software für das Wissensmanagement, in: WISU, Heft 5, 2001, S. 718-726

Frese, Erich (1992): Organisationstheorie, 2. Aufl., Wiesbaden 1992

Frese, Erich (2000): Grundlagen der Organisation: Konzept – Prinzipien – Strategien, 8. Auflage, Wiesbaden 2000

Frey, Bruno, S./ Osterloh, Margit (1997): Sanktionen oder Seelenmassage? Motivationale Grundlagen der Unternehmensführung, in: DBW, 57. Jg., Nr.3, 1997, S. 307-321

Frey, Bruno, S./ Osterloh, Margit (2000): Pay for Performance – Immer empfehlenswert?, in: zfo, Heft 2, 2000, S. 64-69

Gaßen, Helga (1999): Wissensmanagement – Grundlagen und IT-Instrumentarium, Arbeitspapier des Lehrstuhls für Allgemeine BWL und Wirtschaftsinformatik Prof. Dr. H. Kargel, Wirtschaftsinformatik, Nr. 6 1999

Gassmann, Oliver (1997): Internationales F&E-Management – Potentiale und Gestaltungskonzepte transnationaler F&E-Projekte, München, Wien 1997

Gaugler, Eduard (1987): Information als Führungsaufgabe, in: HWFü, hrsg. v. Alfred Kieser, Stuttgart 1987, Sp. 1127-1137

Gebert, Diether (1992): Kommunikation, in: HWO, hrsg. v. Erich Frese, 3. Aufl., Stuttgart 1992, Sp. 1110-1121

Gebert, Diether/ Rosenstiel, Lutz von (1996): Organisationspsychologie, 4. Aufl., Stuttgart u.a. 1996

Geibel, Richard (1993): Computergestützte Gruppenarbeit: die Förderung von Gruppenentscheidungen durch ‚Group decision support systems', Stuttgart 1993

Gemünden, Hans Georg (1995): Zielbildung, in: Handbuch der Unternehmensführung, hrsg. v. Hans Corsten, Michael Reiß, Wiesbaden, 1995, S. 251-266

Gerybadze, Alexander (2003): Gruppendynamik und Verstehen in Innovation Communities, erscheint in: Innovation initiieren, hrsg. v. Cornelius Herstatt/ Birgit Verworn, Wiesbaden 2003, S. 146-159

Gissler, Andreas (1999): Wissensmanagement – Steigerung der Entwicklungseffizienz durch eine modellbasierte Vorgehensweise zur Umsetzung von Wissensmanagement in der Produktentwicklung, Kaiserslautern 1999

Gladstein, Deborah L. (1984): Groups in context: A model of task group effectiveness, in: Administrative Science Quarterly, Vol. 29, pp. 499-517

Glasscock, Sue/ Gram, Kimberly (1995): Winning Ways: Establishing an Effective Workplace Recognition System, in: National Productivity Review, Summer 1995, pp. 91-102

Gonschorrek, Ulrich (1997): Personalmanagement, Berlin 1997

Goodman, Paul/ Ravlin, Elisabeth/ Argote, Linda (1986): Current thinking about groups: Setting the stage for new ideas, in: Designing effective work groups, hrsg. v. Paul Goodman and Associates, San Francisco, 1986, S. 1-33

Goodman, Paul/ Ravlin, Elisabeth/ Schminke, Michael (1987): Understanding groups in organizations, in: Research in organizational behavior (vol. 9), hrsg. v. Barry W. Staw/ L.L. Cummings, Greenwich, 1987, pp. 121-173

Graf, Gerhard/ Jordan, Gabriele (2002): Virtuelles Teammanagement im Projekt – Eine neue Herausforderung im Umgang mit Hochleistungsteams, http://www.tcg-munich.com/ publikat/virtteam.pdf, Stand: März 2002, Abruf: 09.10.2002

Grant, Richard M. (1996): Toward a Knowledge-Based Theory of the Firm, in: Strategic Management Journal, Vol. 17, Winter Special Issue 1996, pp. 109-122

Grant, Richard M./ Almeida, Paul (1997): Cross-Border Knowledge Building among International Corporations in the semiconductor industry, Diskussionspapier der Georgetown University of Business, präsentiert auf der Carnegie-Bosch Institut Konferenz "Knowledge in International Corporations", 6.-8. November, Rom 1997

Grant, Robert (1991): The Resource-Based Theory of Competitive Advantages: Implications for Strategy Formulation, in: California Management Review, Vol. 33, No. 3, 1991, pp. 114-172

Grant, Robert (1997): The Knowledge-based View of the Firm: Implications for Management Practice, in: Long Range Planning, Vol. 30, No.3, 1997, pp. 450-454

Greenberg, Saul (Hrsg.) (1991): Computer-supported Cooperative Work and Groupware, London u.a. 1991

Grinstein, Georges/ Ward, Matthew (2002): Introduction to Data Visualization, in: Information visualization in data mining and knowledge discovery, hrsg. v. Usama Fayyad et al., San Francisco 2002, S. 21-46

Guest, David E. (1989): Human Resource Management: its implications for industrial relations and trade unions, in: New Perspectives on Human Resource Management, London, New York 1989, pp. 41-55

Güldenberg, Stefan (1999a): Wissensmanagement und Wissenscontrolling in lernenden Organisationen: ein systemtheoretischer Ansatz, 2. Aufl., Wiesbaden 1999, zugl. Diss. Wien 1996

Güldenberg, Stefan (1999b): Wissensmanagement, in: Management: Theorien – Führung – Veränderung, hrsg. v. Dudo v. Eckhardstein/ Helmut Kasper/ Wolfgang Mayrhofer, Stuttgart 1999, S. 521-547

Gulich, Andre M. (1998): Video-Konferenztechnik: alles Wissenswerte über die Videokonferenztechnik und die Videokommunikation über das öffentliche Telefonnetz und das Internet, Poing 1998

Guthof, Philip (1995): Strategische Anreizsysteme – Gestaltungsoptionen im Rahmen der Unternehmensentwicklung, Wiesbaden 1995

Guzzo, Richard A./ Shea, Gregory P. (1992): Group performance and intergroup relations in organizations, in: Handbook of industrial and organizational psychology Bd. 3, hrsg. v. Marvin D. Dunnette/ Leaetta M. Hough, 2. Aufl., Palo Alto 1992, pp. 269-313

Habermas, Jürgen (1988): Theorie des kommunikativen Handelns, Frankfurt 1988

Haberstock, Philipp (2000): Executive Information Systems und Groupware im Controlling – Integration durch das prozeßorientierte Team-Controllingsystem, Wiesbaden 2000, zugl. Diss. Univ. Paderborn 1999

Hackman, J. Richard (1987): The design of work teams, in: Handbook of organizational behavior, hrsg. v. Jay W. Lorsch, Englewood Cliffs, New Jersey, pp. 315-342

Hackman, J. Richard et al. (1974): New Strategy for Job Enrichment, Technical Report No. 3, Yale 1974

Hackman, J. Richard/ Oldham, Greg R. (1974): The Job Diagnostic survey: An instrument for the diagnosis of Jobs and the evaluation of Job redesign projects, Technical Report No. 4, Department of Administrative Sciences Yale University 1974

Hackman, J. Richard/ Oldham, Greg R. (1975): Development of the job diagnostic survey, in: Journal of Applied Psychology, Vol. 60, 1975, pp. 151-170

Hackman, J. Richard/ Oldham, Greg R. (1980): Work redesign, Reading, MA 1980

Hadamitzky, Michael C. (1995): Restrukturierung, organisatorisches Lernen und Unternehmenserfolg, in: ZfB, 65. Jg., 1995, Ergänzungsheft, S. 173-189

Hagen, Rolf (1985): Anreizsysteme zur Strategiedurchsetzung, Spardorf 1985, zugl. Diss. Gesamthochschule Wuppertal 1984

Handy, Charles (1995): Trust and the Virtual Organization, in: Harvard Business Review, Vol. 73, No. 3, May-June 1995, pp. 40-50

Hanft, Anke (1996): Organisationales Lernen und Macht – Über den Zusammenhang von Wissen, Lernen, Macht und Struktur, in: Wissensmanagement, hrsg. v. Georg Schreyögg und Peter Conrad, Berlin u.a. 1996, S. 133-162

Hansen, Katrin (2001): Teamarbeit in marktorientierten Organisationen, in: Organisationsgestaltung in marktorientierten Unternehmen, hrsg. v. Werner Pepels, Heidelberg 2001, S. 307-337.

Hansen, Morten/ Nohria, Nitin/ Tierney, Thomas (1999): What's your Strategy for Managing Knowledge? in: Harvard Business Review, March-April, 77. Jg., Heft 2, 1999, S. 106-116

Hasenkamp, Ulrich/ Kirn, Stefan/ Syring, Michael (1994): CSCW – Computer Supported Cooperative Work: Informationssysteme für dezentralisierte Unternehmensstrukturen, Bonn u.a. 1994

Hayek, Friedrich A. von (1945): The Use of Knowledge in Society, in: American Economic Review, Vol. 35, No. 4, 1945, pp. 519-530

Hayes, Nicky (1997): Successful Team Management, London 1997

Haywood, Martha (1998): Managing Virtual Teams – Practical Techniques for High-Technology Project Managers, Boston 1998

Haywood, Martha (2001): Virtual Team Management: Building a successful virtual team, in: Project management for business professionals, hrsg v. Joan Knutson, New York 2001, S. 511-527

Heckhausen, Heinz (1989): Motivation und Handeln, 2. Aufl., Berlin 1989

Hehlmann, Wilhelm (1974): Wörterbuch der Psychologie, 12. Aufl., Stuttgart 1974

Heidack, C./ Brinkmann, E.P. (1987): Unternehmenssicherung durch Ideenmanagement; Bd. 2: Mehr Erfolg durch Motivation, Teamarbeit u. Qualität, 2. Aufl., Freiburg /Breisgau 1987

Heinatz, Gundula (1995): Computer Supported Cooperative Work (CSCW), in: WiSt, 24. Jg., H.3, 1995, S. 148-151

Heinen, Edmund (1987): Unternehmenskultur, München, Wien 1987

Heinrich, Lutz (1964): Störungsursachen der innerbetrieblichen Berichterstattung – Erscheinungsformen und Maßnahmen zu ihrer Ausschaltung, in: Neue Betriebswirtschaft, 17. Jg., 1964, S. 141-147

Heinrich, Lutz (1997): Management von Informatik-Projekten, München, Wien 1997

Heisig, Peter (2001): Benchmarking survey results, in: Knowledge management: Best Practices in Europe, hrsg. v. Kai Mertins, Berlin 2001

Hellriegel, Don/ Slocum, John W./ Woodman, Richard W. (1992): Organizational Behavior, 6. Aufl., St. Paul u.a. 1992

Henschel, Alexander (2001): Communities of Practice – Plattform für individuelles und kollektives Lernen sowie den Wissenstransfer, St. Gallen 2001

Heppner, Karsten (1997): Organisation des Wissenstransfers: Grundlagen, Barrieren und Instrumente, Wiesbaden 1997, zugl. Diss. Univ. Köln, 1996

Herbert, Willi (1991), Wertewandel und Anreizattraktivität, in: Handwörterbuch Anreizsysteme in Wirtschaft und Verwaltung, hrsg. v. Günther Schanz, Stuttgart, 1991, S. 53-70

Herzberg, Frederick (1968): Work and the Natur of Man, Cleveland, New York 1968

Herzberg, Frederick/ Mausner, Bernard/ Snydermann, Barbara Bloch (1959): The motivation to work, New York 1959

Hoerem, Thorvald/ Krogh, Georg von/ Roos, Johan (1996): Knowledge-Based Strategic Change, in: Managing Knowledge – Perspectives on cooperation and competition, hrsg. v. Georg von Krogh/ Johann Roos, London, New Delhi 1996, pp. 116-136

Hofstede, Geert H. (1991): Cultures and organizations: Software of the mind, London 1991

Högl, Martin (1998): Teamarbeit in innovativen Projekten – Einflußgrößen und Wirkungen, Wiesbaden 1998, zugl. Diss. Techn. Univ. Karlsruhe 1998

Högl, Martin/ Gemünden, Hans Georg (2001): Determinanten und Wirkungen der Teamarbeit in innovativen Projekten, in: Management von Teams: theoretische Konzepte und empirische Befunde, 2. Aufl., Wiesbaden 2001, S. 33-66

Högl, Martin/ Wurst, Katharina (2001): Führungsaktivitäten in Teams, in: Management von Teams: theoretische Konzepte und empirische Befunde, 2. Aufl., Wiesbaden 2001, S. 157-185

Homans, George Caspar (1960): Theorie der sozialen Gruppe, Köln 1960

Homans, George Caspar (1973): Social Behavior: Its Elementary Forms, Harcourt, New York 1973

Homstrom, Bengt/ Milgrom, Paul (1991): Multitask Principal-Agent Analyses: Incentive Contracts, Asset Ownership and Job Design, in: Journal of Law, Economics & Organization, Vol. 7, Special Issue, 1991, pp. 24-52

Horibe, Frances (1999): Managing Knowledge Workers, New Skills and Attitudes to Unlock the Intellectual Capital in Your Organization, Toronto 1999

Hörner, Michael (1996): Weniger Geld, mehr Motivation?, in: Personalwirtschaft, 23. Jg., Heft 1, 1996, S. 22-25

Huber, George P. (1991): Organizational Learning: The contributing Processes and the Literature, in: Organization Science, Vol. 2, 1991, pp. 88-115

Inkpen, Andrew C./ Dinur, Adva (1998): The Transfer and Management of Knowledge in the Multinational Corporation: Considering Context. Working Paper No. 98-16, Carnegie Bosch Institute, URL: http://cbi.gsia.cmu.edu/newweb/1998Working Papers/Inkpen/ Inkpen.html, Abruf: 12.03.2001

Iten, Pascal A. (2000): Virtuelle Auslandseinsätze von Personal in multinationalen Unternehmen aus der Sicht aktueller Erkenntnisse des Wissensmanagements, St. Gallen 2000

Janis, Irving (1982): Groupthink, 2. Aufl., Boston 1982

Jensen, Michael/ Meckling, William (1992): Specific and General Knowledge, and Organizational Structure, in: Contract Economics, hrsg. v. Lars Werin/ H. Wijkander, Cambridge/Mass. 1992, pp. 251-274

Johansen, Robert (1988): Groupware: Computer Support for Business Teams, Free Press, New York, 1988

Jordan, Gabriele et al. (1999): Transparente Projekte durch innovative Intranet-Nutzung, http://www.tcg-munich.com/publikat/intranet.pdf, Stand: Januar 1999, Abruf: 09.10.2002

Justus, Angelika (1999): Wissenstransfer in strategischen Allianzen: eine verhaltenstheoretische Analyse, Frankfurt/Main u.a. 1999, zugl. Diss. Univ. Göttingen 1998

Kaltwasser, Andrea (1994): Wissenserwerb für Forschung und Entwicklung – Eine Make-or-Buy-Entscheidung, Wiesbaden 1994

Kandaouroff, Anna (1998): Erfolgreiche Implementierung von Gruppenarbeit: Analyse – Optimierungsansätze – Handlungsempfehlungen, Wiesbaden 1998, zugl. Diss. Techn. Univ. München 1996

Kant, Immanuel (1781): Critik der reinen Vernunft, Riga 1781

Katz, Ralph (1982): The effects of group longevity on project communication and performance, in: Administrative Science Quarterly, Vol. 22, pp. 81-104

Keller, Josef A. (1981): Grundlagen der Motivation, München u.a. 1981

Keller, Robert T. (1986): Predictors of the performance of project groups in R&D organisations, in: Academy of Management Journal, Vol. 29, No. 4, 1986, pp. 715-726

Keller, Torsten (1995): Anreize zur Informationsabgabe: Entwicklung eines Anreizsystems zur Steigerung der Abgabebereitschaft von Informationen im Informationssystem der Unternehmung, Münster u.a. 1995

Kernaghan, John A./ Cooke, Robert A. (1990): Teamwork in planning inovative projects: Improving group performance by rational and interpersonal interventions in group process, in: IEEE Transactions on Engineering Management, Vol. 37, No. 2, 1990, pp. 109-116

Kerr, Roger (1990): Knowledge-based Manufacturing Management: Applications of artificial Intelligence to the effective Management of Manufacturing Companies, Sydney 1990

Kerssens-van Drongelen, Inge C./ Weerd-Nederhof, Petra C. de/ Fisscher, Olaf A. M. (1995): Improving Knowledge Management in R&D: A Practical Model to Describe the Issues of knowledge Management, Conference Paper, R&D Management Conference „Knowledge, Technology and Innovative organisations“, 20.-22. September, San Miniato, Italy, 1995

Kersten, Wolfgang (1998): Reduzierung von Entwicklungszeiten: Ansatzpunkte und Grenzen im industriellen Produktentstehungsprozeß, in: Innovationen in der Produktionswirtschaft, hrsg. v. Horst Wildemann, München 1998, S. 413-436

Kersten, Wolfgang (1999): Koordinationskonzepte und Informationssysteme für das Logistikmanagement, in: Einführung in das Produktionscontrolling, hrsg. v. Hans Corsten/ Birgit Friedl, München 1999, S. 321-359

Kersten, Wolfgang (2000): Prozeßinnovationen in der Produktentwicklung, in: Innovative Organisationsformen: Neue Entwicklungen in der Unternehmensorganisation, hrsg. v. Franz Wojda, Stuttgart 2000, S. 371-398

Kersten, Wolfgang/ Kern, Eva-Maria (2002): Internetunterstützte Zusammenarbeit im Produktentstehungsprozess, in: VDI-Z, 144. Jg., Heft 7/8, 2002, S. 47-49

Kersten, Wolfgang/ Kern, Eva-Maria/ Zink, Thomas (2002): Collaborative Service Engineering, erscheint in: Service Engineering – Entwicklung und Gestaltung innovativer Dienstleistungen, hrsg. v. Hans-Jörg Bullinger/ August-Wilhelm Scheer, Berlin 2002

Kersten, Wolfgang/ Schröder, Kirsten A. (2002): Wissensmanagement im e-Commerce, in: Electronic- und Mobile-Commerce – Ansätze, Konzepte und Geschäftsmodelle, hrsg. v. Frank Keuper, Wiesbaden 2002, 143-174

Kieser, Alfred (1990): Organisationsstruktur, Unternehmenskultur und Innovation, in: Zukunftsperspektiven der Organisation, hrsg. v. Knut Bleicher, Peter Gomez, Bern 1990, S. 157-178

Kieser, Alfred/ Kubicek, Herbert (1983): Organisation, 2. Aufl., Berlin, New York 1983

Kim, Chan/ Mauborgne, Renee (1993): Procedural Justice Theory and the Multinational Corporation, in: Organization Theory and the Multinational Corporation, hrsg. v. Sumantra Ghoshal/ D. Eleanor Westney, New York, 1993, S. 237-255

Kim, Chan/ Mauborgne, Renee (1998): Warum rücksichtsvolle Chefs erfolgreicher sind?, in: Harvard Business Manager, 20. Jg., Nr. 1, 1998, S. 60-70

King, Julia (1998): Knowledge management promotes sharing, in: Computerworld, http://www.computerworld.com/cwi/story/0,1199,NAV47_STO31420,00.html, Stand: 15.06.1998, Abruf: 04.04.2002

Kirsch, Werner (1992): Kommunikatives Handeln, Autopoiese, Rationalität – Sondierung zu einer evolutionären Führungslehre, München 1992

Kleinbeck, Uwe/ Quast, Hans-Henning (1992): Motivation, in: HWO, hrsg. v. Erich Frese, Stuttgart 1992, Sp. 1420-1434

Kleinhans, Andreas (1989): Wissensverarbeitung im Management, Möglichkeiten und Grenzen wissensbasierter Managementunterstützungs-, Planungs- und Simulationsansätze, Frankfurt am Main u.a. 1989

Klein-Magar, Margret/ Birimisa, Miho E. (1998): Die SAP Information Supply Chain – ein Anatz für einen erfolgreichen Wissenstransfer, in: Information Management, Heft 1, 1998, S. 108-111

Klimecki, Rüdiger/ Probst, Gilbert (1990): Entstehung und Entwicklung der Unternehmenskultur: in: Die Unternehmenskultur: ihre Grundlagen und ihre Bedeutung für die Führung der Unternehmung, hrsg. v. Charles Lattmann, Heidelberg 1990, S. 41-66

Klimecki, Rüdiger/ Probst, Gilbert/ Eberl, Peter (1994): Entwicklungsorientiertes Management, Stuttgart 1994

Klotz, Michael/ Strauch, Petra (1990): Strategieorientierte Planung betrieblicher Informations- und Kommunikationssysteme, Stuttgart 1990

Kniehl, Axel T. (1998): Motivation und Volition in Organisationen – Ein Beitrag zur theoretischen Fundierung des Motivationsmanagements, Wiesbaden 1998

Koch, James L. (1979): Effects of goal specificity and performance feedback to work groups on peer leadership, performance and attitudes, in: Human Relations, Vol. 32, No. 10, 1979, pp. 819-840

Koenemann, Jürgen/ Lindner, Hans-Günter/ Thomas, Christoph (2000): Unternehmensportale – Von Suchmaschinen zum Wissensmanagement, in: nfd – Nachrichten für Dokumentation, 51. Jg., 2000, S. 325-334

Kogut, Bruce/ Zander, Udo (1992): Knowledge of the firm, combinative capabilities, and the replication of technology, in: Organization science, Vol. 3, No. 3, 1992, pp. 383-397

Kohn, Alfie (1993): Punished by Reward – The Trouble with Gold Stars, Incentive Plans, A's, Praise, and other Bribes, Boston, New York 1993

Kohn, Alfie (1994): Warum Incentive Systeme oft versagen, in: Harvard Business Manager, Heft 2, 1994, S. 15-23

Königer, Paul/ Reithmayer, Walter (1998): Management unstrukturierter Informationen: Wie Unternehmen die Informationsflut beherrschen können, Frankfurt 1998

Kosiol, Erich (1962): Leistungsgerechte Entlohnung, 2. Aufl., Wiesbaden 1962

Kosiol, Erich (1976): Organisation der Unternehmung, Wiesbaden 1976, S. 147-170

Kossbiel, Hugo (1994): Überlegungen zur Effizienz betrieblicher Anreizsysteme, in: DBW, 54. Jg., Heft 1, S. 75-93

Kostova, Tatiana/ Cummings, Larry (1997): Success of Transnational Transfer of Organizational Practices within Multinational Companies, Working Paper, Conference on Knowledge in International Corporations, 6.-8. Nov., Rom 1997

Kraak, Bernhard (1991): Der riskante Weg von der Information zum Wissen: über dogmatische und konformistische Urteilsbildung, Göttingen u.a. 1991

Krcmar, Helmut (1997): Informationsmanagement, Berlin 1997

Kreps, David (1997): Intrinsic Motivation and Extrinsic Incentives, in: American Economic Review, Vol. 87, pp. 359-634

Kriwet, Carla Katharina (1997): Inter- and Intraorganizational Knowledge Transfer, Diss. Univ. St. Gallen No. 2063, Bamberg 1997

Krogh, Georg von/ Köhne, Marija (1998): Der Wissenstransfer in Unternehmen: Phasen des Wissenstransfers und wichtige Einflussfaktoren, in: Die Unternehmung, 52. Jg., Heft 5/6, 1998, S. 235-252

Krogh, Georg von/ Roos, Johan/ Kleine, Dirk (Hrsg.) (1998): Knowing in firms: Understanding, Managing and Measuring Knowledge, London 1998

Krogh, Georg von/ Roos, Johan/ Slocum, Ken (1994): An Essay on Corporate Epistemology, in: Strategic Management Journal, Vol. 15, Special Issue 1994, pp. 53-71

Krogh, Georg von/ Venzin, Markus (1995): Anhaltende Wettbewerbsvorteile durch Wissensmanagement, in: Die Unternehmung, Heft 6, 49. Jg., 1995, S. 417-436

Kunst, Volker (1994): Angewandte Psychologie im Unternehmen, Wiesbaden 1994

Kupsch, Peter/ Marr, Rainer (1991): Personalwirtschaft, in: Industriebetriebslehre, hrsg. v. Edmund Heinen, 9. Aufl., Wiesbaden 1991

Kurtzke, Christian/ Popp, Petra (1999): Das wissensbasierte Unternehmen, Praxiskonzepte und Management-Tools, München 1999

Latham, Gary P./ Locke, Edwin A. (1987): Goal setting – A motivational technique that works, in: The great writings in management and organizational behavior, hrsg. v. Louis E. Boone/ Donald D. Bowen, New York 1987, S. 396-413

Lautz, Alexander (1995): Videokonferencing: Theorie und Praxis für den erfolgreichen Einsatz im Unternehmen, zugl. Diss. Univ. St. Gallen, Frankfurt 1995

Laux, Helmut (1992): Organisationstheorie, entscheidungslogisch orientiert, in: HWO, hrsg. v. Erich Frese, 3. Aufl., Stuttgart 1992, Sp. 1733-1745

Laux, Helmut (1998): Risikoteilung, Anreiz und Kapitalmarkt, Heidelberg u.a. 1998

Lawler, Edward E. (1994): Effective Reward Systems: Strategy, Diagnosis and Design, in: Diagnosis for organizational charge: Methods and Models, hrsg. v. Ann Howard, New York 1994, S. 210-238

Lechler, Thomas (1997): Erfolgsfaktoren des Projektmanagements, Frankfurt am Main 1997, zugl. Diss. Univ. Karlsruhe 1996

Leonard, Dorothy/ Sensiper, Sylvia (1998): The role of Tacit Knowlege in Group Innovation, in: California Management Review, Vol. 40, No. 3, 1998, pp. 112-132

Likert, Rensis (1967): The Human Organization, New York 1967

Lindsworsky, Johannes (1975): Zur Klärung des Begriffes Motiv, in: Die Motivation menschlichen Handelns, hrsg. v. Hans Thomae, Köln 1975, S. 37-39

Locke, Edwin A. (1968): Toward a theory of task performance and incentives, in: Organizational Behavior and Human Performance, Vol. 3, 1968, pp. 157-189

Locke, Edwin A. (1975): Personnel Attitudes and Motivation, in: Annual Review of Psychology, Vol. 26, 1975, pp. 457-480

Locke, Edwin A. (1982): Employee Motivation: A Discussion, in: Journal of Contemporary Business, Vol. 11, No. 2, 1982, pp. 71-81

Locke, Edwin A./ Latham, Gary P. (1985): The application of goal setting to sports, in: Sport Psychology Today, Vol. 7, 1985, pp. 205-222

Locke, Edwin A./ Latham, Gary P./ Erez, Miriam (1988): The Determinants of Goal Commitment, in: Academy of Management Review, Vol. 13, 1988, pp. 23-29

Long, Richard J. (1987): New Office Information Technology, human and managerial implications, New York 1987

Lücke, W./ Herl, A. (1996): Das Mitarbeiter-Feedback: Ein Weg zur Weiterentwicklung der Führungs- und Arbeitskultur, in: Personalführung, 29. Jg., Heft 4, 1996, S. 322-326

Luft, Alfred (1991): Informatik als Wissenstechnik, Arbeitspapier des Lehrstuhls für Wirtschaftsinformatik, Erlangen 1991

Lukas, Andreas (1999): Was die Unternehmung von morgen prägt – Wissen managen als Führungsaufgabe, in: eco, Heft 3, 1999, S. 30-34

Lullies, Veronika/ Bollinger, Heinrich /Weltz, Friedrich (1993): Wissenslogistik – Über den betrieblichen Umgang mit Wissen bei Entwicklungsvorhaben, Frankfurt, New York 1993

Macharzina, Klaus (1984): Strategische Fehlentscheidungen in der internationalen Unternehmung als Folge von Informationspathologien, in: Diskontinuitätenmanagement – Strategische Bewältigung von Strukturbrüchen bei internationaler Unternehmenstätigkeit, hrsg. v. Klaus Macharzina, Berlin 1984, S. 77-140

Machlup, Fritz (1980): Knowledge: Its creation, distribution, and economic significance, Vol. 1, Knowledge and Knowledge production, Princeton 1980

Maier, Günter W./ Rosenstiel, Lutz von (1997): Das Ende der Sündenbock-Kausalität, in: Wissensmanagement – Eine Serie der Süddeutschen Zeitung, hrsg. v. Süddeutsche Zeitung, München 1997, Folge 8, S. 22-23

Maier, Norman R./ Solem, Allen R. (1952): The contribution of a discussion leader to the quality of group thinking: The effective use of minority opinion, in: Human Relations, Vol. 5, 1952, pp. 277-288

Mannix, Elisabeth/ Neale, Margaret/ Northcraft, Gregory (1995): Equity, Equality, or Need? The effects of organisational culture on the allocation of benefits and burdens, in: Organizational behavior and human decision processes, Vol. 3, 1995, pp. 276-286

March, James G./ Olsen, Johan P. (1976): Ambiguity and Choice in the Organizations, Bergen u.a. 1976

March, James G./ Simon, Herbert Alexander (1958): Organizations, New York u.a. 1958

March, James G./ Simon, Herbert Alexander (1979): Organisation und Individuum: Menschliches Verhalten in Organisationen, Wiesbaden 1976

Marquardt, Gernot/ Herstatt, Cornelius/ Dombach, Giselher (1996): Gestaltung internationaler Innovationsprozesse auf Basis von Kernkompetenzen, in: Internationales Innovationsmanagement: Gestaltung von Innovationsprozessen im globalen Wettbewerb, hrsg. v. Oliver Gassmann/ Maximilian von Zedwitz, München 1996, S. 175-185

Marshall, Lucy (1997): Facilitating Knowledge Management and Knowledge Sharing – New Opportunities for information professionals, in: Online, Vol. 21, No. 5, 1997, pp. 92-98

Maslow, Abraham (1954): Motivation and Personality, New York 1954

McGrath, Joseph E. (1964): Social psychology: A brief introduction, New York 1964

McGrath, Joseph E. (1990): Time Matters in Groups, in: Intellectual Teamwork: Social and Technological Foundations of Cooperative Work, hrsg. v. Jolene Galegher/ Robert E. Kraut/ Carmen Egido, Hillsdale 1990, pp. 23-61

McGregor, Douglas (1960): The Human Side of Enterprise, New York 1960

Meffert, Heribert/ Wagner, Helmut (1992): Qualifikation und Ausbildung von Führungskräften – empirische Befunde und Implikationen, in: Zeitschrift für Personalforschung, 6. Jg., 1992, S. 253-365

Meyer, Jörn-Axel/ Schwering, Markus G. (2000): Lexikon für kleine und mittlere Unternehmen, München 2000

Meyer, Martin (1998): Mitarbeiterführung im lernenden Unternehmen: Analyse und Gestaltungsmöglichkeiten, Wiesbaden 1998, zugl. Diss. Univ. Stuttgart 1998

Milgrom, Paul/ Roberts, John (1992): Economics, Organization and Management, Englewood Cliffs (Prentice-Hall), New Jersey 1992

Morgan, Ben/ Lassiter, Donald (1992): Team composition and staffing, in: Teams – Their training and performance, hrsg. v. Robert W. Swezey/ Eduardo Salas, New Jersey, 1992, S. 75-100

Möslein, Kathrin M. (2000): Bilder in Organisationen – Wandel, Wissen und Visualisierung, Wiesbaden 2000

Mullen, Brian/ Copper, Carolyn (1994): The relation between group cohesiveness and performance: An integration, in: Psychological Bulletin, Vol. 115, No. 2, 1994, pp. 210-227

Müller, Albrecht A.C. von (1999): Die Entdeckung des Wissensmetabolismus: Umrisse eines neuen Management-Paradigmas, Vortrag im Rahmen des internationalen Kongresses der Burda Akademie zum Dritten Jahrtausend, München 04.02.1999

Myers, Paul S. (1996): Knowledge Management and Organisational Design, Boston 1996

Nachreiner, Brigitte (1992): Balance braucht Weile: Faktoren der Führung in der lernfähigen Organisation, in: Den Wandel in Unternehmen steuern, hrsg. v. Camilla Krebsbach-Gnath, Frankfurt am Main, 1992, S. 57-83

Nahapiet, Janine/ Goshal, Sumantra (1998): Social Capital, Intellectural Capital and the Organizational Advantage, in: Academy of Management Review, Vol. 23, No. 2, pp. 242-266

Nastansky, Ludwig (1993): Nach 2 Jahren CSCW-Forschung: Durchbruch in der Praxis bei Groupware-Anwendungen in Client-Server-Architekturen: in: Workgroup Computing: Computergestützte Teamarbeit (CSCW) in der Praxis, Neue Entwicklungen und Trends, hrsg. v. Ludwig Nastansky, Hamburg 1993, S. 1-20

Neuberger, Oswald (1980): Motivation, in: HWO, hrsg. v. Erwin Grochla, Stuttgart 1980, Sp. 1356-1365

Neuberger, Oswald (1990): Führen und Geführt werden, 3. Aufl. von „Führung", Stuttgart 1990

Neumann, Stefan/ Flügge, Barbara/ Finerty, Terry (1998): The Art of Knowledge – Potential aus dem Wissen schöpfen, in: Information Management, Heft 1, 1998, S. 66-74

Niefer, Hansgeorg (1993): Planung, Einführung und Optimierung von Gruppenarbeit in der Teilefertigung, München, Wien 1993

Nohria, Nitin/ Berkley, James D. (1994): The Virtual Organizations: Bureaucracy, Technology, and the Implosion of control, in: the Post-Bureaucratic Organization – New Perspectives on Organizational Change, hrsg. v. Charles, Heckscher/ Anne Donnellon, Thousand Oaks u.a. 1994, pp. 108-128

Nonaka, Ikujiro (1994): A Dynamic Theory of Organizational Knowledge Creation, in: Organization Science, Vol. 5, No. 1, 1994, pp. 14-37

Nonaka, Ikujiro/Takeuchi, Hirotaka (1995): The knowledge creating company: How Japanese Companies Create the Dynamics of Innovation, New York, Oxford 1995

Nonaka, Ikujiro/Takeuchi, Hirotaka (1997): Organisation des Wissens: Wie japanische Unternehmen eine brachliegende Ressource nutzbar machen, Frankfurt 1997

North, Klaus (1999): Wissensorientierte Unternehmensführung: Wertschöpfung durch Wissen, 2. Aufl., Wiesbaden 1999

North, Klaus/ Probst, Gilbert/ Romhardt, Kai (1998): Wissen messen – Ansätze, Erfahrungen und kritische Fragen, in: zfo, Nr. 3, 1998, S. 158-166

North, Klaus/ Romhardt, Kai/ Probst, Gilbert (2000): Wissensgemeinschaften, in: io Management, Nr. 7/8, 2000, S. 30-40

O'Dell, Carla/ Grayson, Jackson C. (1998): If Only We Knew What we Know – Identification and Transfer of Internal Best Practices, in: California Management Review, Vol. 40, No. 3, 1998, pp. 154-174

O'Leary-Kelly, Anne M./ Martocchio, Joseph J./ Frink, Dwight D. (1994): A review of the influence of group goals on group performance, in: Academy of Management Journal, Vol. 73, No. 5, 1994, pp. 1285-1301

Ortlieb, Petra (1993): Qualitätsmanagement und betriebliches Anreizsystem, Pfaffenweiler 1993

Ortwein, Eckhard/ Spallek, Patricia (1998): Wissensmanagement in der Managementberatung – Praxisbeispiel Arthur D. Little, in: Information Management, Heft 1, 1998, S. 105-107

Osterloh, Margit/ Frey, Bruno/ Frost, Jetta (1999): Was kann das Unternehmen besser als der Markt, in: ZfB, 69. Jg., Heft 11, 1999, S. 1245-1262

Osterloh, Margit/ Frost, Jetta (2000a): Koordination, und Wissensmanagement in der Theorie der Unternehmung, in: Evolutorische Ökonomik und Theorie der Unternehmung, hrsg. v. Thomas Beschorner/ Reinhard Pfriem, Marburg 2000, S. 195-218

Osterloh, Margit/ Frost, Jetta (2000b): Motivation und Wissen als strategische Ressource, in: Managing Motivation, hrsg. v. Bruno Frey/ Margit Osterloh, Wiesbaden 2000, S. 43-68

Osterloh, Margit/ Wübker, Sigrid (1999): Wettbewerbsfähiger durch Prozeß- und Wissensmanagement: Mit Chancengleichheit auf Erfolgskurs, Wiesbaden 1999

Patrick, Andrew (1998): The Human Factors of MBone Videoconferences: Recommendations for Improving Sessions and Software, http://debra.dgbt.doc.ca/mbone/human-factors; Stand: 13.03.1998, Abruf: 19.06.2001

Patzak, Gerold/ Rattay, Günter (1998): Projekt Management: Leitfaden zum Management von Projekten, Projektportfolios und projektorientierten Unternehmen, 3. Aufl., Stuttgart 1998

Pautzke, Gunnar (1989): Die Evolution der organisatorischen Wissensbasis – Bausteine zu einer Theorie organisationalen Lernens, Herrsching 1989

Pawlowsky, Peter/ Bäumer Jens (Hrsg.) (1996): Betriebliche Weiterbildung: Management von Qualifikation und Wissen, München 1996

Pawlowsky, Peter/ Reinhardt, Rüdiger (1997): Wissensmanagement: Ein integrativer Ansatz zur Gestaltung organisationaler Lernprozesse, in: Handbuch lernende Organisation, hrsg. v. Norbert Wieselhuber, Wiesbaden 1997, S. 146-155

Peritsch, Manfred (2000): Wissensbasiertes Innovationsmanagement: Analyse – Gestaltung – Implementierung, Wiesbaden 2000, zugl. Diss., Univ. Graz 1998

Petrovic, Otto (1992): Groupware-Systemkategorien: Anwendungsbeispiele, Problemfelder und Entwicklungsstand, in: Information Management, 7. Jg., Heft 1, 1992, S. 16-22

Pfeffer, Jeffrey (1997): New Directions for Organization Theory, Problems and Prospects, New York, Oxford, 1997

Pfeffer, Jeffrey/ Sutton, Robert I. (1999): Knowing „what" to do is not enough: Turning knowledge into action, in: California Management Review, Vol. 42, No. 1, Fall 1999, pp. 83-108

Pfeiffer, Werner (1980): Innovationsmanagement als Know-How-Management, in: Führungsprobleme industrieller Unternehmungen – Festschrift für Friederich Thomée zum 60. Geburtstag, hrsg. v. Dietger Hahn, Berlin, New York 1980, S. 421-452

Pfiffner, Martin/ Stadelmann, Peter D. (1995): Arbeit und Management in der Wissensgesellschaft: Konzeptualisierung, Problemanalyse, Bamberg 1995

Picot, Arnold (1990): Der Produktionsfaktor Information in der Unternehmensführung, in: Information Management, Heft 1, 1990, S. 6-14

Picot, Arnold/ Dietl, Helmut/ Franck, Egon (1997): Organisation – Eine ökonomische Perspektive, Stuttgart 1997

Pinto, Mary Beth/ Pinto, Jeffrey K./ Prescott, John E. (1993): Antecedents and consequences of project team cross-functional cooperation, in: Management Science, Vol. 39, No. 10, 1993, pp. 1281-1297

Pinto, Mary/ Pinto, Jeffrey K. (1990): Projekt Team Communication and Cross-Functional Cooperation in New Program Development, in: Journal of product innovation management, No. 7, 1990, pp. 200-212

Pohl, Michael/ Witt, Jürgen (2000): Innovative Teams zwischen Konflikt und Kooperation, Heidelberg 2000

Polanyi, Michael (1958): Personal Knowledge, Towards a Post-Critical Philosophy, London 1958

Polanyi, Michael (1966): The Tacit Dimension, Routledge & Kegan Paul Ltd., London 1966

Porter, Lyman W. /Lawler, Edward E. (1968): Managerial Attitudes and Performance, Homewood 1968

Prange, Christiane (1996): Interorganisationales Lernen: Lernen in, von und zwischen Organisationen, in: Wissensmanagement, hrsg. v. Georg Schreyögg, Berlin u.a. 1996, S. 164-189

Prechtl, Doris (1999): Team-Potential-Analyse (TPA), München 1999

Pribilla, Peter/ Reichwald, Ralf/ Göcke, Robert (1996): Telekommunikation im Management: Strategien für den globalen Wettbewerb, Stuttgart 1996

Probst, Gilbert (1992): Selbstorganisation, in: HWO, hrsg. v. Erich Frese, 3. Aufl., Stuttgart 1992, Sp. 2255-2269

Probst, Gilbert J. (1994): Organisationales Lernen und die Bewältigung von Wandel, in: Unternehmerischer Wandel: Konzepte zur organisatorischen Erneuerung, hrsg. von Peter Gomez, Wiesbaden, S. 295-321

Probst, Gilbert/ Büchel, Bettina (1994): Organisationales Lernen: Wettbewerbsvorteil der Zukunft, Wiesbaden 1994

Probst, Gilbert/ Raub, Steffen/ Romhardt, Kai (1999): Wissen managen, Wie Unternehmen ihre wertvollste Ressource optimal nutzen, 3. Aufl., Frankfurt, Wiesbaden 1999

Probst, Gilbert/ Romhardt Kai (1997): Bausteine des Wissensmanagements – ein praxisorientierter Ansatz, elektronisch veröffentllicht: URL: http://enterprise.cck.uni-kl.de/wmk/papers/public/Bausteine/bausteine.pdf, Stand: 1997, Abruf: 25.09.99

Prüfer, Peter/ Rexroth, Margrit (1996): Verfahren zur Evaluation von Survey-Fragen: Ein Überblick, in: ZUMA-Nachrichten, Vol. 39, November 1996, S. 95-115

Puppe, Frank (1990): Problemlösungsmethoden in Expertensystemen, Berlin, Heidelberg 1990

Rapaport, Matthew (1991): Computer Mediated Communications: Bulletin Boards, Computer Conferencing, Electronic Mail and Information Retrieval, New York, Chichester u.a. 1991

Raub, Steffen/ Probst, Gilbert (2000): Knowledge Management und Electronic Business, in: Handbuch Electronic Business – Informationstechnologien – Electronic Commerce – Geschäftsprozesse, hrsg. v. Rolf Weiber, Wiesbaden 2000, S. 403-427

Rehäuser, Jakob/ Krcmar, Helmut (1996): Wissensmanagement im Unternehmen, in: Wissensmanagement, hrsg. v. Georg Schreyögg, Berlin u.a. 1996, S. 1-40

Reichwald, Ralf/ Göcke, Robert (1995): Bürokommunikation und Führung, in: HWFü, 2. Aufl., Stuttgart 1995, Sp. 164-182

Reif-Mosel, Ane-Kristin (2000): Computergestützte Kooperation im Büro: Gestaltung unter Berücksichtigung der Elemente Aufgabe, Struktur, Technik und Personal, zugl. Diss. Univ. Bochum 1999, Frankfurt u.a. 2000

Reimer, Ulrich (1991): Einführung in die Wissensrepräsentation, Konstanz 1991

Rexer, Frank (1998): Strategisches Personalmanagement und Markterschließung, 1998

Rheker, Dirk (1999): Management – Wissensmanagement, in: Impulse: Das Magazin für die Wirtschaft, Heft 3, 1999, S. 82-85

Richter, Frank-Jürgen (1995): Transfer von Kenntnissen und Erfahrungen zwischen Zentrale und Auslandsniederlassung, in: Zeitschrift für Planung, Heft 6, S. 227-240.

Riekhoff, Hans-Christian (1991): Anreize im Innovationsprozess, in: Handwörterbuch Anreizsysteme in Wirtschaft und Verwaltung, hrsg. v. Günther Schanz, Stuttgart, 1991, S. 685-704

Ringle, Günther (1987): Die Beitrittsentscheidung und deren Förderung unter Anreiz-Beitrags-Aspekten, Inst. für Genossenschaftswesen der Univ. Hamburg, Hamburg 1987

Robson, Wendy (1994): Strategic Management and Information Systems – An Integrated Approach, London 1994

Roehl, Heiko (1997): Barrieren und Erfolgsfaktoren von Wissensmanagement: Widerstände abbauen, Wissenstransfer fördern, hrsg. v. Daimler-Benz Berlin, 1997 (Veröffentlichung der I.I.R-Tagung „Wissensmanagement", 11.09.97, Wien)

Roos, Johan (1997): Das intellektuelle Kapital – Wer es messen kann, kann es einsetzen, in: io-Management, Heft 3, 1997, S. 14-18

Ropohl, Günter (1979): Eine Systemtheorie der Technik – Zur Grundlegung der Allgemeinen Technologie, München 1979

Rosenstiel, Lutz von (1975): Die motivationalen Grundlagen des Verhaltens in Organisationen: Leistung und Zufriedenheit, Wirtschaftspsychologische Schriften der Universitäten München und Augsburg, Bd. 2, hrsg. v. Anton Mexer/ Hermann Brandstätter, Berlin 1975

Rosenstiel, Lutz von (1995): Motivation von Mitarbeitern, in: Führung von Mitarbeitern: Handbuch für erfolgreiches Personalmanagement, hrsg. v. Lutz v. Rosenstiel, 3. Auflage, 1995, Stuttgart, S. 161-179

Rosenstiel, Lutz von (2000): Grundlagen der Organisationspsychologie: Basiswissen und Anwendungshinweise, 4. überarb. und erw. Aufl., Stuttgart 2000

Rosenstiel, Lutz von/ Nerdinger, Friedemann W./ Spieß, Erika (1991): Was morgen alles anderes läuft – Die neuen Spielregeln für Manager, Düsseldorf u.a. 1991

Rüdiger, Mathias/ Vanini, Sven (1998): Das Tacit Knowledge-Phänomen und seine Implikationen für das Innovationsmanagement, in: Die Betriebswirtschaft, 58. Jg., Nr. 4, S. 467-480

Rüegg-Stürm, Johannes/ Gomez, Peter (1994): From Reality to Vision – From Vision to Reality – An Essay on Vision as an Medium for Fundamental Knowledge Transfer, in International Business Review, Vol. 3, No. 4, 1994, pp. 369-394

Rumelt, Richard (1984): Towards a strategic theory of the firm, in: Competitive strategic management, hrsg. v. Robert B. Lamb, 1984, pp. 556-570

Rümler, Reinhard (2001): Wissensbarrieren behindern effektives Wissensmanagement, in: Wissensmanagement, Heft 5, 2001, S. 24-27

Ruppert, Regina (1995): Individualisierung von Unternehmen: Konzeption und Realisierung, Wiesbaden, 1995

Sackmann, Sonja (1991): Cultural Knowledge in Organizations – Exploring the Collective Mind, New York 1991

Sattelberger, Thomas (1996): Die lernende Organisation im Spannungsfeld von Strategie, Struktur und Kultur, in: Die lernende Organisation: Konzepte für eine neue Qualität der Unternehmensentwicklung, hrsg. v. Thomas Sattelberger, 3. Aufl., Wiesbaden 1996, S. 11-56

Schanz, Günther (1978): Verhalten in Wirtschaftsorganisationen, München 1978

Schanz, Günther (1991): Motivationale Grundlagen der Gestaltung von Anreizsystemen, in: Handbuch Anreizsysteme in Wirtschaft und Verwaltung, hrsg. v. Günther Schanz, Stuttgart 1991, S. 3-30

Schanz, Günther (1993): Personalwirtschaftslehre: lebendige Arbeit in verhaltenswissenschaftlicher Perspektive, 2. Aufl., München 1993

Schanz, Günther (1994): Organisationsgestaltung: Management von Arbeitsteilung und Organisation, 2. Aufl., München 1994

Schein, Edgar (1995): Unternehmenskultur: ein Handbuch für Führungskräfte, Frankfurt, New York 1995

Schenzle, Axel (2000): Wissensproduktion und Verantwortung, in: Wissensmanagement, hrsg. v. Heinz Mandel/ Gabi Reinmann-Rothmeier, München 2000, S. 123-137

Scheuble, Sven (1997): Wissen und Wissenssurogate, Wiesbaden 1997

Schindler, Martin (2001): Wissensmanagement in der Projektabwicklung, 2. Aufl., Köln 2001

Schindler, Martin/ Seifried, Patrick (1999): Projekte und Prozesse im Kontext des Wissensmanagements, in: Industrie Management 15. Jg., Heft 6, 1999, S. 20-25

Schischkoff, Georgi (1969): Philosophisches Wörterbuch, Stuttgart 1969

Schlick, Gerhardt (1999): Projektmanagement, Gruppenprozesse, Teamarbeit, 3. Aufl., Renningen-Malmsheim 1999

Schlicksupp, Helmut (1991): Anreizsysteme zur Entfaltung von Kreativität, in: Handwörterbuch Anreizsysteme in Wirtschaft und Verwaltung, hrsg. v. Günther Schanz, Stuttgart, 1991, S. 525-545

Schlund, Adrian/ Wiemann, Klaus: Rahmenbedinungen der Wissensverteilung in globalen Unternehmen: Wissen ohne Grenzen, in: Gablers Magazin, Heft 8, 1997, S. 14-17

Schmalt, Heinz-Dieter/ Heckhausen, Heinz (1985): Motivation, Wuppertaler psychologische Berichte, Nr. 3, Wuppertal 1985

Schmidt, Michael Peter (2000): Knowledge Communities – Mit virtuellen Wissensmärkten das Wissen in Unternehmen effektiv nutzen, München 2000

Schmidt, Ralf-Bodo (1987): Führung durch Zielsetzung, in: HWFü, hrsg. v. Alfred Kieser, Stuttgart 1987, Sp. 2083-2092

Schmidt, Reinhard H. (1998): Erich Gutenberg und die Theorie der Unternehmung, in: Working Paper Series: Finance, Nr. 13, Februar, Johann Wolfgang Goethe-Universität, Frankfurt 1998

Schneider, H. (1993): Mitarbeiter zu positivem Leistungsverhalten anspornen, in: Personalwirtschaft, Heft 7, 1993, S. 17-19

Schneider, Ursula (1996): Management in der wissensbasierten Unternehmung, in: Wissensmanagement: Die Aktivierung des intellektuellen Kapitals, hrsg. v. Ursula Schneider, Frankfurt 1996, S. 13-48

Schnell, Rainer/ Hill, Paul/ Esser, Elke (1999): Methoden der empirischen Sozialforschung, 6. Aufl., München 1999

Scholer, Stefan (1998): Groupware und Informatikabteilungen: Untersuchungen des Einsatzes von Groupware und der damit verbundenen Veränderungen der Aufgaben, Organisation und künftigen Bedeutung von Informatikabteilungen, Diss. Univ. St. Gallen 1998

Scholz, Christian (1992): Effektivität und Effizienz, organisatorische, in: HWO, hrsg. v. Erich Frese, 2. Aufl., Stuttgart 1992, Sp. 533-552

Schönherr, Marten (1998): Wissen als humanorientierter Wettbewerbsfaktor, in: Industrie Management, 14. Jg., Heft 4, 1998, S. 30-33

Schrader, Stephan (1990): Zwischenbetrieblicher Informationstransfer – eine empirische Analyse kooperativen Verhaltens, Berlin 1990, zugl. Diss. Univ. München 1989

Schulte, Thomas (1999): Groupware, St. Gallen 1999

Schulz, Volker (2000): Nichtmaterielle Anreize als Instrument der Unternehmungsführung – Gestaltungsansätze und Wirkungen, Wiesbaden 2000, zugl. Diss. Univ. Rostock 1998

Schumacher, Bernd (1984): Motivation durch Mitarbeiterinformationen, in: Personalführung, 17. Jg., Heft 8, 1984, S. 204-207

Schüppel, Jürgen (1996): Wissensmanagement: Organisatorisches Lernen im Spannungsfeld von Wissens- und Lernbarrieren, Wiesbaden 1996, zugl. Diss. Univ. St. Gallen 1996

Schweitzer, Marcell (1997): Planung und Kontrolle, in: Allgemeine Betriebswirtschaftslehre, Bd. 2, Führung, hrsg. v. Franz Xaver Bea/ Erwin Dichtl/ Marcell Schweitzer, 7. Aufl., Stuttgart 1997, S. 9-72

Schwickert, Axel (1994): Information Highway – Eine Einführung in das Internet, hrsg. v. Lehrstuhl für Allgemeine BWL und Wirtschaftsinformatik an der Johannes Gutenberg-Universität Mainz, Mainz 1994

Senge, Peter M. (1998): Die fünfte Disziplin – Kunst und Praxis der lernenden Organisation, 6. Aufl., Stuttgart 1998

Servatius, Hans-Gerd (1998a): Intellektuelle Wertschöpfung in Wissensunternehmen, in: Personal – Zeitschrift für Human Resource Management, 50. Jg, Heft 3, 1998, S. 100-108

Servatius, Hans-Gerd (1998b): Intellektuelle Wertschöpfung in der Wissensgesellschaft, in: Technologie und Management, 47. Jg., Heft 1, 1998, S. 8-10

Seufert Andreas/ Seufert, Sabine (1998): Wissensgenerierung und –transfer in Knowledge Networks: Knowledge Networks als Basis für die Steigerung der Lernfähigkeit von Unternehmen, in: io management, Heft 10, 1998, S. 76-84

Seufert, Andreas (1997): Groupware enabled Data Warehouse: Management Support für die professionelle Know-How-Organisation, Wiesbaden 1997

Shannon, Claude/ Weaver, Waren (1976): Mathematische Grundlagen der Informationstheorie, München, Wien 1976

Shaw, Marvin (1981): Group dynamics, 3. Aufl., New York 1981

Shaw, Marvin (1992): A comparison of individuals and small groups in the rational solution of complex problems, in: American Journal of Psychology, Vol. 44, 1992, pp. 491-504

Shea, Gregory/ Guzzo, Richard (1987): Groups as human resources, in: Research in Personnel and Human Resources Management, Vol. 5, 1987, pp. 323-356

Simon, Herbert A. (1947): Administrative Behavior, London, MacMillan 1947

Simon, Hermann (1999): Wunsch-Wissen, in: Manager Magazin, Heft 11, 1999, S. 307-308

Slevin, Dennis/ Pinto, Jeffrey (1991): Project leadership: Understanding and consciously choosing your style, in: Project Management Journal, Vol. 12, No. 1, 1991, pp. 39-47

Smith, Ken et al. (1994): Top management team demography and process: The role of social integration and communication, in: Administrative Quarterly, Vol. 39, pp. 412-438

Spek, Rob van der/ Spijkervet, André (1997): Knowledge Management: Dealing Intelligently With Knowledge, Utrecht 1997

Spence, Robert (2001): Information Visualization, Harlow 2001

Spender, J.-C. (1996): Making Knowledge the Basis of a Dynamic Theory of the Firm, in: Strategic Management Journal, Vol. 17, 1996, pp. 45-62

Spender, J.-C./ Grant, Robert M. (1996): Knowledge of the Firm: Overview, in: Strategic Management Journal, Vol. 17, Winter Special Issue 1996, S. 5-9

Spinner, Helmut (1994): Die Wissensordnung – Ein Leitkonzept für die dritte Grundordnung des Informationszeitalters, Opladen 1994

Sprenger, Reinhard K. (1999): Mythos Motivation: Wege aus einer Sackgasse, 16. Aufl., Frankfurt am Main, New York 1999

Staehle, Wolfgang H. (1992): Führungstheorien und -konzepte, in: HWO, hrsg. v. Erich Frese, 3. Aufl., Stuttgart 1992, Sp. 655-676

Staehle, Wolfgang H. (1999): Management, 8. Aufl., München 1999

Staehle, Wolfgang H./ Conrad, Peter (1987): Organisationsklima und Führung, in: HWFü, hrsg. v. Alfred Kieser, Stuttgart 1987, Sp. 1607-1618

Starbuck, William H. (1992): Learning by knowledge-intensive firms, in: Journal of Management Studies, Vol. 29, No. 6, 1992, pp. 713-740

Stärkle, Robert/ Jäger, Fritz (1972): Information und Kommunikation, in: Organisationsleiter-Handbuch, hrsg. v. Alfred Degelmann, 2. Aufl., München 1972, S. 646-668

Staudt, Erich/ Mühlemeyer, Peter/ Kriegesmann, Bernd (1994): Erfinderlohn statt Schulterklopfen, in: Personal Potential, Heft 6, 1994, S. 41-43

Steiner, Ivan D. (1966): Models for interferring relationships between group size and potential group productivity, in: Behavioral Science, Vol. 11, 1966, pp. 273-283

Steinmüller, Wilhelm (1993): Informationstechnologie und Gesellschaft, Einführung in die angewandte Informatik, Darmstadt 1993

Stewart, Thomas A. (1998): Der vierte Produktionsfaktor: Wachstum und Wettbewerbsvorteile durch Wissensmanagement, München, Wien 1998

Stiglitz, Joseph E. (1991): Symposium on Organizations and Economics, in: Journal of Economic Perspectives, Vol. 5, Spring 1991, pp. 15-88

Storey, John (1989): Introduction: From Personnel Management to Human Resource Management, in: New Perspectives on Human Resource Management, London, New York 1989, pp. 1-18

Storey, John/ Sisson, Keith (1989): Looking to the future, in: New Perspectives on Human Resource Management, London, New York 1989, pp. 167-183

Suzaki, Kiyoshi (1994): Die ungenutzten Potentiale – Neues Management im Produktionsbetrieb, München, Wien 1994

Sveiby, Karl Erik (1998): Wissenskapital – das unentdeckte Vermögen: immaterielle Unternehmenswerte aufspüren, messen und steigern, Landsberg/Lech, 1998

Syring, Michael (1994): Computerunterstützung arbeitsteiliger Prozesse: Konzipierung eines Koordinationssystems für die Büroarbeit, Wiesbaden 1994

Szulanski, Gabriel (1995): Unpacking stickiness: An empirical investigation of the barriers to transfer best practice inside the firm, in: Academy of Management Journal, 1995, pp. 437-441

Szulanski, Gabriel (1996): Exploring Internal Stickiness: Impediments to the Transfer of Best Practice Within the Firm, in: Strategic Management Journal, Vol. 17, 1996, Winter Special Issue, S. 27-43

Szyperski, Norbert (1980): Informationsbedarf, in: HWO, hrsg. v. Erwin Grochla, Köln 1990, Sp. 904-913

Tannenbaum, Robert/ Schmidt, Warren (1987): How to choose a leadership pattern, in: The great writings in management and organizational behavior, hrsg. v. Louis F. Boone/ Donald D. Bowen, New York 1987, S. 261-278

Tannenbaum, Scott I./ Beard, Rebecca L./ Salas, Eduardo (1992): Team Building and its influence on team effectiveness: An examination of conceptual and empirical developments, in: Issues, theory, and research in industrialorganizational psychology, hrsg. v. Kathryn Kelley, Amsterdam 1992, S. 117-153

Teece, David J. (1981): The Market of Know-How and the Efficient International Transfer of Technology, in: The Annals of the American Academy (AAPSS), Vol. 458, November 1981, S. 81-96

Teufel, Stephanie/ Sauter, Christian/ Mühlherr, Thomas/ Bauknecht, Kurt (1995): Computerunterstützung für die Gruppenarbeit, Bonn u.a. 1995

Thibaut, John W./ Kelley, Harold H. (1959): The social psychology of groups, New York 1959

Thom, Norbert (1980): Grundlagen des betrieblichen Innovationsmanagements, 2. Aufl., Königstein 1980

Tichy, Noel M./ Sherman, Stratford (1993): Control Your Destiny or Someone Else Will, New York 1993

Tinar, Mustafa Yasar (1986): Humanisierung der Arbeit und Produktivität: Auswirkungen einer Erweiterung des Entscheidungsspielraumes der Arbeitnehmer auf Fehlzeiten, Fluktuation und Arbeitsproduktivität in Wirtschaftsorganisationen, Frankfurt 1986

Tjosvold, Dean (1991): Team Organization: An enduring Competitive Advantage, New York 1991

Tjosvold, Dean (1995): Cooperation theory, constructive controversy, and effectiveness: Learning from crisis, in: Team effectiveness and decision making in organizations, hrsg. v. Richard A. Guzzo/ Eduardo Salas and Associates, San Francisco, 1995, pp. 79-112

Trittmann, Ralph/ Mellis, Werner (1999): Ökonomische Gestaltung des Wissenstransfers, in: Industrie Management, 15. Jg., Heft 6, 1999, S. 64-68

Trommsdorf, Volker (1990): Innovationsmanagement in kleinen und mittleren Unternehmen, Berlin 1990

Türk, Klaus (1986): Lückentheorie der Führung, in: Personalwirtschaft, 13. Jg., Heft 3, 1986, S. 103-108

Unger, Helga (1998): Organisationales Lernen durch Teams – Methode und Umsetzung eines teambasierten Projektmanagements, München 1998

Volk, Hartmut (1999): Wissensmanagement – Wenn Wissen zum Machtfaktor wird, in: Der Arbeitgeber, 51. Jg., Heft 2, 1999, S. 47-50

Vroom, Victor H. (1964): Work and motivation, New York et al. 1964

Vroom, Victor H. (1987): A New Look at Managerial Decision Making, in: The Great writings in management and organizational behavior, hrsg. v. Louis E. Boone, 2. Aufl., New York 1987, pp. 365-383

Wagner, Dieter (1991): Organisation, Führung und Personalmanagement: neue Perspektiven durch Flexibilisierung und Individualisierung, 2. Aufl., Freiburg 1991

Wagner, Dieter/ Grawert, Achim/ Langemeyer, Heiner (1993): Cafeteria-Modelle: Möglichkeiten der Individualisierung von Entgeltsystemen für Führungskräfte, Stuttgart, Zürich 1993

Wagner, Mathias (2000): Wissensflüsse in Multinationalen Unternehmen – Eine organisationstheoretische und empirische Untersuchung, Bamberg 2000, zugl. Diss. Univ. St. Gallen 2000

Wagner, Michael (1995): Groupware und neues Management: Einsatz geeigneter Softwaresysteme für flexiblere Organisationen, Braunschweig 1995

Wathne, Kenneth/ Roos, Johan/ Krogh, Georg von (1996): Towards a Theory of Knowledge Transfer in a cooperative Kontext, in: Managing Knowledge – Perspectives on cooperation and competition, hrsg. v. Georg von Krogh/ Johan Roos, London 1996, S. 55-81

Weber, Wolfgang (1991): Anreize für Mitarbeiter zur Weiterbildung, in: Handwörterbuch Anreizsysteme in Wirtschaft und Verwaltung, hrsg. v. Günther Schanz, Stuttgart, 1991, S. 331-351

Weick, Karl Edward (1969): The social psychology of organizing, Reading 1969

Weinert, Ansfried B. (1987): Lehrbuch der Organisationspsychologie, Menschliches Verhalten in Organisationen, 2. Aufl., München 1987

Weinert, Ansfried B. (1992): Anreizsysteme, verhaltenswissenschaftliche Dimension, in: HWO, hrsg. v. Erich Frese, 3. Aufl., Stuttgart 1992, Sp. 122-133

Weinert, Ansfried B. (1998): Organisationspsychologie, 4. Aufl., Weinheim 1998

Weingart, Laurie R. (1992): Impact of group goals, task component complexity, effort and planning on group performance, in: Journal of Applied Psychology, Vol. 77, No. 5, 1992, pp. 682-693

Weissenberger-Eibl, Marion (2000): Wissensmanagement als Instrument der strategischen Unternehmensführung in Unternehmensnetzwerken, München 2000, zugl. Diss. Techn. Univ. München 2000

Wendel, Thomas (1996): Computerunterstützte Zusammenarbeit: Konzeption und Realisierung eines Teamarbeitssystems, Wiesbaden 1996

Wenger, Etienne (1998): Communities of Practice – Learning as a Social System, in: http://www.co-i-l.com/coil/knowledge-garden/cop/lss.shtml, Stand: 1998, Abruf: 14.06.2002

Wenger, Etienne C./ Snyder, William (2000): Communities of Practice: The organizational frontier, in: Harvard Busines Review, January-February, 2000, pp. 139-145

Wever, Ulrich (1999): Flexibilitätsanreize bei der Bayerischen Hypotheken- und Wechsel-Bank, in: Handwörterbuch Anreizsysteme in Wirtschaft und Verwaltung, hrsg. v. Günther Schanz, Stuttgart, 1991, S. 499-521

Wiegand, Martin (1996): Prozesse organisationalen Lernens, Wiesbaden 1996, zugl. Diss. Freie Univ. Berlin 1996

Wild, Jürgen (1974): Betriebswirtschaftliche Führungslehre und Führungsmodelle, in: Unternehmensführung – Festschrift für Erich Kosiol zu seinem 75. Geburtstag, hrsg. v. Jürgen Wild, Berlin 1974

Wildemann, Horst (1994a): Flexible Arbeits- und Betriebszeiten und Gruppenorganisation, in: Flexible Arbeitszeiten, Gruppen- und Teamorganisation, neue Entgeltsysteme, hrsg. v. Horst Wildemann, Tagungsbericht, München 1994, S. 1-73

Wildemann, Horst (1994b): System- und handlungsorientiertes Controlling schlanker Organisationstrukturen und Geschäftsprozesse, in: Controlling schlanker Unternehmen, hrsg. v. Horst Wildemann, München 1994, S. 1-21

Wildemann, Horst (1994c): Die „normale" Blindleistung in der Unternehmensorganisation, in: Industriestandort Deutschland: Unternehmen in Deutschland – wie ist der Standort zu retten?, hrsg. v. Horst Wildemann, München 1994, S. 41-53

Wildemann, Horst (1995): Produktionscontrolling durch Visualisierung, in: Controlling schlanker Geschäftsprozesse und Unternehmen, hrsg. v. Horst Wildemann, München 1995, S. 79-96

Wildemann, Horst (1996): Die Produktklinik – eine Keimzelle für Lernprozesse, in: Harvard Business Manager, Heft 1, 1996, S. 39-48

Wildemann, Horst (1997a): Produktionscontrolling: Systemorientiertes Controlling schlanker Produktionsstrukturen, 3. Aufl., München 1997

Wildemann, Horst (1997b): Visualisierung und Auditierung von Geschäftsprozessen – Leitfaden zum Selbstcontrolling von Geschäftsprozessen, 4. Aufl., München 1997

Wildemann, Horst (1999): Wissensmanagement: Leitfaden zur Gestaltung und Implementierung eines aktiven Wissensmanagements im Unternehmen, München 1999

Wildemann, Horst (2000): Wie ist eine lernenden Unternehmensorganisation zu gestalten?, in: Innovative Organisationsformen: Neue Entwicklungen in der Unternehmensorganisation, hrsg. v. Franz Wojda, Stuttgart 2000, S. 323-342

Wilensky, Harold (1967): Organizational Intelligence, Knowledge and Policy in Government and Industry, New York 1967

Williamson, Oliver E. (1975): Markets and Hierarchies: Analysis and Antitrust Implications, New York u.a. 1975

Willke, Helmut (1998): Systemisches Wissensmanagement, Stuttgart 1998

Wilmes, Jörg (1995): Entwicklung lern- und innovationsfähiger Organisationen durch Groupwarebasierte Informationssysteme, Kassel 1995

Wilson, James Q. (1966): Innovation in Organizations: Notes toward a Theory, in: Approaches to Organizational Design, hrsg. v. James D. Thomson, Pittsburgh 1966, pp. 193-218

Winkler, Ramona (2001): Portals – The All-In-One Web Supersites: Features, Functions, Definitions, Taxonomy, in: http://www.sapdesignguild.org/community/innovation_articles/edition3/portal_definition.asp, Abruf: 15.06.2002

Winter, Sidney (1987): Knowledge and Competence as Strategic Assets, in: The Competitive Challenge: Strategies for Industrial Innovation and Renewal, hrsg. v. David J. Teece, Cambridge 1987, pp. 159-184

Winter, Stefan (1996): Prinzipien der Gestaltung von Managementanreizsystemen, Wiesbaden 1996

Wiswede, Günter (1992): Gruppen und Gruppenstrukturen, in: HWO, hrsg. v. Erich Frese, 3. Auflage, Stuttgart 1992, Sp. 735-754

Wiswede, Günter (2000): Einführung in die Wirtschaftspsychologie, 3. Aufl., München 2000

Wittmann, Waldemar (1959): Unternehmung und unvollkommene Information: Unternehmerische Voraussicht – Ungewißheit und Planung, Köln/Opladen 1959

Wittmann, Waldemar (1979): Wissen in der Produktion, in: HWProd, hrsg. v. Werner Kern, Stuttgart 1979, Sp. 2260-2271

Wittmann, Waldemar (1980): Information, in: HWO, hrsg. v. Erwin Grochla, Stuttgart 1980, Sp. 894-904

Wolff, Brigitta (1995): Organisation durch Verträge, Wiesbaden 1995

Wunderer, Rolf/ Grunwald, Wolfgang (1980): Führungslehre, Bd. I: Grundlagen der Führung, Bd. II: Kooperative Führung, Berlin, New York 1980

Wurst, Katharina/ Högl, Martin (2001): Führungsaktivitäten in Teams, in: Management von Teams: theoretische Konzepte und empirische Befunde, 2. Aufl., Wiesbaden 2001, S. 157-185

Yin, Min (1996): Team-Informationsmanagement – Konzepte und Implementierung eines agentenbasierten Team-Informationsmanagement-Systems, Aachen 1996, zugl. Diss. Univ. St. Gallen 1995

Zachary, William B./ Krone, Robert M. (1984): Managing creative individuals in high-technology research projects, in: IEEE Transactions on Engineering Management, Vol. 31, No. 1, 1984, pp. 37-40

Zack, Michael H. (1999): Managing Codified Knowledge, in: Sloan Management Review, Vol. 29, No. 3, 1999, pp. 45-58

Zahn, Erich/ Fosciani, Stefan/ Tilebein, Meike (2000): Nachhaltige Wettbewerbsvorteile durch Wissensmanagement, in: Wettbewerbsvorteile durch Wissensmanagement, hrsg. v. Hermann Krallmann, Stuttgart 2000, S. 239-270

Zander, Udo/ Kogut, Bruce (1995): Knowledge and the Speed of the Transfer and Imitation of Organizational Capabilities: An Empirical Test, in: Organization Science, Vol. 6, No. 1, January-February 1995, pp. 76-92

Zbinden, Werner (1995): Know-how-Transfer an der Schnittstelle Produktion/ Entwicklung, in: Schnell lernende Unternehmen – Quantensprünge in der Wettbewerbsfähigkeit, hrsg. v. Horst Wildemann, München 1995, S. 453-525

Zbinden, Werner (1998): Effiziente Entwicklungsorganisation, in: Einrichten von Produktkliniken – Wertgestaltung von Produkten und Prozessen, Tagungsbericht Nr. 11, hrsg. v. Horst Wildemann, München 1998

Zenger, Todd R./ Lawrence, Barbara S. (1989): Organizational demography: The differential effects of age and tenure distributions on technical communication, in: Academy of Management Journal, Vol. 32, No. 2, pp. 353-376

Ziffzer, Stefan/ Moss, Sebastian (1996): Neue Medien - Know How-Aufbau und Wissenstransfer in einer dezentralisierten Verlagsgruppe, in: zfo, Heft 6, 1996, S. 343-346

Zimbardo, Philip Georg/ Gerrig, Richard J. (1999): Psychologie, 7. Aufl., Berlin u.a. 1999

Zink, Klaus J. (1975): Differenzierung der Arbeitsmotivation von F. Herzberg zur Ausgestaltung sozio-technologischer Systeme, Frankfurt/Main, Zürich 1975

Zink, Klaus J. (1990): Quality Circles – noch ein Thema?, in: Personalführung, Heft 3, 1990, S. 147-153

Inhalt – Anhang

A.1. Definitionen des Begriffes „Team“

Autor(en)	Bezeichnung des Teams	Beschreibung
Antoni (2000), S. 24 und S. 27ff.	Qualitätszirkel	Kleine moderierte Gruppe von 5 bis 10 Mitarbeitern der unteren Hierarchieebene, die sich regelmäßig auf freiwilliger Basis zur Bearbeitung selbstgewählter Probleme aus ihrem Arbeitsbereich treffen.
Antoni (2000), S. 24 und S. 34ff.	Projektteam oder Task Force	aus Experten verschiedener Arbeitsbereiche zusammengesetzte, zeitlich befristete Gruppe zur Bearbeitung von neuartigen, komplexen Problemstellungen mit Zielvorgaben vom Management, deren Teilnahme nicht freiwillig ist, sondern aus dem Arbeitsauftrag resultiert
Antoni (1996), S. 29f.	Lernstatt	Bezeichnung eines Ortes, der zur problemorientierten Eigenqualifizierung der Mitarbeiter sowie zur Lösung betrieblicher Probleme in kleinen Gruppen genutzt wird
Borowsky (2000), S. 6f.	Community of Practice	auf freiwilligen Entschluss seiner Mitglieder gebildeter Zusammenschluss von Personen mit gemeinsamen Interesse an einem Wissensgebiet, die sich selbst organisieren und deren Schwerpunkt auf Informations- und Wissensaustausch und somit auf Wissensgenese liegt
Brown (2000), S. 4	Group	A collection of people bound together by some common experience or purpose, or who are interrelated in a micro-social structure, or who interact with one another.
Davenport/Prusak (1998), S.38f. bzw. (1999), S. 90f.	Community of Practice [776]	selbstorganisierte Gruppe von miteinander kommunzierenden Mitarbeitern mit ergänzenden Kenntnissen, die ins Leben gerufen wird, um gemeinsame Arbeitsmethoden, Interessen oder Ziele zu verfolgen
Henschel (2001), S. 50ff.	Projektteam	bis zur Erfüllung einer bestimmten, gemeinsamen Aufgabe bestehende Gruppe, deren Mitglieder vom Management ausgewählt werden; formelle Projektstruktur mit definierten Verantwortlichkeiten und einer Projektleitung
Henschel (2001), S. 49 und S. 53	Community of Practice	informelle, selbstorganisierende und hierarchiefreie „[...] Gruppe von Personen, die inhaltlich durch ein gemeinsames Interesse, eine gemeinsame Tätigkeit oder ein gemeinsames Bestreben sowie durch soziale Beziehungen und gemeinsame Werte miteinander verbunden sind. Im Zentrum der Aktivitäten [...] stehen der Austausch von Ideen, Einsichten und Erkenntnissen, das gemeinsame Lernen sowie die gegenseitige Hilfe und Unterstützung.“ (im Original nicht fett)
North (1999), S. 113	Qualitätszirkel	längerfristig angelegte, regelmäßig und auf freiwilliger Basis zusammenkommende, ggf. moderierte Kleingruppe, deren Mitglieder eine gemeinsame Erfahrungsgrundlage haben und die die Analyse, Erarbeitung und Präsentation von Problemen des eigenen Arbeitsbereiches verfolgt

776 In der deutschen Übersetzung (vgl. Davenport/Prusak 1999) wird CoP mit „Zweckgemeinschaft“ übersetzt.

Autor(en)	Bezeichnung des Teams	Beschreibung
North (1999), S. 113	Lernstadt	zeitlich begrenzte Gruppentätigkeit, bei der sich die Teilnehmer regelmäßig zum Zwecke des Erfahrungsaustausches, zur Erweiterung des Grundwissens und zur Verbesserung und Vertiefung der Kommunikation oder Zusammenarbeit unter Anleitung von Moderatoren treffen
North (1999), S. 247f.	Kompetenz-netzwerk (u.a. Community of Practice)	Netzwerk aus 10 bis 20 freiwilligen Mitgliedern, die aufgrund ihrer fachlichen Kompetenz Mitglied werden und deren Aufgabe die Identifizierung, der Transfer und die Weiterentwicklung von geschäftsrelevantem Wissen ist
North/Romhardt/ Probst (2000), S. 32	Wissens-gemeinschaft	über einen längeren Zeitraum bestehende Personengruppe, die sich um ein spezifisches Thema gruppiert, die Interesse an einem gemeinsamen Thema hat und Wissen gemeinsam aufbauen und austauschen will; die Teilnahme ist freiwillig
Osterloh/Wübker (1999), S. 30	Projektteam	Für einen befristeten Zeitraum eingerichtete Gruppe, der eine einmalige, neuartige und mit Risiko behaftete Projektaufgabe übertragen wird, die meistens aus Spezialisten besteht und für deren Koordination und Kontrolle eine für die Aufgabenerfüllung verantwortliche und weisungsbefugte Projektleitung zuständig ist.
Pohl/Witt (2000), S. 17	(Projekt)team	zeitlich begrenzte, leistungsorientierte Gruppe, deren Verhalten und soziale Interaktion durch vorwiegend funktionale Leistungs- und Aufgabenorientiertheit bestimmt ist
Prechtl (1999), S. 30ff.	Team (in Abgrenzung zur Arbeits-gruppe)	Mehrzahl von Personen, die in direkter Interaktion über einen gewissen Zeitraum stehen, gemeinsame Ziele verfolgen, eine ausgeprägte Leistungsbereitschaft haben, gemeinsame Normen, ein Wir-Gefühl und einen gemeinsamen Arbeitsansatz haben sowie zugeordnete Rollen übernehmen
Probst/Raub/ Romhardt (1999), S. 206	think tanks	zeitlich und thematisch nicht eingegrenzte Gruppe, in der sich die Intelligenz einer Organisation konzentriert und die mit der Entwicklung kritischen Wissens und kritischer Fähigkeit betraut wird
Shaw (1981), S. 7f.	Group	„its members (1) are motivated to join the group (...), and (2) are aware of its existence, i.e., their perceptions are veridical.
Schütt (2001), S. 2	(Projekt)team	nach jeweiliger Befähigung zusammengestellte Gruppe, deren Mitglieder in aller Regel berufen werden und die einen ganz konkreten Projektauftrag mit klarem Zieltermin hat
Stewart (1998), S. 102ff.	Community of Practice	oftmals nicht-sichtbare, informelle Gruppe von Beschäftigten, die sich aus sozialen oder beruflichen Gründen und aus eigenem Antrieb zusammenschließen, um einer gemeinsamen Problemstellung und einem Lösungsansatz nachzugehen und daher eine Fülle von Wissen verkörpern

Autor(en)	Bezeichnung des Teams	Beschreibung
Unger (1998), S. 65	Lernstatt	Konzept zur Förderung der Lernprozesse, um das Grundwissen über betriebliche Zusammenhänge zu erhöhen sowie die Kommunikation und Kooperation zu unterstützen
Unger (1998), S. 64	Qualitätszirkel	kleine moderierte Gruppe von 5 bis 10 Mitarbeitern der unteren Hierarchieebene, die sich regelmäßig auf freiwilliger Basis zur Bearbeitung selbstgewählter Probleme aus ihrem Arbeitsbereich treffen
von Felbert (1998), S. 130	Community of Practice	Meist spontan entstehende, informelle Gruppe aus Personen möglichst verschiedener funktionaler und hierarchischer Organisationsebenen, die ein gemeinsames Interesse an einer Aufgabe haben und zum Austausch von Wissen miteinander kommunizieren.
von Felbert (1998), S. 130	Projektteam	Kleine, multifunktionale Gruppe, in deren Rahmen Mitarbeiter aus verschiedenen Unternehmensbereichen mit unterschiedlichen Qualifikationen zusammentreffen, um fest umrissen bereichsübergreifende Probleme zu lösen.
Wenger (1998), S. 2f.; Wenger/Snyder (2000)	Community of Practice	Gruppe von Mitarbeitern, deren Mitglieder informell und nicht durch organisatorische Hierarchieebenen und durch ein aufeinander bezogenes Handeln miteinander verbunden sind; sie verfolgen gemeinsame Ziele und haben gemeinsame Arbeitsteilungen sowie ein geteiltes Repertoire an Routinen, Werkzeugen, Sprachgebräuchen, u.a.
Zink (1990), S. 152	Projektgruppe	Interdisziplinär, d.h. nach fachlichen Gesichtspunkten aus differenten Arbeitsbereichen und Hierarchiestufen zusammengesetztes Team, das bereichsübergreifende Lösungen zu vorgegebenen Problemstellungen erarbeitet.

Tab. 3: Systematiken zur Begriffsdefinition „Teamarbeit“

A.2. Begriffsdefinition „Wissen“

Autor(en)	Begriff	Definition/ Aufgaben/ Ziele
Alavi/Leidner (1999), S. 2	Knowledge	Knowledge is information possessed in the mind of an individual: it is personalized or subjective information related to facts, procedure, concepts, interpretations, ideas, observations and judgements (...) which then becomes information (...) once it is articulated or communicated to others in the form of text, computer output, spoken or written words or other means.
Albrecht (1993), S. 31	Wissen	Wissen ist das „**Ergebnis** der **Verarbeitung von Informationen** durch das Bewußtsein“, d.h. nur verstandene Information kann mit dem Begriff Wissen gleichgesetzt werden
Amelingmeyer (2000), S. 42	Wissen	„Wissen ist jede Form der Repräsentation von Teilen der realen oder gedachten Welt in einem körperlichen Trägermedium.“
Anand/Manz/Glick (1998), S. 797	Information	„We also use the term *information* to refer to communicable forms of knowledge, such as explicit knowledge“ and „we use the terms *soft knowledge* to refer to forms of knowledge (...) that are not easily communicated.“ Such as tacit knowledge, belief structures, intuition, and judgmental abilities.”
Bell (1985), S. 180	Wissen	„Sammlung in sich **geordneter Aussagen** über Fakten oder Ideen, die ein vernünftiges Urteil oder ein experimentelles Ergebnis zum Ausdruck bringen und anderen durch irgendein Kommunikationsmedium in systematischer Form übermittelt werden...“
Berthel (1967), S. 27	Information	Der Ausdruck **„Information“** kann (1) zur Bezeichnung der **Übermittlung von Wissen** verwendet werden, (2) dient er der Bezeichnung des **Ergebnisses von Tätigkeiten der Wissensgewinnung, -übermittlung und -verarbeitung**.
Bode (1997), S. 458	Wissen	„Wissen ist jede Form der **Repräsentation** von Teilen **der** realen oder gedachten (d.h. vorgestellten) **Welt** in einem materiellen Trägermedium.“
Boutellier/ Corsten (1996), S. 166f.	Wissen	**Wissen** unterscheidet sich von Daten und Informationen dadurch, daß es immer mit Überzeugungen, Handlungen und Bedeutungen verbunden ist. Ein Großteil des Wissens liegt versteckt in den Erfahrungen, Vorstellungen, Werten, aber auch in handwerklicher Geschicklichkeit und Kunstfertigkeit
Bude (1987), S.1229	Wissen	„Das Wissen ist durchzogen von strukturellen Gerüsten. Nicht eine Ansammlung isoliert nebeneinander gespeicherter Informationen, sondern ein weit verzweigtes Netzwerk von Beziehungen zwischen Aussageeinheiten konstituiert das Wissen.“
Castiglioni (1994), S. 57	Wissen	**Information** wird dann zu **Wissen**, wenn es für den Empfänger einen Bezug zu seinem oder einem ihm bekannten Zielsystem hat.
Cleveland (1989), S. 22f.	Information	Information = organisierte Daten; Wissen = organisierte und internalisierte Informationen

Autor(en)	**Begriff**	**Definition/ Aufgaben/ Ziele**
Davis/ Botkin (1994), S. 167	Knowledge	**Knowledge** means the application and productive use of information.
Davenport/ Prusak (1998), S. 32	Wissen	„**Wissen** ist eine fließende Mischung aus strukturierten Erfahrungen, Wertvorstellungen, Kontextinformationen und Fachkenntnissen, die in ihrer Gesamtheit einen Strukturrahmen zur Beurteilung und Eingliederung neuer Erfahrungen und Informationen bietet." Entstehung und Anwendung von Wissen vollzieht sich in den Köpfen der Wissensträger. In Organisationen ist Wissen häufig nicht nur in Dokumenten oder Speichern enthalten, sondern erfährt auch eine allmähliche Einbettung in organisatorische Routinen, Prozesse, Praktiken und Normen.
Domrös (1994), S. 27	Wissen	**Wissen** kann dabei als (hypothetische) Kenntnis allgemeiner Zusammenhänge bezeichnet werden.
Drucker (1988), S. 46	Information	**Information** is data endowed with relevance and purpose. Converting data into information thus requires **knowledge**. And knowledge, by definition, is specialized.
Eck (1997)	Wissen	Wissen ist generisch; Erklärung der **Erlösung aus dem Unwissen**, das die Motivation zu Fragen, Zweifel, Druck, Notwendigkeit, Wissen-Wollen, Neugierde etc. voraussetzt.
Felbert (1998), S. 122	Wissen	„Wissen ist mithin maßgeblich das Ergebnis der Verarbeitung von Daten und Informationen durch Intelligenz und Lernen.
Gissler (1999), S. 37	Wissen	Wissen ist immer an eine Person, den sogenannten Wissensträger gebunden und kann in Form von Informationen anderen zur Verfügung gestellt und gespeichert werden.
Güldenberg (1999a), S. 155	Wissen	„Gesamtheit aller **Endprodukte** von **Lernprozessen**, in denen Daten als Informationen wahrgenommen und Informationen in Form von strukturellen Konnektivitätsmustern in Wissensspeichern niedergelegt werden."
Kaltwasser (1994), S. 13	Information	Information als Teilmenge des umfassenderen Wissens
Kant (1781)	Wissen	„Endlich heißt das sowohl subjectiv als objectiv zureichende Fürwahrhalten das Wissen." D.h. Wissen ist die höchste Stufe der Erkenntnis.
Kerssens-van Drongelen et al. (1995), S. 2	Knowledge	**Knowledge** is information internalized by means of research, study or experience, that has value for the organization.
Kraak (1991), S. 12	Wissen	**Wissen** ist das Resultat verarbeiteter Informationen. Zum Wissen gehören Kenntnisse, Meinungen, Auffassungen, Bewertungen und Ziele. Wissen, mit dem sich ein hoher Grad von (subjektiver) □mfasst□it verbindet, bezeichnen wir oft als Überzeugung.
Kriwet (1997)	Wissen	Wissen liefert Beziehungen zwischen Informationen; beinhaltet Interpretationen und Sinngebungsprozesse; befügt zu entscheiden und zu handeln; schließt Ambiguität und Unsicherheit ein; löst neue Fragen aus; □mfasst normative und emotionale Elemente.

Autor(en)	Begriff	Definition/ Aufgaben/ Ziele
Krogh/Roos/Slocum (1994)	Knowledge	„Knowledge is what makes managers able to make distinctions in their observations (for example between themselves and others) and, based on their norms, determine what they see."
Machlup (1980), S. 162f.	Knowledge	Knowledge is a stock, largely resulting from the flow, in the sense that the „input" of information may affect the stock of knowledge by adding to it, restructuring it, or changing it in any way. Knowledge is of enduring significance, is structured, coherent and often universal.
North (1999), S. 41	Wissen	Wissen ist „die Gesamtheit der **Kenntnisse, Fähigkeiten** und **Fertigkeiten**, die Personen zur Lösung von Problemen einsetzen. Dies umfaßt sowohl theoretische Erkenntnisse als auch praktische Alltagsregeln und Handlungsanweisungen. Wissen stützt sich auf Daten und Informationen, ist im Gegensatz zu diesen jedoch immer an Personen gebunden".
Pautzke (1989), S. 63	Organisatorische Wissensbasis	Die organisatorische Wissensbasis repräsentiert „den Wissensbestand, der einer Organisation zur Verfügung steht und damit in organisatorische Entscheidungen und Handlungen einfließen kann".
Peritsch (2000), S. 30	Wissen	**Wissen** umfaßt sämtliche kognitiven Strukturen, d.h. theoretische Kenntnisse, Erfahrungen, praktischen Hausverstand, Fähigkeiten und Fertigkeiten, die in das Verhalten und Handeln einfließen und dieses mitbestimmen. Wissen entsteht als individueller Prozeß durch Veränderung kognitiver Strukturen und wird für einen Beobachter nur in konkreten Handlungen sichtbar.
Pfeiffer (1980), S. 433	Know-how	**Know-how** (im weitesten Sinne) umfaßt alles Wissen, „das notwendig ist, bedarfsgerechte Produkte und/oder Produktionsverfahren wirtschaftlich zu finden, zu entwickeln, zu produzieren und zu vertreiben, sowie alles wissen zur Schaffung der strukturellen Voraussetzungen."
Pfiffner/ Stadelmann (1995), S. 130	Wissen	Wissen sind Daten oder **Infos**, die einen **persönlichen subjektiven Bezug** aufweisen, welche einen Lerneffekt bedeuten und in die bisherigen Erfahrungen integriert wurden. Wissen ist an menschliche Existenz gebunden
Probst/ Raub/ Romhardt (1999), S. 46	Wissen	Wissen ist die Gesamtheit der **Kenntnisse und Fähigkeiten**, die Individuen zur Lösung von Problemen einsetzen.
Rehäuser/Krcmar (1996), S. 5	Wissen	**Wissen** wird bezeichnet als die zweckorientierte Vernetzung von **Informationen** und erfordert Kenntnisse darüber, in welchem Zusammenhang die Informationen zueinander stehen und wie diese sinnvoll vernetzt werden können, um dem damit verfolgten Zweck zu genügen.
Reyes (1996), S. 43	Wissen	**Wissen** können wir als ein angeeignetes geistiges Gut betrachten, das in Abhängigkeit zu Zeit, Aufgabe und Organisation steht.
Ropohl (1979), S. 216	Technisches Wissen	Gesamtheit „der in Informationsspeichern fixierten und durch planmäßigen Ablauf **reproduzierten Informationen**", d.h. Wissen ist objektiv greifbar und durchaus auch in andere Systemen als dem menschlichen Gedächtnis vorhanden, z.B. im Speicher eines Computers oder in „Speichern" einer Organisation; Wissen ist reproduzierbare Information

Autor(en)	Begriff	Definition/ Aufgaben/ Ziele
Schenzle (2000), S. 124	Wissen	Wissen ist weit mehr als die Vereinigungsmenge von Informationen. Wissen stellt Beziehungen und Zusammenhänge her und **strukturiert Informationen**. Wissen ist nicht ausschließlich rückwärts gewandt, sondern erlaubt Voraussagen für die Zukunft.
Scheuble (1997), S. 30	Wissen	Wissen ist immer das **Ergebnis verarbeiteter und interpretierter Reize**. Informationen sind dagegen Signale, die zu einer Veränderung des vorhandenen Wissens führen.
Schindler/ Seifried (1999), S. 21	Wissen	Wissen ist die „in einen bestimmten **Kontext** eingebettete **Information**, die in Agenten wirksam ist und potentiellen Einfluß auf zukünftige Entscheidungen hat". (Agenten = Menschen, Gemeinschaften (Communities) oder informationsverarbeitende Artefakte)
Schischkoff (1969), S. 665	Wissen	„Wissen heißt Erfahrungen und Einsichten haben, die subjektiv und objektiv gewiß sind und aus denen Urteile und Schlüsse gebildet werden können, die ebenfalls sicher genug erscheinen, um als Wissen gelten zu können."
Schweitzer (1989), S. 17	Information	entscheidungsrelevantes Wissen
Spek/ Spijkervet (1997), S. 13	Knowledge	**Knowledge** is what enables people to assign meaning to data and thereby generate information.
Steinmüller (1993)	Wissen	Wissen ist die **Vernetzung von Informationen**, so daß ein bestimmter Zweck unter spezifischen Kontextbedingungen effizient verfolgt werden kann. (Basis für die Lösung eines kontextbezogenen Problems sind demnach zusammenhängende Informationen.)
Sveiby (1998), S. 65	Wissen	Wissen ist eine Fähigkeit zu handeln.
Szyperski (1980), Sp. 904	Information	„Aussagen (...), die den Erkenntnis- bzw. Wissensstand eines Subjektes (Informationssubjekt oder *Informationsbenutzer)* über ein Objekt *(Informationsgegenstand)* in einer gegebenen Situation und Umwelt (*Informationskontext*) zur Erfüllung einer Aufgabe (*Informationszweck*) verbessern.
Wacker (1971), S. 40	Information	spezielles Wissen; Information als Teil des Weltwissens
Weissenberger-Eibl (2000), S. 22ff.	Wissen	Wissen definiert sich über den Objektbezug sowie über die besonderen Eigenschaften des Wissens Komponenten, Strukturiertheit, Kontextbezug und Spezifität. Wissensinhalte sind konstruierte Realität.
Wild (1974), S. 119	Wissen	„Wissen ist ... vor allem durch seine geistige Abbildungsfunktion charakterisiert. Abgebildet wird stets ein Sachverhalt (Zustand, Ereignis) oder ein Urteil darüber, wobei die Abbildung entweder in Sprachzeichen oder in Denkinhalten erfolgen kann. Das Denkabbild der Sachverhalte/ Urteile im Wissen stellt effektives, das Sprachbild in Sätzen einer Sprache potentielles Wissen dar." Sprachzeichen erlauben es, „effektives Wissen wiederzugewinnen und zu übertragen".
Wittmann (1959), S. 14 sowie Wittmann (1980), Sp. 894; Sp. 896	Information	„Information ist zweckorientiertes Wissen"; Information ist Wissen, das der Vorbereitung zielorientierter Handlungen dient

Autor(en)	Begriff	Definition/ Aufgaben/ Ziele
Wittmann (1979), Sp. 2263	Wissen	Wissen = „**Vorstellungsinhalte**, ... die... Überzeugungen über die Wahrheit von Feststellungen (Aussagen, Sätzen, Behauptungen) zum Inhalt haben. Ihre Grundlage sind einmal Tatsachen, die sich durch die Mittel der Wahrnehmung ergeben, und zum anderen die Ergebnisse der Anwendung von bekannten Regeln des Schließens aus solchen Tatsachen."

Tab. 4: Systematik in der Literatur verwendeter Wissensbegriffe

A.3. Arten von Wissen

Autor(en)	Wissensart / Merkmal
Badaracco (1991)	• Kommerziell verwertbares • wanderndes Wissen • Fest verankertes Wissen
Bendt	• Wertschöpfungsorientiert
Bullinger/Wagner/Ohlhausen (2000)	• Wertschöpfendes Wissen bzw. Intellektuelles Kapital
Davenport (1999)	• Intern / Extern
Eck (1997)	• Epistemologisches Wissen • Pragmatisches Wissen; • Aggregatszustände des pragmatischen Wissens • Implizites / faktisches Wissen • Kodifiziertes / anerkanntes Wissen
Frese/Theuvsen (2000)	• Kontextwissen • Objektwissen • Integrationswissen
Gassmann (1997)	• Soziales Wissen • Erfahrungswissen • Dokumentiertes Wissen • Technologisches Wissen • Anwendungswissen
Habermas (1988)	• Situationsbedingtes Horizontwissen • Themenabhängiges Kontextwissen • Lebenswesentliches Hintergrundwissen
Hanft (1996), S. 136	• Erfahrungswissen
Hayek (1945)	• Scientific Knowledge • Knowledge of the particular circumstances of time and place • Knowledge of the particular of the fleeting moment
Hoerem/Krogh/Roos (1996), S. 121-125	• Knappheitswissen (Scarce Knowledge) • Verhaltenswissen (Behavioral Knowledge) • Wissen über das Wissen des anderen (Knowledge about others' Knowledge) • Aufgabenspezifisches Wissen (task-oriented knowledge)

Autor(en)	Wissensart / Merkmal
Kirsch (1992), S. 316f.	• Moralisch-praktisches Wissen • Ästhetisch-expressives Wissen • Theoretisches Wissen • Narratives Wissen • Privates / kollektives Wissen • Bewußtes/ latentes Wissen • Objekt- / Metawesen • Meta-Metawissen
Krogh/ Venzin (1995)	• Verborgenes Wissen • Verinnerlichtes Wissen • Kodiertes Wissen • Konzeptionelles Wissen • Sozial konstruktives Wissen • Ereigniswissen • Prozesswissen
Machlup (1980)	• Practical knowledge • Intellectual knowledge • Small-talk and pastime knowledge • Spiritual knowledge • Unwanted knowledge
Nonaka/Takeuchi (1997)	• Explizit / implizit
Pautzke (1989)	• Von allen geteiltes Wissen • Der Organisation zugängliches individuelles Wissen • Der Organisation nicht zugängliches individuelles Wissen • Wissen der Umwelt, über das ein Metawissen in der Organisation vorhanden ist • Kosmisches Wissen
Polanyi (1966)	• Explizit / implizit
Sackmann (1992), S. 48	• Recipe Knowledge • Dictionary Knowledge (what) • Dictionary Knowledge (how) • Axiomatic Knowledge

Autor(en)	Wissensart / Merkmal
Scheuble (1997), S. 10	• Individuelles Wissen • Wissen eines Kollektives • Theoretisches Wissen • Praktisches Wissen • Transferierbares Wissen • Nicht transferierbares Wissen
Schüppel (1996)	• Technologiewissen • Anwenderwissen • Managementwissen • Kausales wissenstatistisches Wissen • Heuristisches Wissen • Klassifizierungs- und Dispositionswissen • Relationswissen • Marktorientiert
Wagner (2000)	• Technologiewissen • Managementwissen
Willke (1998)	• Personenwissen • Strukturwissen • Prozesswissen • Projektwissen • Steuerungswissen
Zahn/ Foschiani/ Tilebein (2000)	• Know-why • Know-how • Know-what

A.4. Systematik über die wissenschaftliche Diskussion zum Wissenstransfer

Autor(en)	Begriff	Inhalt der Ausarbeitung
Aulinger/Fischer (2000), S. 645	Wissenslogistik	„Aufgabe der Wissenslogistik ist es, Erfahrungen und gesammelte Fakten, also etabliertes und kodifiziertes Wissen zu strukturieren und im Unternehmen zugänglich und nutzbar zu machen."
Badaracco (1991)	Wissenskoppelung	Konzentriert seine Konzeption auf die Koppelung von Wissen im Rahmen von strategischen Allianzen
Bendt (2000)	Wissenstransfer	Empirische Analyse des Wissenstransfers in multinationalen Unternehmen, der unternehmensinterne Wissenstransfer zwischen individuen, Gruppen und Teileinheiten innerhalb der Unternehmensgrenzen der Multinationalen Unternehmen steht im Mittelpunkt der Betrachtung. Dabei bezieht sich der Begriff des internationalen Wissenstransfers auf Übertragungsprozesse von Wissen, die zwischen Individuen, Gruppen und Teileinheiten innerhalb der Unternehmensgrenzen der MNU verlaufen, dabei aber über nationale Grenzen hinausgehen. (ähnl. Krogh/Köhne (1998), S. 238.
Davenport/ Prusak (1999), S. 203	Wissenstransfer	Wissenstransfer umfaßt zwei Aktionen: Zum einen die Übermittlung (Sender oder Weitergabe an einen potentiellen Empfänger) und zum anderen die Aufnahme von Wissen seitens des Empfängers oder einer Empfängergruppe.
Eck (1997), S. 165	Distribution von Wissen	Die Distribution von Wissen umfaßt Qualifikationsmanagement, Institutionalisierte Verfügbarkeit von Wissen, setzt Kommunikations-strukturen und -ströme voraus und zielt auf Entropievermeidung ab.
Grant (1996)	Int. Wissenstransfer	Wissensdiskussion im multinationalen Kontext
Grant/ Almeida (1997)	Wissenstransfer	Wie kann Wissen am besten transferiert werden? Indirekter versus direkter Transfer
Hansen/ Nohria/ Tierney (1999)	Wissensvermittlung	Personalisierungs- und Kodifizierungsstrategie am Beispiel von Beratungsunternehmen
Hedlund (1994)	Wissensmangement in MNUs	Wissensmanagement impliziert ein neues Organisationsverständnis (N-Form), Entwicklung und Transfer von Wissen
Heppner (1997)	Wissenstransfer	verhaltensorientierter Ansatz (kognitive Dimension) Analyse des Wissenstransfers in Organisationen
Inkpen/Dinur (1998)	Transfer of Knowledge	Erklärungsmodell, inwiefern der Kontext einer MNU das Wissen definiert und einen Wissenstransfer ermöglicht

Autor(en)	Begriff	Inhalt der Ausarbeitung
Justus (1999)	Wissenstransfer	Wissenstransfer in strategischen Allianzen; Analyse der Chancen und Risiken einer Wissensübertragung; methodologischer Individualismus, d.h. Theorien, die sich auf individuelles Verhalten beziehen (*hier:* Spieltheorie)
Keller (1995)	Informations-weitergabe	Ein monetäres Anreizsystem erhöht die Bereitschaft, Informationen weiterzugeben
Kerr (1990)	Wissenstransfer	IT-Systeme erhöhen die Speicher-, Transfer- und Verarbeitungskapazität für Informationen, beschränkte Informationsverarbeitungskapazität
Klein-Magar/Birimisa (1998)	Wissenstransfer	Analyse des Wissenstransfers von SAP vom Kunden
Kogut/Zander (1992)	Wissenstransfer	Information ist Teil des Wissens: Wissen liegt in den Netzwerkbeziehungen: Verbindungen zwischen Einheiten determinieren Wissensfluß, Transferierbarkeit von Wissen
Kostova/Cummings (1997)	Transfer of Organizational Best Practices	Entwicklung eines theoretischen Modells zu den Erfolgsfaktoren von Wissenstransfer in internationalen Unternehmen; empirische Überprüfung des entwickelten Modells.
Kriwet (1997)	Wissenstransfer	Verdeutlicht den Wissenstransfer zwischen ABB Schweiz, ABB Indien sowie Indian Railways und entwickelt ein dreigliederiges Konzept, um Wissen personen-, gruppenbezogen und über Unternehmenseinheiten hinweg auszutauschen.
Krogh et al. (1998)	Wissenstransfer	Anforderungen von Wissen bzw. Wissenstransfers, Wissen nur durch persönliche Interaktion vermittelbar, da es personen- und kontextabhängig ist; epistomologische Wissensdiskussion
Krogh/ Köhne (1998)	Wissenstransfer	Theoretische Grundlagen des Wissenstransfers (interner versus externer Transfer), Transfer von explizitem und implizitem Wissen; Unterteilung des Transfers in einzelne Phasen; Analyse der Einflußfaktoren
Lullies et al. (1993), S. 16	Wissenslogistik	Unter Wissenslogistik werden alle jene Maßnahmen zusammengefaßt, mit denen das differenzierte Wissenspotential einer Organisation systematisch integriert wird, um sicherzustellen, daß bzgl. der anfallenden Problemstellungen das notwendige Wissen tatsächlich zur Verfügung steht.
Marshall (1997)	Informationsverteilung	Nur IT-Systeme können für ausreichende Informations- und Wissensverteilung sorgen.
Pawlowski (1999), S. 115 f.	Wissensdiffusion	Er unterscheidet zwischen Wissensdiffusion und Wissenstransfer zum Handeln

Autor(en)	**Begriff**	**Inhalt der Ausarbeitung**
Prange (1996), S. 175-182, insb. S. 178	Wissenstransfer (als eine Stufe des interorganisationalen Lernens)	Diskussion unterschiedlicher Formen interorganisationalen Lernens. Unterscheidung auf der Interorganisationsebene zwischen Wissenstransfer, „strategic change" und „Lernen zu lernen". Detaillierung eines Teilbereich des Wissensmanagements – den Wissenstransfer unter interorganisationaler Perspektive (Systemtheorie).
Probst/Raub/Romhardt (1999), S. 51-54	Wissensverteilung	Wissens(ver)teilung betrifft den Prozeß der Verbreitung bereits vorhandenen Wissens innerhalb eines Unternehmens.
Rehäuser/Krcmar (1996), S. 19	Wissensverarbeitung	Management der Infrastruktur der Wissens- und Informationsverarbeitung und Kommunikation
Richter (1995)	Transfer von Kenntnissen und Erfahrungen	Empirische Fallstudie zum Organisationalen Lernen und Transfer von Kenntnissen und Erfahrungen zwischen Zentrale und Auslandsniederlassungen internationaler Unternehmen; Entwicklung eines theoretischen Bezugsrahmens für Lernprozesse zwischen Zentrale und Auslandsniederlassung deutscher Maschinenbauunternehmen in Japan.
Rüegg-Stürm/Gomez (1994)	knowledge transfer	Die Existenz und das Vorleben von Visionen sind Grundvoraussetzung, um Wissenstransfer im Unternehmen realisieren zu können.
Schrader (1990)	Zwischenbetrieblicher Informationstransfer	Empirische Analyse kooperativen Verhaltens von Mitarbeitern konkurrierender Unternehmen der Stahlindustrie; Vergleich Deutschland und USA
Spek/ Spijkervet (1997), S. 10	Distributing Knowledge	„Knowledge Management aims to provide instruments for the optimal organisation and direction of knowledge". S. 18: Aufgaben des Wissensmanagement: Developing New Knowledge; Combining Available Knowledge; Distributing Knowledge; Securing Knowledge (Ansatzpunkt: Wissensprozesse)
Spender (1996)	Wissenstransfer	Verknüpfung der multinationalen Organisation mit der Wissensdiskussion, Entwicklung einer „Knowledge-based Theory of the Firm"
Spinner (1994)	Wissenstransfer	ITs werden als der Erfolgsfaktor für Wissenstransfers angesehen, beschränkte Informationsverarbeitungs-kapazität
Grant/ Almeida (1997)	Wissenstransfer	Indirekter vs. direkter Transfer; implizites Wissen kann am besten durch direkten Transfer vermittelt werden.
Szulanski (1995)	transfer of best practice	Empirische Analyse der Barrieren des innerbetrieblichen Wissenstransfers, Aufzeigen von Gestaltungsmöglichkeiten (Anreize) zur Überwindung dieser Barrieren
Teece (1981)	Interorganisatorischer Wissenstransfer	Externer Markt als Gestaltungsalternative ungeeignet. Netzwerk und Hierarchie erweisen sich als vorteilhafter, Kosten- und Nutzenanalyse von Wissenstransfer

Autor(en)	Begriff	Inhalt der Ausarbeitung
Wathne/Roos/Krogh (1996)	Verständnis von Wissen und Wissens-transfer	Diskutieren Wissenstransfer in einem kooperativen Kontext. Sie stellen einen theoretischen Hintergrund ihrer Diskussion vor, beschreiben die Determinanten des WT und zeigen anhand einer statistischen Untersuchung von 62 Partnerunternehmen, die in projektorientierten Kooperationen eingebunden sind, Implikationen für das Management auf.
Zander/ Kogut (1995)	transfer of organizational capabilities	Empirische Analyse, die zeigt, inwieweit der Grad der Kodifizierbarkeit von Wissen Einfluß auf die Transfergeschwindigkeit nimmt.
Ziffzer/ Moss (1996)	Wissenstransfer	Beschreibung des Wissenstransfers in einer dezentralisierten Verlagsgruppe.

Tab. 5: Systematik über die wissenschaftliche Diskussion zum Wissenstransfer

A.5. Systematik von Anreizen nach Überwindung der Transferbarrieren

Anreizart	**Autor**
Anerkennung durch Kollegen (*recognitions*)	Cumming (1994), S. 39;Riekhoff (1991), S. 694; Rosenstiel (1975), S. 280; Weinert (1992), Sp. 129f.
Anerkennung durch Vorgesetzten (Lob, Feedback)	Justus (1999), S. 219; Kohn (1993), S. 59; Rexer (1998), S. 222; Rosenstiel (1975), S. 280 u. 292; Simon (1999), S. 308
Arbeitsinhalte/ Aufgaben/ Arbeitsstrukturierung und –gestaltung (Ganzheitliche Aufgabenstellung, mehr Verfügungs-gewalt), Job (Re)Design	Becker (1994), S. 937f.; Blau (1994); Evers (1992); Hackman/Oldham (1975), S. 161; Keller (1995), S. 95; Kunst (1994), S. 27; Rexer (1998), S. 222; Rosenstiel (1975), S. 231; Schanz (1991); Schlicksupp (1991), S. 541; Schulz (2000), S. 131; Weber (1991), S. 349; Weinert (1992), Sp. 129f.; Job Redesign → Schüppel (1996), S. 275
Autonomie/ Handlungsfreiräume, Erweiterung des Entscheidungs-spielraumes (MbDelegation), mehr Eigenverantwortung	Becker (1994), S. 937f.; Hackman/Oldham (1975), S. 162; Rosenstiel (1975), S. 231; Schulz (2000), S. 132; Tinar (1986)
Beteiligungen (Erfolgs- bzw. Kapitalbeteiligungen, Aktien-optionen, Schuldverschreibungen)	Staudt/Mühlemeyer/Kriegesmann (1994), S. 42; Gonschorrek (1997), S. 162; North (1998), S. 228; Becker/Kramarsch (1998), S. 51; Schanz (1991); Bonora/Revang (1993), S. 205f.
Cafeteria-System	Staudt/Mühlemeyer/Kriegesmann (1994); Wagner (1991), S. 285f.; Becker (1994), S. 937f.
Feedback (Information)	Evers (1992); Hackman/Oldham (1975), S. 162; Kunst (1994), S. 26; Schulz (2000), S. 110ff.;
Firmenwagen	Kupsch/Marr (1991), S. 834; Becker (1995), Sp. 38; Winter (1996), S. 15; Schulz (2000), S. 117
Führung bzw. Führungsstil (kooperativ, mitarbeiterorientiert; Partizipation); Zielvereinbarungen (MbO)	Becker (1991); Becker (1994), S. 937f.; Schanz (1991); Winter (1996), S. 15; Keller (1995), S. 95; Evers (1992); Eschenburg (1988), S. 256; Kunst (1994), S. 26; Schulz (2000), S. 121 u. 123; Rosenstiel (1975), S. 231; Probst/Raub/Romhardt (1999), S. 90 (MbO)
Gehalt (fixes Grundgehalt); Einkommenshöhe	Kunst (1994), S. 25; Rosenstiel (1975), S. 231; Schanz (1991); Schulz (2000), S. 117; Winter (1996), S. 15
Gemeinsame Interessen (Gesprächsthemen; Interessencluster)	North (1999), S. 234

Anreizart	Autor
Job Enlargement	Myers (1996), S. 101; Ortlieb (1993); Schulz (2000), S. 139
Job Rotation (Trainee-Programme)	Davenport/Prusak (1998), S. 90; Justus (1999), S. 138; Schüppel (1996), S. 270; Nonaka/ Takeuchi (1997), S. 97 sowie Myers (1996), S. 111; Wever (1991), S. 510f.; Ortlieb (1993); Schulz (2000), S. 139
Karriere- und Aufstiegschancen, Beförderung, Versetzung	Schanz (1991); Evers (1992); Weber (1991), S. 348f.; Weinert (1992), Sp. 129f.; Riekhoff (1991), S. 694; Schulz (2000), S. 145; Rexer (1998), S. 222; Berthel (1991), S. 489
Klima (Arbeitsplatz-, Unternehmens-), Corporate Identity	Rexer (1998), S. 222; Eschenburg (1988), S. 256, Blau (1994)
Negative Sanktionen	Becker (1994), S. 937f.
Organisationssystem (organisatorische Regelungen; organisatorisches Umfeld)	Schanz (1991); Schlicksupp (1991), S. 543; Rosenstiel (1975), S. 231; Schulz (2000), S. 89
Prestige, Macht	King (1998); Eschenburg (1988), S. 256; Weinert (1992), Sp. 129f.; Schulz (2000), S. 119
Reisen	Winter (1996), S. 15; Rexer (1998), S. 222
Soziale Interaktion (Kommunikation, Kooperation) mit Kollegen (Kontakte)	Becker (1994), S. 937f.; Weinert (1992), Sp. 129f.; Rosenstiel (1975), S. 231
Sozialleistungen (Krankheitsabsicherung, Rentenmodelle etc.)	Schanz (1991); Hörner (1996), S. 25; Brooks (1994); Grawert (1989); Winter (1996), S. 15
Team-/ Gruppen-/ Projektarbeit/ teilautonome Gruppen, (z.B. Qualitätszirkel)	Berthel (1991), S. 489f.; Ehrental (1991), S. 379; Ortlieb (1993); Schüppel (1996), S. 274; Schulz (2000), S. 139f.; Becker (1994), S. 937f.
Telearbeit (Spezialform: virtuelle Arbeitsgruppe)	Schulz (2000), S. 141
Unternehmenskultur, -image	Becker (1991); Schanz (1991); Winter (1996), S. 15; Rexer (1998), S. 222; Keller (1995), S. 95
Variable Vergütung: monetäre Zusatzleistungen (Geld- oder Sachprämien; Tantieme; Provision	Becker (1995), Sp. 38; Winter (1996), S. 15; Miller (1998), S. 73; Riekhoff (1991), S. 694

Anreizart	Autor
Weiterbildungsmaßnahmen; Training; Qualifizierung (Seminaren, Tagungen, Messen)	Ehrental (1991), S. 377; Evers (1992); Rexer (1998), S. 222; Schanz (1991); Schüppel (1996), S. 275f.; Schulz (2000), S. 151; Weber (1991), S. 333ff.; Wever (1991), S. 508f.
Werkswohnung	Becker (1995), Sp. 38; Kupsch/Marr (1991), S. 834
Zeit bzw. Zeitsouveränität; Arbeitszeitgestaltung, -flexibilität (Freizeit, Freiraum, Sabbaticals): chronologische, chronometrische und Kombination aus beidem	Hagen (1985), S. 156; Hörner (1996), S. 25; Justus (1999), S. 219; Kohn (1993), S. 59; Kunst (1994), S. 27; Rexer (1998), S. 222; Riekhoff (1991), S. 694; Ruppert (1995); Schulz (2000), S. 101; Winter (1996), S. 15;

Tab. 6: Systematische Übersicht über Ausprägungen von Anreizen in der Literatur

A.6. Einfluß der Häufigkeit von Teammeetings auf den Wissenstransfer

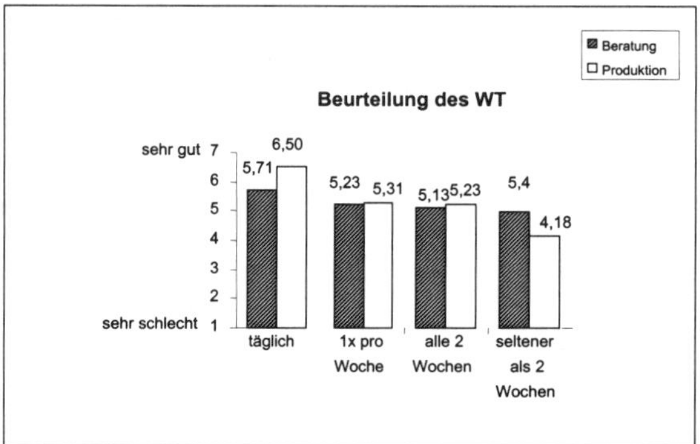

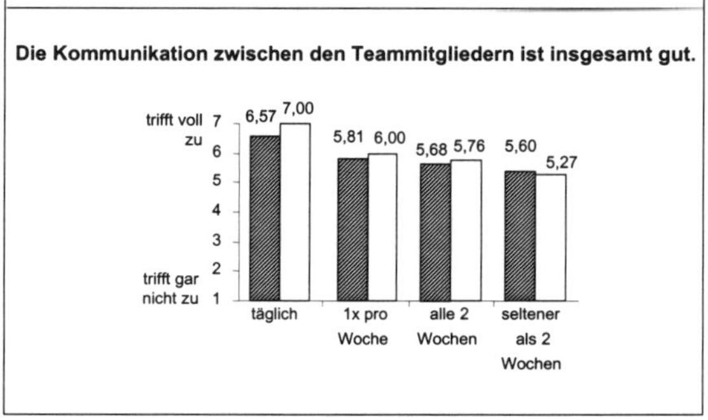

A.7. Ergebnis der Regressionsanalysen der Anreize

Die Regressionsanalyse zeigte bei der Analyse materieller und immaterieller Anreize keine signifikanten Zusammenhänge zur Transferbereitschaft in den untersuchten Branchen.

Bereitschaft zum Wissens-transfer	**Beratung**	**Produzierende Industrie**
	$r^2 = 0{,}057$, $r = 0{,}239$	$r^2 = 0{,}002$, $r = 0{,}045$
materiell	n.s.	n.s.
immateriell	n.s.	n.s.

A.8. Ergebnisse der Regressionsanalyse der systematisierten IuK-Technologien auf den Wissenstransfer

Mit Hilfe der Indexbildung auf die zwei Variablen ‚synchron' und ‚asynchron' verdichtet lieferte die Regressionsanalyse verteilt auf die zwei betrachteten Branchen keine signifikanten Ergebnisse.

Bereitschaft zum Wissens-transfer	**Beratung**	**Produzierende Industrie**
	$r^2 = 0{,}026$, $r = 0{,}160$	$r^2 = 0{,}021$, $r = 0{,}146$
synchron	n.s.	n.s.
asynchron	n.s.	n.s.

A.9. Ausprägung des teaminternen Wissenstransfers

Kriterien	**Ausprägung**[777] (n=151)		
	Beratung	**Produzierende Industrie**	**Gesamt**
Die Arbeit im Team macht Spaß.	79,7%	76,8%	78%
Im Team wird häufig Wissen ausgetauscht.	53,7%	49,3%	52%
Innerhalb des Teams herrscht Transparenz. (Wichtige Informationen werden nicht zurückgehalten.)	77,8%	89,8%	84%
Die Kommunikation zwischen den Teammitgliedern ist insgesamt gut.	75,3%	73,9%	75%

[777] Die Prozentzahlen setzen sich aus den aggregierten Werten „1 und 2: trifft (gar) nicht zu" und „6 und 7: trifft (voll) zu" zusammen.

A.10. Einfluß persönlicher Beziehungen auf die Transferhäufigkeit

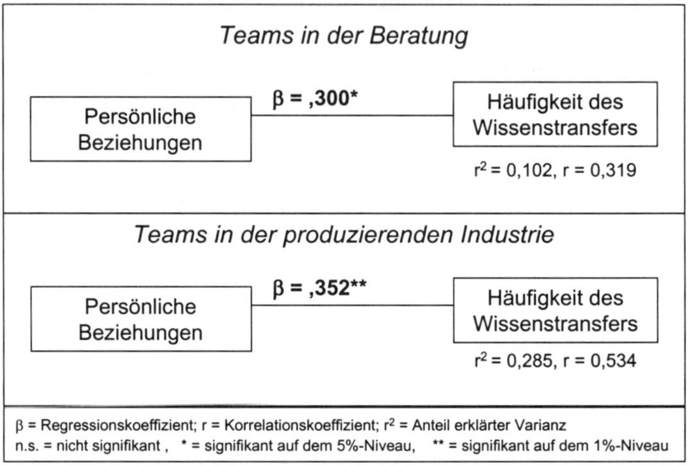

A.11. Nutzung von IuK-Technologien für den Transfer von Wissen

Kriterien	**Ausprägung**[778] (n=151)		
	Beratung	**Produzierende Industrie**	**Gesamt**
Wissenstransfer durch Nutzung von E-Mail.	90%	95%	93%
Wissenstransfer im persönlichen Gespräch (Face-to-Face)	89%	86%	88%
Die vorhandenen IuK-Technologien unterstützen den Wissenstransfer optimal.	68%	58%	63%

[778] Die Prozentzahlen setzen sich aus den aggregierten Werten „1 und 2: trifft (gar) nicht zu" und „6 und 7: trifft (voll) zu" zusammen.

A.12. Fragebogen

Univ.-Prof. Dr. Wolfgang Kersten

Dipl.-Kffr. Kirsten Schröder

Technische Universität Hamburg-Harburg
Arbeitsbereich Produktionswirtschaft
Schwarzenbergstr. 95, 21073 Hamburg
Tel. 040 / 4 28 78 – 3770; Fax 040 / 4 28 78 – 2200
e-mail: k.schroeder@tu-harburg.de

Kompaktbefragung „Forschungsprojekt Wissenstransfer“

Bitte senden Sie den ausgefüllten Fragebogen bis zum **22. Oktober 2001** an die o.g. Adresse. Bei Interesse erhalten Sie eine Zusammenfassung der Auswertungsergebnisse zugesandt; notieren Sie hierzu bitte Ihre Adresse auf der letzten Seite oder fügen Sie Ihre Visitenkarte bei.

Alle erhobenen Daten werden streng vertraulich und anonym behandelt.
Die Untersuchung erfolgt nicht im Auftrag Dritter und wird ausschließlich für wissenschaftliche Zwecke verwendet.

Versuchen Sie bitte, alle Fragen zu beantworten, da jede Ihrer Einschätzungen für die Untersuchung wichtig ist!

Vorbemerkungen und Begriffsdefinitionen:

*Der Begriff **Projektteam** bezeichnet die Zusammenarbeit von Mitarbeitern im Unternehmen zur Erledigung einer klar abgegrenzten Aufgabe innerhalb eines abgeschlossenen Zeitraumes. Beziehen Sie sich bei der Beantwortung der Fragen bitte nur auf **ein** Projekt; entweder auf ein zur Zeit laufendes oder ein kürzlich abgeschlossenes Projekt.*

I. Charakteristika Ihrer Teamarbeit

1. Wie groß ist Ihr Team?

_____ Personen davon national: _______ international: _______

2. Die folgenden Fragen beziehen sich auf Art und Dauer Ihrer Arbeit im Projektteam.

	< 1 Mon.	< 3 Mon.	< 6 Mon.	< 12 Mon.	> 12 Mon.
Ich arbeite mit meinem Team im Projekt zusammen seit....	❑	❑	❑	❑	❑

	täglich	2x pro Woche	1x pro Woche	alle 2 Wochen	seltener als alle 2 Wochen	sonst.
Mein Team trifft sich zu offiziellen Teamsitzungen...	❑	❑	❑	❑	❑	_____

	nebenbei			→	Vollzeit
Wie intensiv ist Ihre Teamarbeit im Rahmen des Projektes?	❑	❑	❑	❑	❑

	sehr wenig			→	sehr viel
Die Arbeit im Team macht Spaß.	❑	❑	❑	❑	❑

3. Wie beurteilen Sie den Druck, dem Ihr Team ausgesetzt ist?

	sehr gering			→			sehr hoch
Der während der Projektlaufzeit herrschende Zeitdruck ist	❑	❑	❑	❑	❑	❑	❑
Die Belastung, der die Teammitglieder ausgesetzt sind, ist	❑	❑	❑	❑	❑	❑	❑

II. Wissensaustausch im Team

1. Wie schätzen Sie den Wissensaustausch innerhalb Ihres Teams ein?

	Ausprägung						
	trifft nicht zu 1	2	teils / teils 3	4	5	6	trifft voll zu 7
Im Team wird häufig Wissen ausgetauscht.	❑	❑	❑	❑	❑	❑	❑
Nach Ende eines Projektes wird eine schriftliche Dokumentation (Bericht) angefertigt.	❑	❑	❑	❑	❑	❑	❑
Es ist mir wichtig, Teamkollegen an meinem Wissen teilhaben zu lassen.	❑	❑	❑	❑	❑	❑	❑
Einige Anfragen von Kollegen kommen ungelegen.	❑	❑	❑	❑	❑	❑	❑
Ich brauche in der Regel einige Zeit, bis ich auf die Anfrage antworten kann.	❑	❑	❑	❑	❑	❑	❑
Ich übermittle vorwiegend Informationen auf konkrete Nachfrage eines Kollegen.	❑	❑	❑	❑	❑	❑	❑
Ich übermittle meinen Teamkollegen alle Informationen, die sie benötigen (bspw. um weiterarbeiten zu können).	❑	❑	❑	❑	❑	❑	❑
Ich beantworte grundsätzlich alle Anfragen von Kollegen so gut ich kann.	❑	❑	❑	❑	❑	❑	❑
Mit der Genauigkeit meiner Informationen sind die nachfragenden Kollegen immer zufrieden.	❑	❑	❑	❑	❑	❑	❑
Es kommen selten Rückfragen zu meinen Informationen.	❑	❑	❑	❑	❑	❑	❑
Ich antworte auf eine Anfrage nur, wenn ich Zeit habe.	❑	❑	❑	❑	❑	❑	❑
Meine Antworten auf Anfragen kommen immer rechtzeitig.	❑	❑	❑	❑	❑	❑	❑

2. Wie beurteilen Sie generell die Qualität der Informationen, die Sie von Ihren Teamkollegen erhalten?

	Ausprägung						
	trifft nicht zu 1	2	teils / teils 3	4	5	trifft voll zu 6	7
Mit der Genauigkeit der erhaltenen Informationen bin ich zufrieden.	❑	❑	❑	❑	❑	❑	❑
Der Umfang der erhaltenen Informationen ist ausreichend (so daß ich weiterarbeiten kann).	❑	❑	❑	❑	❑	❑	❑
Rückfragen sind bei den übermittelten Informationen nicht erforderlich.	❑	❑	❑	❑	❑	❑	❑

3. Beurteilen Sie nun allgemein den Wissenstransfer im Team!

	sehr schlecht					sehr gut	
Wie beurteilen Sie generell den Wissenstransfer innerhalb Ihres Teams?	❑	❑	❑	❑	❑	❑	❑

	sehr niedrig					sehr hoch	
Wie beurteilen Sie den Erfolg Ihres Projektes?	❑	❑	❑	❑	❑	❑	❑

	sehr niedrig						sehr hoch
Wie schätzen Sie den Beitrag des Wissenstransfers zum Projekterfolg ein?	❑	❑	❑	❑	❑	❑	❑

4. Bitte charakterisieren Sie die Beziehung zu Ihren Teamkollegen!

	trifft gar nicht zu						trifft voll zu
Meine Teamkollegen sind mir sympathisch.	❑	❑	❑	❑	❑	❑	❑
Mit meinen Teamkollegen bin ich befreundet.	❑	❑	❑	❑	❑	❑	❑

III. Ausgestaltung der Teamarbeit

1. Welche Aspekte der Teamzusammensetzung treffen auf Ihr Team zu?

	Ausprägung						
	trifft nicht zu			teils / teils			trifft voll zu
	1	2	3	4	5	6	7
Die Teammitglieder kommen überwiegend aus unterschiedlichen Funktionsbereichen.	❑	❑	❑	❑	❑	❑	❑
Die Teammitglieder stammen mehrheitlich aus derselben Hierarchieebene.	❑	❑	❑	❑	❑	❑	❑
Im Team herrscht Meinungsvielfalt.	❑	❑	❑	❑	❑	❑	❑
Alle Teammitglieder sind auf ihrem Gebiet fachlich kompetent.	❑	❑	❑	❑	❑	❑	❑
Das Team ist zu groß, um miteinander arbeiten zu können.	❑	❑	❑	❑	❑	❑	❑
Die Teamkollegen sitzen in unmittelbarer Nähe, so daß sie persönlich erreichbar sind.	❑	❑	❑	❑	❑	❑	❑
Die räumlichen Distanzen zwischen Teammitgliedern erschweren die Zusammenarbeit.	❑	❑	❑	❑	❑	❑	❑
Kommunikationsmedien überbrücken die räumlichen Entfernungen.	❑	❑	❑	❑	❑	❑	❑

2. Ist der Austausch von Wissen Bestandteil Ihrer Zielvereinbarung?

indirekter Bestandteil (z.B. über Projekterfolg)	→			direkter Bestandteil	kein Bestandteil
❑	❑	❑	❑	❑	❑

3. Welche der genannten Anreize vergibt Ihr Unternehmen für die Weitergabe von Wissen?

	Ausprägung						
	trifft nicht zu 1	2	3	teils / teils 4	5	6	trifft voll zu 7
Es existieren monetäre Anreize in der Form von ...							
Prämien bzw. Tantiemen	❑	❑	❑	❑	❑	❑	❑
Aktienoptionen	❑	❑	❑	❑	❑	❑	❑
Unternehmensbeteiligungen	❑	❑	❑	❑	❑	❑	❑
Es existieren nicht-monetäre Anreize in der Form von							
Aufstiegsmöglichkeiten (Karriere)	❑	❑	❑	❑	❑	❑	❑
Weiterbildungsmöglichkeiten (z.B. Teilnahme an Schulungen, Tagungen, Messen)	❑	❑	❑	❑	❑	❑	❑
Freiräumen zur Selbstverwirklichung	❑	❑	❑	❑	❑	❑	❑
„Öffentlichem“ Lob der erbrachten Leistung	❑	❑	❑	❑	❑	❑	❑
Lob von den Teamkollegen	❑	❑	❑	❑	❑	❑	❑
einer Verbesserung meines „Expertenstatus“	❑	❑	❑	❑	❑	❑	❑

4. Vergibt Ihr Unternehmen Belohnungen für Teams oder für Einzelpersonen?

	Ausprägung						
	trifft nicht zu 1	2	3	teils / teils 4	5	6	trifft voll zu 7
Die Belohnungen werden im Team entsprechend der Leistung des einzelnen Teammitglieds verteilt.	❑	❑	❑	❑	❑	❑	❑
Die Belohnungen beziehen sich auf die gemeinsame Teamleistung.	❑	❑	❑	❑	❑	❑	❑

5. Welche Aussagen treffen auf die Mitarbeiterführung in Ihrem Team zu?

	Ausprägung						
	trifft nicht zu			teils / teils			trifft voll zu
	1	2	3	4	5	6	7
Entscheidungen im Team werden gemeinsam getroffen.	❑	❑	❑	❑	❑	❑	❑
Die Entscheidungen im Team trifft der Teamleiter häufig allein.	❑	❑	❑	❑	❑	❑	❑
Die Teammitglieder akzeptieren die Team-aufgabe.	❑	❑	❑	❑	❑	❑	❑
Für die Teamaufgabe existieren klare und verständliche Ziele.	❑	❑	❑	❑	❑	❑	❑
Ziele werden grundsätzlich von den Teammitgliedern gemeinsam vereinbart.	❑	❑	❑	❑	❑	❑	❑
Die Mitglieder erhalten regelmäßig Feedback über ihre Leistungen.	❑	❑	❑	❑	❑	❑	❑
Das Feedback ist von konstruktiven Vorschlägen begleitet.	❑	❑	❑	❑	❑	❑	❑
Im Team wird offen und gleichberechtigt diskutiert.	❑	❑	❑	❑	❑	❑	❑
Für das Team wichtige Informationen werden teamintern nicht zurückgehalten.	❑	❑	❑	❑	❑	❑	❑

IV. Kommunikation innerhalb Ihres Teams

1. Welche Kommunikationsmedien nutzen Sie zur Kommunikation <u>innerhalb des Teams</u>?

	Häufigkeit						
	nie			teilweise			ständig
	1	2	3	4	5	6	7
Internetbasierte Medien (z.B. Netmeeting)	❑	❑	❑	❑	❑	❑	❑
Intranet	❑	❑	❑	❑	❑	❑	❑
Groupware	❑	❑	❑	❑	❑	❑	❑
e-Mail	❑	❑	❑	❑	❑	❑	❑
Zugriffsbeschränkte Projektdatenbanken	❑	❑	❑	❑	❑	❑	❑
Projektplattformen im Internet (z.B. teamspace.de)	❑	❑	❑	❑	❑	❑	❑
Telefon	❑	❑	❑	❑	❑	❑	❑
Briefe/Fax	❑	❑	❑	❑	❑	❑	❑
Videokonferenzen	❑	❑	❑	❑	❑	❑	❑
Persönliches Gespräch (Face-to-Face)	❑	❑	❑	❑	❑	❑	❑

2. Wie läuft die teaminterne Kommunikation ab?

	Ausprägung						
	trifft gar nicht zu 1	2	3	teils / teils 4	5	6	trifft voll zu 7
Die existierenden Medien unterstützen die teaminterne Kommunikation optimal.	❑	❑	❑	❑	❑	❑	❑
Die Teamkommunikation erfolgt in Teamsitzungen.	❑	❑	❑	❑	❑	❑	❑
Auch außerhalb der Teammeetings wird mit Teamkollegen kommuniziert.	❑	❑	❑	❑	❑	❑	❑
Die Kommunikation erfolgt oft spontan beim Mittagessen, Kaffee-Ecken, etc.	❑	❑	❑	❑	❑	❑	❑
Die Kommunikation zwischen den Teammitgliedern ist insgesamt gut.	❑	❑	❑	❑	❑	❑	❑
Im Team gibt es einen Vermittler (Leiter oder einzelne Teammitglieder), über den die teaminterne Kommunikation läuft.	❑	❑	❑	❑	❑	❑	❑

3. Wie sehen Sie den zukünftigen Bedarf an Wissensaustausch innerhalb Ihres Teams?

sinkend			gleichbleibend			steigend
❑	❑	❑	❑	❑	❑	❑

V. Allgemeine Angaben zu Ihrem Unternehmen

1. Wie groß ist Ihr Unternehmen?

Zahl der Beschäftigten: ____________ Umsatz (Mio. DM/Jahr): ____________

2. Zu welcher Branche gehört Ihr Unternehmen?

____

3. Welche Funktion haben Sie im Unternehmen?

❑ Teammitglied ❑ Teamleiter

Falls Sie Interesse an den Auswertungsergebnissen haben, geben Sie bitte an, in welcher Form Sie die Zusammenfassung wünschen und notieren Sie Ihre Adresse oder fügen Sie Ihre Visitenkarte bei.

Bitte senden Sie mir die Ergebnisse der Umfrage

- ❑ per E-Mail.
- ❑ in Papierform.

Name:____

Firma:____

Abteilung:/ Bereich: ________________________________

Anschrift:______________________________________

Tel./ Fax:______________________________________

E-Mail:_______________________________________

VIELEN DANK!